U0897478

新編諸子集成

論衡校釋

上

（附劉盼遂集解）

黄暉 撰

中華書局

圖書在版編目(CIP)數據

論衡校釋:附劉盼遂集解/黄暉撰. —2 版. —北京:中華書局,2017.5(2022.11 重印)
(新編諸子集成)
ISBN 978-7-101-12163-6

Ⅰ.論… Ⅱ.黄… Ⅲ.①古典哲學-中國-東漢時代 ②《論衡》-校勘 Ⅳ.B234.83

中國版本圖書館 CIP 數據核字(2016)第 224039 號

責任編輯:石 玉
責任印製:管 斌

新編諸子集成

論衡校釋(附劉盼遂集解)

黄 暉 撰

*

中 華 書 局 出 版 發 行
(北京市豐臺區太平橋西里 38 號 100073)
http://www.zhbc.com.cn
E-mail:zhbc@zhbc.com.cn
三河市宏達印刷有限公司印刷

*

850×1168 毫米 1/32 · 51 印張 · 6 插頁 · 910 千字
1990 年 2 月第 1 版 2017 年 5 月第 2 版
2022 年 11 月第 11 次印刷
印數:21401-22300 册 定價:178.00 元

ISBN 978-7-101-12163-6

新編諸子集成出版説明

子書是我國古籍的重要組成部分。最早的一批子書産生在春秋末到戰國時期的百家争鳴中，其中不少是我國古代思想文化的珍貴結晶。秦漢以後，還有不少思想家和學者寫過類似的著作，其中也不乏優秀的作品。

二十世紀五十年代，中華書局修訂重印了由原世界書局出版的諸子集成。這套叢書匯集了清代學者校勘、注釋子書的成果，較爲適合學術研究的需要。但其中未能包括近幾十年特别是一九四九年後一些學者整理子書的新成果，所收的子書種類不够多，斷句、排印尚有不少錯誤，爲此我們從一九八二年開始編輯出版新編諸子集成，至今已出滿四十種。

新編諸子集成所收子書與舊本諸子集成略同，是一般研究者經常要閲讀或查考的書。每一種都選擇到目前爲止較好的注釋本，有的書兼收數種各具優長的注本。出版以來，深受讀者歡迎，還有不少讀者提出意見建議，幫助我們修訂完善這套書，在此謹致謝忱。

本套書目前以平裝本行世，每種單獨定價。近期我們還將出版精裝合訂本，以滿足不同層次讀者的需求。

後續整理的重要子書，將納入新編諸子集成續編陸續刊出，敬請讀者關注。

中華書局編輯部

二〇一〇年一月

説明

到目前爲止，對王充論衡進行全面校注的出版物一共三種：北京大學歷史系論衡注釋，劉盼遂論衡集解，黄暉論衡校釋。前一種通俗易懂，適合廣大讀者閲讀。後兩種考釋較詳，資料豐富，適合研究者使用。現將後兩種合在一起，收入新編諸子集成。

加工要點如下：

一、以校釋爲主，補入集解校注文字、序言及附録。集解校注文字與校釋内容完全重複者八百九十六條全部删去，保留者一千零四十條；附録完全重複者二十七條，「後記二」參考價值不大，亦加芟夷。

二、正文依原用底本（通津草堂本）重加校訂，注文用有關書籍核對，凡有校改，一律出注。

三、全書改用全式標點，在漏標、錯標之處一一補正，不另出注。

由於水平所限，錯誤難免，盼讀者指正。

梁運華 一九八六年

目録

上册

第四卷

第五卷

第六卷

第七卷

第八卷

第九卷

中册

第十卷

第十一卷

第十二卷

第十三卷

第十四卷

第十五卷

第十六卷

自序

論衡是中國哲學史上一部劃時代的著作。自從董仲舒治公羊，明天人相感之説，以爲天是有意志的，與人的意識相感應。大小夏侯、眭孟、京房、翼奉、李尋、劉向等都推演其説。儒家到了此時，内部起了質的變化，披着巫祝圖讖的外衣，把天説得太神祕，太聰明，人的行動，是要受他的裁判，這就是一班漢儒所説的陰陽災異的理論。

這種荒謬的迷信的理論，把儒家改裝成爲帶有宗教性的儒教，自漢武帝時起到光武時止，一直支持了一百多年，才能有小小的反動，即鄭興、尹敏、桓譚一班人。但他們只知道攻擊圖讖的荒謬，對這些儒教徒所持天人感應説的原理，還不能根本上擊破，或者還相信這原理。到了仲任，才大膽的有計畫的作正式的攻擊，用道家的自然主義攻擊這儒教的天人感應説，使中古哲學史上揭開一大波瀾。

論衡全書就是披露這天人感應説的妄誕。用自然主義爲其理論的出發點。現在把論衡全書，就他的思想體系，列爲六組：

第一組是説性命的。

甲、性命説所依據的理論：

物勢十四。

乙、説性的：

本性十三。率性八。

丙、説命的：

初禀十二。無形七。偶會十。命禄三。氣壽四。命義六。逢遇一。累害二。幸偶五。

吉驗九。

丁、性和命在骨體上的表徵：

骨相十一。

〔註〕物勢篇説：「天地合氣，人偶自生。」此爲仲任以性命定於初禀自然之氣（初禀篇語。）所據之理。骨相篇説：「非徒命有骨法，性亦有骨法。」是仲任的意思：性命禀於自然，現於骨法。各篇排列的順序，不依原書目次，是以其理論的體系之先後爲據。

第二組是説天人的關係。

甲、天人關係説所依據的理論：

自然五四。

乙、評當時儒家陰陽災異天人感應諸説違天道自然之義：

寒温四一。譴告四二。變動四三。招致四四。闕。感類五五。

丙、論當時災異變動：

明雩四五。順鼓四六。亂龍四七。遭虎四八。商蟲四九。

丁、論當時瑞應：

治期五三。齊世五六。講瑞五十。指瑞五一。是應五二。宣漢五七。恢國五八。驗符五九。須頌六十。佚文六一。

〔註〕仲任説災變符瑞，以「適偶」代替「感應」，以自然主義爲宗。

第三組論人鬼關係及當時禁忌。

甲、論人鬼關係：

論死六二。死僞六三。紀妖六四。訂鬼六五。言毒六六。薄葬六七。祀義七六。祭意七七。

乙、論當時禁忌：

四諱六八。讕時六九。譏日七十。卜筮七一。辨祟七二。難歲七三。詰術七四。解除七五。

〔註〕人禀天地自然之氣，偶適而生，（見物勢、初禀、無形等篇。）人死則精氣滅，（論死篇語。）故人死不能爲鬼。無鬼，則祭祀只緣生事死而已，無歆享之義。（祀義、祭意篇語。）吉凶禍福，皆遭適偶然，（偶會篇語。）故不信一切禁忌。

第四組論書傳中關於感應之説違自然之義和虚妄之言。

甲、評書傳中關於天人感應説的：

變虚十七。異虚十八。感虚十九。福虚二十。禍虚二一。龍虚二二。雷虚二三。

乙、評書傳中虚妄之言：

奇怪十五。書虚十六。道虚二四。語增二五。儒增二六。藝增二七。問孔二八。非韓二九。刺孟三十。談天三一。説日三二。實知七八。知實七九。定賢八十。正説八一。書解八二。案書八三。

第五組是程量賢佞才知的。

答佞三三。程材三四。量知三五。謝短三六。效力三七。别通三八。超奇三九。

狀留四十。

第六組當作自序和自傳的。

對作八四。自紀八五。

這八十五篇書，今缺招致一篇。反復詰辯，不離其宗，真是一部有體系的著作。可惜這部大著，宋以後的人就忽略它了。

從漢到現在，大家對於這部書的認識，可以分作三期：

1．從漢到唐　如謝夷吾、蔡邕、王朗、虞翻、抱朴子、劉知幾等，都認爲是一代的偉著。詳後舊評。

2．宋　帶着道學的習氣，認爲論衡是一部離經叛道的書。如晁公武、高似孫、陳振孫、王應麟、葛勝仲、吕南公、黄震等是。詳後舊評。

3．明、清　取其辯博，但對於問孔、刺孟仍沿宋人成見，駡他是非聖無法。如熊伯龍、無何集。沈雲楫、虞淳熙、閻光表、施莊、劉光斗、傅巖、見後舊序。劉熙載、陳鱣、周廣業、章太炎先生見後舊評。都是極力表彰此書。四庫全書總目提要、乾隆讀論衡跋、譚宗浚、王鳴盛、梁玉繩等見後舊評。皆詆訾此書，或毁譽參半。

對論衡有真正的認識，還是最近二十多年的事。因爲諸子是研究思想史的寶藏，研究諸子的興趣，不減於經史。治諸子的人，盡革前儒一孔之見，實事求是，作體系的歷史的探討。不因爲他問了孔子，刺了孟子，就減輕他的價值。或者在現代人看來，還要增高他的價值。

四庫全書總目和劉盼遂先生據自紀篇以爲論衡當在百篇以外。見後版本卷帙考。近人張右源據佚文篇云「論衡篇以十數」，疑原本論衡的篇數没有今本這樣多，認爲今本是混合其所著譏俗節義、政務、養性三書而成。（見東南大學國學叢刊二卷三期。）其説非也。佚文篇「十數」爲「百數」之誤。我以爲仲任的手定稿，或者有百篇，但抱朴子、見後舊評。後漢書本傳都只著録八十五篇，蓋論衡最初傳世，是由蔡邕、王朗兩人，據抱朴子、袁山松書。見後舊評。他兩人入吴，都得着百篇全稿。虞翻説：「王充著書垂藻，絡繹百篇。」足爲當時尚存百篇之證。後來因爲蔡邕所得者，被人捉取數卷持去，據抱朴子。故只剩八十五篇。見存的論衡，大概就是根源於蔡邕所存的殘本，史通鑒識篇：「若論衡之未遇伯喈，逝將煙燼火滅，泥沈雨絶，安有殁而不朽，揚名於後世者乎？」所以葛洪、范曄都只能見到八十五篇。劉盼遂先生所引類書中佚文，似乎都只是八十五篇的佚文，未必在八十五篇之外。因爲唐、宋人所見的不能超出范曄、葛洪之外。

自從後漢書著録八十五篇之後，只缺招致一篇。至於各篇的先後排列，大致保存本來面目。據今本各篇的排列與全書理論的體系，及篇中所載的史事的先後，並相符合，可以爲證。那麽，這部書傳到現在，好像是沒有經過後人的改編。

未經後人改編，固然保存當時篇章排列順次的本來面目，但流傳到現在一千多年，還沒有人加以整理或注釋。近人劉盼遂論衡集解，有自序見古史辯第四集，全書惜未經見。其説見採入者，皆據古史辯。劉叔雅先生三餘札記二論衡斠補云：「校理論衡既畢，付之剞劂，刻垂成矣。」曾面詢之，據云：「全稿存在安慶。」故未獲睹。楊樹達云：「曾校注數卷，以事中輟。」章士釗云：「有意整理箋釋。」（見甲寅週刊一卷四十期、四十一期。）梁玉繩認爲論衡有注，乃是誤説。瞥記一云：「禮記經解引易『差若毫釐，謬以千里』，孫奕示兒編謂王充論衡注云：『出易緯之文。』」按示兒編一云：「經解引易曰：『差若豪釐，繆以千里。』乃出易緯之文也。」自注云：「王充論注，詳見『豪釐』。」卷四「豪釐」條云：「按王充論注，乃易緯之文。」徐鯤曰：「後漢書王充王符仲長統列傳論章懷注引易緯曰：『差以毫釐，失之千里。』此省文作『王充論注』。」據此，則梁氏謂出於論衡注，非也。孫蜀丞先生也認爲有舊注，見亂龍篇、卷十六，頁八一二。指瑞篇、卷十七，頁八七三。死僞篇。卷二十一，頁一〇四二。但據我的意見，前兩者乃是正文，後者乃是誤合，不是注語。説具本篇。御覽引舊音一，別通篇卷十三，頁六九〇。舊注五。逢遇篇卷一，頁八。儒增篇卷八，頁四二六。變動篇卷十五，頁七六〇。亂龍篇卷十六，頁八二〇。是應篇卷十七，頁八九〇。篇中衍文，推知其爲舊校者二，儒增篇卷八，頁四三八。藝增篇卷八，頁四五五。似出於舊注者十七。命義篇卷二，頁五八。吉驗篇卷二，頁一一一，又一一二。骨相篇卷三，頁一四五。本性篇卷三，頁一五九。物勢篇卷三，頁一八〇。書虚篇卷四，頁二一五。道虚篇卷七，頁三八四。儒增篇卷八，頁四三八。刺孟篇卷十，頁五四二。説日篇卷十一，頁五八八。荅佞篇卷十一，頁六〇七。效力篇卷十三，頁六八一。亂龍篇卷十六，頁八一一。自然篇卷十八，頁九一二。感類篇卷十八，頁九三一。紀妖篇卷二十二，頁一〇八一。但這些，我都疑爲是讀者隨手旁注，不像是出於正式的注文。理由是：若是曾經有人正式的注釋過，不當把許多需要注釋的地方都抹殺去，反來注這些不經意的地方，甚至於不須注的。

宋仁宗慶曆五年，楊文昌刻本序説：「得俗本七，率二十七卷。又得史館本二，各三十卷。改正塗注，凡一萬一千二百五十九字。」現在的各本，都根源於楊刻本。那麽，今本校語，是出自宋楊文昌之手。在楊校之後，展轉刊行，當又加添不少的校語。如問孔篇卷九，頁四七九。「子曰予所鄙者」，「鄙」下舊校曰：「一作否。」宋、元本並無此三字，則此注語當出自明人。但這班翻刻古書的人，不都是通人，不見得備具校勘董理的學力和方法。如無形篇卷二，頁六九。「化爲黄能」，舊校曰「能音奴來反」，朱校元本同。及上面所引問孔篇的校語「鄙」一作「否」，都是顯著的訛誤。說見本篇。

清儒，尤其是乾、嘉時代，校勘古書是一代的偉蹟。但對於論衡，如盧文弨、王念孫等，都是手校羣書二三十種的人，而没有一及此書。莫友芝說：「抱經有校宋本。」未見。因爲他們只把論衡當作一種治漢儒今古文說的材料看。俞樾雖然是校正數十條，想是以餘力致此，所以不像所校他書那樣精當。孫詒讓、孫蜀丞先生對這部書，用力比較多些，諟正若干條，才使這部書稍稍可讀。

我整理這部書，把校勘和解釋分成兩部工作。在校的方面，因爲流傳的善本不多，連類書的援引及見於他書的地方也很稀少。在釋的方面，因爲此書用事沉晦，好多是不經見的故實，加以今古文說的糾紛——這兩方面，都使我經過相當的困難，感覺學力的更貧乏。

論衡的版本有兩個系統：一個是元刊明正德補修本，累害篇不缺一頁，是由慶曆本、乾道本、至元本直傳下來的。一個是由成化本到通津本，到程、何諸本所構成的系統，從成化本起，累害篇並缺一頁。參看論衡版本卷帙考。列表於次：

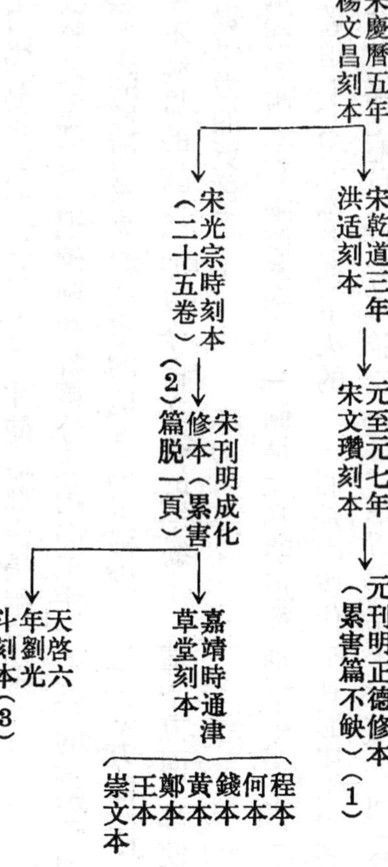

〔註〕1．葉德輝説，正德本累害篇脱一頁，不對。

2．宋光宗時刻本二十五卷，見存日本，疑是根源慶曆本。

3．天啓本的序説，據楊文昌本刻。我想不是直接依據。因爲天啓本也脱去累害篇一頁。明正德補修本是楊文昌本的四傳的本子，還没有脱此一頁，則知其所謂據楊本，不足信。疑出自成化補修本。

我所用的本子，是以通津本作底本。所見宋本，只是十四卷到十七卷的殘卷。其餘的所謂宋、元本，都是借用别人的校録。其中以朱宗萊校元本爲最精詳，楊守敬校宋本太粗疏。我想，一定忽略了一些好的材料。

胡適之先生在陳垣元典章校補釋例序上説：

校勘之學，無處不靠善本：必須有善本互校，方才可知謬誤；必須依據善本，方才可以改正謬誤；必須有古本的依據，方才可以證實所改的是非。……王念孫、段玉裁用他們過人的天才與功力，其最大的成就只是一種推理的校勘學而已。推理之最精者，往往可以補版本的不足，但校讎的本義在於用本子互勘，離開本子的搜求，而費精力於推敲，終不是校勘學的正軌。……推理的校勘，不過是校勘學的一個支流，其用力甚勤，而所得終甚微細。

當然，版本是作校勘的唯一的憑依。但是論衡這部書所保存的善本是這樣少，要整理這部書，只靠版本是不夠的。勢必於版本之外，另找方法，即取證於本書、他書、類書、古書注的四種方法。

孫詒讓在他的札迻序上説：

其諟正文字譌舛，或求之於本書，或旁證之它籍，及援引之類書，而以聲類通轉爲之錧鍵，故能發疑正讀，奄若合符。

本書、它籍、類書，這是揭舉校勘學在離開版本的憑藉時的三大途徑。陳援菴垣。先生元典章校補釋例説得更詳細。他舉出校法有四：

1．對校法　即以同書之祖本或别本對讀。遇不同之處，則注於其旁。

2．本校法　以本書前後互證，而抉摘其異同，則知其中之謬誤。

3．他校法　以他書校本書，凡其書有采自前人者，可以前人之書校之；有爲後人所引用者，可以後人之書校之；其史料有爲同時之書所並載者，可以同時之書校之。

4．理校法　段玉裁曰：「校書之難，非照本改字，不譌不漏之難，定其是非之難。」所謂理校法也。遇無古本可據，或數本互異，而無所適從之時，則須用此法。

第一種對校法，是用兩本相比，是最容易的工作。只要有相當的學力，就能判斷「某本作某是對的」。第二種本校法，即孫氏所謂求之於本書。第三種他校法，即孫氏所謂旁證之它籍及援引之類書。有時憑據他書注的引用，也屬於此法。第四種理校法，即胡先生所謂推理的校勘。

在没有古本憑依的時候，想對於某一部書，發現它的謬誤，改正它的謬誤，證實所改正的是非，用本校法和他校法，即取證於本書、他書、類書、古書注的四種方法，是有相當徵實性的方法。因爲它的客觀性是與憑藉版本差不多。如唐、宋人的類書或古書注的引用，就可大致的見到唐、宋時這部書的本子。胡先生告訴我説：「依據類書或古書注，也就大致等於依憑古本。」

取證於本書、他書、類書及古書注，這四種方法，在運用時，應當各有相當的精細和警戒，兹就本書舉例於下：

一、取證本書的方法，是求本篇的上下文義，或把本篇與他篇作一種歸納的比較，找出他的句例常語，以相諟正。

例一——據上下文義

高祖詔叔孫通制作儀品，十六篇何在？而復定儀禮〔儀〕？謝短篇卷十二，頁六五七。

此謂禮經十六篇何在，而庸叔孫通再定儀品也。後漢書曹褒傳論：「漢初朝制無文，叔孫通頗采禮經，參酌秦法，有救崩弊。先王容典，蓋多闕矣。」張揖上廣雅疏曰：「叔孫通撰制禮制，文不違古。」是儀品本於禮經，故仲任詰之曰時「十六篇何在」也。禮儀即謂儀品，司馬遷傳、劉歆移太常博士書、儒林傳、禮樂志、本書率性篇並可證。此作「儀禮」，字誤倒也。程樹德漢律考，以「叔孫通制作儀品十六篇」爲句，（前漢書禮樂志考證，齊召南讀同。）則以「儀禮」爲禮經，非也。據曹褒傳，叔孫通所作，只十二篇，未云「十六」。且此文屢云「禮經十六篇」，則此「十六篇何在」五字爲句，以指禮經，明矣。此句既謂禮經，則下句又云「儀禮」，於義難通。且禮經有儀禮之名，始見後漢書鄭玄傳，（吴承仕經典釋文序録講疏謂始自晉書荀崧傳。）仲任未及稱也。

例二——本篇與他篇句例的比較

今魯所獲麟戴角，即後所見麟未必戴角也。如用魯所獲麟，求知世間之麟，則必不能知也。何則？毛羽骨角不合同也。假令不（合）同，或時似類，未必真是。講瑞篇卷十六，頁八四三。

「不同」當作「合同」，涉上文誤也。此反承上文。仲任意：即有合同者，不過體貌相似，實性自別。下文即申此義。奇怪篇云：「空虚之象，不必實有。假令有之，或時熊羆先化爲人，乃生二卿。」是應篇云：「屈軼之草，或時實有而虚言能指。假令能指，或時草性見人而動，則言能指。」句例正同。

例三——本篇與他篇常語的比較

占大將且入國邑，氣寒，則將且怒；温，則將喜。變動篇卷十五，頁七六六。據下文「未入界，未見吏民，是非未察」，則州刺史、郡太守之事，非謂大將軍也。「將」謂州牧、郡守，本書屢見，當時常語。「大」字蓋後人不明「將」字之義而妄加者。累害篇：「進者争位，見將相毁。」又曰：「將吏異好，清濁殊操。」答佞篇：「佞人毁人於將前。」程材篇：「職判功立，將尊其能。」又云：「將有煩疑，不能效力。」超奇篇：「周長生在州爲刺史任安舉奏，在郡爲太守孟觀上書，事解憂除，州郡無事，二將以全。」齊世篇：「郡將撾殺非辜。」諸「將」字並與此同。

二、取證他書的方法，是就本書文句出於他書，或本書文句與他書互見的，及被他書徵引的，而爲比較的考察。

例一——本書文句出於他書

齊詹(侯)問於晏子曰：「忠臣之事其君也，若何？」對曰：「有難不死，出亡不送。」詹曰：「列地而予之，疏爵而貴之，君有難不死，出亡不送，可謂忠乎？」定賢篇卷二十七，頁一二八八。

「齊詹」當作「齊侯」，「侯」一作「矦」，與「詹」形近而誤。此事見晏子春秋問上。晏子作「景公問於晏子」，説苑臣術篇作「齊侯問於晏子」，是其證。下文「詹曰」，亦當作「齊侯曰」。「侯」譌爲「詹」又脱「齊」字。晏子作「公不説曰」，説苑作「君曰」。

例二——本書文句與他書互見

德彌盛者文彌縟，德彌彰者人（文）彌明。書解篇卷二十八，頁一三三三。「人」當作「文」。上下文俱論「文德」，不得轉入「人」也。「人」「文」形近之誤。説苑修文篇「德彌盛者文彌縟，中彌理者文彌章」，句意正同，是其證。

例三——本書文句被他書徵引

廣漢楊翁仲（偉）（能）聽鳥獸之音，乘蹇馬之野，（而）田間有放眇馬（者），相去（數里），鳴聲相聞。翁仲（偉）謂其御曰：「彼放馬知此馬而目眇。」其御曰：「何以知之？」曰：「罵此轅中馬蹇，此馬亦罵之眇。」其御不信，往視之，目竟眇焉。實知篇卷二十六，頁一二五二。

高似孫緯略一引「仲」並作「偉」，「聽」上有「能」字，「田間有放眇馬」作「而田間有放馬者」，「相去」下有「數里」二字，「彼放馬知此馬而目眇」作「彼放馬目眇」，「目竟眇焉」作「馬目竟眇」。類聚九三、御覽八九七引亦正同。並是也，當據正。

取證於他書的方法，是最艱難而最精當的方法。劉先生告訴我說：「取證於他書的方法，才能够發揮校勘學最大的效能。」校勘學的本義，固然是賴於版本的比校，但版本本身有兩個缺陷，即：一、版本本身的錯誤。現在我們所能見到的本子，不外唐寫本、宋刊本，但遇着這樣事實，在唐、宋以前就已經錯了，則雖有版本，也不能據正。二、善本流傳到現在，委實有限，若必待於版本而後校書，則有些書必致無法去校。取證於他書的方法，正能補救這兩種缺陷。這方法能使用校勘的材料有三，即：一、上溯本書所援據者。二、旁搜本書與他書互見者。三、下及本書被後人引用者。因爲這方法取材的方面這樣多，又没有版本的那兩種缺陷，所以這方法能够發揮校勘學最大的效能。如荀子堯問篇：「子貢問於孔子曰：『賜爲人下而未知也。』」楊倞注：「下，謙下也。子貢問欲爲人下，未知其益也。」按：「而未知」下當有「爲人下之道」五字。説苑臣術篇：「賜爲人下而未知所以爲臣下之道也。」韓詩外傳七：「請問爲人下之道。」家語困誓篇：「賜既爲人下矣，而未知爲人下之道。」並其證。注：「下，謙下也。」是所見本已脱此五字，而望文生義加「謙」字釋之。這就是取證於他書能救版本之窮之明證。

但取證於他書時，當注意到家法的不同。因爲今古文的章句文字是不一樣的。如別通篇「猶吾大夫高子」，是用魯論，不當據今本論語改「高」作「崔」。氣壽篇「舜徵二十歲在位」，今本作「三十」，即由淺人據僞孔本妄改，而不知仲任是習歐陽尚書的。潛夫論班祿篇引詩皇矣「此惟予度」亦見本書初稟篇。是三家詩，王謨本據毛詩改「度」作「宅」，也是由於不明家法的原故。

三、取證於類書的方法，是不可過信。因爲類書漏引節引，與原書時有出入。要是善於運用，它是最好的材料，因爲它能够使我們的推理得着更確實的證明。最好不信賴類書中一兩條的孤證，能够把類書所引的歸納得數條以上，那就能够使今本比較的近古。且舉孫蜀丞先生誤援類書的例子如次：

例一

立春東耕，爲土象人，男女各二人，秉耒把鋤；或立土牛。〔象人、土牛〕，未必能耕也。亂龍篇卷十六，頁八二〇。

孫曰：「立土牛」當作「立土象牛」，與上文「爲土象人」句意相同。此脱「象」字。「未必能耕也」，當作「土牛未必能耕也」，又脱「土牛」二字。故文義不明。類聚三十九、御覽五百三十八（當作七。）並引作「或立土牛象人，土牛未畢而耕也」。「土牛」二字未脱。「或立土牛」作「或立土牛象人」，亦非也。惟事類賦四（當作五。）引作「或立土象牛」，不誤，當從之。暉按：類聚、御覽引作：「或立土牛，（句）象人土牛，未畢而耕也。」（御覽二十引同。）當據補「象人土牛」句。「未必能耕也」，是承「爲土象人」、「或立土牛」兩層爲文，言土人與土牛並不能耕。下文「與立土人、土牛，同一義也」，亦以「人」、「牛」並舉。「象人、土牛」，「象人」即承「爲土象人」，「土牛」即承「或立土牛」，類聚、御覽所引不誤。今本脱去「象人土牛」四字耳。孫誤以「或立土牛象人」句絶，而信事類賦之孤證，非也。

例二

楊子雲作法言，蜀富〔賈〕人賫錢千（十）萬，願載於書。子雲不聽，〔曰〕：「夫富無仁義之行，〔猶〕圈中之鹿，欄中之牛也，安得妄載？」佚文篇卷二十，頁一〇一三。

孫曰：初學記十八、御覽四七二引此文「富」下並有「賈」字，「千萬」作「十萬」，「聽」下有「曰」字，「之行」二字作「猶」，皆是也。今本脱誤，當據補正。

暉按：孫校補「賈」字、「曰」字，改「千」作「十」，是也。御覽八二九、又八三六引亦有「賈」字，「千」作「十」。又朱校元本、事文類聚别集二引亦作「十」。孫謂「之行」二字當作「猶」，非也。御覽八二九引「之行」下有「正如」二字，又八三六引「之行」下有「猶」字。事文類聚引同。則「之行」二字不誤，當據補「猶」字。

四、取證於古書注的方法，即就唐、宋人注他書時所引本書以與今本兩相比勘，往往可以補缺正誤。如感虚篇：「堯時五十之民擊壤於塗。」卷五，頁二九六。文選注、路史注引「堯時」下有「天下大和，百姓無事有」九字，則知今本脱落。言毒篇：「火困而氣熱，血毒盛，故食走馬之肝殺人。」卷二十三，頁一一〇八。史記儒林傳正義引「血毒盛」作「氣熱而毒盛」，則知今本脱「氣熱」二字，「血」爲「而」字形譌。

我對此書解釋的工作，是用歸納和分類的方法。

關於字義的解釋，是用歸納法。王氏父子就是運用這個方法得着絶大的成功，在經傳釋詞上可以表現。王引之經傳釋詞序説：「凡此者其爲古之語詞，較然可著。揆之本文而協，驗之他卷而通。雖舊説所無，可以心知其意者也。」没有舊説的根據，爲什麽他能心知其意呢？就是因爲他用的方法正確。歸納各書中同樣的字，找出共通的意義，所以能够「揆之本文而協，驗之他卷而通」。試將本書「嫌」字的用法，歸納於下：

許由讓天下，不嫌貪封侯。書虛篇卷四，頁一九七。

季子能讓吴位，何嫌貪地遺金？頁一九九。

棄其寶劍，何嫌一叱生人取金於地？頁一九九。

人生於天，何嫌天無氣？談天篇卷十一，頁五六二。

能至門庭，何嫌不窺園菜？儒增篇卷八，頁四三六。

材能以其文爲功於人，何嫌不能營衛其身？書解篇卷二八，頁一三四四。

上列各「嫌」字，并當訓作「得」。劉盼遂先生訓爲「貪」，則不能「揆之本文而協，驗之他卷而通」了。説詳書虛篇卷四，頁一九八。

又歸納全書「起」字，審其用法，可以得一通訓。

一、雲雨感龍，龍亦起雲而升天。龍虛篇卷六，頁三三八。

二、禹問難之，淺言復深，略指復分，蓋起問難訨説，激而深切，觸而著明也。

三、蓋起宰予晝寢，更知人之術也。頁四七二。問孔篇卷九，頁四六一。

四、今孔子起宰予晝寢……頁四七三。

五、孔子欲之九夷者，何起乎？頁四八四。

六、起道不行於中國，故欲之九夷。頁四八四。

七、倉頡何感而作書？奚仲何起而作車？謝短篇卷十二，頁六七五。

八、天至明矣，人君失政，不以他氣譴告變易，反隨其誤，就起其氣。譴告篇卷十四，頁七四六。

九、夏末蜻蛚鳴，寒螿啼，感陰氣也；雷動而雉驚，發蟄而蚰出，起陽氣也。變動篇卷十五，頁七六〇。

十、人君起氣而以賞罰。頁七六一。

十一、夫喜怒起事而發。頁七六四。

十二、起水動作，魚以爲真，並來聚會。亂龍篇卷十九，頁八一七。

十三、且瑞物皆起和氣而生。講瑞篇卷十六，頁八五三。

十四、奚仲感飛蓬，而倉頡起鳥跡也。感類篇卷十八，頁九三三。

十五、皆起盛德，爲聖王瑞。驗符篇卷十九，頁九七九。

十六、虎狼之來，應政失也；盜賊之至，起世亂也；然則鬼神之集，爲命絶也。解除篇卷二五，頁一二一〇。

十七、春秋之作，起周道弊也。定賢篇卷二七，頁一三〇二。

十八、如周道不弊，孔子不作者，未必無孔子之才；無所起也。頁一三〇二。

十九、周道弊，孔子起而作之。頁一三〇三。

二十、設孔子不作，猶有遺言；言必有起，猶文之必有爲也。頁一三〇三。

二一、觀文之是非，不顧作之所起，世間爲文者衆矣。頁一三〇三。

二二、儒者不知秦燔書所起，故不審燔書之實。正説篇卷二八，頁一三〇八。

二三、感僞起妄，源流氣烝。書解篇卷二八，頁一三三九。

二四、有鴻材欲作而無起，無細知以閒而能記。頁一三四〇。

二五、故夫賢聖之興文也，起事不空爲，因因不妄作。對作篇卷二九，頁一三六七。

二六、是故論衡之造也，起衆書並失實。頁一三六八。

二七、故論衡者……其本皆起人間有非。頁一三六八。

以上二十七則。二五、「起」與「因」字互用，十六、「起」與「應」字互用，十六、二十、「起」與「爲」字互用，一、七、九、十四、二三、「起」與「感」字互用。據此，這二十七處的「起」字，有「因」、「爲」、「應」、「感」等字的意思。這是不見於字書，而可以由歸納的結果，證明這種解釋是不會錯誤的。

再者，仲任慣用「何等」二字，歸納於下：

一、鑿井而飲，耕田而食，堯何等力？ 感虛篇卷五，頁二九七。

二、實黄帝者，何等也？ 道虛篇卷七，頁三六七。

三、所謂尸解者，何等也？ 頁三八六。

四、今言男女倮，相逐其間，何等潔者？ 語增篇卷七，頁四〇九。

五、此何等民者？ 猶能知之。 藝增篇卷八，頁四五三。

六、年五十擊壤於路，與豎子未成人者爲伍，何等賢者？ 頁四五三。

七、夫法度之功者，謂何等也？ 非韓篇卷十，頁五〇七。

八、「名世」者，謂何等也？ 刺孟篇卷十，頁五三四。

九、所謂十日者，何等也？ 詰術篇卷二五，頁一一九八。

「何等」二字當是漢時常語。孟子公孫丑篇：「敢問夫子惡乎長？」趙注：「丑問孟子才志所長何等？」呂氏春秋愛類篇：「其故何也？」高注：「爲何等故也。」都是以「何等」連文，猶今言「什麽」。

上列「嫌」、「起」、「何等」三例，都是以歸納法來解釋字義的。雖無舊説可憑，但若玩其本文，參之他卷，自覺其爲適當的解釋。

全書故實，也用同樣的歸納法，以便於與其所根據的他書及本書各篇前後互見的相參照。如漢高祖的母親，息大澤之陂，夢與神遇，見吉驗、奇怪、雷虛、感類等篇，此事出史、漢高紀。王鳴盛説，「遇」是「搆精」的意思。據奇怪、雷虛，謂「遇」是龍施氣，則知漢人的意思與王鳴盛説同，而仲任則謂「遇」是「遇會」。又如湯遭大旱，禱於桑林，見感虛、明雩、感類等篇。明雩、感類并説「湯以五過自責」，而感虛篇則説以「六過」，與荀子、説苑、帝王世紀等書正合。則知仲任本云「以六過自責」，其説無異，而一作「五過」者，是出於誤記，未必仲任另有所據而云然。說詳感虛篇卷五，頁二八七。又如桑穀之異，見無形、變虛、異虛、恢國、感類、順鼓等篇。這件故事，有書系之高宗武丁，有書系之中宗太戊，仲任於無形、變虛、異虛、恢國作高宗，於感類作太戊，於順鼓並存兩説。則知這個故事相承有如此異説，不關於今古文説的不同，故仲任隨意出之。說詳無形篇卷二，頁七二。

關於本書援引羣經的地方的解釋，是用分類法。陳奐詩毛氏傳疏序説：

初放爾雅編作義類，分别部居，各爲探索。久乃劖除條例章句，揉成作疏。

可見陳奐作詩毛氏傳疏事前準備的工作，將全書拆開，分成若干類，會集材料，然後會通成書。我也用這種分類的方法。不過陳氏就山川名物學爾雅那樣分類，我則就所引羣經，將各經作一單位，分別鈔集，然後再參照各經的各種注釋，求其家法，探其義藴。如本書所見論語的地方，都輯爲一類，以便於與本書各篇前後參照，及博徵舊説，以求合於本書的原義。如論語雍也篇：「伯牛有疾，孔子自牖執其手，曰：『亡之命矣夫，斯人也而有斯疾也。』」見幸偶、命義、禍虚、問孔、刺孟等篇。據問孔篇，卷九，頁四七五。知「亡」字讀作有無之「無」，不當如集解讀死亡之「亡」。又據禍虚、刺孟，知所謂「惡疾」，所謂「有疾」，是「被厲」。又如語增篇引論語：「巍巍乎！舜、禹之有天下也，而不與焉。」卷七，頁三九八。仲任的意思，「與」是讀「參與」之「與」。但舊説「與」字的意思有四種。具見本篇。結果，可以發現分類的好處：一、就仲任的意思以相解釋，不致前後相違。二、博考舊説，取其當於本書的原義，不致於只憑舊注，使正文與注義不相吻合。

我整理這部書，前後凡七年。在三年前，只就文選李注所引本書及本書見於他書者，互相比勘，成論衡校録若干卷，王充年譜一卷，就正於劉叔雅先生，幸蒙許爲精當。去年，胡適之先生也以爲我的論衡校録有些是處，所以願意出其手校本和楊守敬校宋本借給我。今年，馬幼漁裕藻。先生借給我朱宗萊校元本，吴檢齋先生借給我手校本。因爲增加了這些新的材料，校録的内容也就擴張了。計校釋的時間凡五年，全稿寫定凡二年。其中一部分的稿子，曾經胡先生和高閬仙步瀛。先生看過，改正好多地方。全書既成，友人齊燕銘舉其論衡札記稿本相餉，又抉取約二十餘條。——這些都是幫助我這書能够有成功的人。謹誌其始末，以申謝意。

本書今古文説，大致能説得清楚，是孫星衍、陳喬樅、皮錫瑞一班人的功績。俞樾、孫詒讓和孫蜀丞先生都對此書費些精力，我平易的援用，應當銘感。

中華民國二十四年八月二十日，黄暉序於北平。

例略

一、載籍相承，鈔刊婁改，文乖句錯，流失殊多；簡册湮泯，事故莫考，義微訓晦，悠邈難明。頗賴正僞補遺，使歸舊本；摭經拾傳，俾事疏通。或乃牴牾依違，僞真舛雜，緣生訓解，以是爲非，因之句讀紛挐，郢、燕相亂。故必校在釋先，理正粗成，次申訓釋。兹編竊守斯義：研核衆本，考校異同，使知攸適，於是會綜故訓，貫繹羣書，裨補疏遺，免生穿鑿。題曰論衡校釋。

二、所據舊本

宋本殘卷自十四卷至十七卷。版心有刻工姓名。每半頁十行，每行二十字或二十一字。現存北平歷史博物館。簡稱「宋殘卷」。

悼厂姓名未詳。過録楊守敬校宋本據程榮本以通津本互校。現藏胡先生處。簡稱「宋本」。

孫詒讓校元本據程榮本校。見札迻。簡稱「元本」。

朱宗萊校元本據王謨本校。現藏馬幼漁先生處。簡稱「朱校元本」，或「朱校」。

明天啓本序稱：據宋楊文昌本。半頁九行，行二十字。後鐫楊文昌舊序。簡稱「天啓本」。

通津草堂本簡稱「通津本」。

程榮刻本簡稱「程本」。

何鏜刻本簡稱「何本」。

黄嘉惠刻本簡稱「黄本」。

錢震瀧刻本簡稱「錢本」。

潮陽鄭氏刻本倣通津本。簡稱「鄭本」。

湖北崇文局本簡稱「崇文本」。

三、以通津本爲據，其依別本及他書改、補者，則曰「據某本某書當改」，「據某本某書當補」。不敢馮肊擅動，竄亂原書，其諟正補删之字，以符號識別，例如左：

缺——□

例：牖里、陳、蔡可得知，而沈江蹈河□□□也。——累害篇卷一，頁一六。

補——〔〕

例：命當貧賤，雖富貴之，猶涉禍患，〔失其富貴〕矣。——命禄篇卷一，頁二二。

改——（）

例：調能定説，審詞（伺）際會。——逢遇篇卷一，頁七。

删——□

例：皆賚盛糧，或作乾糧——藝增篇卷八，頁四五五。

其訛誤顯著，直加勘正者，則曰：「舊作某，今據某本某書改。或補，或删。」其義並通者，注其異同。其並難通者，存之俟考。舊本校語，則著「舊校曰」以別之。

四、引據各家校録

俞樾曲園雜纂第二十三讀論衡

孫詒讓札迻

楊守敬論衡校録見校宋本。

朱宗萊論衡校録見校元本。

孫蜀丞人和。先生論衡舉正載吴檢齋、陳世宜説。

吴檢齋承仕。先生論衡校録手校本尚有若干條不見於孫氏舉正者，頗加採摭。

劉叔雅文典。先生三餘札記二論衡斠補

胡適之適。先生論衡校録見手校本。

齊燕銘先生論衡札記稿本。

五、上列諸家，簡著其姓。兩孫相混，則仿「先鄭」例，稱仲容説爲「先孫曰」。其諸説雜廁他書經左右纂集者，各著姓名以别之。如仲容説非出於論衡札迻者，則稱「孫詒讓曰」。其舊説未安，時附微意；或筦闚一得，增演前修者，則著「暉按」或「按」以别之。

六、一篇之中其自成起訖者，提行分段，或間後一行，以清眉目，務便省覽。其依舊本段者，則曰「舊本段」。

七、仲任生當今文盛行之世，古文未立，雖其不守章句，後漢書本傳語。如明雩篇引論語「詠而饋」從古論，别通篇「猶吾大夫高子」又用魯論。然大抵皆今文説。如尚書則本歐陽，論語則魯論，詩則魯詩。今加訓釋，各從家法，舉其舊義。

八、史實義訓，當詳於後者，則略於前，注曰「注見後某篇」，如謝短篇「社稷靈星」注祭意篇。詳見本書者則注曰「見前或後某篇」，如死僞篇「張良行泗水上，老父授書」，事詳紀妖篇，則注曰「見紀妖篇」，省引史記留侯世家文。並務省約耳。

九、全書義理，或前後互相發明，或相牴牾者，並注明以備省覽。如感虚篇言杞梁妻哭城城崩之妄，亦見變動篇，則注曰：「變動篇亦辯其虚。」遭虎篇力辯虎狼食人，非部吏之過，解除篇又謂「虎狼之來，應政失也」，則注曰：「與遭虎篇宗旨相違。」其援引訛誤，則據他書表出之，以示讀者。如講瑞篇「張湯之父五尺，湯長八尺，湯孫長六尺」，據史、漢任敖傳乃張蒼，非張湯也，則注曰：「仲任誤記。」

十、他書徵引者，推究其義，補入本文；其不能附麗者，則都爲一類，成論衡佚文一卷。審其文義，似出某篇，則爲注明。或非本書語，及非仲任時事，而本出他書者，則略加辯正。

十一、後漢書本傳識仲任行事甚略，本書自紀篇稍詳，今參以羣籍及論衡諸篇，成王充年譜一卷。並據本書所見故實，與史傳參驗，以見論衡諸篇屬稿先後。

十二、諸家對仲任或毁或譽，散見羣籍。頗爲撰集，成論衡舊評一卷，以見諸儒對本書價值之歷史上轉變。其概論全書，則入總評，其專論某一事者，則注曰：「此評某篇。」若余允文尊孟辨、守山閣叢書本。郎瑛七修類稿、續稿辨證類曰：「宋劉章有刺刺孟，王乃詞勝理者，因孟而矯之。惜未見其書。」熊伯龍無何集、湖北先正遺書本。謝无量王充哲學，學生叢書本。中華書局出版。皆有專書；政治思想史、哲學史、文學史之類，間有論及，而世多有其書，故並不纂集。

十三、近人對論衡頗加尋繹，揉和全書，序累論列，觀其詞義，信有善者，然所理釋，難免附會今古，穿鑿東西，茲并不取。胡先生王充的論衡一卷，抉要鉤玄，將仲任辯證方法、思想體系、時代背景揭示讀者，故爲轉載。

十四、集録史乘及藏書家經籍目録諸志，成論衡版本卷帙考一卷。諸本先後相承，淵源可考。其善本見存者，幸可得之來日。

十五、諸本前序後跋，並爲逐録，成論衡舊序一卷。雖頗有浮詞，而版本源流，及對仲任毁譽背向，於茲附見，故存之備考。

劉盼遂集解自序

敍曰：東漢世祖，應讖中興，芳風所煽，庶草斯偃，虚妄顯於真，實誠亂於僞，世人不悟，是非不定，紫朱雜廁，瓦玉集糅。會稽大儒王充，蒿目當時，惻怛發心，肇造論衡八十五篇，意在褒是抑非，實事忌妄，誠以當時衆書並失實，虚妄之言勝真美也。虚妄之語不除，則華文不見息，華文放流，則實事不見用。論衡乃所以銓輕重之言，立真僞之平，非苟調文飾，空爲奇偉之觀也。其本皆起人間有非，故盡思極心，以譏世俗，明辨然否，冀悟迷惑之心，使知虚實之分。虚實之分定，而後華僞之文滅，華僞之文滅，則純誠之化日孳。九虚、三增，所以使俗務實誠。論死、訂鬼、死僞，所以使俗薄喪葬。至若齊世、宣漢、恢國、驗符、盛褒、須頌之言，無誹謗之辭。凡論衡之所由作，與其文章之鴻美，則對作、自紀二章固亦啓哉其言之矣！（上方諸句，蓋儘量最録論衡原書之辭，期能近真。）

至其居學術思想之重要價值，予別輯古來評品論衡之作，約得百餘條，殆已發揮盡致，綴諸卷末，無事煩絮。

原夫論衡一書，歷來號稱難讀者，約有四因：一曰用事之沈冥。二曰訓詁之奇觚。此二者屬於著作人之本文然也。三曰極多誤衍誤脱之字。四曰極多形誤音誤之文。此二者屬於後代鈔手及梓人之不慎而然也。兹得各舉一二例以甄發之。

一、用事之沈冥。

王氏多見古書，往往爲後代所不傳，故論衡所言故事，多有不知其出典者。如書虚篇云：「吴王夫差殺伍子胥，煮之於鑊。」案周、秦、兩漢現存之書，絶不見子胥鑊煮之事。惟論衡此篇所言，及命義篇云「屈平、子胥，楚放其身，吴烹其尸」，刺孟篇云「比干剖，子胥烹，子路醢」，是必王氏於子胥伏鼎一事，别有承襲，非出壁造，可知矣。俞曲園未能通較前後，遽詆爲仲任誤記，蓋難免誣古之失。

二、訓詁之奇觚。

書虚篇云：「許由讓天下，不嫌貪封侯。伯夷委國飢死，不嫌貪刀鉤。」向來校者通昧于嫌字借義，謂爲誤字。今案嫌、貪係同義駢列之辭，嫌亦貪矣。孟子：「行有不慊於心。」趙注：「慊，快也。」齊策「齊桓公夜半不嗛」，高注：「嗛，快也。」是嫌與慊、嗛古皆同聲通用。本篇下文：「季子能讓吴國，何嫌儒貪地遺金。」又云：「季子不負死者，棄其寶劍，何嫌一叱生人取金於地。」增篇云：「能至門庭，何嫌不窺園菜。」諸嫌字，義並同，可以決定嫌、貪爲快意之謂。王氏自有其字典也。（世謂西方大學人均有箇人字典，予謂我國周、秦、兩漢諸子亦莫不然。試取一編閱之，即可知。○後見黄暉校釋，謂論衡諸嫌字並訓作得。然談天篇「人生於天，何嫌天無氣」，則仍不可通解。詳見談天篇集解。）

三、誤衍誤脱之例。

甲、誤衍。物勢篇：「氣微爪短誅，膽小距頓。」今案：誅當爲銖之誤字。淮南鴻烈齊俗訓：「其兵戈銖而無刃。」注：「楚人謂刃頓爲銖。」廣雅釋詁：「銖，鈍也。」是爪短與距銖爲駢辭，頓字實讀者所作銖字之傍注，後人誤竄入正文，復譌銖爲誅，所亟宜刊正也。

乙、誤脱。宣漢篇：「講瑞上世爲美，論治則古王爲賢。」今案：講瑞下應有一則字，今脱去，致與下句不匀，而氣亦不貫，所宜補足也。

四、形誤音誤之例。

甲、形誤。須頌篇：「道立國表，路出其下，望國表者，昭然知路。」漢德明著，莫立邦表之言。」今案：此文譌誤實甚。邦表實郵表之誤，國表又由誤會王充爲漢避諱而改邦爲國也。郵表者，説文木部：「桓，亭郵表也。」其制詳見崔豹古今注云：「今之華表木，以橫木交柱，狀若花，形如桔槔，大路交衢悉施焉。亦以表識衢路也。秦乃除之，漢始復修焉。今西京謂之交午木。」崔氏説與論衡此文全合。又考阮元揅經室一集有釋郵表畷一文，其要旨謂「郵表畷之古義，皆以立木綴毛裘之物而垂之，分其間界行列遠近，使人可準視望，止行步，而命名者也」。其説亦全與論衡合。知論衡此文是郵表，而非邦表、國表矣。更以論衡本書證之。談天篇説：「二十八宿爲日月舍，猶地有郵亭爲長吏舍矣。郵亭著地，亦如星宿著天也。」郵亭即郵表所在之亭。由是亦可考見兩漢亭表之制焉。

乙、音誤。超奇篇：「山之禿也，孰其茂也？地之瀉也，孰其滋也？」今案：地瀉與山禿對文，蓋瀉爲舄之音誤。舄者，地鹹鹵不生殖也。漢書溝洫志「終古舄鹵兮生稻粱」，文選海賦「襄陽廣舄」，皆其例矣。山禿則無爲之茂，地舄則無爲之滋，所以反比漢家熾盛則文章之人滋茂也。

以上四端，不過舉其千百分之一二而已。瞑眩擿埴，至於此極。故王氏此書向稱無善本，而自蔡伯喈、王景興、葛稚川後，殊少道及之者。至宋孝宗乾道三年，洪适始校刻於會稽蓬萊閣。然适已云：「轉寫既久，舛錯滋甚，殆有不可讀者。以數本參校，猶未能盡善也。」惟洪本後世無傳焉。今通行者，獨明通津草堂本及程榮漢魏叢書本而已。而二本脱文錯簡之憾，亥豕帝虎之嫌，觸目紛如，視洪氏蓬萊閣時，殆尤落葉殞階，遂致此士林極須誦習之書，反成士林極歎榛薉之書，不其惜歟！予自負笈清華園，初有志於修正是書。暇日抽讀，每遇疑難，隨下一籤。計起乙丑訖于今茲，此七年中，銖積寸累，所發正者無慮數百千事。於仲任之語法及字學，尤反覆三致意焉。清藁凡經數易始定，匪敢曰勤劬，蓋鑽仰無厭之情則然爾。今更干流先正及時賢校録論衡之文，彙爲集解三十卷，再以王充事蹟及論衡題跋合爲附録一卷，都三十一卷，付之剞劂氏，布諸藝苑。尚睎海内儒臯文霸，肯振其不逮，錫以匡棐，則尤不勝翹企之殷殷矣。壬申九月。

論衡校釋卷第一

逢遇篇

操行有常賢，仕宦無常遇。賢不賢，才也；遇不遇，時也。才高行潔，不可保以必尊貴；能薄操濁，不可保以必卑賤。或高才潔行，不遇，退在下流；盼遂案：退字涉下文「退在不遇」而誤衍。下句「薄能濁操，遇，在衆上」，與此爲對文。薄能濁操，遇，在衆上。楊曰：或云「遇」下當有「進」字。世各自有以取士，士亦各自得以進。進在遇，退在不遇。處尊居顯，未必賢，遇也；位卑在下，未必愚，不遇也。故遇，或抱洿行，廣雅釋詁曰：「洿，濁也。」尊於桀之朝；不遇，或持潔節，卑於堯之廷。所以遇不遇非一也：或時賢而輔惡；盼遂案：悼厂云：「時下疑脱君字，下文有『非時君主不用善也』其證。」或時二字連文，本書多有。或以大才從於小才；或俱大才，道有清濁；或無道德，而以技合；或無技能，而以色幸。

伍員、帛喜，舊校曰：宜讀作「伯嚭」字。暉按：越絕書字亦作「帛喜」。梁玉繩人表考云：

「吴越春秋作『白喜』，又作『帛否』，又作『伯喜』。文選廣絶交論注云：『古字通用。』」吴曰：「『嚭』字从『喜』，『否』聲。作『喜』者，『嚭』形之殘。」俱事夫差，帛喜尊重，伍員誅死。此異操而同主也。史記伍子胥傳曰：「夫差立爲王，以伯嚭爲太宰。嚭與子胥有隙，因讒之。王乃賜子胥屬鏤之劍，以死。」或操同而主異，亦有遇不遇，伊尹、箕子是也。伊尹、箕子，才俱也，伊尹爲相，箕子爲奴；論語微子篇集解馬曰：「佯狂爲奴。」尚書泰誓孔傳：「以爲囚奴。」竹書紀年：「帝辛五十一年囚箕子。」庚信周齊王憲神道碑曰：「囚箕子於塞庫。」伊尹遇成湯，箕子遇商紂也。夫以賢事賢君，君欲爲治，臣以賢才輔之，趨舍偶合，其遇固宜；以賢事惡君，君不欲爲治，臣以忠行佐之，操志乖忤，不遇固宜。

或以賢聖之臣，遭欲爲治之君，而終有不遇，孔子、孟軻是也。孔子絶糧陳、蔡，論語衛靈公篇曰：「在陳絶糧，從者病，莫能興。」孟軻困於齊、梁，孟子公孫丑篇曰：「孟子去齊。曰：『於崇，吾得見王，退而有去志。久於齊，非我志也。』」史記六國表：「魏惠王三十五年，孟子來。」魏世家：「三十六年，惠王卒，子襄王立。孟子曰：『望之不似人君。』」是於梁亦未申其志。非時君主不用善也，才下知淺，不能用大才也。夫能御驥騄者，必王良也；能臣禹、稷、皋陶者，必堯、舜也。御百里之手，而以調千里之足，必有摧衡折軛之患；有接具臣之才，楊曰：「『有』字疑衍。」「具臣」，論語先進篇集解孔曰：「言備臣數而已。」而以御大臣之知，必有閉心塞意之變。故至言棄捐，管子侈靡篇：「女言至焉。」注：「至，謂盡理。」聖賢距逆，「距」讀作「拒」。非憎聖賢，不甘至言也，聖賢務高，至言難行也。夫以大才干小才，小才不能受，不遇固宜。

〔或〕以大才之臣，據上「或以賢聖之臣」、下「或以醜面惡色」文例，「以」上當增「或」字。遇大才之主，乃有遇不遇，虞舜、許由、太公、伯夷是也。虞舜、許由，俱聖人也，並生唐世，俱面於堯，廣雅釋詁曰：「面，鄉也。」虞舜紹帝統，許由入山林。呂氏春秋慎人篇：「由虞潁陽。」注：「不屈於堯，養志箕山，山在潁水北。」太公、伯夷俱賢也，並出周國，皆見武王，太公受封，伯夷餓死。夫賢聖道同，志合趨齊，虞舜、太公行耦，許由、伯夷操違者，生非其世，出非其時也。道雖同，同中有異；志雖合，合中有離。何則？道有精麤，志有清濁也。許由，皇者之輔也，生於帝者之時；伯夷，帝者之佐也，出於王者之世。公羊成八年傳何休注：「德合元者稱皇，德合天者稱帝，仁義合者稱王。」桓譚新論曰：「三皇以道治，五帝以德化，三王由仁義，五霸用權智。無制令刑罰謂之皇。有制令，無刑罰，謂之帝。賞善誅惡，諸侯朝事謂之王。」（引據孫馮翼輯本。）白虎通號篇：「德合天地者稱帝，（御覽七十六引無「地」字，是。公羊何注正無「地」字。）仁義合者稱王，別優劣也。禮記謚法曰：『德象天地稱帝，仁義所生稱王。』帝者天號，王者五行之稱也。皇者，何謂也？亦號也。皇，君也，美也，大也，天人之揔，美大之稱也。時質故揔稱之也。號之爲皇者，煌煌人莫違也。煩一夫，擾一士，以勞天下，不爲皇也。不擾匹夫匹婦故爲皇。故黄金棄於山，珠玉捐於淵，巖居穴處，衣皮毛，飲泉液，吮露英，虚無廖廓，與天地通靈也。號言爲帝者何？帝者諦也，象可承也。王者往也，天下所歸往。鉤命決曰：『三皇步，五帝趨，三王馳，五霸騖。』」並由道德，俱發仁義，主行道德，不清不留；主爲仁義，不高不止，此其所以不遇也。堯溷，舜濁；楚辭哀郢，王注：「溷，亂也。濁，貪也。」武王誅殘，太公討暴，同濁皆麤，舉措鈞齊，此其所以爲遇者也。故舜王天下，臯陶佐政，北人無擇深隱不見；呂氏春秋離俗篇：「舜讓其友北人無擇，無擇自投蒼領之淵。」又見莊子讓王篇、淮南子齊俗訓。禹王天下，伯益輔治，伯成子高委位而耕。堯時，伯成子高爲諸侯，堯授舜，舜授禹，伯成子高辭諸侯而耕。禹往見之，則耕在野。見莊子天地篇、呂氏春秋長利篇、新序節士篇、淮南説山訓。非臯陶才愈無擇，伯益能出子高也，然而臯陶、伯益進用，無擇、子高退隱，進用行耦，退隱操違也。退隱勢異，身雖屈，不願進；人主不須其言，廢之，意亦不恨，是兩不相慕也。

商鞅三説秦孝公，前二説不聽，後一説用者，前二，帝王之論，後一，霸者之議也。史記商鞅傳：孝公見衛鞅，語事良久，孝公時時睡，弗聽。景監讓之。鞅曰：「吾説以帝道。」後復見，仍未中旨，景監又讓之。鞅曰：「吾説以王道。」復見，孝公善之。鞅曰：「吾説以霸道，其意欲用之矣。」夫持帝王之論，説霸者之主，左成二年傳疏鄭云：「霸，把也，言把持王者之政教。」雖精見距；楊曰：一本作「拒」。暉按：朱校元本、程本、天啓本、鄭本同此。何、錢、黄、王及崇文本並作「拒」，字通。更調霸説，雖麤見受。何則？精遇孝公所不得，盼遂案：得當爲須之誤，正承上文「人主不須其言」爲説。麤遇孝公所欲行也。故説者不在善，在所説者善之；才不待賢，在所事者賢之。馬圉之説無方，而野人説之；子貢之説有義，野人不聽。俞曰：吕氏春秋必己篇：「孔子行道而息，馬逸，食人之稼，野人取其馬。子貢請往説之，畢辭，野人不聽。有鄙人始事孔子者，曰：『請往説之。』」淮南子人間篇載此事，則以爲子貢往説之，卑辭而不能得也。孔子乃使馬圉往説之。此云「馬圉」，即「馬圉」也，蓋用淮南子。然文選演連珠：「東野有不釋之辯。」注引吕氏春秋：「孔子行於東野，馬逸，食野人稼，野人留其馬。子貢説而請之，野人終不聽，於是鄙人馬圉乃復往説。」與今本吕氏春秋絶異。且今本吕氏春秋及淮南子均無「東野」二字，而士衡之文，明言「東野有不釋之辯」，則疑唐以前吕氏春秋自與今本殊也。吹籟工爲善聲，因越王不喜，更爲野聲，越王大説。吕氏春秋遇合篇：「客有以吹籟見越王者，羽角宫徵商不繆，越王不善，爲野音而反善之。」注：「籟，三孔籥也。」故爲善於不欲得善之主，雖善不見愛；爲不善於欲得不善之主，雖不善不見憎。此以曲伎合，合則遇，不合則不遇。

或無伎，妄以姦巧合上志，亦有以遇者，竊簪之臣，鷄鳴之客是〔也〕。楊曰：據下文籍孺、鄧通、嫫母、無鹽云云，此當脱「也」字。吴説同。竊簪之臣親於子反，淮南道應篇：「楚將子發，好技道之士，有偷者往見，子發禮之。無幾，齊〔二〕伐楚，偷盜齊將軍簪，又以歸之，齊師大駭。」此云「子反」，異文。盼遂案：「是」下脱一「也」字。下文云「籍孺、鄧通是也」，「嫫母、無鹽是也」，皆有「也」字，可證。鷄鳴之客幸於孟嘗，見史記本傳。子反好偷臣，孟嘗愛僞客也。以有補於人君，人君賴之，其遇固宜。或無補益，爲上所好，籍孺、鄧通是也。籍孺幸於孝惠，史記佞幸傳：「高祖時則有籍孺，孝惠有閎孺。」與此文異。然史、漢朱建傳並云：「孝惠幸臣閎籍孺。」正與此合。蓋所聞異辭。司馬貞、顔師古謂誤剩「籍」字，然幸偶篇有「閎、籍孺」連文，則難審定。鄧通愛於孝文，見佞幸傳。無細簡之才，微薄之能，偶以形佳骨嫺，宋本作「嫺」。朱校元本同。暉按：梅膺祚字彙艸部引亦作「嫺」，並云：「同妍。」疑「嫺」即「嫺」之俗省字，「嫺」有作「嫺」者，故省作「嫺」。梅氏以爲同「妍」，恐肊説。盼遂案：宋、元本均作「骨嫺」。「嫺」蓋即「嫺」之别體，非「妍」字。皮媚色稱。爾雅釋詁曰：「稱，好也。」夫好容，人所好也，其遇固宜。或以醜面惡色，稱媚於上，嫫母、無鹽是也。説文：「蔓母，古帝妃，

〔二〕「齊」，原本作「齋」，據淮南子改。

都醜也。」漢書古今人表：「侮母，黃帝妃，生蒼林。」蔞、侮、嫫，字通。武氏石室畫像題曰：「無鹽醜女鍾離春。」山左金石記：「鍾離春，無鹽邑女也。」嫫母進於黃帝，呂氏春秋遇合篇：「嫫母執乎黃帝。黃帝曰：屬〔一〕女德而弗忘，與女正而弗衰，雖惡奚傷。」無鹽納於齊王。新序雜事篇：「無鹽女行年三十，自詣宣王，言齊有四殆之危。宣王納其言，拜爲后。」故賢不肖可豫知，遇難先圖。何則？人主好惡無常，人臣所進無豫，朱校元本「臣」作「主」，非。偶合爲是，適可爲上。進者未必賢，退者未必愚，合幸得進，不幸失之。

世俗之議曰：「賢人可遇，不遇，亦自其咎也。」生不希世准主，「希」讀作「睎」。説文：「睎，望也，海岱之間謂眄曰睎。」漢書公孫弘傳：「希世用事。」師古曰：「希，觀相也。」晉書虞溥傳：「希顔之徒。」亦「睎」之叚字。「准主」二字，先孫屬下讀，非。觀鑒治内，調能定説，審詞(伺)際會。胡先生曰：「詞」疑是「伺」字。暉按：東觀漢記：「票駭蓬轉，因遇際會。」又云：「耿況、彭寵，俱遭際會。」並與「審伺際會」句同，蓋漢時常語。朱校元本「詞」作「司」。周禮地官媒氏注云：「司，猶察也。」司、伺字通。朱以「司」爲「詞」之壞字，失之。周禮弁師鄭注：「會，縫中也。」類聚七十引後漢張紘瓌材枕賦云：「會緻密固，絶際無閒。」潛夫論浮侈篇：「不見際會。」本

〔一〕「屬」，原本作「厲」，據呂氏春秋改。

書答佞篇：「際會發見，奸僞覺露。」又：「對鄉失漏，際會不密。」則際會猶言縫隙也。**能進有補贍主，**句有脱文，「能進」二字又倒，當作「進能有益，納説有補」。此文以「進能」、「納説」，「有益」、「有補」，相對爲文。下文「今則不然，進無益之能，納無補之説」，與此反正相承。又「進能有益，納説有補」；「或以不補而得祐，或以有益而獲罪」；「説可轉，能不可易」；「准主而納其説，進身而託其能」，並以「能」與「説」、「益」與「補」對舉爲義。「贍主」二字，未知所當作。朱校元本「主」作「士」，屬下讀，疑是。**何不遇之有？**盼遂案：此文譌誤特甚，今爲正之如下：「生而希世准主，觀鑒治亂，託能定説，審伺際會，進能有補，則主何不遇之有？」古「不」字與「而」形近致譌。「亂」古作「𤔔」，殘刓爲「内」。「託能」即下文「進身而託其能」之意。「託」以音譌爲「調」。「伺」譌爲「詞」。「則主何不遇之有」七字爲句。後學因「則」居「補」下，遂改爲「贍」，難於句讀矣。又案：「准」與「希」同意。抱朴子内篇遐覽云：「先從淺始，以勸進學者，無所准希階由也。」是，准亦希矣。**今則不然，作（進）無益之能，**「作」當作「進」。「進」、「納」對文，説見上。太平御覽七五七引作「推」，可證此原作「進」，初譌爲「推」，再譌爲「作」。**納無補之説，以夏進鑪，以冬奏扇，**御覽二二引注：「奏亦進也。」晏殊類要三四士未遇類引「奏」作「進」。**爲所不欲得之事，獻所不欲聞之語，**類要引「獻」作「執」。**其不遇禍，幸矣，**御覽引「禍」作「災患」。**何福祐之有乎？」**

進能有益，納説有補，人之所知也。或以不補而得祐，或以有益而獲罪。且夏

時鑪以炙濕，冬時扇以翣火。淮南說林注：「楚人謂扇爲翣。」世可希，主不可准也；說可轉，能不可易也。世主好文，己爲文則遇；主好武，己則不遇。主好辯，有口則遇；主不好辯，己則不遇。文王(主)不好武，楊曰：明劉光斗評本「王」作「主」，是也。暉按：即天啓本。盼遂案：以下文例之，此處「王」爲「主」之誤字。武主不好文；天啓本作「主」，各本並譌作「王」。辯主不好行，行主不好辯。文與言，尚可暴習；行與能，不可卒成。學不宿習，無以明名；名不素著，無以遇主。倉猝之業，須臾之名，日力不足。「日」，朱校元本、程本同。各本譌作「曰」。不預聞，何以准主而納其說，進身而託其能哉？昔周人有仕數不遇，年老白首，泣涕於塗者。人或問之：「何爲泣乎？」對曰：「吾仕數不遇，自傷年老失時，是以泣也。」人曰：「仕奈何不一遇也？」對曰：「吾年少之時，學爲文，文德成就，始欲仕宦，人君好用老。用老主亡，後主又用武，吾更爲武，武節始就，(用)武主又亡。孫曰：此與上「用老主亡」句意相同，「武」上疑脫「用」字。少主始立，好用少年，吾年又老，是以未嘗一遇。」俞曰：此與顏駟事相似。文選思玄賦注引漢武故事曰：「顏駟不知何許人，漢文帝時爲郎，至武帝嘗輦過郎署，見駟尨眉皓髮。上問曰：『叟何時爲郎？何其老也？』答曰：『臣文帝時爲郎，文帝好文，而臣好武。至景帝好美，而臣貌醜。陛下即位，好少，而臣已老。是以三世不遇，故老於郎署。』」疑古相傳有此說。顏駟事亦出依託也。仕宦有時，不可求也。夫希世准主，尚不可爲，況節高志妙，不爲利動，性定質成，不爲主顧者乎？汪繼培曰：「顧謂委曲承意也。」（潛夫論述赦篇。）

且夫遇也，能不預設，説不宿具，邂逅逢喜，遭觸上意，「觸」，朱校元本作「合」，是。故謂之「遇」。穀梁隱四年傳曰：「遇者志相得也。」如准[推]主調説，先孫曰：元本無「推」字，蓋誤衍也。上文云：「准主觀鑒。」楊説同。朱校元本亦無「推」字。以取尊貴，盼遂案：「推」字以字形類「准」而衍，宜據上文「希世准主」之例，删「推」字。定賢篇「准主而説」，皆其例。「調説」亦遣辭之意，上文「更調伯説」是也。是名爲「揣」，不名曰「遇」。春種穀生，秋刈穀收，求物得物，盼遂案：「得物」當作「物得」，方與下句一律。作事事成，不名爲「遇」。不求自至，不作自成，是名爲「遇」。猶拾遺於塗，摭棄於野，説文：「拓，拾也。拓或从『庶』。」古音「石」、「庶」同部。方言：「陳、宋間謂取曰摭。」若天授地生，鬼助神輔，禽息之精陰慶（薦），「慶」當作「薦」。吉驗篇：「鳥以翼覆之，慶集其身。」晏子：「慶善（治要引作「薦」。）而不有其善。」並爲「薦」之譌，是其比。漢隸「薦」作「[illegible]」，（史晨後碑、韓勑靈臺、費鳳張公神道各碑。）與「慶」形近，故譌。禽息薦百里奚，見儒增篇及韓詩外傳。鮑叔之魂默舉，若是者，乃「遇」耳。「遇」上疑脱「爲」字。今俗人既不能定遇不遇之論，又就遇而譽之，因不遇而毁之，是據見效，案成事，不能量操審才能也。

累害篇

凡人仕宦有稽留不進，行節有毁傷不全，罪過有累積不除，聲名有闇昧不明，才非下，行非悖也，又知非昏，策非昧也，逢遭外禍，累害之也。非唯人行，凡物皆然，生動之類，咸被累害。累害自外，不由其内。夫不本累害所從生起，而徒歸責於被累害者，智不明，闇塞於理者也。物以春生，人保之；以秋成，人必不能保之。卒然牛馬踐根，刀鎌割莖，生者不育，至秋不成。不成之類，遇害不遂，不得生也。夫鼠涉飯中，捐而不食。北堂書鈔一四四引「涉」作「滲」。孔廣陶曰：「『滲』字是古本，近本誤作『涉』」。捐飯之味，與彼不污者鈞，以鼠爲害，棄而不御。荀子禮論篇楊注：「御，進用也。」君子之累害，與彼不育之物，不御之飯，同一實也，淮南精神篇注：「實，等也。」俱由外來，故爲累害。

脩身正行，不能來福；戰栗戒慎，朱校元本作「惧」。不能避禍。禍福之至，幸不幸也。故曰：「得非己力，故謂之福；來不由我，故謂之禍。」未知何出。盼遂案：四語有韻，蓋古格言，惜不審其出典。不由我者，謂之何由？由鄉里與朝廷也。夫鄉里有三累，朝廷有三害，累生於鄉里，害發於朝廷，古今才洪行淑之人，遇此多矣。

何謂三累三害？

凡人操行，不能慎擇友，友盼遂案：「友友」當是「交友」之誤。同心恩篤，說文：「竺，厚也。」經典段借「篤」字。異心疎薄，「疎」當作「疏」。字从「疋」，非从「足」。疎薄怨恨，毁傷其行，一累也。人才高下，不能鈞同，同時並進，高者得榮，下者慙恚，毁傷其行，二累也。人之交遊，不能常歡，歡則相親，忿則疎遠，疎遠怨恨，毁傷其行，三累也。位少人衆，仕者爭進，進者爭位，見將相毁，將，郡將也。漢書嚴延年傳注：「謂郡爲郡將者，以其兼領武事也。」盼遂案：悼厂云：「將，州將也。」增加傅致，說文：「坿，益也。」「傅」，叚字。將昧不明，然納其言，玉篇：「然，信也。」一害也。將吏異好，清濁殊操，清吏增郁郁之白，史記五帝紀：「其色郁郁。」索隱曰：「郁郁猶穆穆也。」舉涓涓之言，漢書陳勝傳注曰：「涓，潔也。」濁吏懷恚〔怨〕恨，元本「恚」下有「怨」字，朱校同。當據補。徐求其過，因纖微之謗，被以罪罰，謂將罰也。二害也。將或幸佐吏之身，納信其言；「信」，朱校元本作「受」。佐吏非清節，必拔人越次。迕失其意，毁之過度；清正之仕，楊曰：「仕」、「士」同。暉按：「清正之仕」，猶言「清吏」也。讀如字。盼遂案：「仕」讀爲「士」，二字古通。孟子「有仕于此」，俞氏樾古書疑義舉例謂孟子「仕」與下文「夫士」之士爲一字。此正同例。抗行伸志，遂爲所憎，毁傷於將，三害也。夫未進也，身被三累；已用也，身蒙三害，雖孔丘、墨翟不能自免，顔回、曾參不能全身也。

動百行，作萬事，嫉妬之人隨而雲起，枳棘鉤掛容體，枳棘，多刺之木。蠭蠆之黨啄（喙）螫懷操（慘），「啄」當從錢、王、崇文本作「喙」。朱校元本、天啓本、鄭本誤同。「操」當作「慘」，形近而誤。大雅抑篇「我心慘慘」，五經文字作「懆」。墨子耕柱篇：「一人奉水將灌之，一人摻火將益之。」「摻火」即「操火」。「喿」，漢隸作「參」。郙閣頌：「從朝陽之平慘。」校官碑：「德之賓即有殊摻。」皆以「參」作「喿」。寒温篇「變操易行」，宋、元本「操」誤作「慘」。干禄字書「操」俗作「摻」。故此文「慘」誤作「操」。荀子議兵篇：「慘如蠭蠆。」淮南子俶真篇：「蜂蠆螫指，蚊虻噆膚，蜂蠆之螫毒，而蚊虻之慘怛也。」説文：「慘，毒也。」是其義。若作「啄螫懷操」，則文不可解矣。豈徒六哉？盼遂案：吴承仕曰：「『雲起』以下意難憭，疑有奪誤。」六者章章，世曾不見。夫不原士之操行有三累，仕宦有三害，身完全者謂之潔，被毁謗者謂之辱，官升進者謂之善，位廢退者謂之惡。完全升進，幸也，而稱之；毁謗廢退，不遇也，而訾之，管子地形篇：「毁訾賢者之謂訾。」字本作「呰」。喪服四制鄭注：「口毁曰呰。」用心若此，必爲三累三害也。朱校元本無「三累」二字，非。「爲」下疑脱「不知」二字，下「論者既不知」云云，即承此爲文。

論者既不知累害〔所從生，又不知被累害〕者行賢潔也，朱曰：「不知累害」下，初學記二十一引有此九字，當據補。以塗搏泥，小雅角弓：「如塗塗附。」毛傳：「塗，泥。附，著也。」朱注：「小人骨肉之恩本薄，王又好讒佞以來之，是如於泥塗之上，加以泥塗附之也。」「以塗搏泥」，即其義。「搏」、「附」字通。以黑點繒，朱曰：初學記二十一引「黑」作「墨」，是。楚辭七諫王注：「點，汙也。」孰有知之？清受塵，白取垢，御覽九四四、類要二五非罪類引「取」並作「受」。初學記引同今本。青蠅所汙，常在練素。初學記引「練」作「絹」。處顛者危，勢豐者虧，頹墜之類，常在懸垂。屈平潔白，盼遂案：「邑犬」四句爲屈平九章之文，而「潔白」之説不貫，疑「潔白」爲「辭曰」二字之誤。邑犬羣吠，吠所怪也，非俊疑傑，固庸能也。孫曰：「庸能」即「庸態」，此九章懷沙文。偉士坐以俊傑之才，舊校曰：「坐」讀爲「生」。暉按：「坐」、「生」聲不相近，無緣讀作「生」。坐，因也，緣也，漢人常語。見助字辯略卷三。盼遂案：漢人注箋例，「讀爲」者，即音以改字也。此「坐」與「生」於聲不相通，某氏之説非也。坐讀坐罪之坐。招致羣吠之聲。夫如是，豈宜更勉奴下，循不肖哉？楊曰：「奴」、「駑」同。不肖奴下，非所勉也，豈宜更偶俗全身以弭謗哉？宋本「弭」作「彌」。楊曰：漢書王莽傳：「上以彌亂發姦。」師古曰：「『彌』讀曰『弭』。」偶俗全身，則鄉原也。論語陽貨篇集解周曰：「所至之鄉，輒原其人情，而爲已意以待之。」鄉原之人，行全無闕，非之無舉，刺之無刺也。此又孔子之所罪，孔子曰：「德之賊也。」見論語陽貨篇。孟軻之所惡也。孟子曰：「不可與入堯、舜之道。」見孟子盡心下。

古賢美極，無以衛身，故循性行以俟累害者，果賢潔之人也！極累害之謗，而賢潔之實見焉。立賢潔之跡，毁謗之塵安得不生？弦者思折伯牙之指，伯牙，楚懷王、頃襄王時人，見汪中述學伯牙事考。御者願摧王良之手。何則？欲專良善之名，惡彼之勝己也。是故魏女色艷，鄭袖鼻（劓）之；先孫曰：「鼻」當作「劓」。事見戰國策楚策及韓非子內儲説下六微篇。韓非子：「魏王遺楚王美人，楚王悦之。夫人鄭袖謂新人曰：『王甚愛子，然惡子鼻，見王，常掩鼻，則王常幸子。』於是新人從之。王謂夫人曰：『新人見寡人常掩鼻何？』對曰：『惡王臭。』王怒，因劓之。」朝吴忠貞，無忌逐之。左昭十五年傳：「楚費無極害朝吴之在蔡，蔡人逐朝吴，出奔鄭。」杜注：「朝吴，蔡大夫，有功於楚平王，無忌恐其有寵，疾害之。」史記楚世家作「無忌」，同此。戚施彌妬，蘧除多佞。詩邶風新臺傳：「籧篨，不能俯者。戚施，不能仰者。」鄭箋：「籧篨口柔，常觀人顔色而爲之辭，故不能俯；戚施面柔，下人以色，故不能仰。」爾雅釋訓李巡注：「籧篨巧言好辭，以口饒人；戚施和顔悦色以誘人。」「蘧」、「除」二字，説文並在「竹」部，云：「粗竹席也。」方言：「簟自關而西其粗者謂之籧篨。」簟粗不捲，以比希顔不俯之態，則字不得从「艸」。隸書从「艸」从「竹」之字，固多譌溷也。是故濕堂不灑塵，卑屋不蔽風；風衝之物不得育，水湍之岸不得峭。〔夫〕如是，牖里、陳、蔡可得知，「如」上挩「夫」字。此與上「夫如是，豈宜更免奴下」云云，下「夫如是，市虎之訛」云云，「夫如是累害之人」云云，文例同。「牖」、「羑」字通，淮南氾論訓「羑里」，治要引作「牖里」，謂文王拘於羑里，孔子阨於陳、蔡也。而沈江蹈河□□□也。以上句例之，此脱三字。謂屈原沉江，申徒狄蹈河也。見書虛篇。盼遂案：「蹈河」下脱三字，故與上句不儷，惜無從參補。以軼才取容媚於俗，求全功名於將，不遭鄧析之禍，左定九年傳：「鄭駟歂殺鄧析而用其竹刑。」取子胥之誅，幸矣。孟賁之尸，孟子公孫丑孫奭疏引皇甫謐帝王世紀曰：「秦武王好多力之人，齊孟賁之徒並歸焉。孟賁生拔牛角。」史記范睢傳集解引許慎、漢書淮南王傳注引應劭及東方朔傳師古注，並云「孟賁，衛人」，唯皇甫謐作「齊人」。人不刃者，氣絶也。死灰百斛，人不沃者，光滅也。動身章智，顯光氣於世；「動」猶「奮」也。奮志敖黨，立卓異於俗，固常通人所讒嫉也。以方心偶俗之累，韓非子解老：「所謂方者，内外相應也，言行相稱也。」求益反損，蓋孔子所以憂心，謂公伯寮之愬也。孟軻所以惆悵也。謂臧倉之毁也。德鴻者招謗，爲士者多口。孟子盡心下篇：「士憎兹多口。」趙注：「離於凡人而仕者，亦益多口。」「士」讀作「仕」。潛夫論交際篇：「士貴有辭，亦憎多口。」二王並讀如字，與趙氏異。以休熾之聲，彌口舌之患，楊曰：「彌」讀曰「弭」。求無危傾之害，遠矣。

臧倉之毁未嘗絶也，魯平公嬖人，毁孟子。見孟子梁惠王篇。公伯寮之遡未嘗滅也，「遡」，崇文本作「愬」，論語、史記弟子傳同。説文引論語作「訴」，云：「或作『遡』，或作『愬』。」則以作「愬」爲正。偶會篇、治期篇作「愬」。公伯寮愬子路於季孫，見論語憲問篇。盼遂案：「遡」爲「愬」誤。事見論語憲問篇。集解引馬注：「愬，譖也。」偶會篇：「公伯寮愬子路於季孫。」垤成丘山，汙爲江河矣。説文曰：「垤，螘封也。汙，小池也。」盼遂案：「汙爲江河」下，各本脱四百字，今據元刻本補入。夫如是，市虎之訛，韓非子内儲説上七術篇：「龐恭謂魏王曰：『今一人言市有虎，王信之乎？』曰：『不信。』『二人言市有虎，王信之乎？』曰：『不信。』『三人言市有虎，王信之乎？』王曰：『寡人信之。』龐恭曰：『夫市之無虎，明矣，然而三人言而成虎。今議臣者，過於三人。』」投杼之誤，秦策二曰：「曾子處費，費人有與曾子同名族者而殺人。人告曾子母曰：『曾參殺人。』曾子之母曰：『吾子不殺人。』織自若。有頃，人又曰：『曾參殺人。』其母尚織自若。頃之，一人又告之。其母懼，投杼踰牆而走。」不足怪，則玉變爲石，珠化爲礫，「化」，御覽八零五、事類賦九引作「變」。不足詭也。何則？昧心冥冥之知使之然也。意林、御覽、事類賦引並作「毁謗使然也」。文王所以爲糞土，而惡來所以爲金玉也，非紂憎聖而好惡也，史記殷本紀：「紂囚文王於羑里，又用惡來。」帝王世紀：「烹文王長子伯邑考爲羹。」故云：「以爲糞土。」心知惑蔽。蔽惑不能審，則微子十去，史記殷本紀：「紂淫亂，微子數諫不聽，乃與太師、少師謀，遂去。」比干五剖，史記宋世家：「比干直言諫紂，紂惡，遂殺比干而剖視其心。」未足痛也。故三監讒聖人，漢書地理志：「周既滅殷，分其畿内爲三國。邶封武庚；鄘，管叔尹之；衛，蔡叔尹之，以監殷民，謂之三監。」王肅、服虔皆依志爲說。唯鄭玄詩譜以爲管、蔡、霍，獨異耳。周書作雒解、帝王世紀同。詩正義引孫毓、林之奇尚書全解、蔡沈尚書傳、薛季宣書古文訓、黄度書說，並從鄭氏。王引之曰：「鄭說不可通。」見經義述聞，不具出。史記魯世家：「周公代成王行政當國，管叔及其羣弟流言於國曰：『周公將不利於成王。』」周公奔楚。此古文家說也。見感類篇。史記魯世家：「成王少時病，周公自揃其指，沉之河，以祝於神，亦藏其策于府。及成王用事，人或譖周公，周公奔楚。」蒙恬傳亦載此事，然不謂奔楚之因，出於三監之譖，與此不同。蓋古文異說。俞正燮據左傳魯襄公適楚，夢周公祖而行，以證周公有奔楚之事。左氏亦古文說也。宋翔鳳書說下曰：「周公欲得管、蔡、商、奄之情，則必居東。奄與淮夷，在兗、徐之間，大抵爲荆羣蠻之地，故史記魯世家及蒙恬傳皆有周公奔楚之說。奔楚與居東實一事，傳記說之各異。」皮錫瑞曰：「西漢今古文家并無此說。鄭注金縢『周公居東』爲『避居東都』，即本此。」後母毀孝子，伯奇放流。琴操（御覽五一一。）曰：「尹吉甫子伯奇，母早亡，吉甫更娶後妻，乃譖於吉甫曰：『伯奇見妾美，欲有邪心。』吉甫曰：『伯奇慈仁，豈有此也？』妻曰：『置妾空房中，君登樓察之。』妻乃取毒蜂綴衣領，令伯奇掇之。於是吉甫大怒，放伯奇於野。」古樂府解題：「尹吉甫聽其後妻之言，逐伯奇。伯奇編水荷而衣，採楟花而食，清朝履霜，而自傷無罪見放逐。」當時周世孰有不惑乎？後鴟鴞作，而黍離興，鴟鴞，詩豳風篇名。金縢：「周公居東二年，罪人斯得，公乃爲詩以詒王，名曰鴟鴞。」黍離，詩王風篇名。御覽四六九又八四二引韓詩曰：「黍離，伯封作。」薛君注：「詩人求己兄不得，憂懥不識於物，視彼黍離離然，憂甚之時，反以爲稷之苗。乃自知憂之甚也。」曹植令禽惡鳥論：「昔尹吉甫信後妻之讒，而殺孝子伯奇，其弟伯封求而不得，作黍離之詩。」（詩攷引。）亦用韓詩説也。毛序以爲閔宗周之作。諷詠之者，乃悲傷之。故無雷風之變，周公之惡不滅；此古文説。見感類篇。當夏不隕霜，鄒衍之罪不除。正德本「衍」譌爲「行」。鄒衍呼天隕霜，見淮南子，及感虚篇、變動篇。盼遂案：「行」爲「衍」之壞字。德不能感天，誠不能動變，君子篤信審己也，「也」猶「者」也。安能遏累害於人？

聖賢不治名，害至不免辟，辟，法也。一曰「辟」讀爲「避」。形章墨短，「章」讀「彰」。掩匿白長，不理身冤，不弭流言，受垢取毁，不求潔完，故惡見而善不彰，行缺而跡不顯。郭忠恕曰：干禄書「缺」字从「垂」旁。邪僞之人，治身以巧俗，脩詐以偶衆，猶漆盤盂之工，穿墻不見；弄丸劍之倡，手指不知也。世不見短，故共稱之；將不聞惡，故顯用之。夫如是，世俗之所謂賢潔者，未必非惡；所謂邪污者，未必非善也。

或曰：「言有招患，行有召耻，楊曰：荀子勸學篇：「故言有召禍也，行有招辱也。」亦見大戴禮。暉按：「招」、「召」字義有别，楚詞招魂王注：「以手曰招，以言曰召。」荀子、大戴禮不誤。

此二字當乙。下同。下文「高行招恥」，字从「扌」，蓋仍其舊。所在常由小人。」夫小人性患耻者也，含邪而生，懷僞而遊，沐浴累害之中，何招召之有？故夫火生者不傷濕，盼遂案：「濕」本爲「燥」，淺人誤改之也。「不傷燥」者，猶不灰木火鼠之類是也。「無溺患」者，如魚鰕鮫人是也。作「不傷濕」，果何義焉？下文「火不苦熱」，即此「不傷燥」之意；「水不痛寒」，即此「無溺患」之意也，皆所以證成本文。水居者無溺患，火不苦熱，水不痛寒，氣性自然焉。〔召〕招之，君子也，「招」上當有「召」字。後人不達二字義殊，以爲譌衍而妄删之。下文「以忠言召患，以高行招恥」，即分承此「召」、「招」二字。上文「何招召之有」，亦分承上「言有召患，行有招恥」二句。今本脱「召」字，遂使下文「以忠言召患」句，於文失所繫矣。潛夫論卜列篇云：「行有招召。」此「招召」連文之證。陸心源羣書校補據元至元紹興路總管宋文瓚覆宋十五卷本，「招之」下有「者」字。蔣心煦東湖叢記據元刻十五卷本補録，同影印正德十六年刻本補頁，及島田翰所見宋光宗時刻二十五卷本，並無「者」字。按宋刻覆宋本，每頁二十行，每行二十字，合四百字，若有「者」字，則成四百一矣。即據蔣、陸二氏所録字數計之，亦衍「者」字。蓋寫者誤入，不足徵據。以忠言招患，以高行招耻，何世不然？

然而太山之惡，君子不得名；毛髮之善，「毛」，自通津本以下，并譌作「毫」。島田翰曰：「自通津本佚兹一張，首尾文句不屬，淺人乃不得其意，妄改『毛』字爲『毫』字，以曲成其義耳。」自「矣夫如是市虎之訛」至「君子不得名毛」四百字，據宋刻二五卷本、覆宋十五卷本、影印正德本補頁補。小人不得有也。以玷污言之，清受塵而白取垢；以毀謗言之，貞良見妬，高奇見噪；以遇罪言之，忠言招患，高行招恥；以不純言之，玉有瑕而珠有毀。焦陳留君兒，字有譌奪。盼遂案：悼厂云：「袁宏後漢紀：『鄭弘事博士陳留焦貺，門徒數百人。』范書鄭弘傳云：『師同郡河東太守焦貺。』知此文當是『陳留焦君貺』而譌倒也。」名稱兗州，行完跡潔，無纖芥之毀；及其當爲從事，後漢書虞延傳注：「郡國有從事，主督促文書，察舉非法，皆州自辟除。」刺史焦康絀而不用。「絀」讀作「黜」。夫未進也，被三累；已用也，蒙三害，雖孔丘、墨翟不能自免，顏回、曾參不能全身也。「夫未進」至此，已見上，不當重出，蓋衍文也。下「衆好純譽之人非真賢」，即解上文「行完跡潔」之人，而必絀退之之故。文義相貫。若多此數句，則上下文斷矣。何則？衆好純譽之人，非真賢也。公侯已下，玉石雜糅；此以玉石喻士之善惡，故下以採玉選士並承，「公侯已」三字疑譌。賢士之行，善惡相苞。夫采玉者「采」讀「採」。破石拔玉，選士者棄惡取善，夫如是，累害之人負世以行，「負」猶「背」也，背世遠遁。指擊之者從何往哉？

命禄篇

凡人遇偶及遭累害，皆由命也。有死生壽夭之命，亦有貴賤貧富之命。自王公逮庶人，聖賢及下愚，凡有首目之類，含血之屬，莫不有命。命當貧賤，雖富貴之，猶涉禍患，〔失其富貴〕矣；命當富貴，雖貧賤之，猶逢福善，〔離其貧賤〕矣。孫曰：文選劉孝標辯命論注引「猶涉禍患」下有「失其富貴」一句，「猶逢福善」下有「離其貧賤」一句。朱校同。暉按：事文類聚三九、合璧事類五五引同，今據補。故命貴從賤地自達，命賤從富位自危。故夫富貴若有神助，貧賤若有鬼禍。命貴之人，俱學獨達，並仕獨遷；命富之人，俱求獨得，並爲獨成。貧賤反此，難達，難遷，〔難得〕，難成；孫曰：「難遷」下脱「難得」二字。此承上文「獨達」、「獨遷」、「獨得」、「獨成」言之。朱校同。獲過受罪，疾病亡遺，失其富貴，貧賤矣。「貧」上疑脱一字。盼遂案：吴承仕曰：「疑當『失其富貴』爲句，『貧賤矣』爲句。」是故才高行厚，未必(可)保其必富貴；「未必」，宋本作「未可」，朱校元本同。楊曰：作「可」是也。智寡德薄，未可信其必貧賤。或時才高行厚，命惡，廢而不進；知寡德薄，命善，興而超踰。故夫臨事知愚，操行清濁，性與才也；仕宦貴賤，治產貧富，命與時也。命則不可勉，時則不可力，知者歸之於天，故坦蕩恬忽，雖其貧賤。此下有挩文。

使富貴盼遂案：吴承仕曰：「此文語意未足，疑有脱誤。」若鑿溝伐薪，「使」，意林引作「取」。加勉力之趨，致彊健之勢，鑿不休則溝深，斧不止則薪多，無命之人，皆得所願，安得貧賤凶危之患哉？然則，或時溝未通而遇湛，爾雅曰：「久雨謂之淫。」明雩篇：「久雨爲湛。」「湛」、「淫」音義並通。薪未多而遇虎。意林作「逢火」。仕宦不貴，治産不富，鑿溝遇湛，伐薪逢虎之類也。有才不得施，有智不得行；或施而功不立，或行而事不成，雖才智如孔子，猶無成立之功。

世俗見人節行高，則曰：「賢哲如此，何不貴？」見人謀慮深，則曰：「辯慧如此，何不富？」

貴富有命福禄，不在賢哲與辯慧。吴曰：「福」字衍，應删。本篇以「命禄」爲題。下文又云「宦御同才，其貴殊命；治生鈞知，其富異禄」，並以「命」、「禄」對言。故曰：「富不可以籌筴得，「筴」，朱校元本作「策」。顔氏家訓書證篇：「簡策字，『竹』下施『朿』，末代隸書，有『竹』下爲『夾』者。」段玉裁曰：「曲禮『挾』訓『箸』，字林作『筴』，則『筴』不可以代『策』，明矣。」貴不可以才能成。」智慮深而無財，才能高而無官。懷銀紆紫，漢相國、丞相、大尉、公侯、將軍皆紫綬，御史大夫銀印。説文曰：「紆，縈也。」未必稷、契之才；積金累玉，未必陶朱之智。或時下愚而千金，頑魯而典城。典，主也。主城之吏，謂刺史、令、長也。故官（宦）御同才，吴曰：「『官』當作『宦』。曲禮：『宦學事師。』鄭注：『學或爲御。』釋文云：『鄭此注，爲見他本也。』仲任言『宦御』者，其所見曲禮與鄭見或本正同。」劉先生曰：「吴説是。韓非子五蠹篇：『其患御者積於私門。』『患御』即『宦御』。」暉按：淮南修務篇：「官御不厲，心意不精；將相不强，功烈不成。」蓋「官」亦「宦」之誤。其貴殊命；治生鈞知，「治産」二字，上文兩見，疑「生」爲壞字。然義亦通。其富異禄。禄[命]有貧富，知不能豐殺；「知」讀「智」。[性]命有貴賤，才不能進退。「禄」下「命」字、「性」字並衍。此文以「禄」、「命」對言，不得以「禄命」、「性命」對舉。上文「貴富有命禄」，即總冒此文；「禄有貧富，知不能豐殺」，承「治生鈞知，其富異禄」爲文；「命有貴賤，才不能進退」，承「宦御同才，其貴殊命」爲文。下文云「貴賤在命，貧富在禄」，則此文「禄」下不當有「命」字，「命」上不當有「性」字，甚明。成王之才，不如周公；桓公之知，不若管仲，然成、桓受尊命，而周、管禀卑秩也。案古人君希有不學於人臣，知博希有不爲父師，然而人君猶以無能處主位，人臣猶以鴻才爲厮役。故貴賤在命，不在智愚；貧富在禄，不在頑慧。

世之論事者，以才高（者）當爲將相，「才」，朱校元本作「能」。楊曰：「『高』下當脱『者』

字。孫説同。今據增。能下者宜爲農商。見智能之士，官位不至，怪而訾之曰：「是必毁於行操。」行操之士，亦怪毁之曰：「怪」下當脱「而」字。「是必乏於才知。」殊不知才知行操雖高，官位富禄有命。當作「官位有命禄」，與上「貴富有命禄」句法一律。校者不審「命禄」之旨，妄乙其文，又意增「富」字。朱校元本正無「富」字。才智之人，以吉盛時舉事而福至，人謂才智明審；凶衰禍來，謂愚闇。「謂愚闇」，即「人謂才智愚闇」字省，見上。不知吉凶之命，盛衰之禄也。白圭、子貢，轉貨致富，積累金玉。見史記貨殖傳。人謂術善學明，〔非也〕。據下「人謂偃之才」云云，「人謂經明」云云，此當脱「非也」二字。主父偃辱賤於齊，排擯不用；赴闕舉疏，遂用於漢，官至齊相。史記本傳：「主父偃，齊臨菑人。游齊諸生間，諸生相與排擯，不容於齊。乃上書闕下，朝奏，暮召入見，拜爲郎中。一歲四遷，後拜爲齊相。」趙人徐樂亦上書，與偃章會，上善其言，徵拜爲郎。獨斷曰：「羣臣書通天子者四：章、奏、表、駁議。」史記主父偃傳：「偃上書，是時趙人徐樂亦上書言世務。上乃拜徐樂爲郎中。」漢書曰：「燕郡無終人。」此據史記。人謂偃之才，樂之慧，非也。儒者明説一經，習之京師，明如匡稺圭，漢書本傳：「匡衡，字稚圭，射策甲科，以不應令，除爲太常掌故，調補平原文學。後爲郎中，遷博士給事中。」深如趙子都，孫曰：「趙子都乃趙廣漢也。廣漢廉吏，漢書本傳無明經之語，亦無郎博士説，未知仲任何據。又儒林傳云：『趙子，河内人，事燕韓生。』蓋通韓詩者也，他事不詳。豈後人誤仞趙子爲廣漢而加『都』字歟？」楊樹達曰：「趙」蓋「鮑」字之誤。漢書鮑宣傳：「宣字子都，好學，明經，舉孝廉，爲郎。」與仲任所言正合。「趙」、「鮑」音近致誤。**初階甲乙之科，遷轉至郎博士。人謂經明才高所得，非也。而説若**宋本「説」作「談」。朱校元本同。暉按：三字有譌。**范雎之干秦明（昭），**「干」，朱校元本、黄、王、崇文本並作「于」。天啓本、程本、鄭本同此。暉按：作「干」是也。先孫曰：「明」當作「昭」，晉人避諱改，而今本沿之。楊曰：「明」字疑衍。暉按：楊説非。**封爲應侯；**史記本傳：「王稽于魏，遂與范雎入咸陽。昭王未信。侍命歲餘，雎乃上書。王大悦，召之，拜爲相。收穰侯印，封以應，號爲應侯。」**蔡澤之説范雎，拜爲客卿。**史記本傳：「蔡澤聞應侯任鄭安平、王稽，皆負重罪於秦，應侯内慚，乃西入秦。應侯召之，與語曰善，延入坐，爲上客。言於昭王，拜爲客卿。」**人謂雎、澤美善所致，非也。皆命禄貴富善至之時也。**

孔子曰：「死生有命，富貴在天。」論語顔淵篇子夏之詞。命義篇引作子夏語。問孔篇、辨祟篇則屬之孔子。大戴禮本命篇盧注同。翟灝曰：「上云『商聞之矣』，先儒謂聞之孔子，則以爲孔子語也，亦宜。」按漢書藝文志「小道可觀」，後漢書蔡邕傳「致遠則泥」，並以子夏之言爲孔子。説苑建本篇引有子「君子務本」二句，後漢書章帝紀建初四年詔引子夏「博學而篤志」三句，唐書孔穎達獨孤及傳引曾子「以能問於不能」四句，後語增篇引子貢「紂之不善」二句，皆以爲孔子語。錢大昕曰：「藝文志云：『論語者，孔子應答弟子、時人及弟子相與言而接聞於夫子之語也。』云『接聞於夫子』，則其言皆孔子所取矣，故漢人引論語，雖弟子之言，皆歸之孔子，非由記憶之誤。」魯平公欲見孟子，嬖人臧倉毁孟子而止。見孟子梁惠王篇。趙注：「嬖人，愛幸小人也。平公敬孟子有德，不敢請召，將往就見之。」孟子曰：「天也！」孟子曰：「吾之不遇魯侯，天也，臧氏之子焉能使余不遇哉？」孔子聖人，孟子賢者，誨人安道，不失是非，稱言命者，有命審也。淮南書曰：「仁鄙在時盼遂案：劉文典曰：「今本淮南子齊俗篇仁作仕，形近之譌。」本書本性篇「陰氣鄙，陽氣仁」，漢書董仲舒傳「性命之情，或夭或壽，或仁或鄙」。堯、舜行德則民仁壽，桀、紂行暴則民鄙夭」，並以仁、鄙對言。作「仕」則非其指矣，當以本篇引文爲是。不在行，利害在命不在智。」淮南齊俗訓文。「仁」，彼譌作「仕」。賈生曰：「天不可與期，道不可與謀，遲速有命，焉識其時？」賈誼鵩鳥賦文。「期」，史、漢並作「慮」。「速」，史作「數」，漢書同此。「與」讀作「預」。高祖擊黥布，爲流矢所中，疾甚。吕后迎良醫，醫曰：「可治。」高祖駡之曰：「吾以布衣提三尺劍取天下，此非天命乎！命乃在天，雖扁鵲何益？」見高祖本紀。韓信與帝論兵，謂高祖曰：「陛下所謂天授，非智力所得。」見淮陰侯傳。揚子雲曰：「遇不遇，命也。」語見漢書本傳。太史公曰：「富貴不違貧賤，貧賤不違富貴。」未知何出。是謂從富貴爲貧賤，從貧賤爲富貴也。

夫富貴不欲爲貧賤，貧賤自至；貧賤不求爲富貴，富貴自得也。春夏囚死，秋冬王相，陰陽家書，謂五行遞旺於四時，如春三月則木旺，火相，土死，金囚，水休；夏三月則火旺，土相，金死，水囚，木休。五行休王論曰：「立秋，坤王，兑相，乾胎，坎没，艮死，震囚，巽廢，離休；立冬，乾王，坎相，艮胎，震没，巽死，離囚，坤廢，兑休。」（見御覽二五及二八。）盼遂案：難歲篇「立春艮王，震相，巽胎，離没，坤死，兑囚，乾廢，坎休」，以言一歲中五行之休王。然就五行大義所言，則八卦各有休王，如春分則震王，立夏則巽王等是也。此言「春夏囚死，秋冬王相」，特互舉以見端耳。非能爲之也；日朝出而暮入，非〔能〕求之也，據上句文例補「能」字。天道自然。盼遂案：悼厂云：「自『太史公曰』至『天道自然』一段，馬國翰取入太史公素王妙論。」代王自代入爲文帝，史記文帝紀：「文帝，高祖中子。高祖破陳豨軍，定代地，立爲代王。高后崩，諸吕危劉氏，大臣誅之，陳平等迎代王，遂即天子位。」周亞夫以庶子爲條侯，史記周勃傳：「勃子勝之代侯六歲，坐殺人，國除。文帝乃擇勃子賢者亞夫，封爲條侯。」此時代王非太子，亞夫非適嗣，逢時遇會，卓然卒至。「卒」讀作「猝」。命貧以力勤致富，富至而死；命賤以才能取貴，貴至而免。才力而致富貴，「而」讀作「能」。命禄不能奉持，猶器之盈量，手之持重也。器受一升，以一升則平，受之如過一升，則滿溢也；手舉一鈞，説文：「三十斤也。」以一鈞則平，舉之過一鈞，則蹪仆矣。盼遂案：「過」字上，依上文例，當補一「如」字。

前世明是非，歸之於命也，命審然也。信命者，御覽八○三引作「今審知有富貴之命」。則可幽居俟時，御覽引「俟」作「候」。不須勞精苦形求索之也，猶珠玉之在山澤，〔不求貴價於人，人自貴之〕。十字，據御覽引補。

天命難知，人不耐審，雖有厚命，猶不自信，故必求之也。如自知，雖逃富避貴，終不得離。故曰：「力勝貧，慎勝禍。」説苑談叢篇：「力勝貧，謹勝禍，慎勝害。」勉力勤事以致富，砥才明操以取貴；〔農夫力耕得穀多，商賈遠行得利深〕。十四字，據意林引補。廢時失務，欲望富貴，不可得也。雖云有命，當須索之。如信命不求，謂當自至，可不假而自得，不作而自成，不行而自至？「至」下疑脱「乎」字。夫命富之人，筋力自彊，命貴之人，才智自高，若千里之馬，〔氣力自勁〕，四字，據意林引補。頭目蹄足自相副也。有求而不得者矣，未必不求而得之者也。精學不求貴，貴自至矣；力作不求富，富自到矣。

富貴之福，不可求致；貧賤之禍，不可苟除也。由此言之，有富貴之命，不求自得。信命者曰：「自知吉，不待求也。天命吉厚，不求自得；天命凶厚，求之無益。」夫物不求而自生，則人亦有不求貴而〔自〕貴者矣。「自」字，依上下文意增。人情有不教而自善者，有教而終不善者矣，天性猶命也。越王翳逃山中，至誠不願，自冀得代。越人燻其穴，遂不得免，彊立爲君。文本淮南原道訓。莊子讓王篇、呂氏春秋貴生篇作王子搜。高誘曰：「王子搜，淮南子云越王翳也。」陶方琦曰：「越世家『不壽生王翁，翁生王翳』，是也。」暉按：此事非越王翳，乃王子搜。王充承淮南之誤，高、陶二氏又沿誤實之，非也。竹書：「周貞定王十年，鹿郢卒，子不壽立。二十年，不壽見弑，朱勾立。威烈王十四年，朱勾卒，子翳立。」是越王翳之先，未有三世見殺者。周安王二十六年，越太子諸咎弑其君翳。十月，越人弑諸咎，立孚錯枝爲君。周顯王四年，越人又弑其君，立無顓。樂資春秋後傳：「王子搜號曰無顓。」是怯於三世之弑而逃丹穴者，乃王子搜而非翳也。而天命當然，朱曰：「而」疑當爲「如」。「而」、「如」聲近。雖逃避之，終不得離，故夫不求自得之貴歟？盼遂案：「故」當是「非」字之誤。

氣壽篇

凡人禀命有二品，命有三品：正命，隨命，遭命。王氏不主隨命，故曰二品。潛夫論論榮篇：「令譽從我興，而二命自天降之。」又卜列篇云：「命有遭、隨。」蓋二王同主二品。仲任不數隨命，節信不數正命，則異耳。一曰所當觸值之命，此遭命也。二曰彊弱壽夭之命。此正命也。所當觸值，謂兵燒壓溺也；彊壽弱夭，此複述上文，當作「彊弱壽夭」。謂禀氣渥薄也。兵燒壓溺，遭以所禀爲命，命義篇曰：「初禀氣時遭凶惡也。」未必有審期也。若夫彊弱夭壽，以百爲數；盼遂案：列子引楊朱之言曰：「百年，壽之大齊。」古詩十九首云：「人生不滿百，常懷千歲憂。」是古人於年壽以百爲數之説也。不至百者，氣自不足也。

夫禀氣渥則其體彊，體彊則其命長；氣薄則其體弱，體弱則命短，命短則多病壽短。始生而死，未産而傷，禀之薄弱也；渥彊之人，不（必）卒其壽。先孫曰：「不」當爲「必」。後命義篇云：「禀得堅彊之性，則氣渥厚而體堅彊，堅彊則壽命長。」此義與彼同。若夫無所遭遇，虚居困劣，孫曰：下文云：「虚劣軟弱，失棄其身。」意與此同。「居」蓋「虧」之借字。説文：「虧，气損也。」「居」、「虧」音同。暉按：孫説非也。「虚居」猶言「平居」，言平居無所遭逢，猶困劣短氣而死。指瑞篇云：「虛居卜筮，前無過客，猶得吉凶。」此「虛居」連文之證。命義篇：「伯牛空居而遭惡疾。」「空居」與「虛居」義同。短氣而死，盼遂案：「居」疑「痁」之誤。説文：「痁，久病也。」通作「痼」。此禀之薄，用之竭也。此與始生而死，未産而傷，一命也，皆由禀氣不足，不自致於百也。人之禀氣，或充實而堅强，或虛劣而軟弱。充實堅强，其年壽；虛劣軟弱，失棄其身。

天地生物，物有不遂；父母生子，子有不就。物有爲實，枯死而墮；人有爲兒，夭命而傷。使實不枯，亦至滿歲；使兒不傷，亦至百年。然爲實、兒而死枯者，禀氣薄，則雖形體完，其虛劣氣少，不能充也。兒生，號啼之聲鴻朗高暢者壽，嘶喝濕下者夭。禮記内則：「鳥沙鳴。」鄭注：「沙猶嘶也。」是嘶，沙也。今語有「沙喉嚨」。玉篇：「喝，嘶聲也。」劉先生曰：「濕」爲「㬤」叚字。説文土部：「㬤，下入也。」「濕」、「㬤」古通用。何則？禀壽夭之命，以氣多少爲主性也。吴曰：「主性」無義。「主」疑應作「生」，謂壽夭之命，以氣多少爲生。生即性也。無形篇云：「用氣爲性，性成命定。」是其義。「性」字當是校者旁注，今本「生」誤爲「主」，又誤以校語入正文。婦人疏字者子活，數乳者子死，〔譬若瓠，華多實少也。〕八字據御覽九七九引補。又「字」作「孕」，「數乳」字倒。何則？疏而氣渥，子堅彊；數而氣薄，子軟弱也。懷子而前已産子死，則謂所懷不活，名之曰懷。「懷」字無義，疑是

「殰」字。説文：「殰，胎敗也。」樂記注：「内敗曰殰。」釋文云：「謂懷任不成也。」與「所懷不活」義近。其意以爲，已産之子死，故感傷之子失其性矣。今俗有哭子帶子之忌，亦斯義。所産子死，所懷子凶者，字乳亟數，氣薄不能成也；雖成人形體，則易感傷，獨先疾病，病獨不治。

百歲之命，是其正也。不能滿百者，雖非正，猶爲命也。譬猶人形一丈，正形也，名男子爲丈夫，説文：「周制八寸爲尺，十尺爲丈。人長八尺，故曰丈夫。」風俗通曰：（意林引。）「禮云十尺曰丈，成人之長也。夫者膚也，言其智膚敏宏教也，故曰丈夫。」大戴禮本命篇曰：「男子者，任天地之道而長養萬物也，故謂之丈夫。丈者長也，夫者扶也，言長萬物也。」與仲任説異。尊公嫗爲丈人。公嫗，舅姑也。釋名：「俗謂舅曰妐。」嫗，老婦之通稱。顔氏家訓書證篇：「古樂府歌詞，先述三子，次及三婦，婦是對舅姑之稱。其末章云：『丈人且安坐，調絃未遽安。』古者子婦供事舅姑，與兒女無異，故有此言。」史記刺客傳索隱引韋昭曰：「古者名男子爲丈夫，尊婦嫗爲丈人。」古婦人有丈人之稱，詳盧文弨龍城札記二。不滿丈者，失其正也，雖失其正，猶乃爲形也。夫形不可以不滿丈之故謂之非形，猶命不可以不滿百之故謂之非命也。非天有長短之命，而人各有稟受也。由此言之，人受氣命於天，卒與不卒，同也。語曰：「圖王不成，其弊可以霸。」見史記主父偃傳徐樂上書、桓譚新論。（御覽七七引。）漢書

注：「敝，言其敝末之法。」盼遂案：二語見漢書徐樂傳、後漢書隗囂傳、崔實正論及桓譚新論。霸者，王之弊也。義見逢遇篇注。霸本當至於王，猶壽當至於百也。不能成王，退而爲霸；不能至百，消而爲夭。王霸同一業，宋本作「葉」。朱校元本、鄭本同。程本作「菓」。各本並作「業」。優劣異名；壽夭或一氣，「或」，各本同。朱校元本作「同」，當據改。長短殊數。何以知不滿百爲夭者百歲之命也？以其形體小大長短同一等也。百歲之身，五十之體，無以異也；身體不異，血氣不殊；鳥獸與人異形，故其年壽與人殊數。何以明人年以百爲壽（數）也？「壽」當作「數」，蓋因誤讀上文「何以知不滿百爲夭者」句絶而妄改此。上文「彊弱夭壽，以百爲數」，又云「百歲之命，是其正也」。此設問，即申其旨。下文云：「出入百有餘歲，年命得正數。」又云：「百歲之壽，人年之正數也。」並爲發明斯義。世間有矣。儒者説曰：「太平之時，人民侗長，侗亦長也。史記三王世家廣陵王策曰：「毋侗好佚。」褚少孫釋之曰：「毋長好佚樂也。」廣雅釋詁曰：「筩，長也。」「侗」、「筩」聲近義同。百歲左右，氣和之所生也。」齊世篇亦有此語，文稍異。堯典曰：「朕在位七十載。」求禪得舜，舜徵三（二）十歲在位，「三十」當作「二十」，妄人據僞孔傳改也。下「徵用三十」誤同。江聲、王鳴盛、段玉裁、孫星衍、陳喬樅、皮錫瑞並有辯證，不具出。「舜徵二十在位」，謂徵用二十年而後在位也。堯退而老，八歲而終，至殂落孟子萬章上趙注：「徂落，死也。」皮錫瑞曰：「論衡氣壽

篇作『徂』。」按各本皆作「殂」，不作「徂」，皮説誤也。然今文尚書作「徂落」，古文作「殂」，無「落」字。仲任習今文，字當作「徂」。今作「殂」，疑後人依僞孔本妄改。九十八歲。未在位之時，必已成人。言「必已成人」者，諸書不言堯即位年也。僞孔傳云：「堯年十六即位。」不足據。論語泰伯篇疏引書傳曰：「堯年十六，以唐侯升爲天子。」蓋即依孔傳爲説。今計數百有餘矣。僞孔傳：「堯壽百一十六歲。」皇甫謐曰：「百一十七歲。」仲任已不知，則其説未信。又曰：文見堯典，而云堯典又曰者，僞孔本舜典本繫於堯典也。陸氏釋文曰：「王氏注，相承云：從『慎徽五典』以下爲舜典。」顧炎武曰：「古有堯典，無舜典。」是也。「舜生三十，徵用三(二)十，在位五十載，陟方乃死。」從鄭玄讀。孔疏引鄭氏曰：「舜生三十，謂生三十年也。登庸二十，謂歷試二十年。在位五十載，陟方乃死，謂攝政至死爲五十年。舜年一百歲也。」僞孔傳：「方，道也。升道南方巡守。」史公亦謂「陟方」爲「巡守」。今文説同。仲任不然其説，以爲舜南治水，死於蒼梧。説詳書虚篇。適百歲矣。史記舜本紀集解引皇甫謐曰：「舜以堯之二十一年甲子生，三十一年甲午徵用，七十九年壬午即真，百歲癸卯崩。」御覽八一引帝王世紀：「舜年八十即真，八十三而薦禹，九十五而使禹攝政，攝政五年，有苗氏叛，南征，崩于鳴條，年百歲。」謂舜年百歲，與仲任合，甲子則不足信。僞孔傳曰：「舜壽百一十二歲。」增十二年，與史記五帝紀、大戴禮〔一〕五帝德、孟子萬章篇、仲任、皇甫謐均不合。盼遂案：上文「舜徵三十歲在位」，今又曰「三十在位」，兩「三十」均爲「二十」之誤。尚書堯典鄭注云：「舜生三十，謂生三十也。登庸二十，謂歷試二十年。在位五十載陟方乃死，謂攝位至死爲五十年。舜年一百歲也」。據論衡及鄭注，知古本尚書元作「徵用二十」，後譌傳爲「三十」，淺人遂據誤本尚書改論衡。如是，則堯年得一百八歲，烏得云九十八？舜年得一百十歲，烏得云適百歲哉？

文王謂武王曰：「我百，爾九十，吾與爾三焉。」文王九十七而薨，武王九十三而崩。

見禮記文王世子。孟子曰：「文王生於岐周。」竹書曰：「武乙元年壬寅，邠遷於岐周。」又曰：「四十一年西伯薨。」計武乙三十五年，太丁〔二〕十三年，帝乙九年，帝辛四十一年，適得九十七年之數，又與孟子説合。又竹書曰：「武王十七年，王陟，年九十四。」徐位山曰：「據竹書，是年丙申，以甲子計之，則武王生於武乙二十二年之癸亥。」

周公，武王之弟也，兄弟相差，不過十年。武王崩，周公居攝七年，復政退老，出入百歲矣。

應劭曰：「周公年九十九。」

邵公，周公之兄也，

穀梁莊三十年傳：「燕，周之分子。」（姚鼐謂當作「別子」。劉寶楠已辯其誤。）史記燕世家：「召公與周同姓。」譙周曰：「周之支族。」（史記集解。）

〔一〕「戴」，原本作「載」，形近而誤，今改。
〔二〕「太」，原本作「文」，據史記殷本紀改。

白虎通王者不臣篇：「召公，文王子。」皇甫謐曰：「文王庶子。」（詩甘棠疏。）此文云：「周公之兄。」皮錫瑞曰：「白虎通、論衡皆今文家説。蓋今文家有以召公爲文王子者。而史記云：『召公奭與周同姓。』古今人表亦云：『周同姓。』不以爲文王子。其説不同，蓋亦三家之異。」左暄三餘偶筆一曰：「穀梁傳曰：『燕，周之分子。』『分子』者，猶曲禮之言『支子』，大傳之言『別子』也。逸周書作雒解：『三叔及殷、東徐、奄及熊盈以略，周公、召公内弭父兄，外撫諸侯。』祭公解：『王曰：「我亦維有若文祖周公暨列祖召公。」』此召公爲文王子之確證。白虎通曰：『子得爲父臣者，不遺善之義也。詩云：「文、武受命，召公維翰。」召公，文王子也。』則召公爲文王子，漢人已明言之。皇甫謐帝王世紀以爲文王庶子，蓋本穀梁氏『燕，周之分子』，故云然，非無據也。司馬遷云：『召公與周同姓。』按史記於畢公亦云『與周同姓』，亦可謂畢公非文王子哉？」至康王之時，尚爲太保，尚書顧命：「王不懌，乃同太保奭。」奭，召公也。竹書紀年：「康王元年，王即位，命冢宰召康公總百事。」出入百有餘歲矣。聖人稟和氣，故年命得正數。氣和爲治平，故太平之世，多長壽人。百歲之壽，蓋人年之正數也，猶物至秋而死，物命之正期也。物先秋後秋，則亦如人死，或增百歲，或減百也；先秋後秋爲期，增百減百爲數。物或出地而死，猶人始生而夭也；物或踰秋不死，亦如人年多度百至於三百也。傳稱：老子二百餘歲，史記本傳：「老子百有六十餘歲，或言二百餘歲。」司馬貞已疑其難信，近馬敍倫老子覈詁辯證甚詳。邵公百八十。應劭風俗通曰：「召康公壽百九十餘乃卒。」路史作「一百八十」，同此。竹書曰：「康王二十四年，召康公薨。」全祖望經史問答：「康王即位之後，召公不見，則已薨矣。周初諸老，無及昭王之世者。若百八十，則及膠舟之變矣，當是傳聞之語。」高宗享國百年，尚書無逸：「肆高宗之享國五十有九年。」僞孔本不足據。史記殷本紀云：「五十五年。」蔡邕石經殘碑：「肆高宗之饗國百年。」漢書杜欽傳：「高宗享百年之壽。」五行志、劉向傳並同，與仲任説合，蓋今文經一作「饗國百年」也。侯康曰：「古文尚書單舉在位之歲，今文統舉壽數言之。太平御覽皇王部引帝王世紀云：『武丁享國五十有九年，年百歲。』正參用今古文。世紀一書不可盡信，此則其可信者。若論衡氣壽篇云：『高宗享國百年，周穆王享國百年，並未享國之時，皆出百三十四十矣。』然仲任説實誤。考呂刑『王享國百年』，傳疏謂從生年數。按周本紀云：『穆王即位，春秋已五十矣。立五十五年，崩。』與傳疏合。傳疏在仲任後，或未足據，司馬固足據也。以呂刑例之，高宗百年，必從生年數。『享國』二字，不必以文害辭。漢書五行志中下云：『高宗攘木鳥之妖，致百年之壽。』杜欽傳：『高宗享百年之壽。』『百年』下系以『壽』字，必是兼舉生年。至論衡則云：『傳稱高宗有桑穀之異，悔過反政，享福百年。』又云：『殷高宗遂享百年之福。』不言『壽』，而言『福』，意謂壽不止此也。」皮錫瑞曰：「侯説非也。王仲任以百年爲單舉在位之年，其説不誤。故無形篇、異虛篇皆不言『壽』，而言『福』。而劉向論星孛山崩疏已云：『故高宗有百年之福。』則不言『壽』而言『福』，亦不始於仲任。周公舉三宗饗國之年，一云『三十三年』，一云『七十五年』，一云『百年』，皆舉在位之年，故云饗國。若高宗并數生年，則與上太宗、中宗不一例；若謂太宗、中宗亦數生年，則太宗壽三十三，何云『克壽』？僞古文云『五十有九年』，與石經及劉子政、杜子夏、班孟堅、王仲任所云『百年』皆不合。皇甫謐即僞造古文者，故世紀獨與之同，豈可爲據？」

周穆王享國百年，並未享國之時，皆出百三十四十歲矣。

「三十四十」，朱校元本作「二十三十」。段玉裁曰：「此用今文尚書毋佚、甫刑也。以連老子、邵公書之，故曰『傳稱』。後儒謂穆王享國百年，謂其壽數，與仲任説異。」孫星衍曰：「此今文説也。周本紀云：『穆王即位，春秋已五十矣。』又云：『立五十五年崩。』是『百年』兼數未即位之年。古文説也。列子周穆王篇云：『穆王幾神人哉！能窮當身之樂，猶百年乃徂。』俱從生年數之。不知充説何據？」皮錫瑞曰：「史記周本紀已以『百年』爲壽數，非始後儒。皇甫謐帝王世紀曰：『穆王修德教，會諸侯於塗山，命吕侯爲相，或謂之甫侯。五十一年，王已百歲老耄，以吕侯有賢能之德，於是乃命吕侯作吕刑之書。五十五年，王年百歲崩於祇宫。』亦同史記之文。然據毋佚篇言殷三宗、周文王饗國百年數，皆數即位以後，不兼數未即位以前。此云『饗國百年』，與毋佚『高宗饗國百年』之文正同，則其義亦當不異，仲任之説似可信。仲任非不見史記者，而説與之異，必别有據。史公與仲任皆用歐陽尚書，不知何以不同。豈史記此文與毋佚『高宗饗國五十五年』之文，皆古文説歟？抑後人改之歟？」暉按：吴汝綸以甫刑「饗國百年」，謂周室饗國百年，非指穆王。竹書自武王至穆王適得百年。姚文田以曆法推之，亦合。然則，謂穆王在位百年，或享壽百年，並爲誤讀經文。其義雖未足確信，存之以備一説。

論衡校釋卷第二

幸偶篇

凡人操行，有賢有愚，及遭禍福，有幸有不幸。舉事有是有非，及觸賞罰，有偶有不偶。並時遭兵，隱者不中；同日被霜，蔽者不傷。中傷未必惡，隱蔽未必善，隱蔽幸，中傷不幸。俱欲納忠，或賞或罰；並欲有益，或信或疑。賞而信者未必真，罰而疑者未必僞，賞信者偶，罰疑不偶也。

孔子門徒七十有餘，孟子公孫丑下、史記十二諸侯年表、儒林傳、伯夷傳、漢書藝文志、劉歆傳、儒林傳、吕氏春秋遇合篇、淮南子泰族訓、要略、趙岐孟子題辭並言「七十」。史記孔子世家、後漢書蔡邕傳、新序雜事一、禮記檀弓上鄭注、劉向列仙傳、（見續博物志七，下同。）皇甫謐高士傳、陳長文耆舊傳並言「七十二」。史記弟子傳、漢書地理志、孔子家語弟子解並言「七十七」。蓋都以成數舉弟子中達者。顏回蚤夭。「蚤」爲「早」之借字。餘注實知篇。孔子曰：「不幸短命死矣。」見論語雍也篇。短命稱不幸，則知長命者幸也，短命者不幸也。服聖賢之道，講仁義之業，宜蒙福祐。伯牛有疾，見論語雍也篇。史記弟子傳：「冉耕字伯牛。」白水碑作「百牛」，字通。亦復顔回之類，俱不幸也。螻蟻行於地，人舉足而涉之，足所履，螻蟻苲（笮）死；孫曰：「苲」當作「笮」。説文：「笮，迫也。」吴説同。足所不蹈，全活不傷。朱校元本「全」作「生」。火燔野草，車轢所致，火所不燔，俗或喜之，名曰幸草。盼遂案：幸草者，車輪所轢之草，屈伏地面，不易燔燒，故云「幸草」。黄暉本標點，全未達此旨。夫足所不蹈，火所不及，未必善也，舉火行有（道）適然也。吴曰：「舉」上脱「足」字。上文云：「人舉足而涉之。」又云：「火燔野草。」此云「足舉火行」，正承前説。楊説同。暉按：朱校元本「有」作「有」爲「道」字壞字。「舉火」連讀，「行道」連讀，非。「舉」上脱「足」字，吴、楊説非。盼遂案：吴承仕曰：「舉」上脱「足」字。上文云：「人舉足而涉之。」又云：「火燔野草。」此云「足舉火行」，正承前説。脱「足」字，則文不成義。由是以論，癰疽之發，亦一實也。氣結閼積，聚爲癰，説文：「癰，腫也。」釋名：「癰，壅也。」潰爲疽，説文：「疽，久癰也。」段曰：「癰久而潰，沮洳然也。」創，流血出膿。説文：「刅，傷也，或作創。」豈癰疽所發，身之善穴哉？「善」上疑有「不」字。營衛之行，謂手足六陰六陽之脈，營衛周行也。遇不通也。史記倉公傳正義：「六府不和，則留爲癰。」蜘蛛結網，蜚蟲過之，或脱或獲；獵者張羅，百獸羣擾，或得或失。漁者罾盼遂案：悼厂云：「『罾』上脱一字。」當是「張」字。江湖之魚，説文：「罾，魚网也。」漢書陳勝傳注：「形如仰繖，蓋四維而舉之。」**或存或亡。或姧盜大辟而不知，**文王世子注：「辟亦罪也。」**或罰贖小罪而發覺。**國語韋昭注：「小罪不入于五刑者，以金贖之。」

災氣加人，亦此類也，不幸遭觸而死，幸者免脱而生。不幸者，不徼幸也。說文：「儌，幸也。」「徼」爲「儌」之借字。「儌幸」雙聲，故無定字，或作「徼幸」、「僥倖」、「徼倖」。說文通訓定聲謂經傳皆以「徼」字爲之，是也。「徼幸」駢語，徼亦幸也，故仲任引以爲說。莊子在宥篇釋文、漢書伍被傳師古注，或謂「要求榮幸」，或謂「求利不止之貌」，義並不通於此，蓋皆失之。**孔子曰：「人之生也直，罔之生也幸。」**論語雍也篇集解馬曰：「人之所以生於世而自終者，以其正直之道。」又包曰：「誣罔正直之道而亦生，是幸而免也。」沈濤銅熨斗齋隨筆曰：「以『幸』字句絶，與何氏所據本不同。」**則夫順道而觸者，爲不幸矣。**罔道而得生爲幸，則順道遭觸而死爲不幸。**立巖墻之下，爲壞所壓；蹈坼岸之上，爲崩所墜。輕遇無端，故爲不幸。魯城門久朽欲頓，**左襄四年傳杜注：「頓，壞也。」**孔子過之，趨而疾行。左右曰：「久矣！」孔子曰：「惡其久也。」孔子戒慎已甚，如過遭壞，可謂不幸也。**

故孔子曰：「君子有不幸而無有幸，小人有幸而無不幸。」未知何出。獨斷引作王仲任語，上句作「君子無幸而有不幸」。論語雍也篇「人之生也直」章，皇疏引李充有此語，蓋亦述傳文。困學紀聞六曰：「韓文公謂：『君子得禍爲不幸，而小人得禍爲常；君子得福爲常，而小人得福爲不幸。』亦仲任之意。」又曰：「君子處易以俟命，小人行險以徼幸。」禮記中庸注：「易，猶平安也。俟命，聽天任命。險，謂傾危之道。」佞幸之徒，閎、籍孺之輩，孺，幼小也。閎、籍並人名。餘見逢遇篇注。無德薄才，以色稱媚，盼遂案：閎謂閎孺也。史記佞幸傳：「漢興，高祖至暴伉也，然籍孺以佞幸。孝惠時有閎孺。」史記宋建傳〔一〕亦稱閎藉孺。孺即頑童之意。又案：「以色媚稱」，疑「色」上脱一「面」字。逢遇篇「皮媚色稱」，定賢篇「面色稱媚」，程材篇「恥降意損崇，以稱媚取進」，皆以「媚稱」連文。不宜愛而受寵，不當親而得附，非道理之宜，故太史公爲之作傳。邪人反道而受恩寵，與此同科，故合其名謂之佞幸。史記有佞幸傳。無德受恩，無過遇禍，同一實也。

俱稟元氣，楚詞王逸九思注：「元氣，天氣也。」或獨爲人，或爲禽獸。並爲人，或貴或賤，或貧或富。富或累金，説文：「絫，增也。」絫積字當作「絫」，隸變作「累」。貧或乞食；貴至封侯，賤至奴僕。非天稟施有左右也，「稟施」疑當作「施氣」。人物受性有厚薄也。俱行道德，禍福不均；並爲仁義，利害不同。晉文脩文德，徐偃行仁義，徐偃王志：（博物志引。）「徐君宮人娠而生卵，以爲不祥，棄之水濱。獨孤（史記秦本紀正義、水經濟水

〔一〕「宋建傳」誤，當爲「酈生陸賈列傳」。

注並作「孤獨」。）母有犬名鵠蒼，獵得所棄卵，銜以東歸。獨孤母以爲異，覆煖之，遂蜅成兒。生時正偃，故以爲名。徐君宮中聞之，乃更録取。長而仁智，襲君徐國，仁義著聞。欲舟行上國，乃通溝陳、蔡之間。以己爲天瑞，遂稱徐偃王。」**文公以賞賜，**晉文公納王而誅叔帶，襄王賜以珪鬯弓矢及河内陽樊之地。見左僖二十八年傳及史記晉世家。**偃王以破滅。**滅徐偃王事，諸説不同。史記秦本紀云：「徐偃王作亂，繆王長驅歸以救亂。」趙世家、潛夫論志氏姓篇同，並謂與周繆王同時。謂楚文王滅之者，韓非子五蠹篇、楚辭七諫沈江、説苑指武篇、淮南説山訓高注。謂周穆王使楚文王滅之者，後漢書東夷傳。謂楚莊王滅之者，淮南人間訓。但言周王使楚滅之者，博物志八、水經濟水注引劉成國徐州地理志。謂周穆王與楚文王爲時相去甚遠，及穆王長驅千里爲不合情事者，譙周古史考。（秦本紀正義、趙世家索隱。）案：譙周蓋以楚文王爲春秋時熊貲。然楚文王事，左傳多載之，亦不見滅徐偃王事。梁玉繩以爲仍韓子之誤，盧召弓亦不以譙周爲是。仲任以爲滅於强楚，（見非韓篇。）蓋從韓非之説，而未明言爲楚文耳。韓愈徐偃王廟碑五百家注引樊汝霖説，以爲穆王所與連謀伐徐者爲熊勝，則從史記也。胡克家通鑑外紀注曰：「古時傳説，不必盡合，楚之文王，或亦如晉之文公，不必祇有一也。」其説最通。**魯人爲父報仇，安行不走，追者捨之；**孫曰：淮南人間篇「安行不走」作「徐行而出門，上車而步馬」。此文「安行」即「徐行」也，漢人常語。漢書蒯通傳：「女安行，我今令而家追女矣。」師古曰：「安，徐也。」「走」讀曰「奏」，急趨也。如淳漢書注曰：「走音奏，趣也。」釋名釋姿容：「疾趨曰走。走，奏也。」**牛缺爲盜所奪，**

和意不恐，盜還殺之。呂氏春秋必己篇：「牛缺之邯鄲，遇盜於耦沙之中。盜求其橐中之載，則與之，求其車馬，則與之，求其衣被，則與之。牛缺出而去。盜相謂曰：『今辱之如此，必愬我於萬乘之主，以國誅我，不若追而殺之。』於是趨行三十里，及而殺之。」又見列子說符篇、淮南人間篇。文德與仁義同，不走與不恐等，然文公、魯人得福，偃王、牛缺得禍者，文公、魯人幸，而偃王、牛缺不幸也。

韓昭侯醉卧而寒，典冠加之以衣，覺而問之，知典冠愛己也，以越職之故，加之以罪。見韓非子二柄篇。衛之驂乘者，見御者之過，從後呼車，有救危之義，不被其罪。亦見對作篇。說苑善說篇：桓司馬者，朝朝其君，舉而晏。御呼車，驂亦呼車。御肘其驂曰：「子何越之爲乎？何爲籍呼車？」驂謂其御曰：「當呼者呼，乃吾事也。子當御，正子之轡銜耳。子今不正轡銜，使馬卒然驚，妄轢道中行人，必逢大敵。下車免劍，涉血履肝者，固吾事也，子寧能辟子之轡，下佐我乎？其禍亦及吾身，與有深憂，吾安得無呼車哉？」夫驂乘之呼車，典冠之加衣，同一意也。加衣恐主之寒，呼車恐君之危，仁惠之情，俱發於心。然而於韓有罪，於衛爲忠，驂乘偶，典冠不偶也。

非唯人行，物亦有之。長數仞之竹，大連抱之木，工技之人，裁而用之，或成器而見舉持，或遺材而遭廢棄。非工伎之人有愛憎也，刀斧〔之〕如（加）有偶然也。吳曰：「加」誤爲「如」，又脱「之」字。下文「手指之調有偶適也」，文例正同。蒸穀爲飯，釀飯爲酒，酒之成也，甘苦異味；飯之熟也，剛柔殊和。説文：「盉，調味也。」「和」乃叚字。非庖廚酒人有意異也，手指之調有偶適也。調飯也殊筐而居，甘酒也異器而處，蟲墮一器，酒棄不飲；鼠涉一筐，意林引「涉」作「殘」。飯捐不食。夫百草之類，皆有補益，遭醫人采掇，成爲良藥；據上下文例，「遭」上疑脱「或」字。或遺枯澤，爲火所爍（燎）。陳世宜曰：此承上文「百草之類」言之，當從元本作「燎」。暉按：朱校元本亦作「燎」，陳説是也。等之金也，或爲劍戟，或爲鋒銛。説文：「鏠，兵耑也。」又曰：「銛，鍤屬也。」同之木也，或梁於宮，或柱於橋。俱之火也，或爍脂燭，或燔枯草。均之土也，或基殿堂，或塗軒户。皆之水也，或溉鼎釜，詩匪風傳：「溉，滌也。」或澡腐臭。物善惡同，遭爲人用，其不幸偶，猶可傷痛，況含精氣之徒乎？淮南精神篇曰：「精氣爲人。」虞舜，聖人也，在世宜蒙全安之福，父頑母嚚，頑，廣雅釋詁曰：「愚也。」嚚，説文：「語聲也。」孫星衍曰：「蓋多言也。」弟象敖狂，趙注孟子曰：「象，舜異母弟也。」「敖」，尚書作「傲」。説文云：「倨也。」皮錫瑞曰：「論衡云：『舜兄狂弟傲。』言舜有兄，乃今文家異説。」按：越絶書有此文，論衡無，皮氏誤記。無過見憎，不惡而得罪，事見吉驗篇。不幸甚矣！孔子，舜之次也，生無尺土，周流應聘，削迹絶糧。儒增篇曰：「在陳絶糧，削迹於衛。」盼遂案：事見莊子山木篇。俱以聖才，並不幸偶。舜尚遭堯受禪，孔子已死於闕里。齊曰：「已」猶「則」也。吕覽本生：「今有聲於此，耳聽之必慊，已聽之。」言耳聽之必快則聽之。韓非難勢：「飛龍乘雲，騰蛇游霧，雲罷霧霽，而龍蛇與螾螘同矣。則失其所乘也。」「則」猶「以」也。墨子貴義：「予子冠履，而斷子之手足，子爲之乎？必不爲。何故？則冠履不若手足之貴也。」「則」亦訓「以」。「以」、「已」字通。事文類聚續集四引漢晉春秋：「闕里在兗州，即孔子所居之故宅也。」水經注二五引從征記：「洙、泗二水交于魯城東北十七里，闕里背洙面泗，南北百二十步，東西六十步，四門各有石闞，北門去洙水百餘步。」盼遂案：「已」字疑誤，與上下不應。以聖人之才，猶不幸偶，庸人之中，被不幸偶，禍必衆多矣！「禍」，疑涉「偶」字譌衍。盼遂案：庸人不幸偶，不必有禍。此「禍」當爲「旤」之假字。説文：「旤，逆惡驚詞也。讀若楚人名多夥。」廣韻三十四果，旤與禍、夥同屬胡火紐。則論衡之「禍」爲「旤」之假，用爲發語之詞，明矣。

命義篇

墨家之論，以爲人死無命；義詳墨子非命篇。儒家之議，以爲人死有命。言有命者，見子夏言「死生有命，富貴在天」。注命禄篇。言無命者，聞歷陽之都，一宿沉而爲湖；見淮南俶真篇。高注曰：「歷陽，淮南國之縣名，今屬九江郡。歷陽中有老嫗，常行仁義，有兩諸生告過之，謂曰：『此國當没爲湖，嫗視東城門閫有血，便走上山，勿顧也。』自此，嫗數往視門，門吏問之，嫗對〔一〕如其言。東門吏殺鷄，以血涂門。明日，嫗早往，視門有血，便走上山，國没爲湖。（以上從文選辨命論注引。）與門吏言其事，適一宿耳。」晏殊類要六，淮南路類：「歷陽縣有歷水，故曰歷陽。鷄籠山在縣西北三十里。淮南子云：『麻湖初陷之時，有一老母，提鷄籠以登此山，化爲石。』」（此爲歷陽圖經文，御覽四三引。）搜神記六：「歷陽之郡，一夕淪入地中，乃爲水澤，今麻湖是也，不知何年。」御覽一六九引淮南注：「漢明帝時，歷陽化爲麻湖。」當不足徵。盼遂案：三餘札記卷二朱宗萊云：「都，意林作郡。『沈而爲湖』作『化成湖』。」典案：淮南子俶真篇作

〔一〕「對」下原本有「曰」字，據文選辨命論注删。

「夫歷陽之都，一夕反而爲湖」，與此文正同。意林引文非。秦將白起坑趙降卒於長平之下，楊曰：「坑」，韻補與「坑」同。暉按：「坑」，天啓本作「坑」，鄭本訛作「沆」，各本作「坑」。楚詞七諫洪補注：「『坑』，字書作『坑』，俗作『坑』。」四十萬衆，同時皆死；史記秦本紀：「秦攻韓上黨，上黨降趙，因攻趙。使白起擊，大破趙于長平，四十餘萬，盡殺之。」趙世家：「秦人圍趙括，括以軍降，卒四十餘萬，皆阬之。」春秋之時，敗績之軍，左莊十一年傳：「大崩曰敗績。」死者蔽草，尸且萬數；饑饉之歲，說文：「穀不孰爲饑，蔬不孰爲饉。」餓者滿道；温氣疫癘，楊曰：「温」，「瘟」之正字。暉按：說文歺部有「殟」字，凡从「歺」，皆說死之類。聲類曰：「烏殟，欲死也。」廣韻曰：「殟，病也。」是瘟疫字當作「殟」。「温」爲借字，「瘟」爲俗字。公羊注：「痢者，民疾疫也。」「癘」、「痢」字通。千户滅門，如必有命，何其秦、齊同也？

言有命者曰：

夫天下之大，人民之衆，一歷陽之都，一長平之坑，同命俱死，未可怪也。命當溺死，故相聚於歷陽；命當壓死，故相積於長平。猶高祖初起，相工入豐、沛之邦，孫曰：「邦」字漢人所諱，不當用。意林引作「市」。使原本作「市」，不得誤爲「邦」。「邦」疑爲「鄉」之壞字。意林引書，多以意改，不可盡依。多封侯之人矣，史記高紀：「呂后與兩子居田中，有老父過，相呂后曰：『天下貴人。』相孝惠、魯元，亦皆貴。」未必老少男女俱貴而有相也，卓礫

（皪）時見，先孫曰：「皪」當爲「䃯」。文選孔融薦禰衡表云：「英才卓皪。」盼遂案：通作「卓犖」。往往皆然。而歷陽之都，男女俱没；長平之坑，老少並陷，萬數之中，必有長命未當死之人，遭時衰微，兵革並起，不得終其壽。人命有長短，「人」，疑是「夫」字。時有盛衰，衰則疾病，被災蒙禍之驗也。宋、衞、陳、鄭同日並災，左氏昭十八年傳：「夏五月壬午，宋、衞、陳、鄭災。」四國之民，必有禄盛未當衰之人，孫曰：元本無「盛」字，疑當作「禄命」。元本脱「命」字，此作「盛」者，涉上「盛衰」而誤。上文云「萬數之中，必有長命未當死之人」，與此文正相對。下云「故國命勝人命，壽命勝禄命」，並其證。又按：後文「禄盛」連文，作「盛」亦通。暉按：後説是也。朱校元本正有「盛」字。「必有禄盛未當衰」，與上「必有長命未當死」文法同。下云「壽命勝禄命」，即申此禄盛未衰而俱災之故。然而俱災，國禍陵之也。故國命勝人命，壽命勝禄命。人有壽夭之相，亦有貧富貴賤之法，俱見於體。故壽命脩短，皆稟於天；骨法善惡，皆見於體。命當夭折，雖稟異行，終不得長；禄當貧賤，雖有善性，終不得遂。項羽且死，顧謂其徒曰：「吾敗乃命，非用兵之過。」見史記項羽本紀。此言實也。實者項羽用兵過於高祖，高祖之起，有天命焉。

國命繫於衆星，「繫」，宋本作「吉」。朱校元本同。列宿吉凶，國有禍福；衆星推移，人有盛衰。人之有吉凶，猶歲之有豐耗，命（人）有衰盛，「命」當作「人」。命禄篇曰：「吉凶之命，盛衰之禄。」下文曰：「命者，貧富貴賤；禄者，盛衰興廢。」又曰：「命善禄盛。」是盛衰乃就「禄」言之。仲任言禄，如俗言「時運」，與「命」義有別。是此不得言「命有衰盛」，其證一。「人有衰盛」，與下「物有貴賤」，「人」、「物」二字相對文，則此不當作「命有衰盛」，其證二。又此文乃承上「衆星推移，人有盛衰」，冒下「人之盛衰，不在賢愚」爲文，則此不得言「命有衰盛」，其證三。物有貴賤。一歲之中，一貴一賤；「一」猶「或」也。下並同。一壽之間，一衰一盛。物之貴賤，不在豐耗；人之衰盛，不在賢愚。子夏曰「死生有命，富貴在天」，而不曰「死生在天，富貴有命」者，何則？死生者，無象在天，以性爲主。稟得堅彊之性，則氣渥厚而體堅彊，堅彊則壽命長，壽命長則不夭死。盼遂案：下「壽命」二字誤衍。下文「羸窳則壽命短，短則蚤死」，與此爲對文，不重「壽命」字可證。稟性軟弱者，楊曰：程本作「稟氣」，宋本及別本正與通津本同。氣少泊而性(體)羸窳，羸窳則壽命短，短則蚤死。齊曰：「性」當作「體」。「氣少泊而體羸窳」，與上「氣渥厚而體堅彊」正反爲文。氣壽篇：「稟氣渥則其體彊，體彊則其命長。氣薄則其體弱，體弱則命短，命短則多病壽短。」文意正同，是其證。故言「有命」，命則性也。無形篇：「用氣爲性，性成命定。」至於富貴所稟，猶性所稟之氣，得衆星之精。洪範：「庶民惟星。」許慎曰：（占經七四引。）「衆星，庶民之象。」衆星在天，天有其象，得富貴象則富貴，得貧賤象則貧賤，鹽鐵論論菑篇：「列星於天，而人象其行。常星猶公卿，衆星猶萬民。」盼遂案：詩小弁：「天之生我，我辰安在？」鄭箋云：「此言我生所值之辰安所在乎？爲六物之吉凶。」疏云：「六物，歲、時、日、月、星、辰也。」知人稟星氣之説，自西周已然。又案：抱朴子内篇塞難篇云：「命之修短，實由所值，受氣結胎，各有星宿。天道無爲，任物自然，無親無疏，無彼無此也。命屬生星，則其人必好仙道，好仙道者，求之亦必得也。命屬死星，則其人亦不信仙道，不信仙道，則亦不自修其事也。所樂善否，判於所稟，移易予奪，非天所能。譬猶金石之消於爐冶，瓦器之甄於陶竈，雖由之以成形，而銅鐵之利鈍，甕罌之邪正，適遇所遭，非復爐竈之事也。」又辨問篇云：「玉鈐經：主命原由人之吉凶，制在結胎受氣之日，皆上得列宿之精。其值聖宿則聖，值賢宿則賢，值文宿則文，值武宿則武，值貴宿則貴，值富宿則富，值賤宿則賤，值貧宿則貧，值壽宿則壽，值仙宿則仙。又有神仙聖人之宿，有治世聖人之宿，有兼二聖之宿，有貴而不富之宿，有富而不貴之宿，有兼貴富之宿，有先富後貧之宿，有先貴後賤之宿，有兼貧賤之宿，有富貴不終之宿，有忠孝之宿，有兇惡之宿。如此不可具載，其較略如此。爲人生本有定命，張車子之説是也。苟不受神仙之命，則必無好仙之心，未有心不好之而求其事者也，未有不求而得之者也。自古至今，有高才明達而不信有仙者，有平平許人學而得仙者，甲雖多所鑒識而或蔽於仙，乙則多所不通而偏達其理，此豈非天命之所使然乎？」據抱朴此文，則王氏命關星象之説，至東晉益盛爲道家所推衍矣。**故曰「在天」。在天如何？天有百官，**史記天官書有中、東、南、西、北各官。（本作「宫」，今依錢大昕校改作「官」。）索隱：「星座有尊卑，若人之官曹列位，故曰天官。」

漢天文志：「經星常宿中外官凡百一十八名，積數七百八十三星，皆有州國官宮物類之象。」有衆星，天施氣而衆星布精，張衡靈憲：「衆星列布，體生於地，精成於天。列居錯峙，各有攸屬。在野衆物，在朝衆官。中外之官，常明者百有二十，可名者三百二十，爲星二千五百，微星之數，蓋一萬一千五百二十。庶類蠢蠢，咸得係命。」（天文志注，御覽七引。）天所施氣，衆星之氣在其中矣。人稟氣而生，含氣而長，「含」，舊作「舍」，今據各本正。得貴則貴，得賤則賤。貴或秩有高下，富或貲有多少，皆星位尊卑小大之所授也。俞曰：抱朴子辨問篇引玉鈐云：「人之吉凶修短，於結胎受氣之日，皆上得列宿之精。其值聖宿則聖，值賢宿則賢，值文宿則文，值武宿則武，值貴宿則貴，值富宿則富，值賤宿則賤，值貧宿則貧，值壽宿則壽，值仙宿則仙。」與此文大旨相近，即後世星命之學所權輿也。故天有百官，元本「天」作「人」。朱校同今本。天有衆星，楊曰：據上文，「天」字衍。地有萬民、五帝、三王之精。禮記大傳鄭注：「王者之先祖，皆感太微五帝之精以生，蒼則靈威仰，赤則赤熛怒，黃則含樞紐，白則白招拒，黑則汁光紀。」公羊宣三年傳疏引感精符注：「堯，翼之星精；舜，斗之星精；禹，參之星精；湯，虛之星精；文王，房星之精。」天有王梁、造父，天官書：「漢中四星曰天駟，旁一星曰王良。」春秋合誠圖：「王良主天馬。」晉天文志：「造父騰蛇，王良附路。」「良」，漢志亦作「梁」，字通。人亦有之，左傳哀二年：「郵無卹御簡子。」杜注：「郵無卹，王良也。」梁履繩左通補釋曰：「郵無卹，晉語作『郵無正』，蓋趙簡子之子襄子，亦名無恤，嗣立約在哀廿年前，故更名『無正』。其氏爲郵。其稱爲孫無政者，即因孫陽而誤，故亦稱孫郵。其又稱王良者，王良乃星名，與造父俱屬紫微垣，史記天官書所謂『王良策馬』是也。故以王良爲號。亦曰王梁，『梁』、『良』古字通。其託精天駟之説，與傳説騎箕相似，深所不信。至伯樂別是一人，在秦穆時，而非趙簡子之伯樂。此伯樂即孫明，其氏爲李，翻譯名義集第六云『李伯樂』是也。秦伯樂爲孫陽氏，嬴姓。英賢傳曰：『秦穆公子有孫陽伯樂，善相馬。』則以爲姓孫名陽。又以爲伯樂字孫陽，並非也。伯樂，漢書人表作柏樂，亦作博勞，音相同耳。石氏星經云：『伯樂，星名，主典天馬，孫陽善馭，故以爲名。』可知人特以伯樂爲號。秦伯樂蚤以善相馬得此稱，晉伯樂遂承之。凡書傳中亟舉爲口實者，皆秦之伯樂也。此王良爲號無疑。故傳亦謂之子良、郵良，亦謂之尤良。『尤』、『郵』古字通。或謂王良字子期者，因韓非子喻老篇云『趙襄王學御於王子期』而誤也。愚意趙氏當日招致豪儁，爲衆士所歸，其善御及相馬者，有郵無恤、孫明、王子期，必欲並爲一人，何見之隘乎？人表以郵無恤、王良、伯樂列爲三人，固謬。諸家以爲總一人者，尤謬。斷無一人而有郵無恤、王良、子良、郵良、郵無正、孫無政、孫明、孫陽、伯樂、王子期、劉無止、孫郵十二名，若後世之多爲別號者，古人焉有之乎？」盼遂案：吴承仕曰：「『天有百官』以下數語文意不了。」史記天官書及孟子等書皆作王良，獨此及荀子正論篇作王梁，率性篇又云「王良、造父」，知此王梁仍係誤字也。**稟受其氣，故巧於御。**

傳曰：「説命有三：一曰正命，二曰隨命，三曰遭命。」盼遂案：「傳曰」之「曰」，衍字。「傳説命」三字既足。正命，謂本禀之自得吉也。性然骨善，故不假操行以求福而吉自至，故曰正命。隨命者，戮力操行而吉福至，縱情施欲而凶禍到，故曰隨命。遭命者，行善得惡，非所冀望，逢遭於外而得凶禍，故曰遭命。

孫曰：三命之説，舊義略同，惟「正命」或稱「大命」，或稱「受命」，或稱「壽命」，蓋壽命爲正命，隨遭爲變命也。春秋繁露重政篇曰：「人始生有大命，是其體也；有變命存其間者，其政也。政不齊，則人有忿怒之志，若將施危難之中，而時有隨遭者，神明之所接，絶續之符也。」白虎通壽命曰：「命有三科，以記驗：有壽命以保度，（祭法疏引援神契作「受命」。暉按：公羊襄二九疏引何氏膏肓作「壽命」。又「度」字膏肓同，援神契作「慶」。）有遭命以遇暴，（暉按：「遇」，膏肓作「摘」，援神契作「謫」。）有隨命以應行。（膏肓、援神契並作「督行」。）壽命者，上命也，若言文王受命唯中，身享國五十年。隨命者，隨行爲命，若言怠棄三正，天用勦絶其命矣。又欲使民務仁立義，無滔天，滔天則司命舉過言，則用以弊之。遭命者，逢世殘賊，若上逢亂君，下必災變暴至，天絶人命，沙鹿崩于受邑是也。冉伯牛危行正言，而遭惡疾，孔子曰：『命矣夫，斯人也而有斯疾也，斯人也而有斯疾也。』」太平御覽三百六十引元命苞曰：「壽命，正命也，起九九八十一。有隨命，隨命者，隨行爲命也。有遭命，遭命者，行正不誤，逢世殘賊，君上逆亂，辜咎下流，災譴並發，陰陽散忤，暴氣雷至，滅日動地，絶人命，（暉按：張本作「暴氣絶人，雷至動地」。）沙鹿襲邑是。」（莊子列禦寇篇：「達大命者隨，達小命者遭。」潛夫論論榮篇：「故論士苟定於志行，勿以遭命。」卜列篇：「行有招召，命有遭隨。」此專論隨遭之命也。）孟子盡心章注曰：「命有三名，行善得善曰受命，行善得惡曰遭命，行惡得惡曰隨命。」是三命之説，義並相近，惟趙岐論隨命略異耳。暉按：仲任於隨命，其説略殊，趙岐於義無别，省舉一端耳。

凡人受命，在父母施氣之時，已得吉凶矣。夫性與命異，或性善而命凶，或性惡而命吉。操行善惡者，性也；禍福吉凶者，命也。或行善而得禍，是性善而命凶；或行惡而得福，是性惡而命吉也。性自有善惡，命自有吉凶。使命吉之人，雖不行善，未必無福；凶命之人，楊曰：「凶命」當互倒。雖勉操行，未必無禍。孟子曰：「求之有道，得之有命。」見孟子盡心篇上。性善乃能求之，命善乃能得之。性善命凶，求之不能得也。行惡者禍隨而至，據隨命言之。而盜跖、莊蹻，漢書賈誼傳注引李奇曰：「跖，秦大盜也。」史記伯夷傳正義：「蹠者，黄帝時大盜名。」莊子盜跖篇：「柳下季之弟名。」三説不一。莊蹻有二，一爲盜，一爲將軍。困學紀聞考史以爲二人同名。方以智通雅以爲一莊王時盜，一莊王裔孫。盧文弨以爲盜者在楚威、懷時。按王湞之莊蹻，似當從華陽國志在頃襄王時。（漢書地理志注、史記西南夷傳正義、類聚舟車部、御覽舟部四引同。今本華陽國志南中志作「威王」，後人依史記、漢書西南夷傳改之耳。）其他言大盜者，似是楚國大盜之通名，不必確定爲一時人也。（韓非子喻老篇以爲莊王時。吕氏春秋介立篇高注：「莊蹻，楚成王之大盜。」「成」或「威」

字之譌。淮南主術篇高注：「莊蕎，楚威王之將軍，能爲大盜。」（「蕎」即「蹻」字。）呂氏春秋異用篇注：「企足，莊蹻也，大盜名。」蹻字只見於此。橫行天下，聚黨數千，攻奪人物，斷斬人身，無道甚矣，宜遇其禍，乃以壽終。夫如是，隨命之説，安所驗乎？遭命者，行善於内，遭凶於外也。若顏淵、伯牛之徒，舊校曰：一有「何謂乎」字。如何遭凶？顏淵、伯牛，行善者也，當得隨命，福祐隨至，何故遭凶？顏淵困於學，以才自殺；沈濤曰：他書多言顏子早夭，無自殺之語。蓋猶膏以明自煎，蘭以香自焚，顏子好學以死，不啻以才自殺其身耳，初非謂死於非命也。然宋書文九王傳：「景素秀才劉璡上書曰：『曾子孝於其親，而沉於水。』」曾子沉水，書亦不載，則顏子自殺，或亦於傳有之，而今不傳耳。伯牛空居而遭惡疾。論語雍也篇包注：「牛有惡疾，不欲見人。」但「惡疾」之義，疏家無説，旁攷載籍，可舉二通。大戴禮本命篇、公羊莊二十七年傳注並云：「世有惡疾不娶，棄於天也。」「惡疾棄，不可奉宗廟也。」韓詩曰：「芣苢，傷夫有惡疾也。」薛君章句曰：「詩人傷其君子有惡疾，人道不通。」劉孝標辨命論曰：「冉耕歌其芣苢。」是伯牛惡疾，謂其失人道也。此其一。淮南精神篇曰：「伯牛爲厲。」本書書虛篇、刺孟篇同。羣經義證曰：「『厲』、『癩』聲相近。史記豫讓傳：『漆身爲厲。』注：『音賴。』索隱曰：『賴，惡瘡病也。』古以惡疾爲癩。禮，婦人有惡疾去，以其癩也。芣苢草可療癩，見列子注。故辨命論云：『冉耕歌其芣苢。』韓詩云：『芣苢，傷夫有惡疾。』」此其二。是謂惡疾爲厲也。仲任取後説。及屈平、伍員之徒，盡忠輔上，竭王臣之節，而楚放其身，吳烹其尸。釋名釋喪制曰：「煮之於鑊曰烹，若烹禽獸之肉也。」行善當得隨命之福，乃觸遭命之禍，何哉？言隨命則無遭命，言遭命則無隨命，儒者三命之說，竟〔一〕何所定？且命在初生，骨表著見。今言隨操行而至，此命在末，不在本也。則富貴貧賤皆在初禀之時，不在長大之後隨操行而至也。「則」字上疑有挩文。

正命者，至百而死。隨命者，五十而死。此就舊說三分之。氣壽篇：「百歲之命，是其正也。」氣壽篇曰：「不能滿百者，雖非正，猶爲命也。百歲之身，五十之體，無以異也。」是仲任納隨命於正命。遭命者，初禀氣時遭凶惡也，謂姙娠之時遭得惡〔物〕也，楊曰：「惡」下當脱「物」字。齊曰：「謂」下九字，疑是注語，誤入正文。或遭雷雨之變，長大夭死。

此謂三命。亦有三性：有正，有隨，有遭。正者，禀五常之性也；白虎通情性篇：「人生而應八卦之體，得五氣以爲常，仁義禮智信是也。」顧實曰：「説苑修文篇：『常者質。』以五常爲宇宙之五原質。」隨者，隨父母之性〔也〕；楊曰：「性」下當脱「也」字。遭者，遭得惡物象之故也。「故」字疑涉下文衍，「象之」二字又倒。故姙婦食兔，子生缺脣。淮南說山訓：「孕婦見兔而子缺脣。」博物志曰：「姙娠者不可啖兔肉，又不可見兔，令兒缺脣。」月令曰：「是

〔一〕「竟」，原本作「意」，據通津草堂本改。

月也，仲春之月。**雷將發聲，有不戒其容者，生子不備，必有大凶。**」俞曰：月令「必有凶災」，此云「大凶」，文異而義不殊。月令「不戒其容止」，鄭云：「容止猶動靜。」以「動」訓「容」，以「止」訓「静」，字各一義。「容」猶「動」也。説文手部：「搈，動搈也。」「容」與「搈」通，故訓動。此云「不戒其容」，則是容儀之容矣。暉按：吕氏春秋仲春紀、淮南時則訓並與月令文同。此蓋脱謁，非有異文。**瘖聾跛盲，氣遭胎傷，故受性狂悖。**淮南時則訓高注：「以雷電合房室者，生子必有瘖聾（吕氏春秋注作「躄」。）通精癡狂之疾。」釋名釋疾病：「眸子明而不正曰通視。」畢沅疏證曰：「即通精。」此云「盲」，與「通精」義近。産經曰：（葉德輝雙梅景闇叢書輯素女經。）「合陰陽之時，必避九殃。雷電之子，天怒興威，必易服狂。」玉房祕决曰：「人生顛狂，是雷電之子，四月五月大雨霹靂，君子齋戒。小人私合陰陽，生子必顛狂。」**羊舌似我初生之時，**「似」，各本同，王本、崇文本作「食」，本性篇亦作「食」，則此作「似」誤。楊曰：左傳作「楊食我」。暉按：左傳見昭二十八年。杜注云：「楊，叔向邑。」列女傳八亦作「楊食我」，并云：「姓楊氏。」通志氏族略三：「叔向食采揚氏，其地平陽揚氏縣是也。叔向生伯石，字食我，以邑爲氏，曰揚石。」左閔二年傳「羊舌大夫」，杜注：「叔向祖父也。」左昭三年傳：「叔向曰：『肸之宗十一族，唯羊舌氏在。』」正義引世族譜云：「羊舌氏，晉之公族。羊舌，其所食邑名。」又云：「或曰：羊舌氏姓李名果。有人盜羊而遺其頭，不敢不受，而埋之。後盜羊事發，辭連李氏。李氏掘羊頭示之，以明己不食。唯識其舌存，得免，號曰羊舌氏。」梁履繩左通補釋曰：「晉武公子伯僑生文，文生突，羊舌大夫也。晉之公族食邑於羊舌，凡三縣：一曰銅鞮，二曰楊氏，三曰平陽。突生職，職五子：赤、肸、鮒、虎、季夙。（唐書宰相世系表一下。）羊舌氏，靖侯之後，食采於此，故爲羊舌大夫。羊舌，晉邑名，未詳其所。」（通志世族略三。）案：潛夫論志氏姓篇云：「羊舌氏，晉姬姓。」系表、通志所言各異。杜譜唯云公族，疑莫能定也。而列女傳又云：「叔姬者，羊舌子之妻也，叔向、叔魚之母也。羊舌子好正，不容於晉，去而至三室之邑。三室之邑人，相與攘羊而遺之，羊舌子不受。叔姬命其受之。羊舌子受之，曰：『爲肸與鮒亨之。』叔姬曰：『不可。』乃埋之。」是埋羊又爲叔向父羊舌職〔一〕事，傳説不同。盼遂案：「似」爲「食」之聲誤。左氏昭公二十八年、晉語皆作楊食我。論衡本性篇亦作羊舌食我。聲似豺狼，長大性惡，被禍而死。見本性篇。在母身時，遭受此性，丹朱、商均之類是也。性命在本，謂在初稟之時。故禮有胎教之法：子在身時，席不正不坐，割不正不食，非正色目不視，非正聲耳不聽。大戴禮保傅篇：「青史氏之記曰：『古者胎教，王后腹之七月，而就宴室。太師持銅而御户左，太宰持斗〔二〕而御户右。比及三月者，王后所求聲音非禮樂，則太師緼瑟而稱不習。所求滋味者非正味，則太宰倚斗而言曰：「不敢以待王太子。」』」又曰：

〔一〕「羊舌職」，原本作「羊舌之職」，今據左傳删「之」字。

〔二〕「斗」，原本作「升」，據大戴禮改。下同。

「周后妃任成王於身，立而不跂〔一〕，坐而不差，獨處而不倨，雖怒而不詈，胎教之謂也。」及長，置以賢師良傅，教君臣父子之道。大戴禮保傅篇：「傅，傅其德義；師，導之教順。」賢不肖在此時矣。受氣時，母不謹慎，心妄慮邪，「妄」，宋本作「志」。朱校元本同。則子長大，狂悖不善，形體醜惡。素女對黄帝陳五（御）女之法，孫曰：此言男女房中之事，五女之法，於古無徵。「五」當作「御」，聲之誤也。張衡同聲歌：「素女爲我師，儀態盈萬方，衆夫所希見，天姥教軒皇。」雲笈七籤一百軒轅本紀云：「修道養生之法於玄女、素女，受房中之術，能御三百女，授帝如意神方，即藏之崆峒山。」盼遂案：吴承仕曰：「黄帝受圖有五始，見左傳正義引春秋緯及王應麟玉海卷二。」非徒傷父母之身，乃又賊男女之性。

人有命，有禄，有遭遇，有幸偶。命者，貧富貴賤也；禄者，盛衰興廢也。以命當富貴，遭當盛之禄，常安不危；以命當貧賤，遇當衰之禄，則禍殃乃至，常苦不樂。遭者，遭逢非常之變，若成湯囚夏臺，史記夏本紀：「桀召湯而囚之夏臺。」索隱：「獄名，夏曰鈞臺。」文王厄牖里矣。淮南道應篇：「崇侯虎曰：『周伯昌行仁義而善謀，若與之從，

〔一〕「跂」，原本作「跛」，據大戴禮改。

則不堪其殃；縱而赦之，身必危亡，及未成請圖之。』屈商乃拘文王於羑里。」高誘氾論篇注云：「羑里〔一〕，今河南湯陰是也。」地理志「河内蕩陰縣西山，羑水所出，至内黄入蕩，有羑里，西伯所拘也」。字又作「牖」。國策趙策：「拘之牖里之庫。」**以聖明之德，而有囚厄之變，可謂遭矣。變雖甚大，命善禄盛，變不爲害，故稱遭逢之禍。晏子所遭，可謂大矣，直兵指胸，白（曲）刃加頸，**「白」當作「曲」，曲直對文。晏子内篇雜上五：「晏子曰：『曲刃鉤之，直兵推之，嬰不革矣。』」呂氏春秋知分篇：「直兵造胸，曲兵鉤頸。」韓詩外傳二：「直兵推之，曲兵鉤之。」新序義勇篇：「直兵將推之，曲兵將勾之。」並作「曲刃」、「曲〔二〕兵」，是其證。以晏子上下文考之，曲刃指戟，直兵指劍。淺人不明「曲刃」之義而妄改之。後漢書臧洪傳：「晏嬰不降志於白刃。」文與此異，不可比。**蹈死亡之地，當劍戟之鋒，執死得生還。**「執」讀作「墊」。尚書益稷篇：「下民昏墊。」疏引鄭注云：「昏，没也。墊，陷也。」韓詩外傳一：「不由禮，則墊陷生疾。」是「執死」猶言陷死也。莊子徐無鬼篇：「王命相趨射之，狙執死。」「執」亦讀作「墊」。釋文引司馬云：「見執而死。」非也。晏子春秋曰：「崔杼既弑莊公而立景公，杼與慶封相之。劫諸將軍大夫及顯士庶人於太宫之坎上，令無得不盟者。爲壇三仞，埳其下，以甲千列環其内外。盟者皆脱劍而入，維晏子

〔一〕「羑」，原本作「美」，形近而誤，今改。
〔二〕「曲」，原本作「典」，形近而誤，據引文改。

不肯，崔杼許之。有敢不盟者，戟拘其頸，劍承其心。令自盟曰：『不與崔、慶而與公室者，受其不祥。』言不疾，指不至血者死。所殺七人，次及晏子。晏子奉桮血，仰天歎曰：『嗚呼，崔子爲無道而弑其君，不與公室而與崔、慶者，受此不祥。』俛而飲血。崔杼謂晏子曰：『子變子言，則齊國吾與子共之；子不變子言，戟既在脰，劍既在心，維子圖之矣。』晏子曰：『劫吾以刃而失其志，非勇也。回吾以利而倍其君，非義也。崔子！子獨不爲夫詩乎？詩云：「莫莫葛藟，施於條枚，愷悌君子，求福不回。」今嬰且可以回而求福乎？曲刃鉤之，直兵推之，嬰不革矣。』崔杼將殺之。或曰：『不可，子以子之君無道而殺之。今其臣，有道之士也，又從而殺之，不可以爲教矣。』崔子遂舍之。晏子曰：『若大夫爲大不仁而爲小仁，焉有中乎？』趨出，授綏而乘。其僕將馳，晏子撫其手曰：『徐之。疾不必生，徐不必死。鹿生於野，命縣於廚，嬰命有繫矣。』按之成節而後去。」**命善禄盛，遭逢之禍不能害也。**盼遂案：吴承仕曰：「『生還』二字不辭，疑『還』應作『迺』，古文『乃』，形近之誤也，屬下句。」**歷陽之都，長平之坑，其中必有命善禄盛之人，一宿同填而死，**謂同爲土所填塞而死。**遭逢之禍大，命善禄盛不能卻也。譬猶水火相更也，水盛勝火，火盛勝水。**

〔遇者〕，遇其主而用也。吴曰：上文舉「命禄」、「遭遇」、「幸偶」六目，下即依次釋之。此云「遇其主而用也」，依例，當云「遇者，遇其主而用也」。今無更端指事之詞，疑有脱文。暉按：吴説是也。據上「命者」、「禄者」、「遭者」云云文例，補「遇者」二字。雖有善命盛禄，不遇知己之主，不得效驗。

幸者，謂所遭觸得善惡也。獲罪得脱，幸也；無罪見拘，不幸也。執拘未久，蒙令得出，命善禄盛，夭災之禍不能傷也。

偶也（者），謂事君（有偶）也。「也」，元本作「有偶」。吴曰：疑當作「偶者，謂事君有偶也」，始與前文一例。「也」當作「者」。楊説同。以道事君，君善其言，遂用其身，偶也；行與主乖，退而遠，不偶也。退遠未久，上官録召，命善禄盛，不偶之害不能留也。

故夫遭、遇、幸、偶，或與命禄并，或與命〔禄〕離。吴曰：「命」下脱「禄」字。下同。遭遇幸偶，遂以成完〔一〕；遭遇不幸偶，遂以敗傷，此二句，當在下「中不遂成」句上。「遭遇不幸偶」，與下「命禄并」之義不合。是與命〔禄〕并者也。中不遂成，善轉爲惡，若是與命禄離者也。楊曰：「若」字衍。故人之在世，有吉凶之性命，有盛衰之禍福〔禄〕，上文云：「性有善惡，命有吉凶。」是性不得言吉凶，「性」字當删。「禍福」二字並爲「禄」字形誤。原文當爲「有吉凶之命，有盛衰之禄」，總結前文「人有命有禄」云云。命禄篇云：「吉凶之命，盛衰之

〔一〕「成完」，原本作「完成」，據通津草堂本乙。

禄。」語意正同。重以遭遇幸偶之逢，獲從生死而卒其善惡之行，得其胸中之志，希矣。

「生」下疑脱「至」字。

無形篇

人稟元氣於天，各受壽夭之命，以立長短之形，潛夫論敍録篇曰：「稟氣薄厚，以著其形。」猶陶者用土（埴）爲簋廉（廡），「土」爲「埴」之壞字。下文正作「埴」。考工記注：「埴，黏土也。」俞曰：「廉」字無義，必「廡」字之誤。「廡」讀爲「甒」。禮記禮器篇：「君尊瓦甒。」注曰：「瓦甒五斗。」古字每以「廡」爲之。儀禮既夕禮注：「古文甒皆作廡。」是其證也。「廡」、「廉」形似，因而致誤。冶者用銅爲柈杅矣。「柈」，「槃」之俗字。説文云：「槃，承槃也。从木。古文从金。」玉藻：「浴盤名杅。」音義：「杅音雩。」「杅」、「盂」字同。本或誤作「杆」。盼遂案：程榮本「杅」誤作「杆」。宋本與此同。器形已成，不可小大；人體已定，不可減增。用氣爲性，性成命定。體氣與形骸相抱，生死與期節相須。形不可變化，命不可減加。孔子家語五儀解曰：「性命之於形骸，不可易也。」亦此義。以陶冶言之，人命短長，可得論也。

或難曰：陶者用埴爲簋廉（廡），「埴」，宋本、朱校元本同，各本誤作「填」。簋廉（廡）壹成，遂至毀敗，不可復變。若夫冶者用銅爲柈杅，柈杅雖已成器，猶可復爍，柈可得爲尊，尊不可爲簋。齊曰：此言銅雖成器，猶可爍成他形。「不可」疑當作「亦可」。「亦」一作「大」，與「不」形近而誤。左傳：「王亦能軍。」王引之曰：「亦當作不。」盼遂案：此句有誤，當作「杅可得爲簋」，或「尊可得爲簋」，方與本文形可變化之旨相符。**人禀氣於天，雖各受壽夭之命，立以形體，如得善道神藥，形可變化，命可加增。**

曰：**冶者變更成器，須先以火燔爍，乃可大小短長。人冀延年，欲比於銅器，宜有若鑪炭之化乃易形，形易壽亦可增。人何由變易其形，便如火爍銅器乎？**禮曰：「水潦降，不獻魚鼈。」禮記曲禮上文。**何則？雨**〔一〕**水暴下，蟲蛇變化，化爲魚鼈。離本真暫變之蟲，臣子謹慎，故不敢獻。**俞曰：曲禮鄭注曰：「不饒多也。」正義曰：「天降下水潦，魚鼈難得，故注云不饒多。或解以爲水潦降下，魚鼈豐足，不饒益其多。」是禮家止此二義。論衡所説，又成一義，亦必漢儒舊説也。臧琳經義雜記二六曰：「水潦驟降，魚鼈宜多。注既言不饒益其多，則鄭意當從或解。孔氏以爲難得，非鄭旨也。論衡與注意雖異，然以水潦降爲魚鼈益多同。且於養生之道，事上之理皆精，漢人之言，終勝俗儒也。」**人願身之變，冀若蟲蛇之化乎？夫蟲蛇未化者，不若不化者。**「未」疑當作「之」。「夫蟲蛇之化者」，頂承上句。下文云：「蟲蛇未化，人不食也；化爲魚鼈，人則食之。」即申此「蟲蛇之化不若不化」之義，若作「未」，

〔一〕「雨」，原本作「兩」，形近而誤，據通津草堂本改。

則其義難通矣。**蟲虵未化，人不食也；化爲魚鼈，人則食之。〔見〕食則壽命乃短，**「食」上舊校曰：一有「食」字。吴曰：此文應依原校沾一「見」字，見食於人則壽命短。無「見」字，語意不完。**非所冀也。歲月推移，氣變物類，蝦蟇爲鶉，**墨子經説上：「化，若鼃爲鶉。」鼃，蝦蟆屬也。淮南齊俗篇：「蝦蟇爲鶉。」御覽引注云：「老蝦蟇化爲鶉。」又萬畢術〔一〕曰：「蝦蟆得爪化爲鶉。」淮南高注：「蟾蜍，蝦蟆。」非也。蟾蜍，俗名癩癩蛄，身大背黑，上多痱磊，不能跳，不能鳴，行甚遲緩。蝦蟆身小能跳，解作聲，舉動極急，俗名田鷄是也。爾雅「鼁鱦蟾諸」，郭注：「似蝦蟆，居陸地。」是别蟾諸於居水之蝦蟆。蟾諸蝦蟆，截然二物，段玉裁説文注、郝懿行爾雅義疏並有辯證。**雀爲蜄蛤。**説文云：「蜃，大蛤，雉入海〔二〕所化。盒，蜃屬，有三，皆生於海。牡〔三〕厲，千歲雀所化。海蛤者，百歲燕所化。魁蛤，一名復累，老服翼所化。」月令：「九月，爵〔四〕入大水爲蛤；十月，雉入大水爲蜃。」御覽引淮南時則篇許注：「雀，依屋雀，本飛鳥也，隨陽下藏，故爲蛤。」

人願身之變，冀若鶉與蜄蛤魚鼈之類也？人設捕蜄蛤，得者食之。雖身之不化，壽

〔一〕「萬畢術」，原本誤爲「畢萬術」，今乙。
〔二〕「海」，原本作「水」，據説文改。
〔三〕「牡」，原本脱，據説文補。
〔四〕「爵」，原本脱，據月令補。

命不得長，非所冀也。魯公牛哀寢疾，七日變而成虎；淮南俶真訓：「公牛哀轉病也，七日化爲虎。其兄掩而入覘之，則虎搏而食之。」注：「江、淮之間，（「公牛氏」三字，依吴承仕淮南舊注校理删。）有易病化爲虎，若中國有狂疾者，發作有時也。其爲虎者，便還食人。食人者，因作真虎也；不食人者，更復化爲人。公牛氏，韓人。」文選思玄賦舊注：「牛哀，魯人牛哀也。」與仲任説同。廣韻一東曰：公，姓。「公牛哀，齊公子牛之後。」古今姓氏書辨證説同。通志氏族略三：「牛氏，子姓，宋微子之後，司寇牛父之子孫以王父字爲氏，淮南子有牛哀。」與廣韻説異。**鯀殛羽山，**説文：「殛，誅也。」虞書曰：「殛鯀于羽山。」地理志東海郡祝其縣注：「禹貢羽山在東南，鯀所殛。」**化爲黄能，**舊校曰：「能」音奴來反。左昭七年傳：「堯殛鯀于羽山，其神化爲黄熊，以入于羽淵。」釋文：「熊音雄，獸名，亦作『能』，如字。一音奴來反，三足鼈也。」孔疏：「諸本皆作『熊』字，賈逵云：『熊，獸也。』梁王云：『鮌之所化，是能鼈也。若是熊獸，何以能入羽淵？』但以神之所化，不可以常而言之，若是能鼈，何以得入寢門？先儒既以爲獸，今亦以爲熊獸是也。」段玉裁説文注、陳景華内外傳考正、洪亮吉左傳詁并以「能」字爲是。經義述聞十九：「漢、晉人皆作熊羆之『熊』，無三足鼈之謬説。死僞篇載左傳『其神爲黄熊』之文，而解之曰：『熊羆之占，自有所爲。』則其字爲熊羆之『熊』明矣。此文字正作『熊』，與死僞篇同。且以虎熊並言，則其爲『熊』字無疑。今本『熊』作『能』，加雙行小字於下曰：『能音奴來反。』乃後人所爲，非原本也。豈有死僞作『熊』，而此又作『能』者也？」近人高閬仙先生文選李注義疏曰：「説文及字林皆云：『能，熊屬，足似鹿。』則無論傳文作『熊』作『能』，總是獸而非『鼈』。蓋獸之爲『能』，與三足鼈之『能』，同名而異物也。」今按：此文「能」字，雖不必如王説改作「熊」，然仲任以「熊羆」連言，則其謂熊獸，不謂能鼈。注音「奴來反」，誤也。願身變者，冀〔若〕牛哀之爲虎，「若」字據上文例補。鯀之爲能乎？盼遂案：「冀」下當有「若」字，上文皆作「冀若」。則夫虎能之壽，不能過人，天地之性，人最爲貴，孝經：「子曰：『天地之性人爲貴。』」變人之形，更爲禽獸，非所冀也。凡可冀者，以老翁變爲嬰兒，其次，白髮復黑，齒落復生，身氣丁彊，孫曰：丁亦彊也。見白虎通五行篇云：「丁者，强也。」潛夫論實邊篇云：「譬猶家人遇寇賊者，必使老小羸軟居其中央，丁彊武猛衛其外。」超乘不衰，乃可貴也。徒變其形，壽命不延，其何益哉？

且物之變，隨氣，「隨」，程本作「應」，宋本及各本同此。若應政治，有所象爲，此應政之説，象變在先，與天人感應説象隨人後不同，故與寒温、譴告、自然等篇之旨不違。非天所欲壽長之故，變易其形也，又非得神草珍藥食之而變化也。人恒服藥固壽，能增加本性，益其身年也。遭時變化，非天之正氣，人所受之真性也。天地不變，日月不易，星辰不没，正也。人受正氣，故體不變。時或男化爲女，女化爲男，由高岸爲谷，深谷爲陵也，「由」讀「猶」。應政爲變，爲政變，盼遂案：悼厂云：「御覽八百八十八引，無此三字。」蓋是。非常性也。漢興，老父授張良書，已化爲石，是以石之精爲漢興之瑞也，事見紀妖篇。猶河精爲人持璧與秦使者，秦亡之徵也。水經渭水注、史記始皇紀索隱、漢書五行志注、郡國志注並以爲江神持璧。紀妖篇亦以爲沉璧於江，江不受而還璧，則亦謂江神。此云河精，義稍不同。蠶食桑老，績而爲蠒，說文云：「績，緝也。」楊曰：「蠒」，「繭」俗字。蠒又化而爲蛾，通津本、王本、崇文本作「蛾」，下同。此從程本。說文䖵部：「䖸，蠶化飛蟲。」虫部：「蛾，羅也。」義指蠱蠹。蛾、䖸截然兩物，此當作「䖸」。但郭注爾雅已言蛾羅即蠶䖸，今俗仍作蠶蛾，故因之。蛾有兩翼，變去蠶形。蠐螬化爲復育，廣韻一屋云：「蜟，復蜟，蟬未蛻者。出論衡。」按：今本作「育」。奇怪、道虛、論死同。爾雅釋蟲云：「蟦，蠐螬。」郭注：「在糞土中者。」廣雅作「蟦螬」。又廣雅釋蟲云：「復蜟，蛻也。」衆經音義十三引字林曰：「復蜟，蟬皮也。」段成式酉陽雜俎曰：「未蛻時名復育。」說文云：「蛻，它蟬所解皮。」復育轉而爲蟬，蟬生兩翼，不類蠐螬。凡諸命蠕蜚之類，「命」猶「名」也。御覽九四八引作「凡諸螟類」。多變其形，易其體；至人獨不變者，稟得正也。生爲嬰兒，長爲丈夫，老爲父翁，從生至死，未嘗變更者，天性然也。天性不變者，不可令復變；變者，不可〔令〕不變。楊曰：「不變」上疑脱「令」字。若夫變者之壽，不若不變者。盼遂案：此句當是「若夫不變者之壽，不若變者」。不變者謂人，變者謂蠶蠐螬之類也。人欲變其形，輒增益其年，可也。如徒變其形，而年不增，則蟬之類也，何謂人願之？龍之爲蟲，一存一亡，一短一長；一猶「或」也。龍之爲性也，變化斯須，輒復非常。由此言之，人，物也，受不變之形，〔形〕不可變更，年不可增減。楊曰："「受不變之」下，疑脱「性」字。「形」字屬下讀，與後文一例。孫曰："「形」字當重。上云："「形不可變化，命不可減加。」下云："「形不可變更，年不可減增。」並其證。劉先生説同。暉按："楊説亦通，此從孫説補。

傳稱高宗有桑穀之異，桑穀之祥，或言高宗武丁，或言中宗太戊。言太戊者："竹書、史記殷本紀、封禪書、漢書五行志、郊祀志、孔子家語五儀解、書序、鄭玄商頌烈祖箋、帝王世紀。言武丁者："尚書大傳、五行志引劉向説、説苑敬慎篇。説苑君道篇並存兩説。仲任於變虛篇、異虛篇、恢國篇作高宗，於感類篇作太戊。於順鼓篇作太戊，又曰「或曰高宗」，亦載二説。吕氏春秋制樂篇、韓詩外傳三又云湯時事。陳喬樅、皮錫瑞以爲湯與太戊、武丁皆各見桑穀之祥，傳者異耳，非古文説在太戊時，今文説在武丁時也。悔過反政，享福百年，「百年」，注見氣壽篇。是虛也。辯見異虛篇。傳言宋景公出三善言，熒惑卻三舍，延年二十一載，宋世家曰："「在景公三十七年。」事見吕氏春秋制樂篇、淮南道應訓、新序雜事篇。是又虛也。辯見變虛篇。又言秦繆公有明德，上帝賜之十九年，見墨子明鬼篇。是又虛也。辯見福虛篇。〔傳〕稱赤松、王喬好道爲仙，度世不死，「傳」字據文選盧子諒贈王彪詩注引補。初學記二九引孝經右契："「赤松子時橋，（事類賦引援神契作「時僑」。）名受紀。」搜神記八："「姓赤松，名時喬，字受紀。」淮南齊俗訓作「赤誦子」。誦、松字通。高注：「上谷人也。病癘入山，導引輕舉。」列仙傳：「神農時爲雨師，服水玉，教神農，能入火自燒。至崑山上，常止西王母石室，隨風雨上下。」淮南齊俗訓注：「王喬，蜀武陽人也。爲柏人令，得道而仙。」楚詞遠遊「王喬」，朱子、洪興祖注并以爲王子喬，周靈王太子晉也。與高説異。方以智曰：「漢明帝時葉令王喬，乃飛舄者；周時王子喬，乃吹笙者；神仙傳蜀人王子喬，乃食肉芝者；史記封禪書注，緱氏仙人廟王僑，犍爲武陽人。凡四王喬。」是又虚也。辯見道虚篇。

假令人生立形謂之甲，終老至死，常守甲形。如好道爲仙，未有使甲變爲乙者也。夫形不可變更，年不可減增。何則？形、氣、性，天也。「性」宋本作「於」。形爲春，氣爲夏。人以氣爲壽，形隨氣而動。氣性不均，則於體不同。牛壽半馬，馬壽半人，然則牛馬之形與人異矣。稟牛馬之形，當自得牛馬之壽；牛馬之不變爲人，則年壽亦短於人。世稱高宗之徒，不言其身形變異，而徒言其增延年壽，故有信矣。「有」當作「不」字。盼遂案：「有信」爲「不信」之誤。上文言虚，此言不信，故相應也。

形之□血氣也，猶囊之貯粟米也。孫曰：「形之」下脱一字。率性篇：「凡含血氣者，教之所以異化也。」書虚篇：「夫地之有百川也，猶人之有血脈也。」論死篇：「人之精神藏於形體之內，猶粟米在囊橐之中也。」祀義篇：「山猶人之有骨節也，水猶人之有血脈也。」語意並同。　一石囊之高大，亦適一石。盼遂案：句首當有「粟米」二字。「粟米一石」四字爲句。如損益粟米，囊亦增減。人以氣爲壽，氣猶粟米，形猶囊也。增減其壽，亦當增減其身，形安得如故？如以人形與囊異，氣與粟米殊，更以苞瓜喻之。「苞」爲「匏」之借字。苞瓜之汁，猶人之血也；其肌，猶肉也。試令人損益苞瓜之汁，令其形如故，耐爲之乎？「耐」、「能」古通，下同。人不耐損益苞瓜之汁，天安耐增減人之年？人年不可增減，高宗之徒，誰益之者，而云增加？如言高宗之徒，形體變易，其年亦增，乃可信也。今言年增，不言其體變，未可信也。何則？人禀氣於天，氣成而形立，則（形）命相須，以至終死，「則」當作「形」。蓋本作「刑」，「形」、「刑」字通，與「則」形近故譌。前文云：「體氣與形骸相抱，生死與期節相須，形不可變化，命不可減增。」即此意。形不可變化，年亦不可增加。以何驗之？人生能行，死則僵仆，死則氣減（滅），孫曰：「減」當從元本作「滅」。形消而壞。禀（氣）生人，「禀」下捝「氣」字。命義篇曰：「人禀氣而生。」上文云：「人禀元氣於天。」又云：「人禀氣於天。」並其證。形不可得變，其年安可增？

人生至老，身變者，髮與膚也。人少則髮黑，老則髮白，白久則黄。髮之變，形非變也。人少則膚白，老則膚黑，釋名釋長幼曰：「八十曰耋。耋，鐵也，皮膚變黑色如鐵也。」黑久則黯，若有垢矣。髮黄而膚爲垢，釋名曰：「九十曰黄耇。黄，鬢髮變黄也；耇，垢也，皮色驪顇恒如有垢者也。」故禮曰：「黄耇無疆。」見儀禮士冠禮。髮（膚）變異，陳世宜曰：上文皆髮膚並舉，此句「髮」下疑脱「膚」字。故人老壽遲死，骨肉不可變更，壽極則死矣。五行之物，可變改者，唯土也。埏以爲馬，埏，水和土也。變以爲人，是謂未入陶竈更火者也。史記大宛傳索隱曰：「更，經也。」如使成器，入竈更火，牢堅不可復變。今人以爲天地所陶冶矣，「以」讀作「已」。形已成定，何可復更也？

圖仙人之形，體生毛，臂變爲翼，見存之杕氏壺、羽人壺，圖象若是。行於雲，則年增矣，千歲不死。盼遂案：「臂變爲翼」，佛家所謂飛天。山海經西山經：「英招之神，虎文鳥翼。帝江之神，六足四翼。」知飛天之説其來甚舊。今傳世漢石刻，若武梁祠畫象，大將軍竇武墓門畫象，皆刻羽翼仙人游戲雲中。又仲長統昌言云：「得道者生六翮于臂，長毛羽于腹，飛無階之蒼天，度無窮之世俗。」（意林引。）魏文帝樂府折楊柳行云：「上有兩仙童，不飲亦不食。與我一丸藥，光輝生五色。服藥四五天，身體生羽翼。輕舉乘浮雲，倏忽行萬里。流覽觀四海，芒芒非所識。」（沈約宋書樂志引。）則飛天之説，仍盛於東漢以後，直至唐、宋。敦煌石室壁畫，恒見飛天矣。此虛圖也。世有虛語，亦有虛圖。假使之然，蟬蛾之類，「蛾」各本作「娥」，今正。非真正人也。劉先生曰：古書無以「真正」連文，此疑校者旁注「真」字，而寫者誤入正文。海外三十五國，山海經海外經云：「三十九國。」淮南地形訓云：「三十六國。」見談天篇注。有毛民、

羽民，山海經海外東經：「毛民之國，身生毛。」淮南高注：「毛民，其人體半生毛，若矢鏃也，東方國。」海外南經：「羽民國，其爲人長頭，身生羽。」呂氏春秋求人篇注：「羽人，鳥喙，背上有羽翼。」博物志：「羽民國，民有翼，飛不遠，多鸞鳥，民食其卵，去九疑四萬三千里。」啓筮曰：「鳥喙，赤目，白首。」**羽則翼矣。毛羽之民，土形所出，**淮南地形篇：「土地各以類生人。」**非言爲道身生毛羽也。**楚詞遠遊王注：「或曰：『人得道，身生羽毛也。』」抱朴子對俗篇：「古之得仙者，或身生羽翼，變化飛行，失人之本，更受異形，有似雀之爲蛤，雉之化蜃。」是俗有此説，故仲任辯之。**禹、益見西王母，**荀子大略篇：「禹學於西王國。」又見韓詩外傳五、新序雜事五。此文蓋據山海經〔一〕。别通篇謂禹、益以所見聞作山海經，故云然也。西王母，見爾雅釋地「四荒」。山海經西荒經、穆天子傳則以爲人。前漢紀二十九，杜業曰：「西王母，婦人之稱。」司馬相如大人賦、揚雄甘泉賦則以爲女仙人。並非。譙周古史考、胡應麟筆叢、郎瑛七修類稿、畢沅山海經校注均有辯證。此文亦以爲人，則承襲舊説而誤。**不言有毛羽。**山海經稱其戴勝，虎齒，豹尾。列仙傳稱「人面蓬髮，載勝，虎爪，豹尾」。**不死之民，亦在外國，**淮南地形篇：「海外有不死民。」注云：「不死民，不食也。」山海經海外南經曰：「不死民，其爲人黑色，壽不死。」**不言有毛羽。毛羽之民，**

〔一〕「經」，原本作「紅」，形近而誤，今改。

不言不死；不死之民，不言毛羽。毛羽未可以效不死，效，驗也。仙人之有翼，安足以驗長壽乎？

率性篇

率，「衛」之叚字。玉篇：「衛，導也。」盼遂案：性善者勸率無令近惡，性惡者率勉使之爲善，開篇數語，即王氏爲率性篇解題而作。黄暉釋「率」爲「衛」之叚字，疑失之曲。

論人之性，定有善有惡。其善者，固自善矣；其惡者，故可教告率勉，使之爲善。凡人君父審觀臣子之性，善則養育勸率，無令近惡；[近]惡則輔保禁防，楊曰：下「近」字衍。令漸於善。廣雅釋詁：「漸，漬也。」考工記鍾氏注：「漬，染也。」楚詞七諫：「漸染而不自知兮。」王注：「稍漬爲漸。」善漸於惡，惡化於善，成爲性行。

召公戒成〔王〕曰：「王」字舊脱，宋本同。今據天啓、錢、黄、王、崇文本增。「今王初服厥命，於戲！若生子，罔不在厥初生。」尚書召誥曰：「今王嗣受厥命，我亦惟兹二國命，嗣若功。王乃初服。嗚呼！若生子，罔不在厥初生。」段玉裁曰：「此今文尚書也。『初服厥命』下十四字，蓋節引之。」孫星衍曰：「『王乃初服』，論衡作『今王初服厥命』者，疑並上『今王嗣受厥命』變其詞，非經文異字。」江聲曰：「『王乃初服』，僞孔本若是，王充作『今王初服厥命』。」「生子」謂十五〔生〕子，王鳴盛曰：「『初生』似言嬰孩時亦可，而王充以爲『十五子』者，十五歲太子入太學欲革王、孫之說而未盡也。經文既明言「生子」，又言「初生」，則不當以十五歲之子當之。盼遂案：此說非也。孫氏又因其說，添字解經，以就己義。『若生子』，謂若養子教之。『初生』謂情欲初生也。」暉按：王說非也。孫氏又因其說，添字解經，以就己義。「十五子」與「生子」義各不同，不得以「十五子」釋「生子」二字。且以「十五子」謂即十五歲之子，義亦不妥。「十五子」當作「十五生子」，誤脫「生」字。下「十五之子」，義亦不通，「之」爲「生」字之譌。古者人君十二而冠，十五生子。詩衞風芄蘭毛傳所謂「人君治成人之事，雖童子猶佩觿，早成其德」。左襄九年傳云：「國君十五而生子，冠而生子，禮也。」五經異義曰：「春秋左氏說，歲星爲年紀，十二而一周於天，天道備，故人君十二可以冠。自夏、殷天子皆以十二而冠。」又云：「國君十五而生子，禮也。二十而嫁，三十而娶，庶人禮也。」譙周曰：「國不可久無儲二，故天子諸侯十二（穀梁文九年傳注引作「五」。）而冠，十五而娶。」淮南氾論篇高注：「國君十二歲而冠，冠而娶，十五生子，重國嗣也。」淮南氾論篇、樂記正義引大戴禮並云：「文王十五而生武王。」是國君十五生子，禮家舊說，故仲任以之釋經。僞孔傳曰：「言王新即政，始行教化，當如子之初生，習爲善則善矣。」與仲任義合。皮錫瑞曰：「左氏傳曰『國君十五而生子』。故仲任以『十五』爲生子之時。周公攝政，抗世子法於伯禽，蓋奉成王爲太子，故召公舉入學之年以爲戒。不以『生子』爲嬰孩之時者，以『自貽哲命』非嬰孩所能也。」既以「十五」爲生子之年，又謂爲太子入學之年，義自牴牾，蓋亦拘於「自貽哲命」句，故欲革王、孫之說而未盡也。經文既明言「生子」，又言「初生」，則不當以十五歲之子當之。盼遂案：「成」下宜有「王」字。召誥作「王乃初服」，與仲任所引略異。「十五子」者，謂十五歲，爲太子入學之年也，禮學記鄭注、白虎通辟雝篇皆有明文。**初生意於善，終以善；初生意於惡，終以惡。**江聲曰：「此今文書説也。」**詩曰：「彼姝者子，何以與之？」**見鄘風干旄。毛傳：「姝，順貌。」「與」作「予」。三家詩攷盧文弨補曰：「足利本作『與』。」同此。列女傳鄒孟軻母傳：「及孟子長，學六藝卒成大儒之名，君子謂孟母善以漸化。詩云：『彼姝者子，何以予之。』此之謂也。」引詩義與充同。**傳言：「譬猶練絲，染之藍則青，染之丹則赤。」**俞曰：本性篇文與此同。毛傳無此説，所引傳必三家説也。陳啓源毛詩稽古編附録曰：此與毛序「臣子好善，賢者樂告以善道」意略相符。毛氏無此文，必是三家詩説。然魯詩無傳，齊詩有后氏、孫氏傳，韓詩有内、外傳，而外傳今存。充所謂傳，其齊之后氏、孫氏及韓之内傳乎？陳喬樅魯詩遺説考曰：仲任説關雎用魯詩，則此所引詩傳，亦魯詩傳也。論衡書解篇詩家獨舉魯申公，是仲任治魯詩之明證。孔廣森與陳説同。范家相三家詩拾遺四：此韓詩傳。左傳：（定九年。）「竿旄『何以告之』，取其忠也。」家語：（好生篇。）「竿旄之忠告，至矣哉。」皆取姝子忠告善道之意。此以素絲染練爲喻，正善道之謂。盼遂案：吴承仕曰：本性篇引此詩，作「彼姝之子」。「者」、「之」聲紐同，皆指事詞。**十五之（生）子，**「之」疑是「生」誤。物勢篇：「蟣蝨生於人。」今本「生」譌作「之」，是其比。餘説見前。**其猶絲也。其有所漸化爲善惡，猶藍丹之染**

練絲，使之爲青赤也。青赤一成，真色無異。是故楊子哭歧道，「歧」舊作「岐」，今正。列子説符篇：「楊子之隣人亡羊，既率其黨，又請楊子之豎追之。楊子曰：『嘻！亡一羊，何追者之衆？』鄰人曰：『多歧路。』既反，問獲羊乎？曰：『亡之矣。』曰：『奚亡之？』曰：『歧路之中，又有歧焉，吾不知所之，所以反也。』楊子慼然變色，不言移時，不笑竟日。」荀子王霸篇、淮南説林篇、後藝增篇並云「楊朱」。呂氏春秋疑似篇、賈子新書審微篇作「墨子」，蓋傳聞之異。墨子哭練絲也，墨子所染篇：「墨子見染絲而歎曰：『染於蒼則蒼，染於黄則黄。』」又見呂氏春秋當染篇、淮南説林訓。蓋傷離本，不可復變也。人之性，善可變爲惡，惡可變爲善，猶此類也。蓬生麻間，不扶自直；「生」字舊重。楊曰：「生」字誤重，宋本不誤，程本亦重「生」字。暉按：天啓本、錢本、崇文本「生」字不重。此語本荀子勸學篇、大戴禮曾子制言、説苑談叢篇。風俗通及本書程材篇並不重「生」字，今據删。白紗入緇，説文：「緇，帛黑色也。」不練自黑。華嚴經音義引珠叢：「煑絲令熟曰練。」彼蓬之性不直，紗之質不黑，麻扶緇染，使之直黑。夫人之性猶蓬紗也，在所漸染而善惡變矣。

王良、造父稱爲善御，不能使不良爲良也。劉先生曰：上「不」字衍，下文正謂王良、造父能使不良爲良。若作「不能」，則非其旨矣。如徒能御良，其不良者不能馴服，此則駔工庸師服馴，爾雅釋言郭注：「駔猶麤也。」「粗」、「駔」聲同。技能，何奇而世稱之？故曰：

「王良登車，馬不罷駑；堯、舜爲政，民無狂愚。」未知何出，亦見非韓篇。**傳曰：「堯、舜之民，可比屋而封；桀、紂之民，可比屋而誅。」**見陸賈新語無爲篇。亦謂「教化使然也」。**「斯民也，三代所以直道而行也。」**論語衛靈公篇集解引馬曰：「三代，夏、殷、周也。用民如此，無所阿私，所以云直道而行也。」皇疏引郭象曰：「無心而付之天下者，直道也；有心而使天下從己者，曲法。故直道而行者，毁譽不出於區區之身。」是訓「直」爲曲直之「直」。而此義爲率導教化，非韓篇引經同，是其説不通於此。蓋三家義殊也。禮記玉藻：「君羔幦虎犆。」鄭注曰：「犆，讀如『直道而行』之『直』，直謂緣也。」訓「直」爲「緣」，於此義合矣。漢書貨殖傳：「在民上者，道之以德，齊之以禮，故民有恥而且敬，貴誼而賤利，此三代之所以直道而行，不嚴而治。」師古曰：「直道而行，謂以德禮率下，不飾僞也。」景帝紀贊引經，師古注：「言此今時之人，亦夏、殷、周之所馭，以政化淳壹，故能直道而行。」後漢書韋彪傳：「忠孝之人，持心近厚；鍛鍊之吏，持心近薄。三代之所以直道而行者，在其所以磨之故也。」李賢注：「彪引直道而行者，言古之用賢，皆磨礪選鍊，然後用之。」並與仲任説合，而無毁譽阿私之義。毛奇齡論語稽求篇以此經爲「言舉錯之當公」，以韋彪所云「磨」爲「試」義，謂「必試而後用」。蓋拘於漢書薛宣傳引經「如有所譽，其有所試」，作用人解，而曲爲其説。但依上文所引諸家及仲任經解，當自「斯民也」截爲一章，不必拘此，而使漢人舊義不明。**聖主之民如彼，惡主之民如此，竟在化，不在性也。聞伯夷之風者，貪夫廉而懦夫有立志；**「貪」，非韓篇同。知實篇作「頑」。錢大昕養新録三曰：「『廉』與『貪』對，不與『頑』對，兩漢人引孟子皆作『貪』。知實篇作『頑』，此淺人妄改。」臧琳經義雜記十七曰：「以下文『懦夫有立志，鄙夫寬，薄夫敦』，皆以相反者言之，則作『貪』爲是。趙氏以『頑』訓『貪』，未詳其所出，而兩漢及唐人皆引作『貪』，知必非無本。」翟灝四書考異曰：「『貪』與『廉』緊相反對，『頑』稍齟齬。」高閬仙先生孟子集解謂「頑」、「貪」義通。暉按：此文及非韓篇並作「貪夫廉」，知仲任所據孟子確本作「貪」，知實篇作「頑」，必經淺人妄改，錢説得之。**聞柳下惠之風者，**孟子趙注：「柳下惠，魯公族大夫，姓展名禽，字季。進不隱己之賢才，必欲行其道也。」文選陶徵士誄注引鄭玄論語注：「柳下惠，魯大夫展禽，食采柳下，謚曰惠。」梁玉繩瞥記二曰：「柳下惠，氏展，名獲，字禽，又字季，謚惠。」而「柳下」之稱，未知是邑是號。趙岐孟子注以「柳下」爲號，廣韻及唐書宰相表云：「食采柳下，遂爲氏。」故左傳、論語疏謂「柳下，食邑名」。莊子盜跖釋文：「一曰邑名。」而藝文類聚八十九引許慎淮南子注云：「展禽之家樹柳，行惠德，號柳下惠。」莊子釋文、荀子成相、大略注並仝其説，以爲居于柳下也。魯地無名「柳」者，展季卑爲士師，亦未必有食邑，當是因所居號之。如戰國策稱梧下先生，陶靖節稱五柳先生之類。**薄夫敦而鄙夫寬。**見孟子萬章下篇、盡心下篇。趙注：「後世聞其風者，頑貪之夫更思廉絜，懦弱之人更思有立義之志；鄙狹者更寬優，薄淺者更深厚也。」**徒聞風名，猶或變節，況親接形面相敦告乎？**「敦」，疑是「教」字形譌，前文：「教告率勉。」

孔門弟子七十之徒，皆任卿相之用，呂氏春秋遇合篇：「七十人者，萬乘之主得一人，用可爲師。」漢儒林傳：「散遊諸侯，爲卿相。」被服聖教，文才雕琢，知能十倍，教訓之功而漸漬之力也。「而」猶「與」也。漢書董仲舒傳師古注：「漸謂浸潤之也。漬謂浸漬也。」未入孔子之門時，閭巷常庸無奇。其尤甚不率者，詩大雅鄭注：「率，循也。」唯子路也。世稱子路無恒之庸人，荀子大略篇：「子貢、季路，故鄙人也。被文學，服禮義，爲天下列士。」亦見尸子勸學篇、韓詩外傳八。未入孔門時，戴雞佩豚，史記弟子傳：「冠雄鷄，佩猳豚。」集解：「冠以雄鷄，佩以猳豚。二物皆勇，子路好勇，故冠帶之。」洪頤煊讀書叢録曰：「莊子盜跖篇：『使子路去其危冠，解其長劍，而受教於子。』『佩猳豚』，謂取猳豚之皮以爲劍飾。」按：抱朴子勗學篇：「仲由冠雞戴豘，雯珥鳴蟬，杖劍而見，拔刃而舞。」是佩豚非謂劍飾也。勇猛無禮；聞誦讀之聲，搖雞奮豚，揚脣吻之音，聒賢聖之耳，聒，聲擾也。惡至甚矣。孔子引而教之，漸漬磨礪，闓導牖進，「闓」，舊譌作「闔」，據宋本改。元本作「聞」，先孫校作「開」，是也。闓、開字同。「導」，鄭本作「道」。牖、羑字同。尚書顧命馬曰：「羑，道也。」盼遂案：「闔」爲「闓」之形誤。此「闓導」與上下文皆駢字也，宋本正作「闓」。古「闓」與「開」通。元本作「聞」，亦誤。猛氣消損，驕節屈折，卒能政事，序在四科。論語先進篇：「政事，冉有、季路。」斯蓋變性使惡爲善之明效也。

夫肥沃墝埆，土地之本性也。肥而沃者性美，樹稼豐茂；墝而埆者性惡，深耕細鋤，厚加糞壤，勉致人功，以助地力，其樹稼與彼肥沃者相似類也。地之高下，亦如此焉。以钁鍤鑿地，淮南精神訓注：「钁，斫也。」説文：「钁，大鉏也。鉏，立薅斫也。」薅者披去田艸。斫者斤也，斤以斫木。此云鑿地，蓋其用亦如鍪銚。郝懿行曰：「插地取土者，今登、萊間謂之钁頭。」與此合。釋名釋用器：「鍤，插地取土也，或曰鏵。」王念孫曰：「今人呼臿爲鏵鍬。」以埤增下，説文：「埤，增也。」一曰：當作「以錍增土」，「埤」「下」二字形譌。廣雅釋器：「錍謂之銛。」説文：「銛，鍤屬也。」盼遂案：此句當是「以增埤下」。埤，卑隰之地也。則其下與高者齊。如復增钁鍤，則夫下者不徒齊者也，反更爲高，而其高者反爲下。使人之性有善有惡，彼地有高有下，「彼」，疑「猶」字形譌。盼遂案：「彼」當是「譬」字聲訛。勉致其教令，之（不）善則將〔與〕善者同之矣。「之」，疑是「不」字，又脱「與」字。此就不善者言，加以教令，則與善者同。下文就善者言，加以教令，則更過於往善。善以化渥，釀其教令，變更爲善，善則且更宜反過於往善。猶下地增加钁鍤，更崇於高地也。

「賜不受命，而貨殖焉。」「貨殖」有二説：論語先進篇何晏集解曰：「唯財貨是殖。」史記貨殖傳索隱曰：「殖，生也，生資財貨利也。」並以「殖」爲動詞。皇疏：「財物曰貨，種藝曰殖。」則是名詞。下云：「貨財積聚。」是同前説。賜本不受天之富命，俞曰：何晏論語集解「不受命」有二説：一謂「賜不受教命，唯貨財是殖」。一謂「雖非天命而偶富」。其後一説即本此也。所加

(以)貨財積聚，「加」字無義，疑當作「以」，形近而誤。知實篇：「子貢善居積，意貴賤之期，數得其時，故貨殖多。」正言其所以貨殖多者，得貨殖之術也。爲世富人者，得貨殖之術也。夫得其術，雖不受命，猶自益饒富。性惡之人，亦不稟天善性，得聖人之教，志行變化。世稱利劍有千金之價，棠谿、魚腸之屬，史記蘇秦傳：「韓之劍戟，皆出棠谿。」集解徐廣曰：「汝南吴房有棠谿亭。」吴越春秋：「越王允常聘歐冶子作名劍五，四曰魚腸。」淮南修務訓注：「文理屈襞若魚腸者。」龍泉、太阿之輩，越絕書外傳紀寶劍：「楚王令風胡子之吴，見歐冶、干將，使之爲鐵劍。歐冶、干將鑿茨山，洩其谿，取鐵英爲三劍，一龍淵，二太阿。」晉太康地理記：「汝南西平有龍淵水，可以淬刀劍，特堅利，故有龍淵之劍。」此作「泉」，沿唐諱未改。其本鋌，衆經音義十一，玄應曰：「鋌，銅鐵之璞，未成器用者也。」山中之恒鐵也，冶工鍛鍊，成爲銛利。銛亦利也。豈利劍之鍛與鍊，乃異質哉？工良師巧，鍊一數至也。試取東下直一金之劍，「東下」未聞。盼遂案：「東」，疑爲「要」之誤。「要」，古「腰」字。篆「要」作𦥔，故與「東」形致混。更熟鍛鍊，足其火，齊其銛，漢書王莽傳注應劭曰：「齊，利也。」銛猶鋒也。猶千金之劍也。夫鐵石天然，尚爲鍛鍊者變易故質，況人含五常之性，賢聖未之熟鍛鍊耳，奚患性之不善哉？古貴良醫者，能知篤劇之病所從生起，而以針藥治而已之。如徒知病之名而坐觀之，何以爲奇？夫人有不善，則乃性命之疾也，無其教治，而欲令變更，豈不難哉？

天道有真僞，「天」，疑當作「夫」。真者固自與天相應，僞者人加知巧，亦與真者無以異也。何以驗之？禹貢曰：「璆琳琅玕。」（璆，玉也。琳，珠也。琅玕，珠之數也。）〔者〕「璆，玉也」以下十二字，據御覽八〇五引增。「者」字當據御覽引刪。仲任於引經文下加以訓釋，（詳儒增篇注。）此其例也。以琳爲珠，故下文以琳與魚蚌之珠、隨侯之珠相較，以琅玕爲珠之數，故下文言真珠不及之。璆琳，舊説並云美玉名。鄭注尚書云「美石」。此謂琳爲珠，未聞。御覽三六引淮南地形篇注：「璆琳琅玕，珠名也。」又與此異。琅玕，珠之數，與説文、郭注爾雅、山海經、尚書僞孔傳、御覽八〇三引淮南地形篇許注説同。此則土地所生真玉珠也。段玉裁曰：真玉謂璆琳，真珠謂琅玕。又於説文玉部注曰：鄭注尚書云：「琅玕，珠也。」出於蚌者爲珠，則出於地中者爲似珠。似珠亦非人爲之，故鄭、王謂之真珠也。暉按：段氏未知此有脱文，故强之説。真玉謂璆，真珠謂琳。然而道人消爍五石，抱朴子引金簡記曰：「五石者，雄黄、丹砂、雌黄、礬石、曾青也。」又金丹篇曰：「五石者，丹沙、雄黄、白礬、（據御覽作「礜」。）曾青、慈石也。一石輒五轉，而各成五色，五石而二十五色。」吴曰：抱朴子言丹，論衡言玉，神仙家亦有服玉之法，則丹、玉類同矣。作五色之玉，比之真玉，光不殊别。兼魚蚌之珠，「兼」，疑涉「魚」字形近譌衍。與禹貢璆琳，皆真玉珠也。段玉裁曰：當云「魚蚌之珠，與禹貢琅玕，皆真珠也」。

今文譌脫不可讀。暉按：段說非也，今本不誤。真玉謂璆，真珠謂琳。段氏於說文注引此文「璆琳」下意增「琅玕」二字，亦非。琅玕，珠之數，非真珠也，故此文不及之。然而隨侯以藥作珠，史記李斯傳正義引說苑曰：「隨侯行遇大蛇中斷，疑其靈，使人以藥封之，蛇乃能去，因號其處爲斷蛇丘。歲餘，蛇銜明珠〔一〕徑寸，絶白而有光。」淮南覽冥篇高注：「隋侯，漢東之國，姬氏諸侯也。隋侯見大蛇傷斷，以藥傅之。後蛇於江中銜大珠以報之。」孟子盡心下篇疏引韓詩：「隋侯姓祝，字元暢，往齊國，見一蛇在沙中，頭上血出，隋侯以杖挑於水中而去。後回到蛇處，乃見此蛇，銜珠來隋侯前，隋侯意不懌。是夜夢脚踏一蛇，驚起，乃得雙珠。」亦見水經溳水注、搜神記二十。並無以藥作珠之說。精耀如真，道士之教至，知巧之意加也。陽遂取火於天，五月丙午日中之時，消鍊五石，鑄以爲器，磨礪生光，仰以嚮日，則火來至，御覽二二引「遂」作「燧」。周禮司烜氏：「以夫遂取明火於日。」鄭注：「夫遂，陽遂也。」淮南天文篇：「陽燧見日，則燃而爲火。」高注：「陽燧，金也，取金杯無緣者熟摩令熱，日中時以當日下，以艾承之，則燃得火也。」藝文類聚火部引淮南舊注曰：「日高三四丈，持以向日，燥艾承之，寸餘，有頃，焦，吹之，即得火。」古今注、搜神記並無鍊五石說。唯太平廣記一六一引淮南許注云：「陽燧，五石之銅精，圓而仰日，即得火。」衆經音義引文同。是與仲任説合。「五石」義見前。抱朴子登涉篇：「以五月丙午日日中，

〔一〕「珠」，原本作「球」，形近而誤，據史記改。

擣五石下其銅，以爲劍。」鑄陽遂，鑄劍，並於五月丙午日鍊銅，蓋相傳有此術也。此真取火之道也。「此」，各本並誤作「比」，今從御覽引正。盼遂案：「比」，當是「此」字譌脱。御覽二十二引作「此」。**今妄取〔一〕刀劍之鉤〔偃〕月〔之鉤〕，**先孫曰：「月」，疑當爲「刃」。亂龍篇云：「今妄取刀劍偃月之鉤，摩以向日，亦能感天。」（「月」亦當作「刃」。馬融周禮注説削爲偃曲卻刃。見築氏賈疏。）黄氏日鈔所引已作「月」。暉按：先孫説疑非。亂龍篇作「今妄取刀劍偃月之鉤」，不誤。此文當據補正。若作「刀劍之鉤刃」，則義未妥。刃之鉤曲者，不名爲刀劍也。「偃月之鉤」四字連讀。漢書韓延壽傳：「鑄作刀劍鉤鐔。」注曰：「鉤亦兵器，似劍而曲，所以鉤殺人也。」釋名釋兵曰：「鉤鑲，兩頭曰鉤，中央曰鑲，或推鑲，或鉤引，用之便也。」急就篇有「鑲鉤」，注曰：「其刃卻偃而外利，所以推攘而害人也。」是鉤兵器，形卻偃如偃月，故曰「偃月之鉤」。後漢書荀彧傳注引吴録曰：「孫權聞操來，夾水立塢，狀如偃月。」水經沔水注：「七女池東有明月池，狀如偃月。」又江水注：「魯山左即沔水口，沔左有卻月城，亦曰偃月壘。」此文「偃月之鉤」，猶其義也。今本「偃」字脱，「之鉤」二字錯入「月」字上，文遂不可通矣。**摩拭朗白，仰以嚮日，亦得火焉。夫鉤〔偃〕月〔鉤〕，非陽遂也，**「鉤月」當作「偃月鉤」。説見上。**所以耐取火者，**禮記樂記鄭注：

〔一〕「取」，通津草堂本作「以」。

「耐」，古「能」字也。摩拭之所致也。今夫性惡之人，使與性善者同類乎？可率勉之，令其爲善；使之異類乎？亦可令與道人之所鑄玉、「與」猶「如」也。隨侯之所作珠、人之所摩刀劍鉤〔偃〕月〔鉤〕焉，「鉤月」當作「偃月鉤」。亂龍篇有「刀劍偃月鉤」句。教導以學，漸漬以德，亦將日有仁義之操。

黄帝與炎帝爭爲天子，教熊羆貔虎以戰于阪泉之野，三戰得志，炎帝敗績。見大戴禮五帝德、史記五帝紀。司馬貞曰：「猛獸可以教戰，周禮有服不氏掌教擾猛獸，即古服牛乘馬，亦其類也。」列子黄帝篇：「黄帝與炎帝戰於阪泉之野，帥熊羆狼豹貙虎爲前驅，雕鶡鷹鳶爲旗幟，此以力使禽獸者也。」劉子閱武篇：「貔貅戾獸，黄帝教之戰。」並與仲任說同。裴駰曰：「言教士卒習戰，以猛獸之名名之，用威敵也。」此說近理。堯以天下讓舜，鯀爲諸侯，欲得三公而堯不聽，怒其猛獸，「其」，王本、崇文本改作「甚」，妄也。「怒」，讀若莊子「怒其臂以當車轍」之怒，謂憤激猛獸爲亂。若作「甚」，則失其義。呂氏春秋行論篇誤同。欲以爲亂，比獸之角可以爲城，呂覽高注：「以爲城池之固。」舉尾〔可〕以爲旌，依上句，「以」上補「可」字。此爲駢句，「舉」下省「獸之」二字。呂氏春秋正作「比獸之角，能以爲城；舉其尾，能以爲旌。」高注：「以爲旌旗之表也。」奮心盛氣，阻戰爲彊。夫禽獸與人殊形，猶可命戰，況人同類乎？推此以論，「百獸率舞」，尚書舜典：「擊石拊石，百獸率舞。」鄭玄注曰：「百獸，服不氏所養者。率舞，言音和也，謂音聲之道，與政通焉。」「潭魚出聽」，「六馬仰秣」，見感虚篇注。**不復疑矣。**

異類以殊爲同，同類以鈞爲異，所由不在於物，在於人也。

凡含血氣者，教之所以異化也。三苗之民，或賢或不肖，堯、舜齊之，恩教加也。 韓詩外傳三：「當舜之時，有苗不服，禹請伐之。舜不許，曰：『吾喻教猶未竭也。』久喻教，有苗氏請服。」亦見大禹謨。（僞孔本。）**楚、越之人，處莊、嶽之間，** 孟子趙注：「莊、嶽，齊街里名也。」顧炎武曰：「莊是街名，嶽是里名。左襄二十八年傳：『得慶氏之木百車於莊。』注云：『六軌之道。』『反陳於嶽』注云：『嶽，里名。』」**經歷歲月，變爲舒緩，風俗移也。故曰：「齊舒緩，** 地理志：「齊舒緩闊達。」公羊莊十年傳疏引李巡曰：「齊，其氣清舒，受性平均。」又曰：「濟東至海，其氣寬舒，秉性安徐。」**秦慢易，** 初學記八引河圖曰：「雍、冀合商羽，端駃烈，人聲捷。」李巡曰：「其氣蔽壅，受性急凶。」**楚促急，** 河圖曰：「荆、揚角徵會，氣漂輕，人聲急。」李巡〔一〕曰：「其氣燥剛，稟性彊梁。」**燕戇投。」** 楊曰：「投」疑「没」誤。没，貪也。吴曰：意林引「投」作「敢」，是也。今本作「投」者，草書形近之譌。廣雅：「戇，愚也。敢，勇也。」地理志：「燕俗愚悍少慮。」愚悍、戇敢，義正相應。又按：今本作「戇投」，亦通。「投」借爲「豉」。「豉」从「攴」，「豆」聲，「殳」、「豆」同屬

〔一〕「巡」，原本作「逃」，形近而誤，今改。

「『投』與『逗』古字通。」「戇投」即侯部，聲紐亦同，舊多通假。文選長笛賦：「察變於句投。」李注：「『投』與『逗』古字通。」「戇投」即「戇豉」。廣雅：「逗」、「悍」、「敢」同訓「勇」。「戇投」亦猶愚悍矣。王念孫廣雅疏證「豉」字無説，宜以此文證之。暉按：吴後説是。楊説非。以莊、獄言之，四國之民，更相出入，久居單處，吴曰：「單」字無義，疑當作「羣」。性必變易。夫性惡者，心比木石，木石猶爲人用，況非木石！在君子之迹，庶幾可見。「況非木石」下，疑有脱文。仲任意：性惡者非木石，若加以率勉，雖惡人可冀其有君子之迹。效力篇曰：「千里之跡，斯須可見。」立文正同。

有癡狂之疾，歌啼於路，不曉東西，不睹燥濕，不覺疾病，不知飢飽，性已毁傷，不可如何，前無所觀，卻無所畏也。是故王法不廢學校之官，不除獄理之吏，欲令凡衆見禮義之教。學校勉其前，法禁防其後，使丹朱之志，亦將可勉。何以驗之？三軍之士，非能制也，勇將率勉，視死如歸。且闔廬嘗試其士於五湖之側，皆加刃於肩，御覽四三七引莊子、吕氏春秋用民篇并作「劍皆加於肩」。此「刃」疑是「劍」字，下同。血流至地。句踐亦試其士於寢宫之庭，赴火死者，不可勝數。見吕氏春秋及韓非子外儲説上。夫刃、火，非人性之所貪也，二主激率，念不顧生。是故軍之法輕刺血，文有譌脱。盼遂案：此處有脱，宜作「教軍之法，輕則刺血，重則決脰」，與下文方合。孟賁勇也，聞軍令懼。是故叔孫通制定禮儀，拔劍爭功之臣，奉禮拜伏，史記本傳：「天下已定，羣臣飲酒爭功，醉或妄呼，拔劍擊柱。叔孫通起朝儀，諸侯王以下，莫不振恐肅敬，無敢失禮。」初驕倨而後遜順，〔聖〕教威德，據下文補「聖」字。盼遂案：黄暉據下文「教」上補「聖」字，文義較完。變易性也。不患性惡，患其不服聖教，自遇而以生禍也。

豆麥之種，與稻粱殊，崇文本「粱」作「梁」。然食能去飢。小人君子，稟性異類乎？譬諸五穀皆爲用，實不異而效殊者，稟氣有厚泊，楊曰：「泊」、「薄」同。暉按：「薄」借爲「泊」，説文作「洦」，淺水。専、白、百，聲通。故性有善惡也。殘則授（受）不仁之氣泊，而怒則稟勇渥也。吴曰：「授」當作「受」。「不」字衍文。受仁氣泊故殘，稟勇氣渥故怒，文正相對。下文云「仁泊」、「勇渥」，其無「不」字可知。楊曰：「之氣」二字疑衍，與下句一例。暉按：楊説非。「勇」下亦有「之氣」二字，省見上文。仁泊則戾而少愈（慈），莊子天道篇釋文云：「戾，暴也。」「愈」，元本作「慈」。吴曰：作「慈」是。楊曰：「愈」、「俞」同，然也。暉按：吴説是，楊説非。勇渥則猛而無義，而又和氣不足，喜怒失時，計慮輕愚。妄行之人，罪（非）故爲惡。楊曰：「罪」疑「非」訛。「故」與「固」同。人受五常，含五臟，御覽三六三引韓詩外傳：「情藏於腎，神藏於心，魂藏於肝，魄藏於肺，志藏於脾。」皆具於身。稟之泊少，故其操行不及善人，猶〔酒〕或厚或泊也，楊曰：「猶」疑「酒」誤。或脱「酒」字。吴曰：「猶」下當有「酒」字。「猶」、「酒」形近而奪。非厚與泊殊其釀也，麴蘗多少使之然也。「蘗」，舊作

「蘖」，各本誤同。今從王本、崇文本正。下同。是故酒之泊厚，同一麴蘖；人之善惡，共一元氣。氣有少多，元本作「多少」。故性有賢愚。西門豹急，佩韋以自緩；韓詩外傳五：「仁者好韋。」（本作「偉」，從孫詒讓校。）故佩以自緩。董安于緩，帶弦以自促。見韓非子觀行篇。又見後譴告篇。漢張遷碑：「晉陽珮瑋，西門帶弦。」顛倒言之，豈別有據，抑誤記也？急之與緩，俱失中和，然而韋弦附身，成爲完具之人。能納韋弦之教，補接不足，韓非子曰：「能以有餘補不足，以長續短。」則豹、安于之名可得參也。貧劣宅屋，不具墻壁宇達，盼遂案：「達」爲「闥」之壞字。詩齊風「履我闥兮」，傳：「闥，門内也。」説文作「闥」，云：「樓上户也。」人指訾之。「達」疑「途」誤。如財貨富愈，起屋築墻，以自蔽鄣，爲之具宅，「爲」猶「謂」也。人弗復非。

魏之行田百畝，漢溝洫志注：「賦田之法，一夫百畝也。」鄴獨二百，謂鄴地賦田，一夫二百畝，是田惡也。西門豹灌以漳水，史記河渠書：「西門豹引漳水溉鄴，以富魏之河内。」漢溝洫志以引漳水溉鄴，爲史起事，並載起言，西門豹不知用。與史絶異。然褚補滑稽列傳云：「西門豹鑿十二渠，引河水灌民田。」則與史合。蓋此文據史記爲説。括地志曰：「案横渠首接漳水，蓋西門豹、史起所鑿之渠也。」魏都賦曰：「西門溉其前，史起灌其後。」水經濁漳水注亦兼紀之。漢志據呂覽樂成篇。成爲膏腴，則畝收一鍾。漢志師古注：「一畝之收，至六解四斗。」吴曰：「畝收一鍾。」書、志皆系之鄭國事下，此文貤以説鄴，亦通。盼遂案：吴承仕曰：「此事本之河渠書，而溝洫志獨歸功於史起。左思魏都賦云：『西門溉其前，史起灌其後。』然則西門發之，而史成之也。又按：『畝收一鍾』，書、志皆系之鄭國事下，此文貤以説鄴，亦通。」夫人之質猶鄴田，道教猶漳水也，「道」讀「導」。患不能化，不患人性之難率也。雒陽城中之道無水，水工激上雒中之水，「雒」，舊作「洛」，今從崇文本正。上文作「雒陽」不誤。洛水在雍州，雒水在豫州，兩水自別，其字亦截然爲二。雒陽居雒水之陽，地在豫州。此作「洛水」者，蓋爲魚豢「漢火德，去水加佳」之説所誤。日夜馳流，藝文類聚八引漢官典職曰：「德陽殿周遊容萬人，激洛水於殿下。」蓋即此文所指。水工之功也。盼遂案：後漢書張讓傳：「又作翻車渴烏，施於橋西，用洒南北郊路，以省百姓洒道之費。」章懷注：「翻車，設機車以引水。渴烏，爲曲筒以氣引水上也。」仲任所言水工激水，殆此類也。由此言之，迫近君子，而仁義之道數加於身，孟母之徙宅，蓋得其驗。列女傳母儀篇：孟母其舍近墓，孟子嬉游爲踴躍築埋。孟母曰：「此非所以居處子。」乃去，舍市旁，其嬉戲爲賈人衒賣之事。復徙，舍學宫之旁，其嬉遊乃設俎豆揖讓進退。孟母曰：「其可以居吾子矣。」

人間之水污濁，在野外者清潔。俱爲一水，源從天涯，或濁或清，所在之勢使之然也。南越王趙他，本漢賢人也，化南夷之俗，背畔王制，史記南越尉佗傳：「自立爲南越王，乘黄屋左纛，稱制與中國侔。」椎髻箕坐，師古曰：「椎髻者，一撮之髻，其形如椎。箕坐，謂伸其兩脚而坐。」曲禮：「坐毋箕。」孔疏：「箕謂舒展兩足，狀如箕舌也。」（箕四星，二爲踵，二爲舌，踵狹而舌廣。）與師古説同。唐子西箕踞軒記曰：「箕踞者，山間之容也。拳腰聳肩，抱膝而危坐，傴僂跼蹐，其圓如箕，故世人謂之箕踞。」非也。甕牖閒評據此以駁師古，失之。好之若性。陸賈説以漢德，懼以聖威，蹶然起坐，師古曰：「蹶然，驚起之貌也。」心覺改悔，奉制稱蕃，其於椎髻箕坐也，惡之若性。前則若彼，後則若此。由此言之，亦在於教，不獨在性也。

吉驗篇

凡人稟貴命於天，必有吉驗見於地，見於地，故有天命也。驗見非一，或以人物，或以禎祥，類聚九十八引風角占曰：「福先見曰祥。」或以光氣。

傳言黃帝妊二十月而生，御覽一三五引帝王世紀曰：「附寶孕二十五月生黃帝於壽丘。」（路史後紀五注引世紀作「二十月」。）史記五帝紀正義、路史後紀黃帝紀並云「二十四月」。金樓子興王篇、御覽三六〇引幽明録、北堂書鈔一與此同。生而神靈，弱而能言；見大戴禮五帝德篇。史記索隱曰：「弱，謂幼弱時也。」長大率諸侯，諸侯歸之；教熊羆戰，以伐炎帝，炎帝敗績。注見率性篇。性與人異，故在母之身，留多十月；命當爲帝，故能教物，物爲之使。

堯體，就之如日，望之若雲。史記索隱以爲言堯德化。大戴禮五帝德孔補注：「如日者，其色温也。如雲者，其容盛也。」蓋即據此爲義。洪水滔天，蛇龍爲害，堯使禹治水，竹書：「堯七十五年，司空禹治河。」堯典以堯時用鯀，九載功用不成，至舜時，伯禹作司空，平水土。史記因之。蓋堯七十五年，正舜攝行天子政時，故古書於命禹治水，或言堯，或言舜也。驅蚍龍，水治東流，蚍龍潛處。有殊奇之骨，故有詭異之驗；有神靈之命，故有驗物之效。天命當貴，故從唐侯入嗣帝后之位。帝王世紀：「帝摯登帝位，封異母弟放勛爲唐侯。摯在位九年，政微弱，而唐侯德盛，諸侯歸之。摯服其義，乃率羣臣造唐而致禪。唐侯自知有天命，乃受帝禪。」

舜未逢堯，鰥在側陋，堯典：「明明揚側陋。師錫帝曰：『有鰥在下，曰虞舜。』」瞽瞍與象謀欲殺之。使之完廩，火燔其下；令之浚井，土掩其上。孟子萬章篇：「父母使舜完廩，捐階，瞽瞍焚廩。使浚井，出，從而揜之。」舜得下廩，不被火災〔一〕；穿井旁出，不觸土害。史記舜本紀：「瞽叟欲殺舜，使舜上塗廩，瞽叟從下縱火焚廩。舜乃以兩笠自扞而下去，得不死。後瞽叟又使舜穿井，舜穿井，爲匿空旁出。」索隱曰：「皇甫謐云：『兩繖。』繖，笠類。列女傳云『二女教舜鳥工上廩』是也。『匿空』，列女傳所謂『龍工入井』是也。」案：劉向列女傳今無此語。金樓子后妃篇：「有虞二妃者，帝堯之二女也。長曰娥皇，次曰女英。瞽瞍使舜塗廩，舜歸告二女：『父母使我塗廩，我其往。』二女曰：『衣鳥工往。』舜既治廩，瞽瞍焚廩，舜飛去。舜入朝，瞽瞍使舜浚井，舜告二女。二女曰：『往哉，衣龍工往。』舜往浚井，石隕於上，舜潛出其旁。」梁武帝通史、

〔一〕「災」，原本作「焚」，據通津草堂本改。

宋書符瑞志並有此説。郭注山海經云：「二女靈達，尚能鳥工龍裳，救井廩之難。」南史江斅辭婚表曰：「何瑀闕龍工之姿，其捐軀於深井。」正用其事。皆怪誕不經之言。堯聞徵用，「堯」上，舊校曰：一有「故」字。試之於職，官治職脩，事無廢亂。五帝紀曰：「堯乃試舜五典，百官皆治。」餘注正説篇。使入大麓之野，虎狼不搏，蝮虵不噬；逢烈風疾雨，行不迷惑。此尚書今文説也。見正説篇注。夫人欲殺之，不能害，之毒螫之野，禽蟲不能傷。卒受帝命，踐天子祚。

后稷之時（母），履大人跡，劉先生曰：「時」當爲「母」，御覽三六〇引正作「后稷之母」。是其確證。案書篇亦作「后稷之母」。楊説同。或言衣帝嚳之服，坐息帝嚳之處，盼遂案：「或言」以下二語，蓋仲任自注之辭。孫仲容云：「論衡本有自注。」信然。姙身。御覽九五四引元命包曰：「姜原游閟宫，其地扶桑，履大人跡而生后稷。」注云：「神始從道，道必有跡，而姜原履之，意感，遂生后稷於扶桑之下。」詩生民疏引河圖曰：「姜嫄履大人跡，生后稷。」鄭箋曰：「時有大神之跡，姜嫄履之，足不能滿，履其拇指之處，心體歆歆然。其左右所止住，如有人道感己者也。於是遂有身，而肅戒不復御，後則生子曰棄。」史記周本紀：「姜嫄出野，見巨人跡，心忻然悦，欲踐之，踐之而身動，如孕者。及期而生棄。」列子天瑞篇曰：「后稷生乎巨跡。」春秋繁露三代改制篇曰：「姜原履天之跡，而生后稷。」列女傳曰：「行見巨人跡，好而履之。」公羊宣三年傳何注、楚辭天問王注説並同。生民毛傳曰：「后稷之母，配高辛氏帝焉，從於帝而見於天，將事齊敬也。」不取履大人跡説。又按：毛傳以姜嫄爲帝嚳之妃，后稷爲嚳之子，蓋本大戴禮帝繫篇。孔子家語、世本説同。史記五帝紀及劉歆、班固、賈逵、馬融、服虔、王肅、皇甫謐皆因其説。鄭箋則以姜嫄非帝嚳之妃，后稷非嚳之子，詩疏引張融，更申其説。經義叢鈔載汪家禧説、李惇羣經識小，皆以爲然。仲任此文，亦不據帝繫爲説也。王肅引馬融云：「任身之月，帝嚳崩，後十月而后稷生，蓋遺腹子也。」（見生民疏。）其説又異。蓋無父生子，母系社會如此，解者拘於後世禮俗，故衆説紛歧。**怪而棄之隘巷，**「怪」疑當作「生」，或「怪」上脱一「生」字。姙，懷孕也，尚未出生，何得怪而棄之？詩生民曰：「居然生子，誕寘之隘巷。」周本紀曰：「踐之而身動如孕者，居期而生子，以爲不祥，棄之隘巷。」列子天瑞篇張注：「姜原見大人跡，履之，遂孕，因生后稷。」宋書符瑞志：「姜原見大人迹，履之，遂有身而生男，以爲不祥，棄之阨巷。」案書篇：「姜嫄見大人跡，履之則姙身，生后稷焉。」是諸書紀此事者，必謂其出生後棄之。此文當有「生」字，於義方足。路史後紀九上注引作「嫄衣帝俈之衣，坐帝所而姙，故怪之」。是宋本已誤。**牛馬不敢踐之；寘之冰上，鳥以翼覆之，慶集其身。**「慶」當作「薦」。隸書「薦」作「蔫」，與「慶」形近而誤。「集」當作「藉」。蓋「薦」譌爲「慶」，淺人則妄改「藉」爲「集」矣。若作「慶集其身」，於義未妥；若作「薦集其身」，意謂鳥雍集身上，則與上文「鳥以翼覆之」，於義爲複。詩生民：「誕寘之寒冰，鳥覆翼之。」毛傳：「大鳥來，一翼覆之，一翼藉之。」楚辭天問王注：「棄之於冰上，有鳥以翼覆薦温之。」周本紀：「飛鳥以其翼覆薦之。」是諸書紀此事者，並謂烏以一翼覆其上，以一翼薦藉其下，不使近冰。則此文當作「薦藉其身」無疑。母知其神怪，乃收養之。長大佐堯，位至司馬。詩閟宮鄭箋：「后稷長大，堯登用之，使居稷官，後作司馬。」疏引尚書刑德放曰：「稷爲司馬。」御覽二〇九引尚書中候曰：「稷爲大司馬。」皮錫瑞曰：「虞時無司馬，諸書各以意言之。」吴曰：此文及初禀篇、本性篇並以棄爲堯司馬，此據緯説也。堯時本無此官，造緯書者以周官爲比，漢儒信之，故王充、鄭玄皆據以爲説。盼遂案：稷爲司馬，尚書緯刑德放、詩魯頌鄭康成箋皆曾言之，而屈原天問云：「稷爲元子，帝何竺之？投之于冰上，烏何燠之？何馮弓挾矢，殊能將之？」亦言稷爲司馬總師旅之事也。予著天問校箋詳其事。

烏孫王號昆莫，漢書西域傳曰：「昆莫，王號也，名獵驕靡。」師古曰：「昆莫本是王號，而其人名獵驕靡。」匈奴攻殺其父，漢書張騫傳，父名難兜靡，爲大月氏所殺。不言匈奴。而昆莫生，棄於野，烏銜肉往食之。單于怪之，以爲神，而收長〔之〕。「之」字據史記大宛傳補。及壯，使兵，數有功，史記大宛傳、漢書張騫傳「使」下並有「將」字，疑此文脱。單于乃復以其父之民予昆莫，命令長守於西城。「命」字涉「令」字僞衍，當據大宛傳删。大宛傳曰：「昆莫之父，匈奴西邊小國也。」單于復以其父之民予昆莫，故曰「長守西城」。此文據史記爲説。漢書張騫傳：「大月氏攻殺難兜靡，奪其地，人民亡走匈奴。子昆莫新生，傅父布就翖侯抱亡置草中，爲求食還，見狼乳之，又烏銜肉翔其旁，以爲神，遂持歸匈奴，單于愛養之。」與史稍異。

夫后稷不當棄，故牛馬不踐，鳥以羽翼覆愛其身；昆莫不當死，故烏銜肉就而食之。

北夷橐離國王侍婢有娠，王欲殺之。孫曰：藝文類聚九、白孔六帖九引並作「高麗」，與魏志東夷傳注作「橐離」同。後漢書作「索離」，注云：「索或作橐。」又與今本論衡同。疑論衡原文作「橐離」，故彙書引作「高麗」，校者或據後漢書改作「橐離」耳。劉先生曰：御覽七三引亦作「高離」。暉按：初學記七引亦作「高離」。婢對曰：「有氣大如鷄子，從天而下，初學記七引作「有氣如鷄子來，吞之」。疑此文「下」下有「吞之」二字，於義方足。御覽七三引作「有氣如鷄子來下之」。類聚九、白帖九引並作「有氣如鷄子來下」。三國志魏志東夷傳注引魏略文同。又後漢書東夷傳作「前見天上有氣大如鷄子來降，我因以有身」。與論衡文同。我故有娠。」「娠」，類聚、白帖、初學記引並作「身」。後産子，捐於猪溷中，猪以口氣噓之，不死；復徙置馬欄中，欲使馬藉殺之，馬復以口氣噓之，不死。王疑以爲天子，隋書百濟傳曰：「以爲神。」令其母收取，奴畜之，名東明，令牧牛馬。東明善射，王恐奪其國也，類聚、白帖、御覽引「奪」並作「害」，魏志注引魏略與此文同。欲殺之。東明走，南至掩淲水，孫曰：「淲」字當從後漢書東夷傳作「淲」。李注云：「今高麗中有蓋斯水，疑此水是也。」「斯」、「淲」音近。魏志注作「施掩水」，當作「掩施水」，文誤倒也。隋書百濟傳作「掩水」。暉按：白帖引作「淹水」，類聚、御覽引作「掩水」，並無「淲」字。盼遂案：「淲」當爲「㴲」，形之誤也。後漢書東夷傳作「掩㴲水」。魏志注引魏略作「掩施水」，今本誤作「施掩水」。梁書高句麗傳、隋書百濟傳、北史百濟傳作「淹滯水」，「施」、「滯」皆與「㴲」聲近也。傳世晉義熙時高麗好大王碑作「夫餘奄利大水」，「利」亦與「㴲」音近。足證「淲」字爲失。**以弓擊水，魚鼈浮爲橋，東明得渡。魚鼈解散，追兵不得渡。因都王夫餘，故北夷有夫餘國焉。**後漢書東夷傳：「夫餘國在玄菟北千里，南與高句驪，東與挹婁，西與鮮卑接，北有弱水，地方二千里，本濊地也。」盼遂案：此段魏略全録其文，見三國魏志夫餘傳注。惟彼文橐離國作槀離國是也。此作「橐」，非。槀離即高麗之同音字。梁書高句麗傳亦寫作「槀」。後漢書扶餘傳誤作「索」，皆坐不知其爲高麗之音而致耳。又按：東明之事，正史外國傳述各族之始祖往往雷同，惟晉安帝義熙十年高麗所立之廣開土好大王紀功碑，及魏書高句麗傳之説爲至奇，且足與論衡互校。今迻録之如次。碑云：「惟昔始祖鄒牟之創基也，出自北夫餘天帝之子。母河伯女郎，剖卵降出，生子有聖才。□□□□□□命駕巡車南下，路由夫餘，奄利大水。王臨津言曰：『我是皇天之子、母河伯女郎鄒牟王，爲我連葭浮龜。』應聲即爲連葭浮龜。然後造渡于沸流谷，忽本西城山上而建都焉。永東□位，因遣黄龍下來迎王。王子忽本東罡，黄龍負升天」云云。魏書云：「高句麗者，出於夫餘，自言先祖朱蒙。朱蒙，母河伯女，爲夫餘王閉於室中，爲日〔一〕所照，引身避之，日影又逐。既而有孕，生一卵，大如五升。夫餘王棄之與犬，犬不食。棄之與豕，豕又不食。棄之於路，牛馬避之。後棄之野，衆鳥以毛茹之。夫餘王割剖之，不能破，遂還其母。以物裹之，置於暖處，有一男破殼而出。及其長也，字之曰朱蒙，其俗言『朱蒙』者，善射也。夫餘人以朱蒙非人所生，將有異志，請除之，王不聽。夫餘之臣又謀殺之。朱蒙母陰知，告朱蒙曰：『國將害汝，以汝才略，宜遠適四方。』朱蒙乃棄夫餘，東南走。中道遇一大水，欲濟無梁，夫餘人追之甚急。朱蒙告水曰：『我是日子，河伯外孫，今日逃走，追兵垂及，如何得濟？』於是魚鱉並浮，爲之成橋，朱蒙得渡，魚鱉乃解，追騎不得渡。朱蒙遂至普述水，遇見三人，其一人著麻衣，一人著納衣，一人著水藻衣，與朱蒙至紇升骨城，遂居焉，號曰高句麗，因以爲氏焉。」東明之母初妊時，見氣從天下。及生，棄之，豬馬以氣吁之而生之。長大，王欲殺之，以弓擊水，魚鼈爲橋。天命不當死，故有豬馬之救；命當都王夫餘，故有魚鼈爲橋之助也。

伊尹且生之時，其母夢人謂己曰：「臼出水，疾東走，毋顧！」「毋」舊作「母」。楊曰：「母」當作「毋」，程本作「母」誤。暉按：楊說是也。各本誤同，朱校元本字正作「毋」。呂氏春秋本味篇作「毋顧」。楚辭天問王注、列子天瑞篇注並作「無顧」。今據正。明旦，視臼出水，即

〔一〕「日」，原本作「月」，據魏書改。下同。

東走十里。楊曰：「即」，坊本訛作「既」。暉按：各本並誤，朱校元本、天啓本作「即」，與此本同。顧其鄉，皆爲水矣。伊尹命不當没，故其母感夢而走。推此以論，歷陽之都，見命義篇。其策命若伊尹之類，「策」疑爲「秉」形譌。必有先時感動在他地之效。「在」當作「去」。「去」一作「厺」，與「在」形近而誤。此蒙上伊尹母感夢去鄉東走爲文，若作「感動在他地」，則文無義矣。

齊襄公之難，見左莊八年傳。桓公爲公子，與子糾爭立。管仲輔子糾，鮑叔佐桓公。管仲與桓公爭，引弓射之，中其帶鉤。史記齊世家：「魯聞無知死，發兵送公子糾，而使管仲别將兵遮莒道，射中小白帶鉤。小白佯死。」夫人身長七尺，帶約其要，古腰字。鉤挂於帶，在身所掩，不過一寸之内，既微小難中，又滑澤銛靡，鋒刃中鉤者，莫不蹉跌。管仲射之，正中其鉤中，矢觸因落，楊曰：「中矢」之「中」疑衍，或屬上讀。暉按：朱校元本「矢」作「矣」，疑爲「矣」之壞字，屬上讀。不跌中旁肉。命當富貴，有神靈之助，故有射鉤不中之驗。

楚共王有五子：子招、春秋經傳及國語並作「昭」。子圉（圍）、「圉」疑爲「圍」之形誤，下同。左昭四年傳、史記楚世家、諸侯年表並作「圍」。子干、子晳、棄疾。盼遂案：「子圉」爲「子圍」之譌。左昭元年傳及史記楚世家皆作「子圍」。又「子干」當作「子比」，蓋子比字子干也。五人皆有寵，共王無適立，乃望祭山川，請神決之。乃與巴姬埋璧於太室之庭，史記集解引賈逵曰：「巴姬，共王妾。」杜預曰：「太室，祖廟也。」令五子齊而入拜。「齊」音「齋」。康王跨之；集解引服虔曰：「兩足各跨璧一邊。」子圍（圍）肘加焉；子干、子晳皆遠之；弃疾弱，抱而入，再拜皆壓紐。廣雅曰：「紐謂之鼻。」鄭注周禮曰：「紐，小鼻也。」故共王死，招爲康王，至子失之；史記曰：「子員立，圍絞而殺之。」圍（圍）爲靈王，及身而弑；左昭十三年傳：「王縊於芋尹申亥家。」子干爲王，十有餘日；子干立爲初王，聞弃疾至，自殺。子晳不立，又惧（俱）誅死，「惧」宋本作「俱」，朱校元本同。楊曰：程本作「懼」，與此並誤。暉按：楚世家云：「子晳不得立，又俱誅。」即此文所本。宋、元本作「俱」，是也，當據正。盼遂案：「惧」當依史記楚世家改作「俱」字。「俱誅死」者，子招、子圍、子干、子晳皆不得其死也。皆絶無後。弃疾後立，竟續楚祀，如其神符。其王日之長短，與拜去璧遠近相應也。夫璧在地中，五子不知，相隨入拜，遠近不同，壓紐若神將教跽（諰）之矣。先孫曰：「跽」當爲「諰」。説文言部：「諰，誡也。」

晉屠岸賈作難，誅趙盾之子。史記趙世家：「屠岸賈與諸將攻趙氏於下宫，殺趙朔、趙同、趙括、趙嬰齊。」朔死，其妻有遺腹子。趙世家：「趙朔妻成公姊，有遺腹。」考要曰：「同、括死時，已有趙武，無遺腹之説，未知史遷何據。」及岸賈聞之，索於宫。母置兒於袴中，祝曰：「趙氏宗滅乎？若當啼；即不滅，「即」猶「若」也。若無聲。」及索之，而終不啼，遂脱得活。程嬰齊負之，負匿山中，乃程嬰事。同此難者，有趙嬰齊，故誤混耳。「齊」字當據史記趙世家、説苑復恩篇、新序節士篇删。匿於山中。盼遂案：史記趙世家、説苑復恩篇皆作程嬰，則此處「齊」字爲衍文。或古人命名以齊字爲副詞，可增可減，如六朝時之某之、某僧、某道等矣。吴承仕曰：「齊」應作「齎」。食貨志「行者齎」，顔注云：「齎謂將衣食之具以自隨也。」本其義。至景公時，韓厥言於景公，景公乃與韓厥共立趙孤，續趙氏祀，是爲文子。據史記文，趙世家、韓世家以景公三年屠岸賈殺趙朔，程嬰、公孫杵臼匿趙孤十五年。左傳以魯成公五年，即晉景公十四年，爲通莊姬放嬰齊；八年，即景公十七年，莊姬譖討同、括，即以韓厥言立武反田。與史全異。史通申左篇、容齋隨筆十、困學紀聞十一、七修類稿下、方以智通雅並辯其誤。又韓世家、趙世家、年表俱以晉景公三年殺趙同、趙括，十七年復趙武田。晉世家則以景公十七年誅趙同、趙括，以韓厥言復武田。獨與左傳相合。是史遷自有抵牾。劉向、王充俱據之不疑，非也。當趙孤之無聲，若有掩其口者矣。由此言之，趙文子立，命也。

高皇帝母曰劉媪，嘗息大澤之陂，夢與神遇。王鳴盛曰：「毛詩草蟲云：『亦既覯止。』傳云：『覯，遇也。』鄭箋引易：『男女覯精。』夢與神遇，謂此也。」按：奇怪篇、雷虚篇並謂「與龍遇」，爲龍施氣，是漢人讀「遇」爲「覯精」之證。是時雷電晦冥，蛟龍在上。及生而有美

〔質〕。舊校曰：一有「質」字。暉按：有「質」字是也。史記高祖本紀：「高祖爲人，隆準龍顏，美須髯，左股有七十二黑子。」即此所謂有「美質」也。當據補。**性好用酒，**盼遂案：「用」爲「亯」之借字。説文：「亯，用也。从亯，从自。自知臭。亯，所食也。」**嘗從王媪、武負貰酒，**漢書注，如淳曰：「武，姓也。俗謂老大母爲阿負。」章太炎文始八曰：「負即婦字，老母稱婦也。」**飲醉止臥，媪、負見其身常有神怪。每留飲醉，**「醉」，朱校元本、天啓本、程本並同。錢、黄、王、崇文本並作「酒」。史記云：「每酤留飲。」**酒售數倍。後行澤中，手斬大虵，一嫗當道而哭云：**朱校元本「哭」作「泣」。**「赤帝子殺吾子。」此驗既著聞矣。秦始皇帝常曰：「東南有天子氣。」於是東遊以厭當之。高祖之氣也，**盼遂案：宋本「氣」作「起」。**與呂后隱於芒、碭山澤間。呂后與人求之，見其上常有氣直起，往求，輒得其處。**史記高祖紀：「高祖即自疑，亡匿，隱於芒、碭山澤巖石之間，呂后與人俱求，常得之。」**後與項羽約，先入秦關，王之。**史記高祖紀：「懷王令沛公西略地，入關，與諸將約，先入定關中者，王之。」韋昭曰：「函谷、武關也。」**高祖先至，項羽怨恨。**高祖紀：「項羽率諸侯兵西，欲入關，關門閉。聞沛公已定關中，大怒，使黥布等攻破函谷關。」**范增曰：「吾令人望其氣，氣皆爲龍，成五采。此皆天子之氣也，急擊之。」**語見項羽本紀。御覽八七引楚漢春秋曰：「項王在鴻門，而亞父諫曰：『吾使人望沛公，其氣衝天，五彩相糾，或似雲，或似龍，或似人，此非人臣之氣也，不若殺之。』」**高祖往謝**

項羽，羽與亞父謀殺高祖，使項莊拔劍起舞。項伯知之，因與項莊俱起，每劍加高祖之上，項伯輒以身覆高祖之身，楊曰：「項」，宋本作「者」，屬上讀。朱校元本同。劍遂不得下，殺勢不得成。會有張良、樊噲之救，卒得免脱，事見項羽紀。遂王天下。初妊身，有蛟龍之神；既生，酒舍見雲氣之怪；夜行斬虵，虵嫗悲哭；始皇、吕后望見光氣；項羽謀殺，項伯爲蔽，謀遂不成，遭得良、噲，蓋富貴之驗，氣見而物應，人助輔援也。盼遂案：「助」下當有「而」字，與上句一律。

竇太后弟名曰廣國，年四五歲，家貧，爲人所掠賣，其家不知其所在。傳賣十餘家，至宜陽，爲其主人入山作炭。暮寒，史記外戚世家無「暮」字。漢書無「寒」字。臥炭下百餘人，炭崩盡壓死，孫曰：漢書竇皇后傳「炭」並作「岸」。但廣國爲主人入山作「炭」，故臥炭下也。本書刺孟篇云：「竇廣國與百人俱臥積炭之下，炭崩，百人皆死。」可知論衡原文作「炭」，不作「岸」也。疑漢書「岸」字誤。或即傳聞之異。暉案：史記外戚世家字亦作「岸」。廣國獨得脱。自卜數日當爲侯。孫曰：漢書亦作「日」。劉敞、周壽昌並謂「日」當作「月」，是也。此「日」字亦「月」字之誤。暉按：史記亦作「日」字。從其家之長安，謂從其主人家。聞竇皇后新立，家在清河觀津，乃上書自陳。竇太后言於景帝，召見問其故，言問其往事。果是，乃厚賜之。史記外戚世家：「厚賜田宅金錢。」文帝立，拜廣國爲章武侯。孫曰：「景」、

「文」二字當互易。少君見竇后，在文帝時。景帝立，乃封少君爲章武侯。今以文帝後於景帝，其誤殆可知矣。夫積炭崩，百餘人皆死，廣國獨脱，命當富貴，非徒得活，又封爲侯。

虞子大，虞延字子大，見後漢書本傳。御覽十五引作「陳留虞延字君大」。（此從張本。趙本、明鈔本並作「君人」。）御覽四三三引東觀漢記亦云「字君大」。（今本列傳十二作「子大」。）陳留東莞（昏）人也。先孫曰：後漢書云：「虞延字子大，陳留東昏人也。」蔡中郎集陳留索昏庫上里社銘云：「永平之世，虞延子大（今本挩「大」字，據羅以智蔡集舉正校補。）爲太尉司徒。」續漢書郡國志：「東昏屬陳留郡，東莞屬琅邪國。」此云「東莞」，誤也。當據范書及蔡集訂正。其生時以夜，適免母身，母見其上若一疋練狀，經上天。孫曰：「經」當作「徑」。御覽十五引正作「徑」。劉先生曰：御覽引作「母見其上，氣如一疋絹」。可據增「氣」字。「經」、「徑」古通。暉案：本傳作「其上有物，若一疋練」，「氣」字蓋御覽引增。明以問人，人皆曰：「吉。」貴氣與天通，御覽引無「貴」字。長大仕宦，位至司徒公。本傳：「永平八年，代范遷爲司徒。」後漢紀九作「六年」。

廣文伯，御覽三六一引「廣」作「唐」。河東蒲坂人也。其生亦以夜半時，適生，有人從門呼其父名，父出應之，不見人，有（見）一木杖，「有」當作「見」，各本並誤。「一木」，朱校元本、天啓本同。別本並誤作「大木」。「不見人，見一木杖」，文方相生。御覽三六一引正作「見一木杖」，當據正。植其門側，好善異於衆。盼遂案：悼厂云：「此五字不知何處錯簡。」五字所以狀木杖之美也，初非錯簡。其父持杖入門以示人，人占曰：御覽引「占」上無「人」字。「吉。」文伯長大學宦，位至廣漢太守。文伯當富貴，故父得賜杖，其占者若曰〔以〕杖當〔得〕子〔之〕力矣。劉先生曰：「杖當子力矣」，義不可通。御覽三六一引作「以杖當得子之力矣」，於義爲長，今本「當」下疑脱「得」字。暉按：「其占者若曰」五字，蓋爲「人占曰」注語，誤入正文。「文伯當富貴，故父得賜杖，以杖當得子之力矣」，乃仲任揭明人稟貴命，必有吉驗之旨，（本篇各節文例可證。）非占者之言。御覽三六一引作「入門，以示人。占曰：『吉。』文伯位至廣漢太守，以杖當得子之力矣」。則「杖當子力」，非占者之言，而「其占者若曰」五字爲衍文，明矣。今據删。「以」字、「得」字、「之」字，並依御覽引增。

光武帝，建平元年十二月甲子生於濟陽宮後殿第二内中，東觀漢記帝紀一：「濟陽有武帝行過宮，常封閉，帝將生，皇考以令舍下濕，開宮後殿居之。」蔡邕光武濟陽宮碑文同。並與此合。後漢書光武紀論謂生於縣舍。漢書武帝紀注：「内中，謂後庭之室。」皇考爲濟陽令，時夜無火，室内自明。東觀漢記：「有赤光照室中，明如晝。」皇考怪之，即召功曹吏（史）充蘭，使出問卜工。先孫曰：骨相篇（當作初稟篇。下注同。）亦説此事，「功曹吏」作「功曹史」。玫續漢書百官志云：「郡有功曹史，主選署功勞。縣邑諸曹，略如郡員。」則當作「功曹史」。蘭與馬下卒蘇永俱之卜王長孫所。先孫曰：「馬下卒」，骨相篇作「軍下卒」，未知孰是。蔡邕光武濟陽宮碑云：「使卜者王長卜之。」後漢書光武紀論同，皆無「孫」字。宋書符瑞志亦作「王長」。暉按：東觀漢記亦作「王長」，沈濤銅熨斗齋隨筆四曰：論衡作「王長孫」，蓋范書傳寫捝一「孫」字。長孫卜，謂永、蘭曰：「此吉事也，毋多言。」是歲，有禾生〔屋〕景天備火中，先孫曰：「景天備火中」，字有捝誤。後漢書作「是歲，縣界有嘉禾生」。「景天」疑即「界內」二字之誤。宋書符瑞志又云：「嘉禾生產屋景天中。」暉按：奇怪篇亦述此事，云：「嘉禾生於屋。」恢國篇云：「嘉禾滋於屋。」是論衡所紀，原與范書不同。宋書蓋即本此。孫氏據范書以改此文，非也。「景天」，草名。「備火」蓋「景天」旁注，誤入正文。通志昆蟲草木略一，草類：「景天曰戒火，曰火母，曰救火，曰據火，曰慎火，今人皆謂之慎火草。植弱而葉〔一〕嫩，種之階庭，能辟火。」宋志作「嘉禾生產屋景天中」，是所見本尚不誤，今據正。三本一莖九穗，長於禾一二尺，蓋嘉禾也。元帝之初，有鳳凰下濟陽宮，宋書符瑞志：「哀帝建平元年十二月甲子，光武將產，鳳凰集濟陽。」本書指瑞篇：「光武皇帝生於成、哀之際，鳳凰集於濟陽之地。」則元帝爲哀帝之誤可知矣。故〔訖〕今濟陽宮有鳳凰廬。「故」上舊校曰：一有「訖」字。吳曰：原校「訖」字當在「故」字下。東觀漢

〔一〕「葉」，原本作「業」，據通志改。

記：「光武生於濟陽，先是鳳凰集濟陽，故宮中皆畫鳳凰。」始與李父等俱起，光武紀：「宛人李通等以圖讖説光武，遂與定謀，乃市兵弩，與李通從弟軼等起於宛。」「父」疑爲「軼」之壞字。東觀漢記曰：「宛大姓李伯玉。」後漢書李通傳：「通士君子相慕也。」又云：「常遣使者以太牢祠通父冢。」此云「李父」，或當時所習稱於通者。盼遂案：「父」爲「公」之誤。李公謂李通、李軼兄弟也。仲任于先烈多稱公，如黄霸亦稱黄公矣。見本書偶會篇。桓譚新論亦稱王莽爲王翁。到柴界中，柴界未聞。盼遂案：「柴」即今俗「寨」字，王維輞川鹿柴是也。遇賊兵惶惑，蓋即甄阜、梁丘賜。走濟陽舊廬。比到，見光若火，正赤，在舊廬道南，光耀憧憧上屬天，有頃，不見。「憧」，王本、崇文本作「幢」，字通。東觀漢記：「帝歸舊廬，望見廬南若火光，以爲人持火，呼之，光遂盛，幢幢上屬天，（此依御覽八七二引，今本作「赫然屬天」。）有頃不見，異之。」盼遂案：後漢書光武紀論云：「及始起兵還舂陵，遠望舍南，火光赫然屬天，有頃不見。」與仲任所説蓋一事，而舂陵之地爲合。此云「濟陽舊廬」，有乖當日情實。王莽時，謁者蘇伯阿能望氣，使過舂陵，「舂」誤作「春」，下同。此據宋本、崇文本改。城郭鬱鬱葱葱。見光武紀論。及光武到河北，東觀漢記：「以帝爲大司馬，遣之河北，安集百姓。」與伯阿見，問曰：「卿前過舂陵，何用知其氣佳也？」伯阿對曰：「見其鬱鬱葱葱耳。」蓋天命當興，聖王當出，前後氣驗，照察明著。盼遂案：「照」當是「昭」之誤。

繼體守文，因據前基，後漢書明帝紀注：「創業之主，則尚武功，以定禍亂。其繼體而立者，則守文德。」穀梁傳曰：「承明繼體，則守文之君也。」稟天光氣，驗不足言。「光」，王本、崇文本作「之」。創業龍興，易乾卦文言曰：「時乘六龍以御天。」東京賦：「乃龍飛於白水。」由微賤起於顛沛，若高祖、光武者，曷嘗無天人神怪光顯之驗乎？

論衡校釋卷第三

偶會篇

命，吉凶之主也，自然之道，適偶之數，非有他氣旁物厭勝感動使之然也。非有他氣感動，旁物厭勝也。厭讀作「壓」。

世謂子胥伏劍，注見逢遇篇。屈原自沉，注見書虚篇。子蘭、宰嚭誣讒，史記屈原傳：「令尹子蘭使上官大夫短屈原於頃襄王。」伯嚭爲吴太宰，故曰宰嚭。餘注見逢遇。吴、楚之君冤殺之也。冤，謂楚頃襄王放逐屈原。殺，謂夫差殺子胥。偶二子命當絶，盼遂案：「偶」字當在「命」字下。下文「二子之命，偶自不長」，同一語法。子蘭、宰嚭適爲讒，而懷王、夫差適信姦也。屈原初放，是懷王信上官大夫之讒。聽子蘭之言而再放，乃在頃襄王時。此承上子蘭誣讒爲文，而言懷王，失之。君適不明，臣適爲讒，二子之命，偶自不長，二偶三合，「三」讀作「參」。寒温篇：「二偶參合，遭適逢會。」（今誤作「二令參偶」。）似若有之，其實自然，非他爲也。

夏、殷之朝適窮，桀、紂之惡適稔；稔，熟也。商、周之數適起，湯、武之德適豐。關龍逢殺，竹書：「帝癸三十年，殺其大夫關龍逢。」通志曰：「桀有暴臣子辛陵轢諸侯，諛臣左師曹觸龍讒賊忠良。關龍逢引黄圖以諫，桀曰：『子又妖言矣。』於是焚黄圖，殺龍逢。」箕子、比干囚死，箕子爲囚奴。比干諫而死。當桀、紂惡盛之時，亦二子命訖之期也。任伊尹之言，納吕望之議，湯、武且興之會，亦二臣當用之際也。人臣命有吉凶，賢不肖之主與之相逢。文王時當昌，吕望命當貴；高宗治當平，傅説德當遂。墨子尚賢中：「傅説被褐帶索，庸築乎傅巖，武丁得之，舉以爲三公，與接天下之政，治天下之民。」非文王、高宗爲二臣生，吕望、傅説爲兩君出也。君明臣賢，光曜相察，上脩下治，度數相得。度數，謂天之歷數。相得，猶言相中、相合也。漢人常語。下「相得」同。

顔淵死，子曰：「天喪予。」子路死，子曰：「天祝予。」公羊哀十四年傳，何注：「祝，斷也。天生顔淵、子路爲夫子輔佐，皆死者，天將亡夫子之證。」此説仲任不取，故於此及問孔篇並辯之。孔子自傷之辭，非實然之道也。孔子命不王，二子壽不長也。不王不長，所稟不同，度數並放，大戴禮曾子大孝篇注：「放猶至。」盼遂案：吴承仕曰：「『放』字無義，疑當爲『效』，形近之譌也。下文『二龍之祆當效』即其證。」適相應也。

二龍之祆當效，周厲適闓櫝；「闓」即「開」字，韋昭曰：「櫝，匱也。」褒姒當喪周國，幽王禀性偶惡。事見國語鄭語及史記周本紀。非二龍使厲王發孽，褒姒令幽王愚惑也，遭逢會遇，自相得也。

僮謡之語當驗，鬭雞之變適生；鸜鵒之占當應，魯昭之惡適成。僮謡之語，見本書異虚篇。左昭二十五年傳：季、郈之鷄鬭，季氏介其鷄，郈氏爲之金距，平子怒，且讓之，故郈昭伯亦怨平子。又季氏之族有淫妻爲讒，使季平子與族人相惡，皆共譖平子，昭公遂伐季氏，爲所敗，出奔齊。漢五行志曰：「先有鸜鵒之謡，而後有來巢之驗。」穀梁昭二十五年傳注引劉向曰：「去穴而巢，此陰居陽位，臣逐君之象也。」仲任不取此説。非僮謡致鬭競，鸜鵒招君惡也，期數自至，人行偶合也。

堯命當禪舜，丹朱爲無道；虞統當傳夏，商均行不軌。非舜、禹當得天下，能使二子惡也，美惡是非適相逢也。

火星與昴星出入，堯典：「日永星火，以正仲夏。」孔傳：「謂夏至之日，火蒼龍之中星，以正仲夏之氣節。」又曰：「日短星昴，以正仲冬。」孔傳：「冬至之日，昴白虎之中星，以正冬節。」昴星低時火星出，昴星見時火星伏，鄭樵六經奥論曰：「凡言見者，見於辰也。凡言伏者，伏於戌也。不特火星爲然，諸星亦然。」非火之性厭服昴也，「厭」讀「壓」。時偶不並，度轉乖也。

正月建寅，斗魁破申，檀弓上疏引春秋斗運樞曰：「北斗七星，第一天樞，第二旋，第三機，第四權，第五衡，第六開陽，第七摇光。第一至第四爲魁，第五至第七爲杓。」非寅建使申破也，轉運之衡，衡，北斗也。即書「璿璣玉衡」之衡。漢書律曆志曰：「衡，平也，其在天也，佐助旋機，（北極也。）斟酌建指，以齊七政，故曰玉衡。」後漢書天文志注引星經曰：「璇璣，謂北極星也。玉衡，謂斗九星也。」偶自應也。淮南子天文訓：「寅爲建，主生。申爲破，主衡。」此爲建除法，由太陰推合日辰，故曰偶自然也。

父歿而子嗣，姑死而婦代，非子婦〔嗣〕代代吴曰：「代代」疑當作「嗣代」。或衍一「代」字。使父姑終歿也，老少年次，自相承也。

世謂秋氣擊殺穀草，穀草不任，凋傷而死。此言失實。夫物以春生夏長，秋而熟老，適自枯死，陰氣適盛，與之會遇。何以驗之？物有秋不死者，生性未極也。人生百歲而終，物生一歲而死，〔物〕死謂陰氣殺之，據下文「死」上補「物」字。人終觸何氣而亡？論者猶或謂鬼喪之。夫人終鬼來，物死寒至，皆適遭也。人終見鬼，或見鬼而不死；物死觸寒，或觸寒而不枯。

壞屋所壓，崩崖所墜，非屋精崖氣殺此人也，屋老崖沮，命凶之人，遭㞐適履。

盼遂案：「㞐」即「居」之俗體字。

月毁於天，螺消於淵。注説日篇。盼遂案：大戴禮本命篇「蚌蛤龜珠與月盛虚」，盧辯注：「月者太陰之精，故龜蛤之屬隨之以盛虧。」風從虎，雲從龍。淮南天文訓，高注：「虎，土物也。風，木風也。木生於土，故虎嘯而谷風至。龍，水物也，雲生水，故龍舉而景雲屬。」又許注曰：（文選廣絶交論注引。）「虎，陰中陽獸，與風同類。」又云：（御覽九二九引。）「龍，陽中陰蟲，與雲同類。」楚詞七諫謬諫王注：「虎，陽物也。谷風，陽氣也。虎悲嘯而吟，則谷風至而應其類也。龍，介虫，陰物也，雲亦陰也。神龍將舉陞天，則景雲覆而扶之，輔其類也。」春秋元命苞曰：「猛虎嘯，谷風起，類相動也。龍之言萌也，陰中之陽也，故言龍舉而雲興。」又管輅别傳：「輅言龍者陽精，以潛爲陰，幽靈上通，和氣感神，二物相扶，故能興雲。虎者陰精，而居于陽，依木長嘯，動於巽林，二氣相感，故能運風。」並與許氏義同。同類通氣，性相感動。

若夫物事相遭，吉凶同時，偶適相遇，非氣感也。

殺人者罪至大辟。殺者罪當重，死者命當盡也。故害氣下降，囚（凶）命先中；「囚」當作「凶」，涉下諸「囚」字而誤。「凶命」與下「厚禄」相對成義。聖王德施，厚禄先逢。是故德令降於殿堂，命長之囚，出於牢中。天非爲囚未當死，使聖王出德令也，聖王適下赦，拘囚適當免死。猶人以夜卧晝起矣，夜月（日）光盡，「夜月光盡」，於理不通，「月」爲「日」之形譌。「夜日光盡」，與下「晝日光明」相對成義。不可以作，人力亦倦，欲壹休息；

晝日光明，人卧亦覺，力亦復足。非天以日作之，以夜息之也，作與日相應，息與夜相得也。

鴈鵠集於會稽，說文鳥部：「鴈，鵝也。」隹部：「雁，鳥也。」許義雁爲鴻雁，鴈爲家禽之鵝，即莊子命豎子殺鴈而烹之者。此鴈當作「雁」，然字不分久矣。去避碣石之寒，通鑑地理通釋：「碣石有三：騶衍如燕，昭王築碣石宫，在幽州薊縣西三十里，寧臺之東，是宫名，非山也。秦築長城，所起曰碣石，此在高麗界中，名爲左碣石。其在平州南三十里者，即古大河入海處，爲禹貢之碣石，亦曰右碣石。」來遭民田之畢，說文：「畢，田网也。」又「率」字下曰：「捕鳥畢也。」是畢爲掩鳥器。小雅毛傳以爲掩兔者，蓋可兩用。蹈履民田，啄食草糧。「啄」，通津本及各本並譌作「喙」，先孫曰：當作「啄」。暉按：宋本、朱校元本正作「啄」，今據正。糧盡食索，春雨適作，避熱北去，復之碣石。儀禮士相見禮疏：「鴈以木落南翔，冰泮北徂，隨陽南北。」象耕靈陵，先孫曰：零、靈字通。史記五帝本紀集解引皇覽云：「舜冢在零陵營浦縣。傳曰：『舜葬蒼梧，象爲之耕。』」亦如此焉。傳曰：「舜葬蒼梧，象爲之耕。禹葬會稽，鳥爲之佃。」「鳥」，朱校元本、鄭本同。天啓、錢、王、崇文本並誤作「烏」。餘注書虛篇。失事之實，虛妄之言也。辯見書虛篇。

丈夫有短壽之相，娶必得早寡之妻；早寡之妻，嫁亦遇夭折之夫也。世曰：

「男女早死者，夫賊妻，妻害夫。」非相賊害，命自然也。使火燃，以水沃之，可謂水賊火。火適自滅，水適自覆，兩[名]各自敗，陳世宜曰：「名」即「各」字之譌衍。不爲相賊。盼遂案：「名」爲「者」字之誤。「兩者」謂火與水也。孫人和引陳世宜説，謂「名」爲衍字，大非。吴承仕曰：「『名』疑應作『召』。下文云『與此同召』，是其證。」今男女之早夭，非水沃火之比，適自滅覆之類也。賊父之子，妨兄之弟，與此同召。同宅而處，氣相加凌，羸瘠消單，説文：「殫，極盡也。」「單」，「殫」之借字。至於死亡，何(可)謂相賊。「何」當作「可」。「可謂相賊」，與上「可謂水賊火」文例相同，與下「相賊如何」，義正相承。盼遂案：吴承仕曰：「『何』字當作『可』。上文『以水沃〔一〕火，可謂水賊火』，此云『氣相加凌』，『可謂相賊』，文義正同。誤『可』爲『何』，失之遠矣。」或客死千里之外，兵燒厭溺，氣不相犯，相賊如何？王莽姑[姊]正君，「姊」字衍。骨相篇正作「王莽姑正君」。漢書王莽傳：「王莽，孝元皇后之弟子也。」莽父王曼，曼乃正君之弟。元后傳：「孝元皇后，王莽之姑也。」「正君」，骨相篇同。元后傳作「政君」，字通。許嫁二夫，盼遂案：「姊」字衍文。正君，元后字。莽乃正君兄王曼之子也。下骨相篇云「王莽姑正君」。二夫死，骨相篇：「許嫁，至期當行時，夫輒死，如此者再。」元后傳：「嘗許嫁未行，所許

〔一〕「沃」，原本作「治」，形近而誤，據正文改。

者死。」前漢紀三同，未言「如此者再」。**當適趙而王薨。**元后傳：「後東平王聘政君爲姬，未入，王薨。」此云「趙王」，骨相篇同。與班書異。按：諸侯王表：「東平思王宇，宣帝子，甘露二年十月乙亥立，三十二年薨。」（鴻嘉元年。）元后傳：「政君，宣帝本始三年生。五鳳中，獻政君入掖庭，年十八矣。」甘露在五鳳後，時政君已入宫，而東平王未立，班氏或誤。然以景十三王傳及諸侯王表攷之，趙敬肅王彭祖後，頃王昌、懷王尊及共王充，皆與王政君年歲不相值。即哀王高以地節四年薨，而是年政君甫六歲，亦不能娶爲妃也。此外又無相當之「趙王」。疑漢書「東平王」乃「平干王」之誤。十三王傳曰：「武帝立敬肅王小子偃爲平干王，（孟康曰：「即廣平。」）是爲頃王，十一年薨。子繆王元嗣，二十五年薨。」諸侯王表曰：「五鳳二年薨。」正政君入掖庭之前二年，與論衡所言情形亦合。豈以元爲趙敬肅王孫，故亦謂之「趙王」歟？**氣未相加，遥賊三家，何其痛也！**漢書食貨志注，晉灼曰：「痛，甚也。」**黄〔次〕公取鄰巫之女，**先孫曰：「黄公」當作「黄次公」，漢書循吏傳：「黄霸字次公。」下文及骨相篇並不挩。**卜（世）謂女相貴，**「卜」當作「世」。相者只謂女相貴，未言因女相貴而次公乃貴也。漢書本傳及後骨相篇可證。下文「世謂宅有吉凶」云云，「世謂韓信、張良」云云，「世謂賴倪寬」云云，文例同。朱校元本「卜」作「工」，疑即「世」之壞字。漢書本傳：「霸少爲陽夏游徼，與善相人者共載出，見一婦人，相者言此婦人當富貴，霸推問之，乃其鄉里巫家女，即娶爲妻。」**故次公位至丞相。**本傳：「五鳳三年，代丙吉爲丞相。」盼遂案：吴承仕曰：「意林引此文作『黄次公』，孫失檢。」**其實不然。次公當貴，行與女會；女亦**

自尊，故入次公門。偶適然自相遭遇，時也。文有衍誤。上文「度數並放，適相應也」；「遭逢會遇，自相得也」；「老少年次，自相承也」，疑此句法，當與彼同。

無祿之人，商而無盈，農而無播。非其性賊貨而命妨槃也，干祿字書：「槃，穀俗字。」盧文弨鍾山札記三：「穀」作「槃」，見風俗通皇霸篇、呂氏春秋九月紀高注、齊民要術卷十引海内經字从「𣪊」，其从「㱿」者，轉寫失之。盼遂案：「穀」作「槃」，乃漢以來別字。史晨後碑「王家穀」，「穀」作「槃」。命貧，居無利之貨；祿惡，殖不滋之槃也。世謂宅有吉凶，徙有歲月，實事則不然。辯見難歲篇、詰術篇。天道難知，假令有〔之〕，命凶之人，當衰之家，治宅遭得不吉之地，移徙適觸歲月之忌。「有」下脱「之」字。奇怪篇：「空虛之象，不必有實。假令有之，或時能羆先化爲人，乃生二卿。」變虛篇：「此非實事也。假使真然，不能至天。」祭意篇：「實論之以爲人死無知，其精不能爲鬼。假使有之，與人異食。」譏日篇：「天道難知。假令有之，諸神用事之日也。」難歲篇：「地形難審。假令有之，亦一難也。」文例正同。一家犯忌，口以十數，坐而死者，必祿衰命泊之人也。

推此以論，仕宦進退遷徙，可復見也。時適當退，君用讒口；時適當起，賢人薦己。故仕且得官也，楊曰：「仕」讀爲「士」。君子輔善；且失位也，小人毁奇。公伯寮愬子路於季孫，孔子稱命；魯人臧倉讒孟子於平公，孟子言天。論語憲問篇：「子曰：

『道之將行也與，命也。道之將廢也與，命也。公伯寮其如命何？』」餘注累害篇、命禄篇。道未當行，與讒相遇；天未與己，惡人用口。故孔子稱命，不怨公伯寮；孟子言天，不尤臧倉，誠知時命當自然也。「自」字於義未妥，傳寫意增。治期篇：「天地歷數當然也。」句義同。

推此以論，人君治道功化，可復言也。命當貴，時適平；期當亂，禄遭衰。治亂成敗之時，與人興衰吉凶適相遭遇。義詳治期篇。

因此論聖賢迭起，猶此類也。聖主龍興於倉卒，後漢書光武紀注：「倉卒，謂喪亂也。」良輔超拔於際會。世謂韓信、張良輔助漢王，故秦滅漢興，高祖得王。夫高祖命當自王，信、良之輩時當自興，兩相遭遇，若故相求。是故高祖起於豐、沛，豐、沛子弟相多富貴，注見命義篇。非天以子弟助高祖也，命相小大，適相應也。趙簡子廢太子伯魯，立庶子無恤，事詳紀妖篇。無恤遭賢，命昐遂案：「賢」爲「貴」之形誤，上下文言「貴命」多矣。亦當君趙也。世謂伯魯不肖，不如無恤。伯魯命當賤，知慮多泯亂也。泯亦亂也。韓生仕至太傅，世謂賴倪寬，事見骨相篇。實謂不然，太傅當貴，遭與倪寬遇也。趙武藏於袴中，終日不啼，事見吉驗篇。非或掩其口，闕其聲也，命時當生，睡卧遭出也。故軍功之侯，必斬兵死之頭；曲禮：「死寇曰兵。」釋名：「戰死曰兵。」富家之商，必奪貧室之財。盼遂案：「兵死」二字誤倒，「死兵」與「貧室」對文。削土免侯，罷退令相，萬户以上爲令。罪法明白，舊作「曰」，從天啓、錢、黄、鄭、王、崇文本正。禄秩適極。故厲氣所中，盼遂案：「罷退令相」，當是「罷令退相」之譌。上句「削土免侯」，正其偶文。又案：「曰」爲「白」之誤譌。程榮本作「白」。必加命短之人；凶歲所著，朱校元本作「苦」。必饑虚耗之家矣。

骨相篇「相」讀作「象」。

人曰命難知。命甚易知。知之何用？言何以知之。**用之骨體。人命稟於天，則有表候〔見〕於體。**「表候於體」，文不成義，「候」下當捝「見」字。命義篇：「壽命修短，皆稟於天；骨法善惡，皆見於體。」文義正同。吉驗篇：「人稟貴命於天，必有吉驗見於地。」句法與此一律。是其證。**察表候以知命，猶察斗斛以知容矣。表候者，骨法之謂也。**潛夫論相列篇：「人身體形貌，皆有象類；骨法角肉，各有分部，以著性命之期，顯貴賤之表。」

傳言黄帝龍顔，元命苞：「黄帝龍顔，得天庭陽，上法中宿，取象文昌，戴天履陰，乘教制剛。」宋均注：「顔有龍像，似軒轅也。」（御覽七九。）亦見白虎通聖人篇。史記五帝本紀正義：「生日角龍顔。」**顓頊戴午（干），**方以智通雅曰：「戴午」恐是「戴干」之訛。面額高滿曰戴干。乾鑿度云：「泰表戴干。」鄭氏注：「表者，人形之彰識也。干，盾也。」隋書王劭言：「上有龍顔戴干之表。」禪師有豐干，因貌以爲號。先孫曰：後講瑞篇及白虎通聖人篇文並同。盧文弨校白虎通改「午」爲「干」，云：「乾鑿度云：『泰表戴干。』宋書符瑞志：『首戴干戈。』即此。」案：盧説是也。鄭注乾鑿度云：「干，楯也。」明不當作「戴午」。此「午」亦「干」之誤。路史史皇紀注引春秋孔演圖云：「顓頊戴干。」字不誤。初學記帝王部引春秋元命苞又云：「帝嚳戴干。」並可證此及白虎通之誤。汪繼培潛夫論五德篇注引王紹蘭云：「元命苞言『厥象招搖』，則「干」當作「斗」，字形相涉而誤。戴斗者，頂方如斗也。」近人孫楷第劉子校釋曰：「王説殊誤。五帝紀黄帝章正義引河圖云：『瑶光如蜺，貫月正白，感女樞於幽房之宮，生顓頊，首戴干戈，有文德也。』宋書符瑞志亦云：『女樞生顓頊於若水，首戴干戈，有聖德。』是干者干戈。天官書云：『杓端有兩星，一内爲矛招搖，一外爲天盾鋒。』集解引孟康曰：『招摇爲天矛。』索隱引詩紀歷樞云：『梗河中招摇爲胡兵。』開元占經石氏中官占引黄帝占曰：『招摇爲矛。』然則象招摇者，取其同類，何得據以爲説，而謂之戴斗乎？講瑞篇云：『以麞戴角，則謂之騏驎，戴角之相，猶戴干也。顓頊戴干，堯、舜未必然，今魯獲麟戴角，即後所見麟未必戴角也。』仲任意蓋亦以『干』爲干戈。」暉案：孫説是。白虎通聖人篇云：「顓頊戴干，是謂清明，發節移度，蓋象招摇。」御覽八十引元命苞（元命苞作帝嚳。）宋均注云：「干，楯也。招摇爲天戈，楯相副戴三象見天下以爲表。」帝王世紀云：「高陽首帶干戈。」（路史後紀八注。）並足證成孫説。吴曰：先孫改「午」爲「干」是也。然緯書怪迂，首戴干戈，言不雅馴，似未足信，疑「戴干」當作「戴干」。「戴」爲「鳶」之異文，「干」即「肩」之假字也。晉語「鳶肩而牛腹」，韋注：「鳶肩，肩井斗出也。」淮南書、列女傳、後漢書並有「鳶肩」之説。此「鳶肩」爲古人常語之證。一也。「肩」、「干」同屬寒部，聲紐亦近，得相通假，詩還篇：「并驅從兩肩兮。」毛傳曰：「獸三歲曰肩。」釋文云：「本亦作豣，音同。」説文正作「豣」。又騶虞正義云：「肩、豣字異，音實同。」

此「肩」、「干」音同得相假借。二也。（歙人呼肩甲爲干髆，讀「肩」爲「干」，正與舊音相近。）「戴」、「䳡」形近多互誤，淮南道應訓「淚注而鳶肩」，論衡道虚篇引作「雁頸而戴肩」。此「鳶」僞「戴」之證。三也。乾鑿度曰：「復表曰角，臨表龍顔，泰表戴干。」劉書新論命相篇述之則曰：「伏羲日角，黄帝龍顔，帝嚳戴肩。」（「䳡」亦「戴」之譌字。）三事次序正相應。然則緯書諸子所稱「戴干」者，並應作「䳡干」。「䳡干」即「鳶肩」，較然著明矣。鄭玄、宋均雖有「干，楯」（宋均注，見御覽兵部引。）之訓，其所見本已誤，所爲之説，何足據也。暉按：吴謂「戴干」即「鳶肩」，其説確徵。然仲任以戴角之相猶戴干，則仲任義當與鄭玄、宋均説同也。**帝嚳駢齒**，白虎通聖人篇曰：「帝嚳駢齒，上法月參，康度成紀，（御覽三七二引元命苞云「顓頊」，「康度」作「秉度」，是。）配理陰陽。」（白虎通「配」譌作「取」。）鉤命決（御覽三八八。）云：「夫子駢齒。」注曰：「駢齒，象鉤星也。」**堯眉八采**，元命苞：（御覽八十引，亦見白虎通。）「堯眉八彩，是謂通明，歷象日月，璇玉作衡。」尚書大傳曰：「堯八眉。八者，如八字也。」又見淮南修務訓。許注曰：（意林引。）「眉理八字也。」抱朴子祛惑篇：「堯眉八彩，謂直兩眉頭豎似八字耳。」**舜目重瞳**，元命苞：（亦見白虎通。）「舜重瞳子，是謂滋涼，（孔演圖作「重明」。）上應攝提，以象三光。」尸子：「舜兩眸子，是謂重明，作事成法，出言成章。」尚書大傳：「舜四瞳。」荀子非相篇：「舜參眸子。」又見項羽本紀、淮南修務篇、潛夫論五德篇。**禹耳三漏**，白虎通聖人篇引禮説：「禹耳三漏，是謂大通，興利除害，決河疏江。」又見帝王世紀。（類聚十一。）雒書靈準聽曰：「有人大口，兩耳參漏。」注：「謂禹也。」（御覽八二。）淮南修務篇、潛夫論五德篇並作「參漏」。宋書符瑞志作「參鏤」。淮南高注：「參，三也。漏，穴也。」方以智曰：「淮南言『禹耳參漏』，謂『滲漏』，今之漏耳。論衡遂曰『三漏』。」暉按：此乃相承舊說，不始仲任，淮南高注義同，方說非也。**湯臂再肘**，白帖三十引元命苞曰：「湯臂四肘，是謂神剛。」（類聚十二引「剛」作「肘」。）象月推移，以綏四方。」禮別名記：「湯臂四肘，是謂神明，探去不義，萬民蕃息。」（白虎通聖人篇「神明」作「柳翼」，「探」作「攘」。）御覽八十三引元命苞作「二肘」，又引雒書靈準聽及北堂書鈔一同。類聚十二引元命苞則作「四肘」，初學記九引帝王世紀同。白虎通聖人篇又作「三肘」，此云「再肘」，各說並異。**文王四乳**，元命苞曰：「文王四乳，是謂含良，蓋法酒旗，布恩舒明。」注：「酒者乳也。能乳天下，布恩之謂也。」（類聚十二。）白虎通聖人篇：「文王四乳，是謂大仁，天下所歸，百姓所親。」又見尸子君治篇、春秋繁露三代改制篇、淮南修務篇、潛夫論五德篇。論語微子篇曰：「周有八士，伯達、伯适、仲突、仲忽、叔夜、叔夏、季隨、季騧。」集解包曰：「周時四乳生八子，皆爲顯仕。」春秋繁露郊祭篇：「周國子多賢，蕃殖至於駢孕男者四，四乳而得八男，皆君子俊雄也。此天之所以興周國也。」此今文家相承之說。文王四乳，蓋即四乳生八子，相傳之訛。初「四乳」義即四産。說文：「乳，字也。」後讀「乳」爲奶乳之乳，則轉爲文王之身有四乳矣。說殊不經。至四乳生八子而興周國者，漢書人表列于周初。晉語：「文王之即位也，詢於八虞。」賈注：「八虞即周八士，皆爲虞官。」是八士爲文王時人，與董仲舒、包咸義合。蓋今文家舊說，展轉爲緯家所承，而生「文王四乳」之說也。（論語釋文引鄭云：「成王時。」劉向、馬融皆以爲宣王時。詩思齊正義引鄭曰：「周公相成王時所生。」並爲古文家說。）尸子曰：「子貢問孔子曰：『古者黄帝四面，信乎？』孔子曰：『黄帝取合己者四人，四方不計而耦，不約而成，此之謂四面也。』」「文王四乳」之說，當亦如此。**武王望陽**，金樓子立言篇引子思曰：「武王望陽。」字又作「羊」。初稟篇：「以四乳論望羊。」語增篇：「武王之相，望羊而已。」白虎通曰：「武王望羊，是謂攝陽，盱目陳兵，天下富昌。」並作「望羊」。羊、陽古通。爾雅「梟陽」，說文作「梟羊」。釋名釋姿容曰：「望羊，望陽也。言陽氣在上，舉頭高似若望之然也。」家語辨樂篇注：「望羊，遠視也。」莊子秋水篇：「望洋向若。」釋文作「盳洋」，引司馬注云：「盳洋猶望羊，仰視貌。」蘇輿曰：「洪範五行傳鄭注：『羊畜之遠視者屬視。』故望遠取義於羊。」又曰：「望陽，言望視太陽也，望陽即望羊。」郭慶藩曰：「『洋』、『羊』皆叚借字，其正字當作『陽』。言望視太陽也。太陽在天，宜仰而觀，故訓爲仰視。」方以智曰：「今曰『羊眼人』。」**周公背僂**，說文人部：「周公韈僂，或言背僂。」白虎通聖人篇：「周公背僂，是謂强後，成就周道，輔相幼主。」（此依御覽三七一引。今本「後」作「俊」，「相」作「於」。）荀子非相篇：「周公之狀，身如斷菑。」楊注：「爾雅云：『木立死曰椔。』椔與菑同。」說文：「僂，厄也。」人背傴僂，有如木之科厄，蓋即背僂之義。**皋陶馬口**，淮南修務訓：「皋陶馬喙，是謂至信，決獄明白，察於人情。」高注：「喙若馬口。」又見白虎通。初學記十二引元命苞：「堯薨，馬喙子得皋陶，聘爲大理。」蓋此說所由生。**孔子反羽**。孫曰：「羽」當作「頨」。牟子理惑論：「仲尼反頨。」廣韻：「頨，孔子頭也。」本書講瑞篇又作「反宇」。禮緯含文嘉（據古微書。）云：「孔子反宇，是謂尼邱，德澤所興，藏元通流。」史記作「圩頂」。暉按：劉子命相篇亦作「反宇」。「羽」、「宇」字通。劉歆鐘律書曰：「羽者，宇也，宇覆之也。」路史後紀十注引世本云：「圩頂反首。」白虎通姓名篇：「孔子首類魯國尼丘山。」是「反宇」謂孔子首如尼丘山。蓋山形如反覆宇之狀也。說文「頨」無「羽」音，讀若「翩」。蓋因孔子首如反羽，故有以「羽」爲聲，而云孔子頭也。孫云：「字當作頨。」非是。「羽」爲「宇」之借字，字當作「宇」。荀子非相篇：「仲尼之貌，面如蒙倛。」注云：「其首蒙茸然，故曰蒙倛。」方以智曰：「反宇，反唇也。」失之。斯十二聖者，皆在帝王之位，或輔主憂世，世所共聞，儒所共說，在經傳者，較著可信。

若夫短書俗記，短書注謝短篇。竹帛胤文，胤，習也。胤文，謂俗習之文。盼遂案：書虛篇：「桓公用婦人徹胤服，婦人於背，女氣愈瘡。」所云胤服即褻衣，則此胤文殆謂猥褻之文，猶之短書俗記矣。非儒者所見，衆多非一。蒼頡四目，爲黄帝史。「蒼」當作「倉」。廣韻：「倉姓，倉頡之後。」春秋時有倉葛，字不从「艸」。蒼頡廟碑亦誤作「蒼」。蒼氏出自蒼舒。路史前紀六注云：「論衡倉頡字盡作倉。」是所見本尚不誤。春秋孔演圖曰：（御覽三六六。）「蒼頡四目，是謂並明。」書傳：（御覽七四九。）「頡首有四目，通於神明。」蒼頡廟碑：「蒼頡，天生德於大聖，四目靈光，爲百王作憲。」晉公子重耳仳脅，見左僖二十三年傳、國語晉語。說文作「骿脅」，云：「并幹也。」國語、吴都賦同。御覽三六三引此文作「駢脅」，左傳、史記、本書講瑞篇同。駢、仳並「骿」之借字。說文肉部：「脅，胠也。肋，脅骨也。」廣雅：「幹謂之肋。」爲諸侯霸。蘇秦骨鼻，未聞。

爲六國相。張儀仳脅，亦相秦、魏。御覽三七一引「仳」作「駢」。「亦」作「卒」。錢大昕曰：「晉文駢脅，張儀亦駢脅。」蓋即本此。宋孫奕示兒編十七云：「晉「仳、駢聲相近。」方以智説同。「張儀仳脅」，亦見講瑞篇，他書未見。項羽重瞳，云虞舜之後，河圖曰：「怪目勇敢，通瞳大膂，力楚之邦。」（御覽八七。）史記項羽本紀贊，周生曰：「舜目重瞳子，項羽亦重瞳子，羽豈其苗裔。」與高祖分王天下。陳平貧而飲食不足，貌體佼好，「佼」讀爲「姣」。方言：「自關而東，河、濟之間，凡謂好曰姣。」而衆人怪之，曰：「平何食而肥？」史記陳丞相世家：「平少時家貧，有田三十畝，兄伯常耕田，縱平使游學。平爲人長大美色。（據漢書、御覽引增「大」字。）人或謂曰：『貧何食，而肥若是？』」及韓信爲滕公所鑒，免於鈇質，亦以面狀有異。史記本傳：「信坐法當斬，其輩十三人皆已斬，次至信。信乃仰視，適見滕公，滕公壯其貌，釋而不斬。」漢書信傳師古注：「滕公，夏侯嬰。」面壯肥佼，亦一相也。

高祖隆準龍顔美鬚，「準」通作「頔」。廣雅：「顴，頔也。」顴即顴骨也。左股有七十二黑子。師古曰：「中國通呼爲黶子，吴、楚俗謂之誌。誌者，記也。」單父吕公善相，單父，縣名。索隱引漢舊儀曰：「吕公，汝南新蔡人。」又相經云：「魏人吕公，名文，字叔平。」相，視也。視其骨狀，以知吉凶貴賤。見高祖狀貌，奇之，因以其女妻高祖，吕后是也，卒生孝惠王、魯元公主。盼遂案：「王」當是「帝」之誤，漢人通言孝惠帝。高祖爲泗上亭長，當去歸之田，

「去」，史、漢並作「告」。孟康曰：「古者名吏休假曰告。」此作「去」，蓋形近之譌。高祖送徒酈山時，尚爲亭長，則非去官歸田也。**與呂后及兩子居田。**盼遂案：悼厂云：「『當去』二字依史記作『常告』，此形近之誤。」**有一老公過，請飲，因相呂后曰：「夫人，天下貴人也。」令相兩子。見孝惠，曰：「夫人所以貴者，乃此男也。」相魯元，曰：「皆貴。」老公去，高祖從外來，呂后言於高祖。高祖追及老公，止使自相。老公曰：「鄉者夫人嬰兒相皆似君，**盼遂案：吴承仕曰：「漢書作『皆以君』，如淳曰：『言并得君之貴相也。以或作似。』師古曰：『如説非也。言夫人兒子以君之故得貴耳，不當作似。』此言呂后、孝惠、魯元三人骨相亦皆自貴，故與高祖相似。若如荀紀云『賴高祖始貴』，然則夫人兒子本無貴相矣。論衡、漢書説同，作『似』是也。顔説失之。」**君相貴不可言也。」**「似」，漢書作「以」，如淳曰：「『以』或作『似』。」師古曰：「言夫人及兒以君之故因得貴耳，不當作似。」史記正作「似」。梁玉繩以漢書、宋書符瑞志作「以」，謂史「似」當作「以」。前漢紀作「夫人兒子蒙君之力也」。王鳴盛據之以從顔説。按：梁、王説並非。此正作「似」，乃本史文，且著一「相」字，則以作「似」爲長。下文云：「體性法相，固自相似。」明當作「似」，不作「以」也。漢書喜用古字，「以」亦當讀作「似」。仲任，漢人，當足據。**後高祖得天下，如老公言。推此以況一室之人，皆有富貴之相矣。**盼遂案：「況」猶「推」也。漢書注：「況，譬也。」荀子非十二子篇注：「況，比也。」與此處同用。

類同氣鈞，性體法相固自相似。異氣殊類，亦兩相遇。富貴之男娶得富貴之妻，女亦得富貴之男。

夫二相不鈞而相遇，則有立死；若未相適，有豫亡之禍也。吴曰：「若」讀爲「乃」。言未相適時，已有豫亡之禍，故相遇而立死也。王莽姑正君許嫁，至期當行時，夫輒死。如此者再。乃獻之趙王，趙王未取又薨。注見偶會篇。清河南宫大有清河，地名。南宫姓，大有名，相者。與正君父穉君善者，名禁，字穉君。漢書元后傳作「稚君」，字同。遇相〔正〕君，曰：「正」字據上下文補。太平廣記二百二十四引正作「遇相正君曰」。「貴爲天下母。」元后傳曰：「禁使卜數者相政君，當大貴不可言。禁心以爲然，迺教書，學鼓琴。」此出相者姓名，可補班書。盼遂案：「遇」疑「偶」之借字。「君」上脱「正」字。正君，元后字也。是時，宣帝世，元帝爲太子，穉君乃因魏郡都尉納之太子，元后傳：「五鳳中，獻政君入掖庭爲家人子。歲餘，會皇太子所愛幸司馬良娣死，皇太后擇可以虞侍太子者，政君與在其中。及太子朝，皇后乃見政君等五人。太子殊無意，彊曰：『此中一人可。』是時政君坐近太子，長御即以爲是。皇后使送政君太子宫。」此云「因魏郡都尉納之」，未聞。太子幸之，生子君上。元后傳：「見丙殿，得御幸，有身。甘露三年，生成帝於甲館畫堂，爲世適皇孫。宣帝愛之，自名曰驁，字太孫。」此云「君上」，未詳。廣記二二四引無「君上」二字。宣帝崩，太子立，正君爲皇后，君上爲太子。廣記引無「君」字。元帝崩，太子立，是爲成帝，盼遂案：班、荀二書成帝紀皆云「帝名鷔，字太孫」，不見名字爲「君上」。說者謂「太孫」本非字，乃宣帝寵異成帝之詞。則論衡「君上」之說，足補史闕矣。正君爲皇太后，竟爲天下母。夫正君之相當爲天下母，而前所許二家及趙王，爲無天下父之相，故未行而二夫死，趙王薨。是則二夫、趙王無帝王大命，而正君不當與三家相遇之驗也。

丞相黄次公，故爲陽夏游徼，漢書師古注：「游徼，主徼巡盜賊者也。」與善相者同車俱行，見一婦人，年十七八。相者指之曰：「此婦人當大富貴，爲封侯者夫人。」次公止車，審視之。相者曰：「今此婦人不富貴，卜書不用也。」今，猶「若」也。太平廣記二二四引作「令」。「卜書」，廣記同，漢書黄霸傳作「相書」。次公問之，乃其旁里人巫家子也，即娶以爲妻。其後次公果大富貴，位至丞相，封爲列侯。本傳云：「封建成侯。」餘見偶會篇注。夫次公富〔當〕貴，婦人當配之，「富」當作「當」。偶會篇：「次公當貴，行與女會，女亦自尊，故入次公門。」文義同。故果相遇，遂俱富貴。使次公命賤，不得婦人爲偶，不宜爲夫婦之時，則有二夫、趙王之禍。

夫舉家皆〔有〕富貴之命，「有」字據朱校元本補。然後乃任富貴之事。骨法形體有不應者，則必別離死亡，不得久享介福。故富貴之家，役使奴僮，育養牛馬，必有與衆不同者矣。僮奴則有不死亡之相，牛馬則有數字乳之性，田則有種孳速熟之穀，商則有居善疾售之貨。是故知命之人，見富貴於貧賤，睹貧賤於富貴。案骨節之法，察皮膚之理，以審人之性命，無不應者。

趙簡子使姑布子卿相諸子，莫吉，司馬彪曰：「姑布，姓。子卿，字。」至翟婢之子無恤而以爲貴。史記趙世家：「姑布子卿見簡子，簡子徧召諸子相之。子卿曰：『無爲將軍者。』簡子曰：『趙氏其滅乎。』子卿曰：『吾嘗見一子於路，殆君之子也。』簡子召子無卹。無卹至，則子卿起曰：『此真將軍矣。』簡子曰：『其母賤，翟婢也。奚道貴哉？』子卿曰：『天所授，雖賤必貴。』」無恤最賢，又有貴相，簡子後廢太子，太子，伯魯。而立無恤，卒爲諸侯，襄子是矣。

相工相黥布，當先刑而乃王，史記本傳：「秦時爲布衣少年，有客相之曰：『當刑而王。』乃壯，坐法，黥布笑曰：『人相我，當刑而王，幾是乎。』」盼遂案：「乃」字涉下句「乃封王」而衍。後竟被刑論決黥面，輸作麗山，是也。乃封王。項羽立爲九江王。高祖立爲淮南王。

衞青父鄭季青冒姓衞氏。與楊信公主家僮衞媪通，先孫曰：「楊」，漢書本傳作「陽」，字通。史記作「與侯妾衞媪通」。漢書師古注：「僮，婢女之總稱。」生青。在建章宫時，晉灼曰：「建章，上林中宫名也。」三輔黄圖曰：「建章宫，漢武帝造，周二十餘里，千門萬户。」史、漢并作「青嘗從入至甘泉居室」。建元二年，青給事建章宫，事在此後，蓋仲任記訛。禍虚篇同。鉗徒相之，曰：漢書高紀注：「鉗，以鐵束頸也。」被刑謂之徒。「貴至封侯。」青曰：「人奴之道，「道」，史、漢並作「生」。得不笞罵足矣，安敢望封侯？」其後青爲軍吏，戰數有功，超封增官，遂爲大將軍，封爲萬户侯。事並詳本傳。

周亞夫未封侯之時，爲河内守時。許負相之，曰：孔衍漢魏春秋曰：「許負，河内温縣之婦人，漢高祖封爲明雉亭侯。」（三國志蜀志劉璋傳注、書鈔四八。）裴松之曰：「今東人呼母爲負，衍以許負爲婦人，如爲有似。然漢高祖時封皆列侯，未有鄉亭之爵，此封爲不然。」按：負即婦字，注吉驗篇。「君後三歲而〔侯〕，〔侯〕入（八）〔歲爲〕將相，孫曰：此有捝誤，文義與事實均不應合。史記、漢書並作「後三歲而侯，侯八歲爲將相」。是也。此文「入」字，或即「八」字之譌，上下又脱落數字。暉按：孫説是也。此文乃據史記周勃世家，唯此二句文事并殊，其爲捝誤，而非異文可知。當據補兩「侯」字，「歲爲」二字。「入」改作「八」。持國秉，「持」下舊校曰：一有「重」字。暉按：「重」字涉下文衍。索隱：「秉音柄。」貴重矣，於人臣無兩。其後九歲而君餓死。」亞夫笑曰：「臣之兄已代侯矣，漢書高紀注，張晏曰：「古人相與語自稱臣。」已代侯，言兄勝之已代父爲絳侯也。有如父卒，子當代，亞夫何説侯乎？然既已貴，如負言，又何説餓死？指示我！」許負指其口，曰：「有縱理入口，曰：「此餓死法也。」居三歲，其兄絳侯勝〔之〕有罪，孫曰：史記、漢書並作「勝之」，疑此捝「之」字。史記勃世家：「勝之代侯六歲，尚公主，不相中，坐殺人，國除。」文帝擇絳侯子賢者，推亞夫，迺封條侯，續絳侯後。文帝之後六年，匈奴入邊，乃以亞夫爲將軍。至景帝之時，亞夫爲丞相，後以疾免。其子爲亞夫買工官尚方甲盾五百被可以爲葬者，史記索隱〔一〕：「工官即尚方之工，所作物屬尚方，故云工官尚方。」百官志師古注：「尚方，主作禁器物。」又楚元王傳注：「尚方，主巧作金銀之所，若今之中尚署。」張晏曰：「被，具也，五百具甲楯。」取庸苦之，不與錢。庸知其盜買官器，吴曰：「官器」，史、漢並作「縣官器」，是也。應據補。怨而上告其子。景帝下吏責問，因不食五日，嘔血而死。

當鄧通之幸文帝也，貴在公卿之上，賞賜億萬，與上齊體。史記佞幸傳：「鄧通，文帝尊幸之，賞賜巨萬以十數，官至上大夫。帝時時如鄧通家遊戲。」相工相之曰：「當貧賤餓死。」佞幸傳：「文帝使善相者相通，曰：『當貧餓死。』」金樓子雜事下曰：「鄧通從理入口，相者曰：『必餓死。』」史、漢並未言餓死表候，然此與亞夫相同，未審記訛，抑別有據。文帝崩，景帝立，通有盜鑄錢之罪，鄧通盜出徼外鑄錢。景帝考驗，通亡，寄死人家，不名一錢。索隱

〔一〕「索」，原本誤作「杜」，據史記改。

曰：「始天下名鄧氏錢，今皆没入，卒竟無一錢名之也。」

韓太傅爲諸生時，此非韓嬰，嬰以景帝時爲常山太傅，孝文時已爲博士，不得與寬同學。其人未詳。〔之市〕，「時」下舊校曰：一有「日之丙」字。（宋本同。程本、王本、崇文本「丙」作「兩」。）暉按：「日」字衍，「丙」爲「市」之壞字，「之丙」當爲「之市」之譌。類要二十二貴相類引「時」下有「之市」二字，是其證。「之市」譌爲「日之丙」，義不可通，校者誤删之。今補正。**借相工五十錢，與之俱入璧雍之中，**類要引「入」作「之」，「璧」作「辟」。下同。**相璧雍弟子誰當貴者。相工指倪寬曰：「彼生當貴，秩至三公。」**類要引「秩」作「後」。齊曰：西漢無璧雍，此云倪寬爲璧雍子弟，誤也。西漢屢欲立璧雍，皆未果。新莽興辟雍，旋亦廢。光武始營立之。詳漢書禮樂志。景十三王傳云：「河間獻王對三雍宫。」是對三雍之制，非召對於三雍宫也。藝文志有獻王對上下三雍宫三篇。倪寬傳：「拜寬爲御史大夫，從東封泰山還，登明堂，寬上壽曰：『間者聖統廢絶，陛下發憤，合指天地，祖立明堂辟雍，宗祀太一。』」似武帝時已立辟雍。然此文自有可疑。據郊祀志，明堂建於元封二年，寬爲御史大夫，時爲元封元年，不得豫言。是並不得謂武帝時有辟雍也。**韓生謝遣相工，通刺倪寬，結膠漆之交，**類要引「交」作「友」。**盡筋力之敬，**

徙舍從寬，深自附納之。寬嘗甚病〔一〕，韓生養視如僕狀，恩深踰於骨肉。後名聞於天下。盼遂案：「名聞於天下」五字，應在下文「舉在本朝」句下，而錯簡在此。倪寬位至御史大夫，州郡丞旨召請，擢用舉在本朝，遂至太傅。

夫鉗徒、許負，及相鄧通、倪寬之工，可謂知命之工矣。故知命之工，察骨體之證，睹富貴貧賤，猶人見盤盂之器，知所設用也。善器必用貴人，惡器必施賤者，尊鼎不在陪廁之側，說文：「尊，酒器也。以待祭祀賓客之禮。鼎，和五味之寶器。」廣韻：「陪，廁也。」盼遂案：廣韻十五灰「陪，廁也」，得仲任此文而明。匏瓜不在堂殿之上，吴曰：「匏瓜」非義，「瓜」常作「瓠」，形之殘也。大雅公劉：「酌之用匏。」毛傳：「儉以質也。」禮記郊特牲：「器用陶匏。」爾雅釋器：「康瓠謂之甈。」注：「瓠，壺也。」廣雅釋器：「瓠、蠡、𧄼、𤬪，瓢也。」並以「匏瓠」爲爵，乃酒器之質者，正與「尊鼎」對文。此文以「尊鼎」爲善，以「匏瓠」爲惡，「匏瓜繫而不食」，非此所施。暉按：吴說近是。朱校元本「匏」作「瓠」，則知此文初不作「匏瓜」也。明矣。富貴之骨，不遇貧賤之苦；貧賤之相，不遭富貴之樂，亦猶此也。器之盛物，有斗石之量，猶人爵有高下之差也。器過其量，物溢棄遺；爵過其差，死亡不存。論命者如比之

〔一〕「病」，原本作「疾」，據通津草堂本改。

於器，以察骨體之法，則命在於身形，定矣。

非徒富貴貧賤有骨體也，而操行清濁亦有法理。貴賤貧富，命也；操行清濁，性也。非徒命有骨法，性亦有骨法。惟知命有明相，莫知性有骨法，此見命之表證，不見性之符驗也。

范蠡去越，越絶書外傳記：「范蠡其始居楚也，生於宛橐或三户之虚。」（「三」今譌作「伍」，依呂氏春秋當染篇高注、意林引傅子校改。）列仙傳：「徐人也。」史記越世家正義引會稽典録：「范蠡字少伯，越之上將軍也。本是楚宛三户人。」自齊遺大夫種書，左哀元年傳：「使大夫種。」杜注：「文氏姬姓。」風俗通云：「周文王支孫，以謚爲氏。越大夫文種。」（通志氏族略四。）莊子徐无鬼音義：「大夫種姓文氏，字禽。」（文選豪士賦序注引吴越春秋曰：「姓文，字少禽。」今本無此文。）呂氏春秋當染篇高注：「楚之鄒人。」（畢、錢校並云：「『鄒』當作『郢』。」）文選豪士賦序注引吴越春秋曰：「文種者，楚南郢人也。」今吴越春秋無之。史記吴世家索隱曰：「大夫，官也。種，名也。劉氏云『姓大夫』，非也。」曰：「飛鳥盡，良弓藏，狡兔死，走犬烹。越王爲人，長頸鳥喙，可與共患難，不可與共榮樂。子何不去？」大夫種不能去，稱疾不朝，賜劍而死。事見史記越世家。

大梁人尉繚，尉繚有二：漢書藝文志雜家：「尉繚二十九篇。」注：「六國時。」師古注：「尉姓，繚名。」劉向別録云：「繚爲商君學。」兵形勢家：「尉繚三十一篇。」此尉繚當爲雜家尉繚，非梁惠王時之兵家尉繚。（世本魏無哀王，史記有誤。故據竹書紀年，梁惠王末年，即周慎靚王三年，至始皇十年，中隔八十九年。）說秦始皇以并天下之計。史記始皇紀，尉繚曰：「臣恐諸侯合從，翕而出不意。願王毋愛財物，賂其豪臣，以亂其謀，則諸侯可盡。」始皇從其册，與之亢禮，衣服飲食，與之齊同。繚曰：「秦王爲人，隆準長目，「隆」，史作「蜂」。徐廣曰：「一作隆。」鷙膺豺聲，史「鷙」作「摯」，下衍「鳥」字。少恩，虎視狼心。史記作「少恩而虎狼心」。疑「視」字涉「狼」字譌衍。「少恩」以上言相，以下據相定性。居約，易以下人；得志，亦輕視人。「視」，史作「食」。此義較長。我布衣也，然見我，常身自下我。誠使秦王須得志，「須」字無義，疑涉「得」字譌衍。史無「須」字。天下皆爲虜矣。不可與交游。」「交」，史作「久」。乃亡去。

故范蠡、尉繚見性行之證，而以定處來事之實，處猶定也。詳本性篇注。實有其效，如其法相。由此言之，性命繫於形體，明矣。

以尺書所載，尺書見謝短篇注。世所共見，准況古今，或曰：「准」當作「推」。上文「推此以況一室之人」，非韓篇「推治身以況治國」，三國志吴志胡琮傳「願陛下推況古今」，並其證。暉按：「准況」連文，本書常語。「准況」二字不誤。藝增篇：「意從准況之也。」商蟲篇：「准況衆蟲。」講瑞篇：「準況衆瑞。」自然篇：「人以心准況之也。」譏日篇：「以生人之禮准況之。」知實篇：「直以才智准況之工也。」並爲「准況」連文之證。別通篇：「不推類以況之也。」指瑞篇：「推此以況。」死僞篇：「推生況死。」定賢篇：「推此以況爲君要證之吏。」此以「推此以況」爲文者。不聞者盼遂案：「准況」二字連文同義，論衡多有。藝增、商蟲、講瑞、自然、譏日、知實均有准況連文之證。又如指瑞、別通、死僞、定賢等篇均有以准況排比用法。是仲任意以准即況、況亦准，原通用也。必衆多非一，皆有其實。禀氣於天，立形於地，察在地之形，以知在天之命，莫不得其實也。

有傳孔子相澹臺子羽、史記弟子傳：「澹臺滅明，武城人，字子羽。」唐舉占蔡澤荀子非相篇：「梁有唐舉。」亦相李兑者。廣雅一下：「占，視也。」占猶瞻也。不驗之文，韓非子顯學篇：「澹臺子羽，君子之容也，與久處而行不稱其貌；宰予之辭，雅而文也，與久處而智不充其辯。(「久處」，今作「處久」，下「久」字無，依薛居正孔子集語引説苑校正。)故孔子曰：『以容取人，失之子羽；以言取人，失之宰予。』」史記蔡澤傳：「唐舉相蔡澤，曰：『曷鼻，巨肩，魋顔，蹙齃，膝攣，吾聞聖人不相，殆先生乎？』蔡澤知其戲之，乃曰：『富貴吾所自有。』」唐舉以蔡澤不當貴，後乃相秦，故曰不驗。此失之不審。何(相)隱匿微妙之表也。「何」爲「相」形譌。若作「何」，上下文義不接。相之表候，寄於内外形聲，故曰：「相隱匿微妙之表。」相或在内，或在外，或在形體，或在聲氣。潛夫論相列篇：「人之相法，或在面部，或在手足，或在行步，或在聲音。面部欲溥平潤澤，手足欲深細明直，行步欲安穩覆載，聲音欲温和中宫，頭面手足，身形骨節，皆欲相副稱。」察外者，遺其内；在形體者，亡其聲氣。尚書舜典注：「在，察也。」廣雅釋詁：「截，視也。」俞樾湖樓筆談五曰：「截即在字。」孔子適鄭，與弟子相失，孔子獨立鄭東門。史記孔子世家作「郭東門」，白虎通壽命篇作「郭門外」，家語困誓篇作「東郭門外」，字并作「郭」，疑「鄭」爲「郭」字形譌。鄭人或問子貢曰：「鄭人」，韓詩外傳九、家語（今本作「或人謂子貢曰」。此從史記索隱。）并云「姑布子卿」。問猶謂也。孔子世家、白虎通、家語并作「謂」。齊策「或以問孟嘗君」，注：「問，告也。」「東門有人，其頭似堯，其項若皋陶，〔其〕肩類子産。有「其」字，方與上文一律，據史記、白虎通、家語補。然自腰以下，不及禹三寸，儽儽若喪家之狗。」「儽」俗字，當作「儽」。説文：「儽，垂貌。」亦疲儽之義。玉藻「喪容儽儽」，鄭注：「儽儽，羸憊也。」字亦作「傫」，作「像」。説文：「傫，相敗也。」廣雅：「像像，疲也。」老子：「傫傫兮若無所歸。」子貢以告孔子，孔子欣然笑曰：「形狀末也，盼遂案：吴承仕曰：「『未』疑應作『末』」，言鄭人見其表，不見其裏也。上文言察外遺内，下文言不見形狀之實，俱與本末之義相應。」如喪家狗，然哉！然哉！」夫孔子之相，鄭人失其實。鄭人不明，法術淺也。孔子[之]失〔之〕子羽，「之」字當在「失」字下。韓非子顯學篇、薛氏孔子集語引説苑、家語子路初見篇并作「失之子羽」。之猶

於也。「孔子失之子羽」，與下「唐舉惑於蔡澤」，文法一律。唐舉惑於蔡澤，猶鄭人相孔子，

不能具見形狀之實也。以貌取人，失於子羽；以言取人，失於宰予也。四句於義無屬，當爲「失之子羽」句注語，誤入正文。

初稟篇國語韋昭注曰：「稟，受也。」恢國篇曰：「初稟以爲，王者生稟天命。」盼遂案：卷十九恢國篇云：「論衡初稟以爲，王者生稟天命。」案即此篇之解題也。

人生性命當富貴者，初稟自然之氣，養育長大，富貴之命效矣。文王得赤雀，尚書中候我應曰：（據玉函山房輯佚書。）「周文王爲西伯，季秋之月，甲子，赤鳥銜丹書，入豐鄗，止於昌户，王乃拜稽首受最曰：『姬昌，蒼帝子，亡殷者紂也。』」又見墨子非攻下、尚書帝命驗。（史周本紀正義引。）呂氏春秋應同篇述此事，作「赤烏」，與武王火流爲烏事相混，蓋「烏」「烏」字誤。竹書云：「在帝辛三十二年。」金樓子興王篇云：「四十三年春正月庚子朔。」武王得白魚赤烏，泰誓：（據孫星衍輯。）「太子發升於舟，中流，白魚入於王舟，王跪取，出涘以燎之。既渡，至於五日，有火自上復於下，至於王屋，流爲烏，其色赤。」又見尚書璇璣鈐、大傳五行傳、史記周本紀、漢書董仲舒傳、終軍傳、王逸楚辭注。後漢光武紀注引尚書中候云：「魚長三尺。」金樓子興王篇〔一〕云：「長一尺四寸。」儒者論之，以爲雀則文王受命，魚烏則武王受命，漢書董仲舒傳載其對策曰：「白魚入於王舟，有火復於王屋，流爲烏，此蓋受命之符也。」鄭注泰誓曰：（詩思文疏。）「白魚入舟，天之瑞也。魚無手足，象紂無助。白者，殷正也。天意若曰：

〔一〕「興」，原本作「與」，形近而誤，今改。

『以殷予武王，當待無助。今尚仁人在位，未可伐也。』得白魚之瑞，即變稱王，應天命定號也。有火爲烏，天報武王以此瑞。書說曰：『烏有孝名，武王卒父大業，故烏瑞臻。』」文、武受命於天，天用雀與魚烏命授之也。天用赤雀命文王，文王不受，天復用魚烏命武王也。元命包曰：「西伯既得丹書，於是稱王，改正朔。」洛誥鄭注：「文王得赤雀，武王俯取白魚，受命皆七年而崩。」皮錫瑞曰：「仲任所引，乃今文家博士之說，雖仲任不取其義，然可見今文家說與鄭說同。」

若此者，謂本無命於天，脩己行善，善行聞天，天乃授以帝王之命也，故雀與魚烏，天使爲王之命也，王所奉以行誅者也。如實論之，非命也。如儒者言，是隨操行而至，此命在末，不在本也，故曰非命。命，謂初所稟得而生也。人生受性，則受命矣。性命俱稟，同時並得，非先稟性，後乃受命也。何以明之？

棄事堯爲司馬，注見吉驗篇。居稷官，故爲后稷。史記周紀：「舜曰：『棄，爾居稷。』（今史記、周語「居」並依譌孔尚書誤改作「后」，今據列女傳改。詩思文疏引鄭曰「汝居稷官」，與論衡句同，並可證譌孔之妄。）號曰后稷。」五經異義曰：「稷是田正。」漢百官表注應劭曰：「后，主也。爲此稷官之主也。」曾孫公劉居邰，公劉爲稷曾孫，史周紀、大雅鄭箋說同，但古今人表有

「慶節」，云「公劉子，湯時人」。鬻子曰：「湯得慶詛。」慶詛即慶節〔一〕。吳越春秋亦以公劉爲夏時人，則其與遠距堯、舜時稷，不止三四代也。**後徙居邠。**史周紀：「公劉子慶節國於豳。」**後孫古公亶甫三子：**孟子趙注、吕氏春秋審爲篇高注并云：「亶父號古公。」詩疏引中候稷起法〔二〕曰：「亶父以字爲號。」是亶父本無號。惠棟曰：「古公，故公也。說文：『古，故也。』穀梁傳云：『踰年不即位，是有故公也。』猶言先王先公。」下文云「太王古公」，仲任蓋亦以爲號。**太伯、仲雍、季歷。季歷生文王昌。昌在襁褓之中，**張華博物志曰：「襁，織縷爲之，廣八寸，長丈二，以約小兒於背上。」韋昭漢書注：「緥，若今時小兒腹衣。」**聖瑞見矣。**史記周紀正義曰：「尚書帝命驗云『季秋之月，甲子，赤爵銜丹書入酆，止昌户，其書』云云。此蓋聖瑞。」按：此說未確，赤爵之瑞，在文王爲西伯時。周本紀云：「太任生昌，有聖瑞。」則瑞在初生，故仲任據以爲說。蓋即雒書靈準聽云「蒼帝姬昌，日角鳥鼻」，帝王世紀云「龍顔，虎眉，四乳」之義。（并見史正義。）**故古公曰：「我世當有興者，其在昌乎！」於是太伯知之，**知古公欲立王季以傳昌。**乃辭之吳，文身斷髮，**說苑奉使篇：「剪髮文身，爛然成章，以像龍子者，將避水神也。」淮南泰族篇注：「越人以箴刺皮爲龍文，所以爲尊榮之也。」又原道篇注：「文身刻畫其體，納墨其中，爲蛟龍

〔一〕「慶」，原本作「誌」，據上文改。
〔二〕「法」，原本作「注」，據詩疏改。

之狀也。」以讓王季。事詳四諱篇。文王受命,謂此時也,天命在人本矣,謂在初生之時。太王古公見之早也。

此猶爲未,當作「未」。盼遂案:「未」爲「末」之誤字。異虚篇「此尚爲近」與此同一文法。末者,晚也。言文王昌在襁褓之中,聖瑞見,太王古公知之已晚,實則文王在母體之中早已受命也。骨相篇云「形狀未也」,「未」亦譌作「末」。文王在母身之中已受命也。謂受命母體中,即四乳、龍顔之瑞。王者一受命,内以爲性,外以爲體。體者,面輔骨法,説文:「酺,頰也。」「輔」借字。廣雅:「輔謂之頰。」生而稟之。吏秩百石以上,續漢書百官志:「三老游徼,秩百石。」百官表師古注:「漢制,一百石者,月俸十六斛穀。」王侯以下,百官志:「皇子封王。」又云:「列侯承秦爵,以賞有功。後諸王得推恩分衆子土,國家爲封,亦爲列侯。」郎將大夫,百官表:「郎掌守門户,出充車騎,有議郎、中郎、侍郎、郎中。」又曰:「中郎有五官、左、右三將,郎中有車、户、騎三將。」又曰:「郎中令屬官有大夫,有太中大夫、中大夫、諫大夫。」以至元士,百官志:「公府掾,比古元士、三命者也。」外及刺史太守,百官表:「監御史,秦官,掌監郡,漢省。丞相遣史分刺州,武帝置部刺史。」又曰:「郡守,秦官,掌治其郡,景帝時更名太守。」居禄秩之吏,稟富貴之命,生而有表見於面,有骨法之表候。故許負、姑布子卿輒見其驗。見骨相篇。仕者隨秩遷轉,遷轉之人,或至公卿,命禄尊貴,位望高大。王者尊貴之率,漢人「率」通作「帥」。高大之最也。生有高大之命，其時身有尊貴之奇，初生之時。古公知之，見四乳之怪也。文王四乳，見骨相篇。夫四乳，聖人證也，在母身中，稟天聖命，豈長大之後，脩行道德，四乳乃生？以四乳論望羊，武王望羊，見骨相篇。亦知爲胎之時已受之矣。劉媪息於大澤，夢與神遇，遂生高祖，見吉驗篇。此時已受命也。光武生於濟陽宮，夜半無火，內中光明。吉驗篇云：「室內自明。」軍下卒蘇永「軍」，吉驗篇作「馬」。謂公（功）曹史充蘭曰：朱曰：「公」，當從吉驗篇作「功」，各本並誤。「此吉事也，毋多言！」事見吉驗篇。「此吉事也」，吉驗篇以爲王長孫語。後漢光武紀論、蔡邕濟陽宮碑、東觀漢記並同。此文系之充蘭，失之。此時已受命〔也〕。「也」字據上文例增。獨謂文王、武王得赤雀魚烏乃受命，非也。

上天壹命，王者乃興，不復更命也。得富貴大命，自起王矣。何以驗之？富家之翁，貲累千金，生有富骨，治生積貨，下「生」疑當作「産」。命禄篇：「治産貧富。」「治産不富。」至於年老，成爲富翁矣。夫王者，天下之翁也，稟命定於身中，猶鳥之別雄雌於卵殼之中也。卵殼孕而雌雄生，盼遂案：「孕」爲「孚」之誤字。日月至而骨節彊，彊則雄，自率將雌。雄非生長之後，或教使爲雄，然後乃敢將雌，盼遂案：「雄非」之「雄」爲衍字。此言雄彊自能將雌，非待生長之後也。世人熟於雌雄成言，遂沾「雄」字耳。此氣性剛彊自爲之矣。夫王者，天下之雄也〔一〕，其命當王，王命定於懷妊，猶富貴骨生，有鳥雄卵成也。孫曰：「有」字衍。非唯人、鳥也，萬物皆然。草木生於實核，出土爲栽蘖，爾雅釋詁：「哉，始也。」「哉」與「栽」同，故出土萌芽爲栽。芽米謂之糱。稍生莖葉，成爲長短巨細，皆由實核。王者，長巨之最也。依上文例，「王」上疑捝「夫」字。朱草之莖如鍼，續博物志曰：「朱草狀如小桑，栽長三四尺，枝葉皆丹，汁如血，朔望生落如蓂莢，周而復始，可以染絳，黼黻成文章。」抱朴子金丹篇：「朱草狀似小棗，長三四尺，枝葉皆赤，莖似珊瑚。喜生名山岩石之下，刻之，汁流如血。」援神契曰：「德至草木〔二〕，則朱草生。」（禮運孔疏。）紫芝之栽如豆，成爲瑞矣。王者稟氣而生，亦猶此也。

或曰：「王者生稟天命，及其將王，天復命之。猶公卿以下，詔書封拜，乃敢即位。赤雀魚鳥，上天封拜之命也。天道人事，有相命使之義。」

自然無爲，天之道也。命文以赤雀，武以白魚，是有爲也。管仲與鮑叔分財取多，事見史記管晏列傳。鮑叔不與，管仲不求，謂不求其同意。內有以相知，視彼猶我，

〔一〕「也」，原本作「矣」，據通津草堂本改。
〔二〕「木」，原本作「未」，據孔疏改。

取之不疑。聖人起王，猶管之取財也。「管」下疑有「仲」字。朋友彼我無有授與之義，「有」字疑寫者誤增。「無授與之義」，與下「有命使之驗」相對爲文。上天自然，有命使之驗，是則天道有爲，朋友自然也。當漢〔高〕祖斬大虵之時，「高」字今以意增。斬大虵，已見吉驗篇。誰使斬者？豈有天道先至，而乃敢斬之哉？勇氣奮發，性自然也。夫斬大虵，誅秦殺項，説文：「殊，斷也。」字通作「誅」。謂斷絶秦祀也。高祖未殺降王子嬰，訓誅殺，非。同一實也。荀子正名篇：「狀變而實無別，而爲異者，謂之化。有化而無別，謂之一實。」周之文、武受命伐殷，亦一義也。高祖不受命使之將，説文：「將，帥也。」「帥」、「達」字通。達，先導也。獨謂文、武受雀魚之命，誤矣。

難曰：「康叔之誥曰：各本作「康王之誥」，今從崇文本校改。段玉裁曰：「『王之』二字衍。或云『王』當作『叔』。」皮錫瑞曰：「今文尚書『康王之誥』有但作『康誥』二字者。（據史記周本紀。）此引康誥之文，作「康王之誥」，自屬誤衍二字，然亦當以二篇皆云『康誥』，故致誤也。」暉案：康誥，周公戒康叔而作。此引即周公誥語，非出於康叔。「康叔之誥」四字，知目其篇。變康誥爲康叔之誥者，嫌與另一康誥不別。彼變稱康王之誥，此變稱康叔之誥，義正同。後人不審，妄改「叔」作「王」耳，非衍「王之」二字也。『冒聞于上帝，帝休，天乃大命文王。』尚書康誥之詞。蔡沈傳「冒」字上屬「怙」字爲句，妄也。趙岐孟子盡心下篇注引書亦以「冒聞於上帝」爲句。書君奭篇亦有此語。胡廣侍中箴：「勖聞上帝，賴兹四臣。」謁孔傳亦以「冒聞」連讀。戴鈞衡曰：「『冒聞』猶『上聞』、『升聞』之義。」休，喜也。如無命史（使），「史」爲「使」之壞字。上文云：「有相命使之義，」又云：「有命使之驗。」經何爲言『天乃大命文王』？」

所謂「大命」者，非天乃命文王也，聖人動作，天命之意也，與天合同，若天使之矣。尚書大傳曰：「天之命文王，非啍啍然有聲音也。文王在位，而天下大服，施政而物皆聽，令則行，禁則止，動摇不逆天之道，故曰天乃大命文王。」爲仲任所本，今文説也。書方激勸康叔，勉使爲善，故言文王行道，上聞於天，天乃大命之也。詩曰「乃眷西顧，此惟予度」，大雅皇矣文。劉先生曰：「度」，毛作「宅」。仲任引今文作「度」。漢書韋玄成傳臣瓚注：「古文宅、度同。」潛夫論班禄篇引「宅」亦作「度」。暉按：潛夫論宋、元本作「度」，王謨本誤作「宅」。「予」，毛作「與」。馮登府曰：「齊、魯詩並作予。」詩大東毛傳：「睠，反視也。」睠、眷字同。毛傳：「宅，居也。」陳奂曰：「『宅居』與『度居』同。西土有安居下民之道，故天眷而與之。」其説非也。古文作「與宅」，今文作「予度」，字别義殊。予，天自謂。度，究度。周書祭公解：「皇皇上帝度其心。」是其義。潛夫論班禄篇引詩釋之曰：「究度而使之居。」則「度」不訓「居」。朱彬經傳考證曰：「言天睠焉西顧，惟此爲帝所度。所謂簡在帝心，與有虞殷自天，帝度其心，義并同。」其説是也。二王並習今文，所引蓋三家詩遺説也。與此同義。天無頭面，眷顧如何？人有顧睨，睨，衺視也。以人儆天，事易見，故曰「眷顧」。「天乃大命文王」，眷顧之義，實天不命也。何以驗之？「夫大人與天地合其德，與日月合其明，與四時合其序，與鬼神合其吉凶，先天而天不違，後天而奉天時。」自「大人」至此，易乾卦文言之詞。如必須天有命，乃以從事，安得先天而後天乎？「而」猶「與」也。以其不待天命，直以心發，故有先天後天之勤；「勤」，疑「動」之誤。言合天時，故有不違奉天之文。盼遂案：此文當是以其不待天命，直以心發，故有先天後天之言；動合天時，故有不違奉天之文。後人誤「動」作「勤」，又誤與「言」字互倒，遂拮据鮮通矣。論語曰：「大哉！堯之爲君！唯天爲大，唯堯則之。」泰伯篇述孔子之詞。集解引孔曰：「則，法也。美堯能法天而行化。」王者則天不違，奉天之義也。推自然之性，與天合同，是則所謂「大命文王」也。自文王意，「自」字疑在「意」上，與下句一律。文王自爲，非天驅赤雀，使告文王，云當爲王，乃敢起也。然則文王赤雀，及武王白魚，非天之命，昌熾祐也。仲任以初興之瑞爲祐。見宣漢篇、恢國篇。

吉人舉事，無不利者。人徒不召而至，瑞物不招而來，黯然諧合，若或使之。出門聞告（吉），孫曰：「告」爲「吉」形誤。卜筮篇云：「猶吉人行道逢吉事，顧睨見祥物。」與此意同。吴説同。顧睨見善，自然道也。文王當興，赤雀適來；魚躍烏飛，武王偶見，非天使雀至、白魚來也，吉物動飛，而聖遇也。「聖」下疑挩「人」字。指瑞篇云：「聖人聖物，生於盛衰，聖王遭出，聖物遭見，（今本挩誤，校見彼篇。）猶吉命之人，逢吉祥之類也，其實相遇，非相爲出也。」與此意同。白魚入于王舟，王陽曰：「偶適也。」漢書：「王吉，字子陽。」時人稱爲王陽。漢書王尊傳、楊泉物理論（意林引。）並云「王陽」。此述王陽語，不見本傳。白魚入于王舟，爲武王伐紂之瑞，豈子陽論其事歟？光禄大夫劉琨，後漢書儒林傳、陳留耆舊傳（御覽八六八。）并作「昆」。前爲弘農太守，虎渡河，光武皇帝曰：「偶適自然，非或使之也。」俞曰：後漢書本傳：「詔問昆曰：『前在江陵，反風滅火，後守弘農，虎北渡河，行何德政，而致是事？』昆對曰：『偶然耳。』」此以昆對光武語爲光武之言，蓋傳聞之失，當以史爲正。故夫王陽之言「適」，光武之曰「偶」，可謂合於自然也。

本性篇

章炳麟辨性上篇：「儒者言性有五家：無善無不善，是告子也。善，是孟子也。惡，是孫卿也。善惡混，是楊子也。善惡以人異殊上中下，是漆雕開、世碩、公孫尼、王充也。」

情性者，人治之本，禮樂所由生也。故原情性之極，禮爲之防，樂爲之節。白虎通禮樂篇：「禮所以防淫佚，節其侈靡；樂所以崇和順，比物飾節。」**性有卑謙辭讓，故制禮以適其宜；情有好惡喜怒哀樂，故作樂以通其敬。**盼遂案：悼厂云：「『敬』疑是『和』字之訛。莊子天下篇『樂以德和』，又荀子樂論篇於樂與和之説尤多，不應王氏獨異也。」**禮所以制，樂所爲作者，情與性也。**孫曰：此承上制禮作樂而言，疑當作「禮所以爲制，樂所以爲作者，情與性也」。今本殘脱，文義不明。暉按：孫説非也。玉篇：「以，爲也。」爲，亦猶「以」也。詳經傳釋詞。上言「所以」，下言「所爲」，互文也。此承上爲文，意謂所以制禮作樂者，因欲適性之宜，通情之敬也。文義甚明。若依孫説，以禮因性故曰制，樂因情故曰作，殊失王氏之旨。須頌篇：「禮者上所制，故曰制；樂者下所作，故曰作。」是禮所以爲制，樂所以爲作者，初非因「性」與「情」也。盼遂案：「所爲」猶「所以」也，爲、以古通用。「樂所爲作」，即樂所以作也。孫氏改爲「禮所以爲制，樂所以爲作」，失辭矣。**昔儒舊生，著作篇章，莫不論説，莫能實定。**

周人世碩藝文志：「世子二十一篇，名碩，陳人也。七十子之弟子。」此云周人，與漢志異。

以爲「人性有善有惡，舉人之善性，養而致之則善長；舊校曰：一有「無固」字。〔惡〕性，惡養而致之則惡長」。孫曰：本作「惡性，養而致之則惡長」，與上「善性，養而致之則善長」對文。今作「性惡」，蓋誤倒也。王應麟漢書藝文志考證引此，正作「惡性」，知宋本尚未倒也。暉按：孫説是也。玉海五三引亦作「惡性」。又按：以下文例之，此文蓋述世子語。如此，則〔情〕性各有陰陽，「性」上舊校曰：一有「情」字。陳世宜曰：玉海五三引正有「情」字。暉按：王應麟漢書藝文志考證引無「情」字，豈與揖玉海時所據本不同邪？善惡在所養焉。故世子作養〔性〕書一篇。陳世宜曰：玉海五三引「養」下有「性」字，當據補。暉按：王應麟漢書藝文志考證卷五引無「性」字。密子賤、漆雕開、公孫尼子之徒，藝文志：「宓子十六篇。」注：名不齊，字賤。孔子弟子。」趙策作服子。顏氏家訓書證篇：「虙子賤，俗字爲『宓』，或復加『山』。」史記弟子傳：「漆雕開，字子開。」鄭玄曰：「魯人。」家語弟子解云：「蔡人，字子若。」藝文志、人表並作「漆雕啟」，蓋名啓，字子開。史公避景帝諱，家語不足據。漢志儒家：「漆雕子十三篇。」注：「孔子弟子漆雕啓後。」云其後者，蓋書爲後人記啓説也。又：「公孫尼子二十八篇。」注：「七十子之弟子。」隋志注：「似孔子弟子。」三書並佚，馬國翰有輯本。亦論情性，與世子相出入，皆言性有善有惡。孟子告子篇：「或曰：『有性善，有性不善。』」蓋即謂此輩。近人陳鐘凡諸子通誼下、論性篇以世碩之倫謂性善惡混，非也。揚雄主善惡混，世碩主有善有惡，兩者自異。故仲任以世碩頗得其正，而揚雄未盡性之理。

孟子作性善之篇，孟子外書有性善篇，趙岐以爲後世依託者。以爲「人性皆善，及其不善，物亂之也」。以下文孫卿「作性惡之篇，以爲『人性惡，其善者，僞也』」例之，知此述孟子語。謂人生於天地，皆稟善性，長大與物交接者，舊校曰：一有「欲」字。放縱悖亂，不善日以生矣。

若孟子之言，人幼小之時，無有不善也。微子曰：「我舊云孩子，王子不出。」尚書微子篇「孩」作「刻」。此作「孩」者，今文經也。示兒編十三以爲仲任誤引經文，失之。紂爲孩子之時，微子睹其不善之性，性惡不出衆庶，長大爲亂不變，故云也。劉先生曰：陳喬樅云：「論衡稱『微子曰』者，目尚書之篇名，非以此爲微子之言也。『微子睹其不善之性』句，『微子』下脱一『父』字。」魏源云：「『微子睹其不善之性』句，『微子』字誤，當作『父師』。」他若王氏尚書後案、江氏尚書集注、劉氏尚書集解，并斥仲任此説爲謬。段玉裁云：「此今文尚書，『刻』字作『孩』，其説如此。但古文尚書，此語出父師口，仲任系諸微子，疑今文尚書多『微子若曰』四字。」孫星衍云：「充時猶見古文尚書章句，當本歐陽、夏侯之義。」愚以爲仲任今文經師，本書所引尚書説，多本之夏侯、歐陽舊義，至可寶貴。既釋云「紂爲孩子之時，微子睹其不善之性」，則「微子」二字不誤，亦非尚書篇名，孫説得其誼，餘并臆説，不可從也。孫星衍曰：「『性惡不出衆庶』者，釋名云：『出，推也，推而前也。』言其資質不能在衆庶之前。」羊舌食我初生之時，左昭二十八年傳，羊舌食我作「楊食我」。杜預曰：「食我，叔向子，伯石也。」晉語八韋注同。列女傳作「伯碩」。「石」、「碩」古通。叔姬視之，列女傳八：「叔姬，羊舌子之妻，叔向、叔魚之母。」俞曰：左昭三年傳正義曰：「世族譜云：『羊舌氏，晉之公族也。羊舌，其所食邑名。』」唯言晉之公族，不言出何公也。今以此文證之，叔向之母姬姓，則羊舌氏非晉公族。洪亮吉曰：世族譜云：「叔向，晉之公族。」今論衡云向母姬姓，是向之父取于同姓也。列女傳、潛夫論〔一〕并云叔向母爲叔姬。及堂，聞其啼聲而還，曰：「其聲，豺狼之聲也，野心無親。非是莫滅羊舌氏。」遂不肯見。及長，祁勝爲亂，食我與焉。盼遂案：一本「祁」上有「與」字，非也。下文明有「與」字，讀去聲，參與也。淺人不察，因誤於上句沾「與」字，有牀上安牀之嫌矣。國人殺食我，羊舌氏由是滅矣。左昭二十八年傳：「祁勝與鄔臧通室，祁盈執之。勝使人言於晉侯，晉侯執祁盈。盈之臣乃殺勝。晉殺祁盈，及食我。食我，祁盈之黨，助亂，故殺之。」此文似謂食我爲祁勝黨，列女傳同，與左氏違異。「祁」上舊校曰：一有「與」字。暉案：列女傳八，正作「及長，與祁勝爲亂，晉人殺食我」。爲此文所本。「食我與焉」句，疑爲注語，誤入正文，校者則删此「與」字。紂之惡，在孩子之時；

〔一〕「論」，原本作「傳」，涉上「傳」字誤，今改。

食我之亂，見始生之聲。孩子始生，未與物接，誰令悖者？丹朱生於唐宮，「生」，通津本誤作「土」，此從天啓本、錢、黄、鄭、王各本改。堯封於唐，故曰唐宫。見吉驗篇注。商均生於虞室，堯典：「釐降二女于嬀汭，嬪于虞。」疏引皇甫謐曰：「今河東太陽山西虞地是也。」水經河水注四：「軨橋東北有虞原，原上道東，有虞城，堯妻舜以嬪于虞者也。」嬀汭與虞，於地爲一，道元既前載嬀汭出于歷山，此紀誤也。盼遂案：「土」爲「出」之誤字。草書「出」字作㞢，故易相淆。程榮本作「生」，亦通。唐、虞之時，可比屋而封，見率性篇注。所與接者，必多善矣，二帝之旁，必多賢矣，然而丹朱傲，商均虐，並失帝統，歷世爲戒。且孟子相人以眸子焉，心清而眸子瞭，心濁而眸子眊。孟子離婁篇：「存乎人者，莫良于眸子。眸子不能掩其惡，胸中正則眸子瞭，胸中不正則眸子眊焉。」趙注：「眸子，目瞳子也。瞭，明也。眊者，蒙蒙目不明之貌。」人生目輒眊瞭，眊瞭禀之於天，不同氣也，非幼小之時瞭，長大與人接乃更眊也。更，變也。黄震曰：「孟子以眸子觀人正否。眸子禀於天不同，與性善説自異。」性本自然，善惡有質，孟子之言情性，未爲實也。

然而性善之論，亦有所緣。或仁或義，性術乖也；動作趨翔，性識詭也。面色或白或黑，身形或長或短，至老極死，不可變易，天性然也。皆知水土物器形性不同，而莫知善惡禀之異也。劉先生曰：「或仁或義」上，疑脱「人禀天地之性，懷五常之氣」十一字。「動作趨翔」下，疑敚「或重或輕」四字。下文可證。暉按：「或仁」以下五十九字，原爲下文，誤奪在此。「性善之論，亦有所緣」，乃就孟子之説，推原其義。下「一歲嬰兒」云云，正證成性善之論。下「告子之言，亦有緣也」，舉「詩曰」以證之；「性惡之言，亦有緣也」，舉嬰兒無推讓之心以證之，與此文例正同。此五十九字，乃謂人本有善惡之質，以水土物器身形爲比，與孟子善性之説，義正相反。則與「亦有所緣」義不相貫，其證一。下文自「人禀天地之性」，至「天性然也」，與此文全同。一篇之中，重出如許文字，而義又别無所託，文理不通，其證二。「皆知水土物器形性不同」句，與上句義不相屬。仁義動作，只言及性，白黑長短，只言及形，所云「水土」無指。下文有「九州田土之性，水潦清濁之流」，故以「水土」承之。則知當次於彼，而錯於此也，其證三。一歲嬰兒，句上舊校曰：一有「告子曰」字。暉案：不當有，説已見上。無争奪之心，長大之後，或漸利色，「漸」義，見率性篇注。狂心悖行，由此生也。

告子與孟生同時，墨子公孟篇有告子。孟子告子篇趙注：「名不害，兼治儒墨之道者，嘗學於孟子。」趙氏蓋隱據墨子而以兩者爲一人。王應麟、洪頤煊説并同。孫詒讓曰：「以年代校之，墨子書告子，自與墨子同時。後與孟子問答者，當另爲一人。」閻若璩、毛奇齡并謂浩生不害非告子，趙注自相矛盾，而云名不害。朱子亦沿其誤。其論性無善惡之分，譬之湍水，決之東則東，決之西則西。夫水無分於東西，猶人〔性〕無分於善惡也。「人」下當有「性」字。此文正論人性。下文「夫告子之言，謂人之性與水同也。使性若水，可以水喻性」。明此文正以性喻水，非以人喻水也。今本此文「人」下脱「性」字，則仲任之論，失所據矣。孟子告子篇：「人性之無分於善不善也，猶水之無分於東西也。」正作「人性」，是其切證。「決之東則東，決之西則西」，孟子告子篇作「決諸東方則東流，決諸西方則西流」。世説新語卷下之下注引孟子同此。疑所見本若是。趙注：「湍者，圜也。謂湍湍瀠水也。」

夫告子之言，謂人之性與水同也。使性若水，可以水喻性，猶金之爲金，木之爲木也。人善因〔固〕善，惡亦因〔固〕惡，兩「因」字並爲「固」字形近而誤。「人善固善，惡亦固惡」，乃仲任所謂上下兩品者。下文「極善極惡，非復在習，聖化賢教，不能復移」，即此人有固善固惡之義。若作「因」，則失其旨。上文：「性本自然，善惡有質。」下文：「而莫知善惡稟之異也。」是善惡之質，乃稟受不同，故人性有固善固惡。初稟天然之姿，受純壹之質，故生而兆見，善惡可察。無分於善惡，可推移者，謂中人也，不善不惡，須教成者也。故孔子曰：「中人以上，可以語上也；中人以下，不可以語上也。」論語雍也篇。告子之以決水喻者，徒謂中人，不指極善極惡也。孔子曰：「性相近也，習相遠也。」論語陽貨篇。夫中人之性，在所習焉，習善而爲善，習惡而爲惡也。至於極善極惡，非復在習，故孔子曰：「惟上智與下愚不移。」論語陽貨篇。性有善不善，聖化賢教，不能復移易也。孔子，道德之祖，諸子之中最卓者也，說文：「卓，高也。」而曰「上智下愚不移」，故知告子之言，未得實也。

夫告子之言，亦有緣也。詩曰：「彼姝之子，何以與之。」亦見率性篇，上「之」字，作「者」。其傳曰：「譬猶練絲，染之藍則青，染之朱則赤。」已注率性篇。夫決水使之東西，猶染絲令之青赤也。丹朱、商均已染於唐、虞之化矣，然而丹朱傲而商均虐者，至惡之質，不受藍朱變也。

孫卿有反孟子，作性惡之篇，漢避宣帝諱，改「荀」爲「孫」，名況，時人尊號曰「卿」。以爲「人性惡，其善者，僞也」。見荀子性惡篇。性惡者，以爲人生皆得惡性也；僞者，長大之後，勉使爲善也。荀子正名篇：「慮積焉，能習焉，而後成，謂之僞。」此義正合。楊注以「僞」爲「矯」，失之甚也。

若孫卿之言，人幼小無有善也。「小」下疑有「之時」二字。上文「若孟子之言，人幼小之時，無有不善也」，與此文法一律。〔后〕稷爲兒，劉先生曰：意林、御覽八二三引「稷」上有「后」字。今據增。以種樹爲戲；種，殖。樹，蒔也。史記周紀：「棄爲兒時，其游戲好種樹麻菽，及長，遂好耕農。」孔子能行，以俎豆爲弄。史記孔子世家：「孔子爲兒嬉戲，常陳俎豆，設禮容。」

石生而堅，蘭生而香。〔生〕禀善氣，長大就成，孫曰：「禀」上脱「生」字。「長大」之義，即承「生」字言之。意林引有「生」字。當據補。朱、吴説同。故種樹之戲，爲唐司馬；注見吉驗篇。俎豆之弄，爲周聖師。禀蘭石之性，故有堅香之驗。夫孫卿之言，未爲得實。

然而性惡之言，〔亦〕有緣也。孫曰：「有」上當有「亦」字。上云：「孟子之言情性，未爲實也。然而性善之論，亦有所緣。」又云：「故知告子之言，未得實也。夫告子之言，亦有緣也。」並有「亦」字。一歲嬰兒，無推讓之心，見食，號欲食之；睹好，啼欲玩之。長大之後，禁情割欲，勉厲爲善矣。劉子政非之曰：「如此，則天無氣也。陰陽善惡不相當，則人之爲善，安從生？」未知何出。義亦不明。

陸賈曰：「天地生人也，以禮義之性。人能察己所以受命則順，順之謂道。」嚴可均鐵橋漫稿五：「今新語十二篇無此文。論衡但云陸賈，不云新語，或當在漢志之二十三篇中。」暉案：案書篇：「新語皆言君臣政治得失。」是新語乃政務之書，今存見者正如是。此引，則論性命，故不在其中。

夫陸賈知人禮義爲性，人亦能察己所以受命。以上下文例求之，此二句，乃複述引語，揭明其義。下「性善者不待察而自善」云云，則抒己見。是此文當作「夫陸賈之言，謂人禮義爲性」，與下文「若仲舒之言，謂孟子見其陽，孫卿見其陰也」；「夫子政之言，謂性在身而不發，情接於物」，文同一律。蓋「之」以聲誤爲「知」，校者則妄删「言謂」二字，遂使此文無複述引語之句，而與前後文例不符矣。性善者，不待察而自善；性惡者，雖能察之，猶背禮畔義。「畔」、「叛」字通。義挹於善，義不明。不能爲也。盼遂案：次「義」字涉上文而衍。「挹於善不能爲」，即下「性惡不爲，何益於善」之意，加「義」字則不通。故貪者能言廉，亂者能言治。盜跖非人之竊也，莊蹻刺人之濫也，非，亦刺也，讀作「誹」。明能察己，口能論賢，性惡不爲，何益於善？陸賈之言，未能得實。陸賈所云，只爲知善，不足明性善。性善、知善自異。方苞原人上明性善之說〔一〕，舉元兇劭、柳璨臨刑時語以證之。不知人智類能明善惡之分，故性惡之口，時出善言。其義早爲陸生所發，亦早爲仲任所破。

董仲舒覽孫、孟之書，作情性之說曰：「天之大經，一陰一陽；人之大經，一情一性。性生於陽，情生於陰。孝經援神契：「性生於陽以理執，情生於陰以繫念。」（御覽八八一。）說文：「情，人之陰氣，有欲者；性，人之陽氣，性善者也。」白虎通情性篇：「性者陽之施，情者陰之化。人稟陰陽氣而生，故內懷五性六情。」並與董氏義同。陰氣鄙，陽氣仁。文選東京賦注引廣雅曰：「鄙，固陋不惠。」鹽鐵論鍼石篇：「爭而不讓，則入於鄙。」師古曰：「鄙，謂不通。」非

〔一〕此句有誤，疑當爲：「方苞，上元人，明性善之說。」方苞寄籍上元。

也。鉤命決曰：「情生於陰，欲以時念也。性生於陽，以就理也。陽氣者仁，陰氣者貪，故情有利欲，性有仁也。」（白虎通引。）曰性善者，是見其陽也；謂惡者，是見其陰者也。」情性篇未見，今傳春秋繁露已佚其大半矣。一曰：「非篇名。」繁露深察名號篇、實性篇尚見其旨。深察名號篇曰：「人之誠有貪有仁，仁貪之氣，兩在於身。天有陰陽之施，身亦有貪仁之性，與天道一也。」又曰：「身之有性情也，若天之有陰陽也。」又漢書董仲舒傳：「性命之情，或夭或壽，或仁或鄙。」師古曰：「仁鄙，性也。」

若仲舒之言，謂孟子見其陽，孫卿見其陰也。處二家各有見，可也；處，猶審度辨察也。見經義述聞卷三十一、俞樾讀法言。不處人情性情性有善有惡，未也。「情性」二字不當重出。仲舒正論「性生於陽，情生於陰」，非「不處人情性」也。「情性有善有惡」，正仲任所主，非爲「未也」。是二字重出，則文義不通。「不處人情性有善有惡未也」十一字爲句。奇怪篇：「言其不感動母體，可也；言其開母背而出，妄也。」與此文例正同。夫人情性，同生於陰陽，其生於陰陽，有渥有泊。玉生於石，有純有駮；情性〔生〕於陰陽，安能純善？劉先生曰：「情性於陰陽」，義不可通。「情性」下疑脱「生」字。上文：「夫人情性，同生於陰陽，其生於陰陽，有渥有泊。」「情性」下並有「生」字，是其證也。盼遂案：「性」下當有「生」字。仲舒之言，未能得實。

劉子政曰：「性，生而然者也，告子曰：「生之謂性。」荀子正名篇曰：「生之所以然謂之性。」中庸曰：「天命之謂性。」王制疏引孝經説曰：「性者，生之質。」義與子政并同。定性之質，衆説同歸；其質若何，所見紛矣。在於身而不發；情，接於物而然者也，出形〔出〕於外。孫曰：「出形」當作「形出」，下文并作「形出」可證。樂記曰：「人生而靜，天之性也；感於物而動，性之欲也。」爲子政所本。形外，則謂之陽；不發者，則謂之陰。」

夫子政之言，謂性在身而不發。情接於物，形出於外，故謂之陽；性不發，不與物接，故謂之陰。夫如子政之言，乃謂情爲陽，性爲陰也。與仲舒義違。不據本所生起，不依據性所禀受者。苟以形出與不發見定陰陽也。「苟」猶「但」也。見經傳釋詞。「形出」與「不發」，并承述上文，「見」字疑傳寫誤增。必以形出爲陽，性亦與物接，造次必於是，顛沛必於是。論語里仁集解引馬曰：「造次，急遽也。顛沛，僵仆也。」謂雖急遽僵仆，不離於性也。惻隱不忍，[不忍]仁之氣也；「不忍」二字，衍文，蓋寫者重出也。「惻隱不忍，仁之氣也」，與下「卑謙辭讓，性之發也」文法一律。下「惻隱卑謙，形出於外」，正分承此文。若「不忍」二字未衍，則「惻隱」二字乃成副詞。當以「不忍」承之，而不當以「惻隱」也。是其證。卑謙辭讓，性之發也，有與接會，故惻隱卑謙，形出於外。謂性在内，不與物接，恐非其實。不論性之善惡，徒議外内陰陽，理難以知。且從子政之言，以性爲陰，情爲陽，夫人禀情

（性），「情」當作「性」，人性稟受於天，本書時見此義。命義篇「稟得堅强之性」，「稟性軟弱者」，率性篇「君子小人，稟性異類乎」，本篇下文「稟性受命」，「人稟天地之性」，并作「稟性」，是其證。竟有善惡不也？「不」讀作「否」。

自孟子以下，至劉子政，鴻儒博生，聞見多矣，然而論情性竟無定是。唯世碩、儒公孫尼子之徒，先孫曰：「儒」字衍。漢書藝文志儒家云：「世子二十一篇，名碩。公孫尼子二十八篇。」上文亦云：「周人世碩以爲人性有善有惡。」頗得其正。由此言之，事易知，道難論也。酆文茂記，楊曰：「酆」讀作「豐」。繁如榮華；恢諧劇談，漢書揚雄傳晉灼注：「劇，疾也。」劇談，疾言也。甘如飴蜜，未必得實。

實者，人性有善有惡，猶人才有高有下也，高不可下，下不可高。謂性無善惡，是謂人才無高下也。稟性受命，同一實也。命有貴賤，性有善惡。謂性無善惡，是謂人命無貴賤也。無形篇：「用氣爲性，性成命定。」九州田土之性，禹貢鄭注曰：「地當陰陽之中，能吐生萬物者曰土，據人工作力競得而田之則曰田。」爾雅釋文引李曰：「田，陳也，謂陳列種穀之處。」善惡不均，故有黄赤黑之别，上中下之差；禹貢曰：「兖州，厥土黑墳，厥田爲中下。徐州，厥土赤墳，厥田爲上中。雍州，厥土惟黄壤，厥田爲上上。」水潦不同，故有清濁之流，東西南北之趨。人稟天地之性，懷五常之氣，注見物勢篇。或仁或義，性術乖也；

動作趨翔，或重或輕，性識詭也。禮記樂記：「聲音動静，性術之變。」疏：「性術，性之道路。」後漢書馬融傳論：「識能匡欲者鮮矣。」李注：「識，性也。」面色或白或黑，身形或長或短，至老極死，不可變易，天性然也。〔皆知水土物器形性不同，而莫知善惡稟之異也〕。此十九字，據上文補。自「九州田土」以下，正論水土物器形性不同，故以此文結之。今奪入上文，遂使此義未足。率性篇曰：「稟氣有厚泊，故性有善惡。」即「善惡稟異」之義。余固以孟軻言人性善者，「固」讀作「故」。中人以上者也；孫卿言人性惡者，中人以下者也；揚雄言人性善惡混者，法言修身篇曰：「人之性也，善惡混。修其善，則爲善人；修其惡，則爲惡人。」中人也。韓愈原性全襲此義。若反經合道，經，常也。公羊桓十一年傳：「權者，反於經，然後有善者也。行權有道。」陸淳春秋微旨序曰：「事或反經，而志協於道。」則可以爲教；盡性之理，則未也。

物勢篇

儒者論曰：「天地故生人。」如鄭注易坤靈圖云：「天故生聖君。」此言妄也。夫天地合氣，人偶自生也；猶夫婦合氣，子則自生也。夫婦合氣，非當時欲得生子，情欲動而合，合而生子〔一〕矣。後漢書孔融傳，融與禰衡曰：「父之於子，當有何親？論其本意，實爲情欲發耳。子之於母，亦復奚爲？譬如寄物瓶中，出則離矣。」持論正同。盼遂案：吳承仕曰：「問孔篇云：『猶人之娶也，主爲欲也，禮義之言，爲供親也。』後漢書孔融傳路粹奏融曰：『融云「父之於子，當有何親？論其本意，實爲情欲發耳。子之於母，亦復奚爲？譬如物寄缻中，出則離矣。」』今考文舉之放言，殆本諸仲任斯論歟？且夫婦不故生子，以知天地不故生人也。然則人生於天地也，猶魚之（生）於淵，蟣虱之（生）於人也，劉先生曰：御覽九一一引作「猶魚生泉，蟣虱生於人也」。兩「之」字並作「生」，正與上句「人生於天地」之義相承，疑當從之。因氣而生，種類相産。朱校元本「種」作「衆」。萬物生天地之間，皆一實也。

〔一〕「生子」，原本作「子生」，據通津草堂本乙。

傳(或)曰：天地不故生人，人偶自生，劉先生曰：此仲任設論之辭，非所謂儒者傳書語也。「傳」當作「或」，字之誤耳。若此，論事者何故云盼遂案：自此至「文不稱實，未可謂是也」凡十五句，皆難者相駁詰之辭，主「天地故生人」之論也。「若」字上脱「難曰」二字。論衡於論辯之文，例不省曰字。「天地爲鑪，萬物爲銅，陰陽爲火，造化爲工」乎？賈誼語，見漢書本傳。義本莊子大宗師。案陶冶者之用火爍銅燔器，故爲之也；盼遂案：吴承仕曰：「賈誼鵩鳥賦曰：『天地爲鑪，造化爲工，陰陽爲炭，萬物爲銅。』論衡雖本於彼，要亦相承之舊物，故李善注引莊子語釋之。」而云天地不故生人，人偶自生耳，可謂陶冶者不故爲器，而器偶自成乎？夫比不應事，未可謂喻；文不稱實，未可謂是也。

曰：是喻人稟氣不能純一，若爍銅之下形，「形」讀作「型」。雷虚篇曰：「冶工之消鐵，以土爲形，燥則鐵下。」淮南修務篇曰：「純鈞、魚腸之始下型，擊則不能斷，刺則不能入。」盼遂案：吴承仕曰：「形假爲型。説文：『型，鑄器之法也。』下文云『模範爲形』正同。」燔器之得火也，非謂天地生人與陶冶同也。興喻人皆引人事。「興」字於義無取，疑涉上文「與」字僞衍。盼遂案：興、喻同意。周禮大司徒曰皆興注(一)：「興者，託事於物。」論語「詩可以興」注：「引

(一)此句有誤，當作「周禮大師『曰興』注」。

譬連類也。」此興、喻同類之證。黃氏謂「興」爲衍字，失之。人事有體，不可斷絶。陶冶一事，有「可故作」與「不可故生」二象，不可剖截爲二，故曰「不可斷絶」。下文「頭目手足」，即喻此義。以目視頭，頭不得不動；以手相足，「相」亦視也。足不得不搖。目與頭同形，手與足同體。今夫陶冶者，初埏埴作器，老子注：「埏，和也。」又釋文：「埴，黏土也。」必模範爲形，「範」、「笵」之叚字。説文：「笵，法也。」衆經音義二玄應曰：「以土曰型，以金曰鎔，以木曰模，以竹曰笵。一物材别也。」故作之也；燃炭生火，必調和鑪竈，故爲之也。及銅爍不能皆成，器燔不能盡善，不能故生也。

夫天不能故生人，則其生萬物，亦不能故也。天地合氣，物偶自生矣。夫耕耘播種，故爲之也；及其成與不熟，偶自然也。何以驗之？如天故生萬物，當令其相親愛，不當令之相賊害也。招魂王注：「賊亦害也。」

或曰：五行之氣，春秋繁露五行相生篇：「天地之氣，合而爲一，分爲陰陽，判爲四時，列爲五行。行者行也，其行不同，故謂之五行。」白虎通五行：「行者，欲言爲天行氣之義也。」淮南本經篇注：「五行，金木水火土也。水屬陰行，火爲陽行，木爲燠行，金爲寒行，土爲風行。五氣常行，故曰五行。」三説義同。洪範孔疏：「謂之行者，在天則五氣流行，在地世所行用也。」於「氣行」之外，又備「用行」之義。而於左昭二十五年傳疏則曰：「五物爲世所用行，故謂之五行。」是廢「氣行」舊説，非也。天生萬物。謂天行氣生物。白虎通五行篇：「水位在北方，北方者，陰氣在黄泉之下，任養萬物。水之爲言準也，養萬物平均有準則也。木在東方，東方者，陽氣始動，萬物始生。木之爲言觸也，陽氣動躍，觸地而出也。火在南方，南方者，陽在上，萬物垂枝。火之爲言委隨也，言萬物布施；火之爲言化也，陽氣用事，萬物變化也。金在西方，西方者，陰氣始起。金之爲言禁也，言秋時萬物陰氣所禁止也。土在中央，土之爲言吐也，主吐含萬物。」（今本白虎通多脱誤，此依月令疏引正。）以萬物含五行之氣，五行之氣，更相賊害。萬物各稟一行。月令鄭注曰：「麥實有孚甲，屬木。（吕覽孟春紀、淮南時則篇注，并云屬金。）菽實孚甲堅合，屬水。（淮南注屬火。）稷，五穀之長，屬土。麻實有文理，屬金。黍秀舒散，屬火。」又云：「羊，火畜也。（吕覽、淮南注土畜。）鷄，木畜。（淮南注屬火。）牛，土畜。犬，金畜。彘，水畜。」洪範五行傳行、畜配象與鄭同。孔穎達曰：「陰陽取象多塗，故午爲馬，酉爲鷄，不可一定。」水、火、金、木、土，即相刻之次。白虎通五行篇：「五行所以相害者，天地之性。衆勝寡，故水勝火也；精勝堅，故火勝金；剛勝柔，故金勝木；專勝散，故木勝土；實勝虚，故土勝水也。」

曰：天自當以一行之氣生萬物，令之相親愛，不當令五行之氣反使相賊害也。

或曰：欲爲之用，故令相賊害；賊害相成也。故天用五行之氣生萬物，人用萬物作萬事。不能相制，不能相使；不相賊害，不成爲用。金不賊木，木不成用；火不爍金，金不成器，故諸物相賊相利。含血之蟲，相勝服，相齧噬，相啖食者，皆五行

〔之〕氣使之然也。「行」下意增「之」字。上下文並作「五行之氣」可證。

曰：天生萬物，欲令相爲用，不得不相賊害也，則生虎狼蝮蚰及蜂蠆之蟲，衆經音義二引三蒼曰：「蝮蛇色如綬文，文間有髻鬣，鼻上有針，大者長七八尺，有牙，最毒。」廣雅釋蟲：「蠆，蠍也。」毒蟲。皆賊害人，天又欲使人爲之用邪？且一人之身，含五行之氣，故一人之行，有五常之操。五常，五行之道也。「五行」舊作「五常」，各本誤同。吴曰：崇文局本改作「五行之道」是也。樂記「道五常之行」，鄭注云：「五常，五行也。」正義以木仁、金義等釋之，此論義同。暉按：朱校元本正作「五行之道」，今據正。易乾鑿度：「孔子曰：『八卦之序成立，則五氣變形，故人生而應八卦之體，得五氣以爲五常。』」按：五氣即五行之氣。潛夫論相列篇曰：「一人之身，而五行八卦之氣具焉。」盼遂案：「五常，五常之道也」，無義，疑當是「五藏，五行之道也」。五經異義引今文尚書歐陽說：「肝，木也。心，火也。脾，土也。肺，金也。腎，水也。」又引古文尚書說：「脾，木也。肺，火也。心，土也。肝，金也。腎，水也。」此五藏與五行相關之道。仲任治今文歐陽、夏侯尚書，故應有是論議。下文云：「五藏在内，五行氣俱。」正與此語相承。五藏在内，五行氣俱。白虎通情性篇：「人生而應八卦之體，得五氣以爲常，仁義禮智信是也。人本含六律五行氣而生，故内有五藏六府。五藏，肝心肺腎脾也。」元命苞曰：『肝者木之精，肺者金之精，心者火之精，腎者水之精，脾者土之精。』」此今文歐陽尚書說。鄭注月令、高注淮南時則訓同。五經異義載古尚書說：「脾，木也。肺，火也。心，土也。肝，金也。腎，水也。」仲任今文家，知主前說。如論者之言，含血之蟲，懷五行之氣，輒相賊害；一人之身，胸懷五藏，自相賊也？一人之操，行義之心，自相害也？「行」疑爲「仁」字形譌。且五行之氣相賊害，含血之蟲相勝服，其驗何在？

曰：「曰」上疑有「或」字，方與前文一律，此乃或者之言。寅，木也，其禽虎也。戌，土也，其禽犬也。丑、未，亦土也，丑禽牛，未禽羊也。木勝土，故犬與牛羊爲虎所服也。亥，水也，其禽豕也。巳，火也，其禽虵也。子亦水也，其禽鼠也。午亦火也，其禽馬也。水勝火，故豕食虵；火爲水所害，故馬食鼠屎而腹脹。蔡中郎集月令問答云：「凡十二辰之禽，五時所食者，必家人所畜，丑牛，未羊，戌犬，酉鷄，亥豕而已。其餘龍虎以下，非食也。」王應麟曰：「『吉日庚午，既差我馬』，午爲馬之證也。『季冬出土牛』，丑爲牛之證也。」困學紀聞集證曰：「乾鑿度，孔子曰：『復表日角。』鄭注云：『表者，人體之章識也。名復者，初震爻也。震之體在卯，日出於陽，又初應在六四，於辰在丑爲牛，牛有角，復人表象。』是丑爲牛之證。史記陳世家，周太史筮敬仲完，卦得觀之否，云：『若在異國，必姜姓。』正義曰：『六四變此爻是辛未，觀上體巽，未爲羊，巽爲女，女乘羊，故爲姜。』是未爲羊之證。九家易注說卦曰：『犬近奎星，蓋戌宿值奎也。』是戌爲犬之證。易林坤之震亦云：『三年生狗，以成戌母。』」吳越春秋闔閭內傳曰：「吳在辰位龍，故小城南門上作龍。越在巳地，其位虵也，故南大門上有木虵。」以上皆十二生肖配辰見諸傳籍者。間有出於漢前。趙氏陔餘叢考據論衡此文，謂始自後漢。陳樹德曰：「書史：『相如作凡將篇，妙辯六律，測尋二氣，采日辰之禽，屈伸其體，升伏其勢，像四時之氣，爲之興降，曰氣候直時書。後漢東陽公徐安子，搜諸史籀，得十二時書，皆像神形也。』許慎說文解支幹之字，皆以陰陽之氣說之，蓋因氣候直時書義也。日辰之禽，屈伸其體以像之，只『巳』、『亥』可見，餘則遞變而不可究矣。」楊慎曰：「子鼠丑牛十二屬之說，自然之理，非後所能爲。觀篆字『巳』作蛇形，『亥』作豕形，餘可推矣。」方以智曰：「以十二生肖配十二辰，爲人命所屬，或曰皆不全之物。子鼠，目少光，齒利。丑牛，少齒，四蹄，足生骨四岐，實兩交剪蹄也。寅虎，短項，五爪最利。卯兔，缺脣，四蹄，耳長。辰龍，虧聰，五爪，小耳。巳蛇，無足，雙舌。午馬，虧膽，獨蹄，圓蹄也。未羊，乙木上視，虧瞳，四蹄。申猴，虧脾，五爪。酉鷄，隱形，無外腎，虧小腸，四爪。戌犬，虧大腸，善走。亥猪，無筋，謂强筋也。」又引王逵曰：「子爲陰極，幽潛隱晦，配鼠，藏跡。午爲陽極，顯陽剛健，配馬快行。丑爲陰，俯而慈愛，配牛舐犢。未爲陽，仰而秉禮，配羊跪乳。寅三陽，陽勝則暴，配虎性暴。申三陰，陰勝則黠，配猴性黠。卯酉爲日月二門，二肖皆一竅。兔舐雄毛則孕，感而不交也。鷄合踏而無形，交而不感也。辰巳陽極而變化，龍爲盛，蛇次之，故龍蛇配辰巳，龍蛇者，變化之物也。戌亥陰斂而拘守，狗爲盛，豬次之，故狗豬配戌亥，狗豬者，圈守之物也。」近人郭沫若甲骨文字研究，釋支干曰：「十二辰文字，其義可知者，如『子』當作『皃』，丑爲爪，寅爲矢，辰爲耨，『巳』當作『子』，午爲索，未爲穗，酉爲壺尊，戌爲戉。其不可知者，則『卯』當讀『劉』，申有重義，當屬孳乳，亥象異獸之形，但不知『二首六身』爲何物。辰龍巳蛇之說，爲在十二肖獸輸入之後。十二肖獸，始見論衡物勢、言毒、譏日三篇。新莽嘉量銘『巳』已作「[illegible]」，酷似蛇形，則西漢時已有之。印度、巴比倫、埃及均有之。殆漢時西域諸國仿巴比倫之十二宮而制定，再向四周傳播。其入中國，當在漢武帝通西域時。」

曰：審如論者之言，含血之蟲，亦有不相勝之効。廣雅釋言：「效，驗也。」「效」、「効」字通。此書效多訓驗，後不再出。午，馬也。子，鼠也。酉，雞也。卯，兔也。水勝火，鼠何不逐馬？金勝木，雞何不啄兔？亥，豕也。未，羊也。丑，牛也。土勝水，牛羊何不殺豕？巳，虵也。申，猴也。火勝金，虵何不食獼猴？「獼猴」即「猕猴」。廣雅釋獸：「猱狙，猕猴也。」「獼」轉爲「母」，說文：「爲，母猴也。」「母」又音轉爲「馬」。猶呼「母」爲「媽」也。馬猴今語猶存。馬有大義，如馬藍、馬薊之類。初學記引孫炎爾雅注：「猱，母猴也。」吳都賦劉逵注：「猱似猴而長尾。」獼猴者，畏鼠也。齧獼猴者，犬也。鼠，水。獼猴，金也。水不勝金，獼猴何故畏鼠也？戌，土也。申，猴也。盼遂案：當是「申，金也」，與上下文義方合。星禽之說，非此所施。土不勝金，猴何故畏犬？閻若璩曰：「獨不及辰之禽龍。」今按十二生肖，此見十一，龍見言毒篇。彼文曰：「辰爲龍，巳爲蛇。」

東方，木也，其星倉龍也；占經二三引淮南天文訓許注：「木冒地而生也。」說文：「木冒地而生，東方之行。」高誘注：「木色蒼，龍順其色也。」盼遂案：「倉」當爲「蒼」之譌脱。**西方，金也，其星白虎也；南方，火也，其星朱鳥也；**高注：「朱鳥，朱雀也。」夢溪筆談曰：「朱雀，或謂鳥朱者，或謂之長離，或云鳥即鳳也。」朱亦棟羣書札記曰：「謂朱鳥即鳳鳥者是。」**北方，水也，其星玄武也。**玄武，龜也。**天有四星之精，**文耀鉤曰：「東宮蒼帝，其精爲龍。南宮赤帝，其精爲朱鳥。西宮白帝，其精白虎。北宮黑帝，其精玄武。」（史記天官書索隱。）李巡曰：「大辰，蒼龍宿。」史記正義曰：「柳八星爲朱鳥。南斗六星，牽牛六星，並玄武之宿。」天官書：「參爲白虎。」**降生四獸之體，含血之蟲，以四獸爲長。**大戴禮易本命及樂緯（禮運疏。）曰：「羽蟲三百六十，鳳凰爲長。毛蟲三百六十，麟爲之長。甲蟲三百六十，龜爲之長。鱗蟲三百六十，龍爲之長。」禮運曰：「麟鳳龜龍，謂之四靈。」並以麟屬西方金。此云「白虎」者，五經異義曰：「公羊説，麟木精。左氏説，麟中央軒轅大角之獸。陳欽説，麟是西方毛蟲。許慎謹按，禮運云：『麟鳳龜龍，謂之四靈。』龍，東方也。虎，西方也。鳳，南方也。龜，北方也。麟，中央也。鄭駁云：古者聖賢言事，亦有効，三者取象天地人，四者取象四時，五者取象五行，今云四靈，則當四時，明矣。虎不在靈中，空言西方虎，麟中央，得無近誣乎。」仲任則同許説。取象於天，虎爲金行，故屬西方，乃本淮南天文訓。其義較鄭氏取象四時爲長。又按：蒼龍、朱鳥、玄武並言獸。上文云：「其禽虎也。」遭虎篇云：「虎亦諸禽之雄也。」講瑞篇云：「野禽並角。」指瑞篇云：「鳳凰麒麟，仁聖禽也。」是應篇云：「一角之羊，何能聖於兩角之禽。」譏日篇云：「子之禽鼠。」是於毛蟲之獸，而謂之禽。所以然者，曲禮「鸚鵡能言，不離飛鳥；猩猩能言，不離禽獸」。正義曰：「爾雅云：『二足而羽謂之禽，四足而毛謂之獸。』今鸚鵡是羽曰禽，猩猩四足而毛，正可是獸，今並云『禽獸』者，凡語有通別，別而言之，羽則曰禽，毛則曰獸。所以然者，禽者，擒也，言鳥力小，可擒捉而取之。獸者，守也，言其力多，不易可擒，先須圍守，然後乃獲，故曰獸也。通而爲説，鳥不可曰獸，獸亦可曰禽。故鸚鵡不曰獸，而猩猩通曰禽也。故易云：『王用三驅失前禽。』則驅走者亦曰禽也。又周禮司馬職云：『大獸公之，小禽私之。』以此而言，則禽不必皆鳥也。又康成注周禮（冢宰庖人。）云：『凡鳥獸未孕曰禽。』周禮又云：『以禽作六摯，卿羔，大夫鴈。』白虎通云：『禽者，鳥獸之總名。』（今本佚，御覽九一四亦引。）以此諸經證禽名通獸者，以其小獸可擒，故得通名禽也。」按：孔疏以獸可通名禽，是也。説文云：「禽，走獸總名。」謂禽不可通名獸，則非。曲禮朱鳥、玄武、青龍、白虎，鄭注謂之四獸，正與仲任此文同，可證。孔氏於彼疏云：「朱雀是禽，而總言獸者，通言耳。」其説得之。蓋獸爲鳥獸昆蟲之通稱。考工記云：「天下之大獸五：脂者，膏者，臝者，羽者，鱗者。」**四獸含五行之氣最較著，案龍虎交不相賊，鳥龜會不相害。**

以四獸驗之，以十二辰之禽效之，五行之蟲以氣性相刻，則尤不相應。

凡萬物相刻賊，含血之蟲則相〔勝〕服，「服」上疑脱「勝」字。上文云：「含血之蟲，相勝服，相齧噬。」又云：「五行之氣相賊害，含血之蟲相勝服。」並其證也。**至於相啖食者，自以齒牙頓利，**頓讀作「鈍」。**筋力優劣，**「筋」，俗「筋」字。**動作巧便，**巧便，捷速也。**氣勢勇桀。**桀猶强也。説文：「椉，从入、桀。桀，黠也。軍法入桀曰椉。」段注：「凡黠者必强。入桀者以弱勝强。」是桀有强義。儒增篇：「人桀於刺虎，怯於擊人。」桀亦猶强也。**若人之在世，勢不與適，**適讀作「敵」。**力不均等，自相勝服。以力相服，則以刃相賊矣。夫人以刃相賊，猶物以齒角爪牙相觸刺也。力强角利，勢烈牙長，則能勝；氣微爪短，[誅]膽小距頓**（銖），楊曰：「誅」恐是「咮」字。劉盼遂曰：「誅」爲「銖」之誤字。淮南鴻烈齊俗訓：「其兵戈銖而無刃。」注：「楚人謂刀頓爲銖。」廣雅釋詁：「銖，鈍也。」是「爪短」與「距銖」爲駢辭，「頓」字實「銖」字之旁注，後人誤羼入正文，復譌「銖」爲「誅」。暉按：楊説非，劉説是也。盼遂案：吴承仕曰：『誅』當作『咮』。咮，鳥口也。此句仍有誤文，無可據校。」「誅」爲「銖」之誤字。淮南子齊俗訓：「其兵戈銖而無刃。」注：「楚人謂刃頓爲銖。」廣雅釋詁：「銖，鈍也。」是「爪銖」與「距頓」爲駢辭，「短」字自「銖」之旁注，後人誤羼正文耳，亟宜刊去。楊守敬校云：「誅爲味之誤字。」誤與吴同。**則服畏也。人有勇怯，故戰有勝負，勝者未必受金氣，負者未必得木精也。孔子畏陽虎，卻行流汗，**未知何出。亦見言毒篇。盼遂案：畏陽虎事，各書無考，疑仲任用莊子盜跖篇事，而誤記爲陽虎也。盜跖篇曰：「孔子再拜趨走，出門上車，執轡三失，目芒然無見，色若死灰，據軾低頭，不能出氣。」與仲任此文甚爲吻合也。**陽虎未必色白，孔子未必面青也。**白，西方色，金也。青，東方色，木也。金刻木，故云。**鷹之擊鳩雀，鴞之啄鵠鴈，**莊子齊物論釋文司馬彪曰：「鴞，小鳩。」毛詩草木疏云：「大如班鳩，緑色。」未必鷹鴞生於南方，而鳩雀鵠鴈産於西方也，南方火，西方金。火刻金，故云。自是筋力勇怯相勝服也。劉先生曰：勇可以相勝服，而怯不可以相勝服，御覽九二六引此文「怯」作「壯」，於義爲長，疑當從之。暉按：今本不誤。相者，兼辭也。相勝服，「相勝」、「相服」也。對承「勇怯」二字，怯者服，而勇者勝也。上文「力不均等，自相勝服」，勇怯即力不均之義。御覽誤也。

一堂之上，必有論者；一鄉之中，必有訟者。訟必有曲直，論必有是非，非而曲者爲負，是而直者爲勝。亦或辯口利舌，辭喻横出爲勝；或詘弱綴跲，蹥蹇不比者爲負。孫曰：「綴」蓋「躓」之借字。説文：「躓，跲也。」綴、躓聲紐同。暉案：「綴」爲「蹳」之借字。「綴」、「蹳」并从「叕」聲。廣雅釋詁二：「蹳、蹶，跳也。」釋詁三：「蹷，敗也。」莊子人間世：「爲顛而滅，爲崩而蹶。」説文：「蹶，僵也。」曲禮鄭注：「蹶，行遽貌。」蹶、蹷并从「欮」聲，與「叕」并在古音十五部，音同義通，並爲遽行皃，義轉爲仆躓。不必讀作「躓」也。禮記中庸：「言前定則不跲。」即此「綴跲」之義。鄭注：「跲，躓也。」正義曰：「字林云：『跲，躓也。』躓謂倒蹶也。將欲發言，豫前思定，然後出口，則言得流行，不有躓蹶也。」「綴跲」與「蹥蹇」義稍違異，「綴跲」爲言不前定而敗，猶遽行而仆也。「蹥蹇」則爲口吃而不能遽談。易蹇卦六四爻：「往蹇來連。」釋文：「蹇，序卦皆云『難也』。連，馬云：『亦難也。』鄭云：『遲久之義。』」漢書序傳：「紛屯亶與蹇連兮。」屯亶、蹇連，並艱險義。倒言則爲「連蹇」。漢書揚雄傳解嘲曰：「孟軻雖連蹇，猶爲萬乘師。」「連蹇」

謂口吃也。（此从王先謙説。）口吃亦爲言之難。衆經音義一引通俗文曰：「言不通利謂之謇吃。」列子力命篇：「𧩼極淩誶。」張注：「𧩼極，訥澀之貌。」方言：「𧬈，吃也。或謂譅。」郭注：「語譅難也。」蹇、謇、𧩼、𧬈字並通。「比」，漢書諸侯王表注云：「相接次也。」「不比」，謂話斷續不接。盼遂案：「綴」爲「黜」之借字。方言：「黜，短也。」郭注：「蹶黜，短小貌。」廣雅亦云：「黜，短也。」故與「跆」爲同類。孫氏謂「綴」爲「躓」借，於音理違矣。吴承仕曰：「『綴』讀爲無尾屈之屈，短也，亦以『叕』爲之。淮南子人間訓：『愚人之思叕。』高注：『叕，短也。』正本此。」以舌論訟，猶以劍戟鬬也。利劍長戟，手足健疾者勝；頓刀短矛，手足緩留者負。

夫物之相勝，「夫」舊作「天」，今據各本正。或以筋力，或以氣勢，或以巧便。小有氣勢，口足有便，則能以小而制大；大無骨力，「骨力」於義未安，疑爲「筋力」之誤，上文並作「筋力」。説文：「力，筋也，治功曰力。」角翼不勁，則以大而服小。鵲食蝟皮，史記龜筴傳：「蝟辱於鵲。」説苑辨物篇曰：「鵲食蝟。」續博物志云：「蝟能跳入虎耳，見鵲便自仰腹受啄。」淮南説山篇曰：「鵲矢中蝟。」「中」，殺也。未驗實否。博勞食蛇，方以智曰：「伯勞，苦吻鳥也。字又作『伯鷯』、『伯趙』、『博勞』，即鵙鳩姑苦也。夏小正作『伯鷯』，詩疏作『博勞』。郭璞注爾雅曰：『鵙，似鶷鶡而大。』張華曰：『伯勞形似鴝鵒，鴝鵒喙黄，伯勞喙黑。』許慎曰：『鸜鵒似鵙有幘。』張、許説則似百舌，郭説則似苦鳥。鵙單棲鳴則蛇結，而百舌不能制蛇，當以郭説爲正。則今之苦吻子也。如鳩黑色，以四月鳴曰苦苦，又名姑惡，俗以婦被姑苦死而化。」暉按：伯勞喜食蟲，食蛇未驗。呂氏春秋仲夏紀高注：「伯勞夏至後，應陰而殺蛇，磔之於棘，而鳴於上。」與仲任説同。

蜎、虵不便也。蚊虻之力，不如牛馬，意林、御覽九四五引並作「蚊蝱不如牛馬之力」。較今本義長。蚊虻無力可言也。**牛馬困於蚊虻，**説文䖵部：「蝱，齧人飛蟲。」以昏時出，俗作蚊。蝱，齧牛蟲。」「虻」，「蝱」俗字。國語楚語：「譬如牛馬處暑之既至，蝱䖟之既多，而不能掉其尾。」説苑曰：「蚊蝱走牛羊。」**蚊虻乃有勢也。鹿之角，足以觸犬，獮猴之手，足以搏鼠，**廣雅釋詁：「搏，擊也。」**然而鹿制於犬，獮猴服於鼠，角爪不利也。**燕山録曰：（續博物志。）「猿有手可以捕鼠，而制於鼠，鹿有角可以觸犬，而制於犬。」**故十年（圍）之牛，**孫曰：「十年」於義無取，「十年」當作「十圍」，蓋圍殘爲韋，又誤爲年。意林、御覽八九九、事類賦二二引並作「圍」。劉先生曰：御覽八九〇引亦作「圍」。**爲牧豎所驅；長仞之象，**意林引「長」作「數」。**爲越僮所鉤，**盼遂案：「長仞」，意林引作「數仞」是也。「長」與「數」草書形近。**無便故也。故夫得其便也，則以小能勝大；無其便也，則以彊服於羸也。**羸，弱也。

奇怪篇

儒者稱聖人之生，不因人氣，更稟精於天。詩生民疏引五經異義：「詩齊、魯、韓，春秋公羊説，聖人皆無父，感天而生。左氏説，聖人皆有父。謹案：堯典『以親九族』，即堯母慶都感赤龍而生堯，堯安得九族而親之。禮讖云：『唐五廟。』知不感天而生。玄之聞也，諸言感生得無父，有父則不感生，此皆偏見之説也。商頌曰：『天命玄鳥，降而生商。』謂娀簡吞鳦子生契，是聖人感生，見於經之明文。劉媪是漢太上皇之妻，感赤龍而生高祖，是非有父感神而生者也？天氣因人之精，就而神之，又何多怪？」許慎於説文亦主感生説，曰：「古之神聖人母，感天而生子。」此稱儒者，三家詩及公羊説也。**禹母吞薏苡而生禹，故夏姓曰姒；**御覽皇親部一、續博物志引禮含文嘉曰：「禹母脩己吞薏苡而生禹，因姓姒氏。」路史後紀十二注引書帝命驗云：「白帝以星感。脩紀山行，見流星貫昴，感生姒戎文命禹。」孝經鉤命訣云：「命星貫昴，脩紀夢接生禹。」**卨母吞燕卵(子)而生卨，**「燕卵」當作「燕子」。下諸「燕卵」字并同。因吞薏苡而生則姓苡，(此從詰術篇。作「姒」，疑非其舊。)因吞燕子而生則姓子，取意正同。下文云：「以周『姬』況夏、殷，亦知『子』之與『姒』，非燕子、薏苡也。」正作「燕子」。若作「燕卵」，則當有「卵者，子也」之訓，而殷姓子之義乃明；今無「卵者，子也」之文，則知此文原作「燕卵」，不作「燕子」。詰術篇、講瑞篇、恢國篇述此事，並作「燕子」。日鈔引此文及下文「燕卵，鳥也」，又「遭吞薏苡、燕卵、履大人跡也」，并作「燕子」，俱爲切證。**故殷姓曰子；**史記殷本紀：「簡狄行浴，見玄鳥墮其卵，簡狄取吞之，因孕生契。姓子氏。」集解引禮緯曰：「祖以玄鳥生子也。」御覽八三引尚書中候云：「玄鳥翔水，遺卵於流，娀簡食吞，生契封商。」注：「玄鳥，燕也。」「卨」，古「契」字。漢書古今人表作「卨」。**后稷母履大人跡而生后稷，故周姓曰姬。**褚少孫續三代世表引詩傳（索隱謂即詩緯。）曰：「湯之先爲契，無父而生。契母與姊妹浴於玄丘水，有燕銜卵墮之，契母吞之生契，姓曰子氏。子者茲，茲益大也。后稷無父而生，姜嫄出見大人蹟而履踐之，生后稷，姓曰姬氏，姬者本也。」餘見吉驗篇注。盼遂案：此説本之春秋繁露三代改制篇。實則「跡」古音在支部，「姬」古音在之部，絶不相通。漢文支、之不分，故仲任得附會之，謂「姬」之音出於「跡」矣。吴承仕曰：「周本紀號曰后稷，別姓姬氏。集解引禮緯曰：『祖以履大跡而生。』裴駰引禮緯以説姬姓，然則論衡亦本緯文矣。」

詩曰「不坼不副」，是生后稷。大雅生民文。毛傳：「言易也。凡人在母，母則疾，生則坼副菑害其母，横逆人道。」説文引詩作「不塝不疈」，云：「塝，裂也。副，判也，籀文作疈。」林義光詩經通解曰：「『坼』讀爲『屰』。『坼』篆作『塝』，从『屰』得聲。『副』讀爲『幅』，幅者横也。『不屰不幅』，謂子生不逆不横，而毛詩誤作『不坼不副』。凡子在胞中，以頭向下爲順，而俗見則謂頭本居上，以孕滿十月，始轉向下。后稷未及期而生，宜有逆生横生之事，今不然者，故爲周人所驚。」趙氏吾亦盧稿義同。許慎訓「㻩」爲「裂」，與毛詩同。並古文説也。下引説云：「后稷順生。」是讀「㻩」爲「逆」，蓋三家義也。說者又曰：「禹、卨逆生，闓母背而出；淮南修務篇高注「禹母脩己感石而生。禹折胸而出。契母有娀氏之女簡翟吞燕卵而生契，愊背而出。」路史後紀十二注引蜀王本紀：「禹母吞珠孕禹，坼（路史誤「拆」，此从初學記。）副而生於塗山。」御覽八二引世紀：「脩己吞神珠薏苡，胸坼而生禹。」又三七一引世紀：「簡狄浴玄丘之水，燕遺卵，吞之，剖背生契。」春秋繁露三代改制篇：「禹生發於背，契生發於胸。」（「生」誤「先」，从孫詒讓校。）盼遂案：春秋繁露三代改制質文篇：「禹主地法夏而王，祖錫姓爲姒氏。至禹〔一〕生發於背。」又云：「契先發於胸。」毛詩生民傳：「生則坼副，災害其母，横逆人道。」知此説盛行於東、西漢矣。后稷順生，不坼不副。不感動母體，故曰『不坼不副』。逆生者，子孫逆死；順生者，子孫順亡。故桀、紂誅死，赧王奪邑。」言之有頭足，故人信其說；明事以驗證，故人然其文。

讖書又言：「堯母慶都野出，赤龍感己，遂生堯。」蒼頡篇曰：「讖書，河、洛書也。」讖文曰：「讖，驗也。」（文選思玄賦舊注。）春秋合誠圖曰：「堯母慶都，蓋大帝之女，生於斗維之野，常在三河之南。天地大雷電，有血流潤大石之中，生慶都。身形長丈，有似大帝，常有黄雲覆蓋之。夢食不飢。（路史「夢」作「蔑」。）及年二十，寄伊長孺家，出觀三河之首，常若有神隨之者。有

〔一〕「禹」，原本作「於」，據春秋繁露改。

赤龍負圖出，慶都讀之，云：『赤受天運。』下有圖人，衣赤衣，面光，八彩，鬚鬢尺餘，長七尺二寸，鋭上豐下，足履翼星，署曰：『赤帝起，成天下寶。』（淮南修務篇注引作「成元寶」。）奄然陰雨，赤龍與慶都合婚，有娠，龍消不見。既乳，視貌，堯如圖表。及堯有知，慶都以圖與堯。」（御覽八十引，文多誤。據路史後紀十注引正。）初學記九引詩含神霧曰：「慶都與金龍合婚，生赤帝伊祁堯。」隸釋帝堯碑云：「帝堯者，其先出自塊隗翼火之精，有神龍首出於常羊，（下缺）爰嗣八九，慶都與赤龍交而生伊堯。」成陽靈臺碑云：「昔者慶都，兆舍穹精，氏姓曰伊，游觀河濱，感赤龍交，始生堯。」又見御覽一三五引河圖。

高祖本紀言：「劉媪嘗息大澤之陂，夢與神遇。是時雷電晦冥，太公往視，見蛟龍於上。廣雅釋魚：「有鱗曰蛟龍。」天問王注同。王念孫曰：「蛟龍爲二物，此非確訓。」案：此文所辯，不及於蛟，明是一物。吳汝綸曰：「上林賦『蛟龍赤螭』并舉，是一物也。」其説甚是。已而有身，盼遂案：「於」疑「居」之聲誤，下文「蛟龍居上」其證也。遂生高祖。」史記文。其言神驗，文又明著，世儒學者，莫謂不然。

如實論之，虛妄言也。

彼詩言「不坼不副」，言其不感動母體，可也；言其闓母背而出，妄也。夫蟬之生〔於〕復育也，闓背而出。無形篇曰：「蠐螬化爲復育，復育轉而爲蟬。」論死篇曰：「蟬之未蛻也爲復育。」是蟬由復育而生。亦見廣雅釋蟲。此云：「蟬之生復育。」其次正先後相反。御覽九五一引作「蟬生於復育」。「生」下當據補「於」字。「出」，御覽引同，王本、崇文本誤作「生」。王引之廣雅疏證曰：「今樹上蟬皮皆背裂，知其闓背而出。」天之生聖子，與復育同道乎？兔吮（舐）毫而懷子，廣韻十一暮、爾雅釋獸疏並引作「兔舐毫而孕」。白帖九七、初學記二九、御覽九〇七、事文類聚三七引並作「兔舐雄毫而孕」。博物志四曰：「兔舐毫望月而孕，口中吐子，舊有此説。」「吮」當據改作「舐」。説文：「吮，欶也。」釋名釋飲食曰：「嗽，促也，用口急促也。吮，循也，不絶口，稍引滋汋，循咽而下也。」是吮爲勺口嗽吸也。嗽，音山角反，今語猶存。若吳起、鄧通之吮嗽癰血是也。施於毛物，義則未妥。説文：「舓，以舌取食也。」「舓」即「舐」。兔舐毫，若牛舐犢也。及其子生，從口而出。白帖、初學記、御覽引「而」並作「中」。廣韻、爾雅疏、事文類聚引並作「而」。案禹母吞薏苡，禼母嚥鷰卵（子），與兔吮毫同實也，禹、禼之母生〔子〕，宜皆從口，此承上「及其生子，從口而出」爲言，「生」下當有「子」字。一曰：「母」字涉上文衍。不當闓背。夫如是，闓背之説，竟虚妄也。世間血刃死者多，未必其先祖初爲人者，生時逆也。秦失天下，閻樂斬胡亥，趙高命閻樂誅胡亥，胡亥自殺也。項羽誅子嬰，秦之先祖伯翳，豈逆生乎？〔夫〕如是，「夫」字據上文例補。爲順逆之説，以驗三家之祖，以禹、契、稷爲驗。誤矣。

且夫薏苡，草也；説文作「蓄苢」，云：「一曰蓄英。」本艸經草部上品有薏苡人，味甘，微寒，主風溼痺下氣，除筋骨邪氣，久服輕身益氣。陶隱居云：「生交阯者，子最大。徐土呼爲薢珠。」續博物志曰：「薏苡一名薢珠。收子，蒸令氣餾，暴乾挼取之，作麨，主不饑。」燕卵（子），鳥也；劉先生曰：「燕卵」不得言鳥。御覽九二二引無「卵」字，疑當從之。暉按：御覽引作「鷰鳥也，形，非氣也。」漏引「薏苡，大人跡」，故得隨意删節。此乃薏苡、燕卵、大人跡三者并舉，承上爲文，不得獨省言「燕」。下文云：「三者皆形，非氣也。」若作「鷰」，則不得言其無氣矣。「燕卵」當作「燕子」，黄氏日鈔引此文正作「燕子」，是其證。餘詳上文。大人跡，土也，三者皆形，非氣也，安能生人？說聖者，以爲稟天精微之氣，故其爲有殊絶之知。今三家之生，以草，以鳥，以土，可謂精微乎？天地之性，唯人爲貴，則物賤矣。今貴人之氣，更稟賤物之精，安能精微乎？夫令鳩雀施氣於鴈鵠，終不成子者，何也？鳩雀之身小，鴈鵠之形大也。今燕之身不過五寸，薏苡之莖不過數尺，二女吞其卵、實，安能成七尺之形乎？爍一鼎之銅，以灌一錢之形，不能成一鼎，明矣。今謂大人天神，故其跡巨。巨跡之人，一鼎之爍銅也；姜原之身，一錢之形也，使大人施氣於姜原，姜原之身小，安能盡得其精？不能盡得其精，則后稷不能成人。

堯、高祖審龍之子，子性類父，龍能乘雲，堯與高祖亦宜能焉。萬物生於土，各似本種。不類土者，生不出於土，土徒養育之也。母之懷子，猶土之育物也。盼遂案：孔融物寄瓶中之説，殆本於此。堯、高祖之母，受龍之施，猶土受物之播也，物生自類本種，夫二帝宜似龍也。且夫含血之類，相與爲牝牡，牝牡之會，會，交也。皆見同類之物，精感欲動，乃能授施。若夫牡馬見牝牛，〔雄〕雀見雄牝鷄，楊曰：「雄」在「牛」字下。暉按：元本、朱校元本、崇文本正如楊校，今據正。盼遂案：吴承仕曰：「疑是『雄雀見牝雞』。」二語宜是「牡馬見牝牛，雌雀見雄雞」，吴説與元本合。不相與合者，異類故也。今龍與人異類，何能感於人而施氣？

或曰：「夏之衰，二龍鬭於庭，異虚篇作「戰於庭」。鄭語作「同於庭」。史記周紀、天問王注並云「止於庭」。吐漦於地。韋昭曰：「漦，龍所吐沫，龍之精氣也。」五行志引劉向曰：「漦，血也。一曰沫也。」龍亡漦在，櫝而藏之。至周幽王發出龍漦，此厲王事也。異虚篇誤同。盼遂案：發龍漦事，諸書皆謂厲王，仲任則作幽王。本書異虚篇記此事亦作幽王。惟偶會篇云「二龍之妖當效，周厲適闓櫝」，獨作厲王，恐出後人所改。化爲玄黿，韋曰：「黿或爲蚖。蚖，蜥蜴也，象龍。」按：史記亦作「黿」。師古曰：「黿似鼈而大，非蛇及蜥蜴。」入於後宫，與處女交，遂生褒姒。玄黿與人異類，何以感於處女而施氣乎？」夫玄黿所交非正，故褒姒爲禍，周國以亡。以非類妄交，則有非道妄亂之子。今堯、高祖之母，不以道接會，何故二帝賢聖，與褒姒異乎？陳啓源毛詩稽古編〔二〕附録：「以時世考之，龍漦之妖，亦見其妄。」

或曰：「趙簡子病，五日盼遂案：「五日」當作「七日」。本書紀妖篇及史記趙世家皆云趙簡子病五日不知人，居二日半簡子悟，則病得七日也。又記秦穆公病亦七日而悟。知此當作七日，明矣。不知人。覺言，我之帝所，有熊來，帝命我射之，中熊，〔熊〕死；「中熊熊死」與「中羆羆死」句法一律。各本脱一「熊」字，當據史記趙世家、本書紀妖篇增。有羆來，我又射之，中羆，羆死。後問當道之鬼，鬼曰：『熊羆，晉二卿之先祖也。』范氏、中行氏之祖也。熊羆，物也，與人異類，何以施類（氣）於人，而爲二卿祖？」「施類」當作「施氣」。上文「今龍與人異類，何以感於人而施氣」，句義正同。夫簡子所射熊羆，二卿祖當亡，簡子當昌之秋（妖）也。「秋」當作「妖」。「妖」一作「祅」，「祅」、「秋」形近而誤。紀妖篇正論之曰：「是皆妖也。」并以爲妖象非實。下文「空虚之象，不必有實」，即承「妖」字爲義。論死篇：「枯骨鳴，或以爲妖也。」「妖」今誤「秋」，正其比。盼遂案：「秋」當是「妖」之誤。「妖」亦作「祅」，易誤爲「秋」。簡子見之，若寢夢矣，空虚之象，不必有實。假令有之，或時熊羆先化爲人，乃生二卿。魯公牛哀病化爲虎。注見無形篇。人化爲獸，亦如獸爲人。「爲」上疑有「化」字。玄黿

〔二〕「編」，原本誤作「篇」，今改。

入後宮，殆先化爲人。天地之間，異類之物相與交接，未之有也。

天人同道，好惡均心。人不好異類，則天亦不與通。人雖生於天，猶蟣虱生於人也，「蟣」，朱校元本、程本、天啓本、崇文本同。錢、黃、王本並誤「蟻」。人不好蟣虱，天無故欲生於人，盼遂案：「天無故欲生于人」不辭，疑「生」字爲衍文，本作「人不好蟣虱，故天無欲于人」。何則？異類殊性，情欲不相得也。「相得」猶言相合也。天地，夫婦也，天施氣於地以生物。人轉相生，精微爲聖，皆因父氣，不更稟取。如更稟者爲聖，卨、后稷不聖。卨、后稷雖更稟取，不謂聖人。如聖人皆當更稟，十二聖不皆然也。見骨相篇。堯、禹、湯、皋陶四，并下文所列八。黃帝、帝嚳、帝顓頊、帝舜之母，何所受氣？文王、武王、周公、孔子之母，何所感吞？

此或時見三家之姓，曰姒氏、子氏、姬氏，則因依放，盼遂案：「放」今「仿」字，謂依仿此三家之姓而生怪說。空生怪說，猶見鼎湖之地，而著黃帝升天之說矣。辯見道虛篇。失道之意，還反其字。蒼頡作書，「蒼」當作「倉」，說見骨相篇。世本：（御覽二三五。）「沮誦、蒼頡作書。」說文序：「黃帝之史倉頡見鳥獸蹏迒之迹，知分理之可相別異也，初造書契。」與事相連。姜原履大人跡，跡者基也，說文：「迹，步處也。」莊子天運篇：「夫迹，履之所出。」小爾雅廣言：「跡，蹈也。」「跡」、「迹」字同。易繫辭下傳注：「基，所蹈也。」故曰：「跡者基也。」吴曰：苡似、子子，皆以聲近爲説，跡屬魚，姬屬之，韻部獨遠，以跡、姬互訓，亦唯漢人始有之耳。姓當爲「其」下「土」，乃爲「女」旁「臣」，舊誤作「巨」，各本並同。王本、崇文本校改作「臣」，是。説文：「姬，黄帝居姬水，因水爲姓，从女，臣聲。」晉語四，司空季子曰：「少典取於有蟜氏，生黄帝、炎帝。黄帝以姬水成，炎帝以姜水成，成而異德，故黄帝爲姬，炎帝爲姜。」段玉裁云：「先儒以爲，有德者則復賜之祖姓，便紹其後，故后稷賜姓曰姬。」是后稷紹黄帝之德，故姓曰姬，非緣大人跡也。然後儒多信此説。如白虎通姓名篇：「禹姓姒氏，祖以薏生。殷姓子氏，祖以玄鳥子生也。周姓姬氏，祖以履大人跡生也。」并承禮緯之誤。盼遂案：「巨」爲「臣」誤。説文：「姬，从女，臣聲。」後人少見「臣」字，因改之耳。程榮本作「臣」，亦非。非基跡之字。御覽八四引元命苞宋衷注曰：「姬之言基也。」褚少孫引詩傳曰：「姬者，本也。」是漢人有訓「姬」爲「基跡」者，强符履跡之義。廣雅釋言：「姬，基也。」亦纂漢人舊詁。不合本事，疑非實也。以周「姬」況夏、殷，亦知「子」之與「姒」，非燕子、薏苡也。或時禹、契、后稷之母，適欲懷妊，遭吞薏苡、燕卵(子)、履大人跡也。「遭」，日鈔引作「偶」，路史後紀九上注引作「適」。「遭」猶偶適也，本書常語。「燕卵」當作「燕子」，説見上。世好奇怪，古今同情，不見奇怪，謂德不異，褚少孫曰：「言生於卵、人迹者，欲見其有天命精誠之意。」故因以爲姓。世間誠信，因以爲然；聖人重疑，盼遂案：論語孔子曰「多聞闕疑，慎言其餘」，又曰「吾猶及史之闕文也」，是皆聖人重疑之證。因不復定；世士淺論，因不復辨；「辨」、「辯」通。儒生是古，因生其說。

彼詩言「不坼不副」者，言后稷之生，不感動母身也。儒生穿鑿，因造禹、契逆生之說。

「感於龍」，「夢與神遇」，猶此率也。率猶類也。堯、高祖之母，適欲懷妊，遭逢雷龍載雲雨而行，時人神其說，訓「遇」爲「構遇」，謂高祖母與龍構精，詳吉驗篇注。仲任不然其說，訓「遇」爲「逢遇」，謂與龍適遭逢耳。人見其形，遂謂之然。夢與神遇，得聖子之象也。遇，逢遇。夢見鬼合之，合，交合。非夢與神遇乎？遇，構遇。安得其實？「野出感龍」，及「蛟龍居上」，或堯、高祖受富貴之命，龍爲吉物，遭加其上，吉祥之瑞，受命之證也。光武皇帝產於濟陽宮，鳳凰集於地，嘉禾生於屋。已見吉驗篇。聖人之生，奇鳥吉物之爲瑞應。必以奇吉之物見而子生，謂之物之子，是則光武皇帝嘉禾之精，鳳凰之氣歟？

案帝繫之篇，大戴禮〔一〕篇目。及三代世表，史記表目。禹，鯀之子也；帝繫曰：「鯀生文命，是爲禹。」卨、稷皆帝嚳之子，其母皆帝嚳之妃也，帝繫曰：「帝嚳上妃曰姜嫄，產后

〔一〕「戴」，原本作「載」，形近而誤，今改。

稷。次妃曰簡狄，産契。」毛詩生民鄭箋不從此説，見吉驗篇注。及堯，亦嚳之子。帝繫曰：「帝嚳次妃曰陳豐氏，産帝堯。」帝王之妃，何爲適草野？古時雖質，禮已設制，帝王之妃，何爲浴於水？夫如是，言聖人更稟氣於天，母有感吞者，虚妄之言也。

實者，聖人自有種[世]族，[仁]如文、武各有類。「世」字、「仁」字衍，當作「聖人自有種族，如文、武各有類」。上文：「文王、武王之母，何所感吞。」意謂文、武各有父而生，故此云：「如文、武各有類。」意林引「項羽重瞳，自知虞舜苗裔」句下有「聖人自有種族」句。即引此文，以意移後也。盼遂案：「仁如」當是「仁恕」之訛。黄氏以「世」字、「仁」字爲衍文，非是。孔子吹律，自知殷後，「殷後」，北堂書鈔一一二引作「殷、商苗裔」，類聚五作「殷苗裔」，御覽十六及三六二、玉海六作「殷之苗裔」。疑「殷後」當作「殷、商苗裔」，與下文一律。實知篇：「孔子生不知其父，吹律自知殷宋大夫子氏之世。」春秋孔演圖，孔子曰：「丘援律而吹，因得羽之宫。」（書鈔一一二。）項羽重瞳，自知虞舜苗裔也。離騷王注：「苗，胤也。裔，末也。」太史公曰：「羽豈舜苗裔。」此云「自知」，未聞。盼遂案：意林引「苗裔」下有「聖人自有種族，堯與高祖安得是龍子」十五字，宜補。五帝、三王皆祖黄帝；此本大戴帝繫篇、史記三代世表。春秋歷命序、王符潛夫論、鄭玄、張融並不謂然。黄帝聖人，本稟貴命，故其子孫皆爲帝王。帝王之生，必有怪奇，不見於物，則效於夢矣。

論衡校釋卷第四

書虛篇

須頌篇曰：「古有虛美，誠心然之，信久遠之僞，忽近今之實，斯蓋三增、九虛所以成也。」對作篇曰：「九虛、三增，所以使俗務實誠也。」

世信虛妄之書，以爲載於竹帛上者，皆賢聖所傳，無不然之事，故信而是之，諷而讀之；睹真是之傳，與虛妄之書相違，則并謂短書不可信用。短書，見謝短篇注。盼遂案：此云短書者，仲任謂世俗以真是之傳爲短書也。夫幽冥之實尚可知，沈隱之情尚可定，顯文露書，是非易見，籠總并傳，非實事，用精不專，無思於事也。夫世間傳書諸子之語，多欲立奇造異，作驚目之論，以駭世俗之人；爲譎詭之書，譎詭，乖異也。以著殊異之名。

傳書言：延陵季子出游，韓詩外傳十云：「游於齊。」吴越春秋云：「去徐而歸。」見路有遺金。當夏五月，有披裘而薪者。季子呼薪者曰：「薪者」，外傳作「牧者」。下同。「取彼地金來。」薪者投鎌於地，瞋目拂手而言曰：字林曰：「瞋，張目。」「何子居之高，視之下，儀貌之壯（莊），語言之野也？孫曰：「壯」當作「莊」。「莊」、「野」對文。韓詩外傳十作「貌之君子而言之野也」，是其義。吾當夏五月，披裘而薪，高士傳「薪」上有「負」字。豈取金者哉？」季子謝之，請問姓字。薪者曰：「子皮相之士也！何足語姓字？」遂去不顧。見韓詩外傳、吳越春秋。（今本佚，書鈔一二九、類聚八三、御覽六九四。）

世以爲然，殆虛言也。

夫季子恥吳之亂，吳欲共立以爲主，終不肯受，去之延陵，終身不還，公羊襄二十九年傳：「謁也、餘祭也、夷昧也，與季子同母者四。季子弱而才，兄弟皆愛之，同欲立之以爲君。謁曰：『今若是迮而與季子國，季子猶不受也。請無與子而與弟，弟兄迭爲君，而致國乎季子。』皆曰：『諾。』故諸爲君者，皆輕死爲勇，飲食必祝，曰：『天苟有吳國，尚速有悔於予身。』故謁也死，餘祭也立；餘祭也死，夷昧也立；夷昧也死，則國宜之季子者也。季子使而亡焉。僚者，長庶也，即之。季子使而反，至而君之爾。闔廬曰：『先君之所以不與子國而與弟者，凡爲季子故也。將從先君之命與？則國宜之季子者也；如不從先君之命，則我宜立者也。僚惡得爲君乎？』於是使專諸刺僚，而致國乎季子。季子不受，曰：『爾弒吾君，吾受爾國，是吾與爾爲篡也。爾殺吾兄，吾又殺爾，是父子兄弟相殺，終身無已也。』去之延陵，終身不入吳國。」何注：「延陵，吳下邑。不入吳國，不入吳朝也。」廉讓之行，終始若一。許由讓天下，見莊子讓王篇。不嫌貪封侯；

伯夷委國饑死，見史本傳。**不嫌貪刀鉤。**吴曰：左氏傳云：「錐刀之末，盡爭之矣。」杜注：「錐刀，喻小事也。」刀鉤猶云錐刀矣。劉盼遂曰：「嫌」，「慊」之借字。嫌亦貪也，「嫌貪」駢字。孟子：「行有不慊於心。」趙注：「慊，快也。」齊策：「齊桓公夜半不嗛。」高注：「嗛，快也。」慊、嗛、嫌，同聲通用。下文諸「嫌」字同。暉按：劉訓「嫌」爲「貪」，以爲「嫌貪」駢字，非也。淮南氾論篇：「孔子辭廩丘，終不盜刀鉤；許由讓天子，終不利封侯。」爲此文所襲。此云「貪」，猶淮南言「盜」言「利」也。不得以「嫌貪」連讀。下文「何嫌一叱生人取金於地」，句無「貪」字，明非「嫌貪」駢字。「何嫌貪地遺金」，若依劉説，則「地遺金」三字殊爲不詞。當以「不嫌」連讀，下「何嫌」同。嫌，得也，易坤卦釋文：「嫌」，荀、虞、陸、董作「兼」。國策秦策二注：「兼，得也。」「嫌」、「兼」通用。「許由讓天下，不嫌貪封侯」，言許由既能讓天下，則不得貪封侯也。今語謂事之不至於此，猶曰「不得」。下文云：「季子能讓吴位，何嫌貪地遺金。」又云：「棄其寶劍，何嫌一叱生人取金於地。」談天篇：「人生於天，何嫌天無氣。」儒增篇：「能至門庭，何嫌不窺園菜。」書解篇：「材能以其文爲功於人，何嫌不能營衛其身。」諸「嫌」字並當訓作「得」。若依劉説訓爲「貪」，則上列諸文，有不可解矣。盼遂案：「嫌貪」二字平列，「嫌」亦「貪」也。孟子：「行有不慊于心。」趙注：「慊，快也。」齊策：「齊桓公夜半不嗛。」高注：「嗛，快也。」慊、嗛與嫌，古皆通用。下文「季子能讓吴位〔一〕，何嫌

〔一〕「位」，原本作「國」，據正文改。

貪地遺金」，「季子不負死者，棄其寶劍，何嫌一叱生人，取金于地」，諸「嫌」字皆同。廉讓之行，大可以況小，小難以況大，況，比也。季子能讓吴位，何嫌貪地遺金？

季子使於上國，道過徐，徐君好其寶劍，未之即予。還而徐君死，解劍帶冢樹而去，見史記吴世家及本書祭意篇。廉讓之心，恥負其前志也。季子不負死者，棄其寶劍，何嫌一叱生人取金於地？

季子未去吴乎，公子也；已去吴乎，延陵君也。季札，吴王壽夢季子，封延陵。公子與君，出有前後，車有附從，不能空行於塗，明矣。既不恥取金，何難使左右，而煩披裘者？

世稱柳下惠之行，言其能以幽冥自脩潔也。荀子大略篇：「柳下惠與後門者同衣而不見疑。」毛詩巷伯傳：「嫗不逮門之女，而國人不稱其亂。」賢者同操，故千歲交志。置季子於冥昧之處〔一〕，尚不取金，況以白日，前後備具，取金於路，非季子之操也。或時季子實見遺金，憐披裘薪者，欲以益之；吕氏春秋貴當篇注：「益，富也。」或時言取彼地金，欲以予薪者，不自取也。世俗傳言，則言季子取遺金也。

〔一〕「處」，原本作「中」，據通津草堂本改。

傳書或言：御覽八九七、事類賦二一引「傳」並作「儒」。顔淵與孔子俱上魯太山，御覽、事類賦引並作「東山」。韓詩外傳、左昭十八年傳疏、續博物志述此事並作「泰山」，與此文合。孔子東南望，吴閶門外有繫白馬，三國志吴志吴主傳注：「昌門，吴西郭門，夫差所作。」應劭漢官儀載馬第伯封禪儀記曰：「太山吴觀者，望見會稽。」（續漢百官志注。）蓋亦臆説。事文類聚後集三八引家語曰：「顔淵望吴門馬，見一疋練，孔子曰：『馬也。』然則馬之光景一疋長耳。故後人號馬爲一匹。」盼遂案：「閶」字，宜依宋本改作「昌」，方與下文一律。引顔淵指以示之，曰：「若見吴昌門乎？」若讀「爾」。顔淵曰：「見之。」孔子曰：「門外何有？」曰：「有如繫練之狀。」御覽八九七引作：「見一疋練，前有生藍。孔子曰：『噫，此白馬盧芻。』使人視之，果然。」事類賦二十一引作：「曰：『一疋練，前有生藍。』子曰：『白馬盧芻也。』」韓詩外傳亦云：「淵曰：『見一匹練，前有生藍。』子曰：『白馬蘆芻也。』」（今本佚。御覽八一八引。）正與御覽、事類賦引文合。疑此下脱「前有生藍」云云。但唐李石續博物志七曰：「顔淵曰：『見之，有繫練之狀。』」即引此文，而與今本合，豈一本如是歟？孔子撫其目而正（止）之，因與俱下。「正」，續博物志作「止」，與「因與俱下」義正相生。韓非子十過篇：「師延鼓琴，師曠撫止之。」史記樂書：「師曠撫而止之。」正與此「撫其目而止之」句例同。今作「正」，形誤，當據正。唐陸廣微吴地記：「孔子登山，望東吴閶門，歎曰：『吴門有白氣如練。』今置曳練坊及望館坊因此。」（「望館」，姑蘇志作「望舒」。)下而顏淵髮白齒落,遂以病死。蓋以精神不能若孔子,彊力自極,精華竭盡,故早夭死。蓋本韓詩外傳。(今本佚。類聚九三、史記貨殖傳索隱、御覽八一八、曾慥類説三八引。)

世俗聞之,舊校〔一〕曰:一有「人」字。皆以爲然。如實論之,殆虚言也。案論語之文,不見此言〔二〕;考六經之傳,亦無此語。夫顏淵能見千里之外,與聖人同,孔子、諸子,何諱不言?

蓋人目之所見,不過十里;過此不見,非所明察,遠也。傳曰:「太山之高巍然,去之百里,不見埵(垂)螺(堁),遠也。」先孫曰:「『埵螺』當作『埵堁』。淮南説山訓云:『泰山之容,巍巍然高,去之千里,不見埵堁,遠之故也。』高注云:『埵堁猶塵(今本作「席」,譌。)。』」暉按:吴承仕云:「『席』當作『墆』。翳也。」即仲任所本。後説日篇云:「太山之高,參天入雲,去之百里,不見埵塊。」「堁」、「塊」義亦同。(孫奭孟子音義引丁公音云:「『堁』,開元文字音『塊』。」則「堁」、「塊」古通。)盼遂案。案魯去吴,千有餘里,使離朱望之,孟子離婁篇趙注:「離婁,古之明目者,蓋以爲黄帝時人。離婁即離朱,能視於百步之外,見秋毫之末。」離朱,見莊子天地

〔一〕「校」,原本作「據」,據本書文例改。
〔二〕「言」,原本作「事」,據通津草堂本改。

篇。終不能見，況使顏淵，何能審之？

如才庶幾者，論語先進篇：「回也其庶乎。」何晏云：「庶幾聖道。」易繫辭傳曰：「顏氏之子，其殆庶幾乎。」王弼云：「庶幾慕聖。」此據才言，則與何説相合。明目異於人〔一〕，疑當作「目明」。則世宜稱亞聖，論語先進篇皇疏引劉歆曰：「顏回，亞聖。」文選應休璉與侍郎曹長思書注引新論曰：「顏淵有高妙次聖之才，聞一知十。」不宜言離朱。人目之視也，物大者易察，小者難審。使顏淵處昌門之外，望太山之形，終不能見，況從太山之上，察白馬之色？色不能見，明矣。非顏淵不能見，孔子亦不能見也。何以驗之？耳目之用，均也。目不能見百里，則耳亦不能聞也。盼遂案：上下文皆言目見之事，此語側重耳聞，自相刺繆。當是「耳不能聞百里，則目亦不能見也」，後人誤倒置之。陸賈曰：「離婁之明，不能察帷薄之内；淮南説山篇注：「帷即幕。上曰幕，旁曰帷。」國語韋注：「薄，簾也。」師曠之聰，字子野。晉平公樂太師。不能聞百里之外。」今新語無此文，蓋引他著。昌門之與太山，非直帷薄之内，百里之外也。

秦武王與孟説舉鼎不任，絶脉而死。見史記秦本紀。舉鼎用力，力由筋脉，筋脉

〔一〕「人」，原本作「衆」，據通津草堂本改。

不堪，絶傷而死，道理宜也。今顔淵用目望遠，望遠目睛不任，宜盲眇，髮白齒落，非其致也。盼遂案：吴承仕曰：「『致』疑當作『效』，形近之譌。」髮白齒落，用精於學，勤力不休，氣力竭盡，故至於死。伯奇放流，首髮早白，詩云：「惟憂用老。」小雅小弁文。毛序曰：「小弁，刺幽王也。太子之傅作焉。」孟子告子篇趙注：「伯奇仁人，而父虐之，故作小弁之詩。」與此説同，蓋魯詩説也，故與毛異。劉履恂秋槎札記曰：「王充謂伯奇放流作小弁詩。説苑：（自注：據文選陸士衡君子行李注引。）『王國君，前母子伯奇，後母子伯封，兄弟相愛。後母欲其子爲太子，言王曰：「伯奇好妾。」王上臺視之。後母取蜂，除其毒，而置衣領之中，往過伯奇。伯奇往視，袖中殺蜂。王見，讓伯奇。伯奇出，使者就袖中有死蜂。使者白王，王見蜂，追之，已自投河中。』案：伯奇以讒而死，非放逐，安得作小弁詩？此毛詩序所以可貴。」暉按：仲任言「伯奇放流」，語非無據。劉氏謂「以讒而死，非放逐」，非也。漢書中山靖王勝傳，勝聞樂聲而泣，對曰：「宗室擯卻，骨内冰釋，斯伯奇所以流離，詩云：『我心憂傷，惄焉如擣。假寢永歎，唯憂用老。心之憂矣，疢如疾首。』」亦引小弁之詩。師古注曰：「伯奇，周尹吉甫之子也。事後母至孝，而後母譖之於吉甫，吉甫欲殺之，伯奇乃亡走山林。」後漢書黄瓊傳，瓊上疏曰：「伯奇至賢，終於流放。」注引説苑曰：（今本佚。）「王國君，前母子伯奇，後母子伯封。後母欲其子立爲太子，説王曰：『伯奇〔一〕好妾。』王不信。其母曰：『今伯奇於後園，妾過其旁，王上臺視之，即可知。』王如其言。伯奇入園，後母陰取蜂十數，置單衣中，過伯奇邊曰：『蜂螫我。』伯奇就衣中取蜂殺之。王遥見之，乃逐伯奇也。」揚雄琴清英曰：「尹吉甫子伯奇至孝，後母譖之，自投江中，衣苔帶藻，忽夢見水仙賜其美藥，唯念養親，揚聲悲歌，船人聞而學之，吉甫聞船人之聲，疑思伯奇，作子安之操。」（御覽五八八琴部。）蔡邕琴操：「履霜操者，尹吉甫之子伯奇所作也。吉甫娶後妻，生子曰伯封，乃譖伯奇於吉甫，放之於野。伯奇清朝履霜，自傷無罪見逐，乃援琴而鼓之。宣王出游，吉甫從之，伯奇乃作歌以言感之於宣王。王聞之，曰：『此孝子之辭也。』吉甫乃求伯奇於野，而感悟，遂射殺後妻。」餘見前累害篇注。是魯詩説自與毛異。劉向亦治魯詩，不得執之相難。又范家相三家詩拾遺卷一文字考異謂論衡作「唯憂用耆」。案今本正作「老」，詩攷三引同，未審范見何本。**伯奇用憂，而顏淵用睛，暫望倉卒，安能致此？**又見後實知篇。

儒書言：舜葬於蒼梧，禹葬於會稽者，巡狩年老，道死邊土。漢書主父偃傳注：「道死，謂死於路也。」禮記檀弓：「舜葬於蒼梧之野。」山海經謂：「舜葬於蒼梧山陽。」淮南齊俗篇云：「舜葬蒼梧市。」墨子節葬篇：「道死，葬南己之市。」呂氏春秋安死篇云：「葬於紀市。」墨子與呂覽説同。古書於舜葬地，多稱蒼梧。至其道死之由，則衆説不一。墨子言：「因西教七戎。」淮

〔一〕「奇」，原本作「子」，據後漢書黄瓊傳注改。

南修務訓云：「舜征三苗，遂死蒼梧。」檀弓鄭注云：「舜征有苗而死，因留葬焉。」御覽八一引帝王世紀説同，並不言巡狩。史記五帝紀：「舜南巡狩，崩於蒼梧之野。」劉向列女傳：「舜陟方，死於蒼梧。」舜典僞孔傳：「升道南方巡狩，死於蒼梧之野。」淮南齊俗訓高注同。並言舜巡狩道死也。禹葬地，諸書並云會稽。道死之由，墨子節葬篇云：「禹東教乎九夷。」（當作「於越」。）則與巡狩義異。史記夏本紀贊曰：「禹會諸侯江南，計功而崩。」吴越春秋無余外傳：「禹五年改定，周行天下，歸還大越，登茅山，以朝四方羣臣。將老，命羣臣曰：『葬我會稽。』因崩。」越絶書外傳紀地傳文略同，蓋并爲仲任所據者也。

夫言舜、禹，實也；言其巡狩，虚也。

舜之與堯，俱帝者也，共五千里之境，見藝增篇注。同四海之内；二帝之道，相因不殊。漢書董仲舒傳載其對策曰：「道不變，禹繼舜，舜繼堯，三聖相受。」堯典之篇，舜巡狩，東至岱宗，南至霍山，舜典：「五月南巡守，至于南岳。」僞孔傳云：「南岳衡山。」此云霍山者，白虎通巡狩篇引尚書大傳：「五岳，謂岱山、霍山、華山、恒山、嵩山也。」説苑辨物篇同。并今文書説。西至太華，北至恒山。以上見今舜典。引稱「堯典」者，古舜典本合於堯典。百篇書自有舜典，後經亡佚，僞孔傳妄分堯典「慎徽五典」以下爲舜典。孟子萬章篇引書「二十有八載，放勳乃殂落」云云，今見舜典，而稱舜典，正與此合。以爲四嶽者，四方之中，諸侯之來，並會嶽下，幽深遠近，無不見者。聖人舉事，求其宜適也。禹王如舜，事無所改，巡狩所至，以復如舜。孫曰：「以」疑「亦」字之誤。草書形近致譌。舜至蒼梧，禹到會稽，非其實也。

實〔者〕舜、禹之時，「者」字據下文例增，「實者」，本書常語。鴻水未治。堯傳於舜，舜受爲帝，與禹分部，行治鴻水。堯崩之後，舜老，亦以傳於禹。舜南治水，死於蒼梧；禹東治水，死於會稽。孟子滕文公上：「堯時洪水，堯舉舜敷治。舜使禹疏九河，決汝、漢。」史夏紀：「堯求治水者，得鯀，功用不成。更得舜，舜巡狩，視鯀治水無狀，殛之，更舉禹。」諸書所記略同。此云「分部行治」，未聞。賢聖家天下，故因葬焉。白虎通巡狩篇曰：「王者巡狩崩于道，歸葬何？夫太子當爲喪主，天下皆來奔喪，京師四方之中也。即如是，舜葬蒼梧，禹葬會稽，於時尚質，故死則止葬，不重煩擾也。」皮錫瑞曰：「據班孟堅及仲任此文，則今文家以爲巡狩，與史公義同。而仲任自爲説，以爲治水。然舜、禹崩時，已無水患，舜、禹分部治水，其事絶不見他書，臆説也。淮南修務訓云：『南征三苗，道死蒼梧。』韋昭國語注云：『野死，謂征有苗，死於蒼梧之野。』帝王世紀云：『有苗氏叛，南征，崩於鳴條。』則皆以爲征苗，不但巡狩。堯典云：『三載考績，三考黜陟幽明，庶績咸熙。分北三苗。陟方乃死。』以經考之，『三考黜陟，分北三苗』之後，即繼以『陟方乃死』之文，則舜之陟方，必爲考績，并分北三苗而往，故國語云：『勤民事而野死。』今文説以爲巡狩、征苗是也。」

吴君高説：君高見案書篇注。會稽本山名，夏禹巡狩，會計於此山，因以名郡，故曰會稽。越絶書外傳紀越地傳：「禹巡狩太越，上苗山，大會計，爵有德，封有功，更名苗山曰會稽。」爲此文所本。又吴越春秋無余外傳：「禹周行天下，歸還大越，登茅山，乃大會計，遂更名茅山曰會稽之山。」史夏本紀贊載：「或言禹會諸侯江南，計功而崩，命曰會稽。會稽者，會計也。」并與君高説同。史記集解引皇覽曰：「會稽山，本名茅山，在縣南，去縣七里。」十道志曰：「會稽山本名茅山，一名苗山。」水經漸江水注：「即古防山，一名茅山，亦曰棟山。」在今浙江山陰縣南。

夫言因山名郡，可也；言禹巡狩，會計於此山，虛也。越絶書吴地傳：「吴古故從由拳辟塞，度會夷，奏山陰。」俞樾曰：「會夷即會稽之異文。王充力辨夏禹巡狩會計之説，而未知古有會夷之名。」

巡狩本不至會稽，安得會計於此山？宜聽君高之説，誠「會稽」爲「會計」，盼遂案：「宜」爲「且」之誤字。此承上文「不至會稽」之言，而進一層辨詰之也。禹到南方，何所會計！如禹始東，死於會稽，「始」字於義無取。「禹死」與「會計」事不相涉，此文當作「如禹東治水於會稽」，意謂：「如禹東治水於會稽而會計，則舜亦巡狩蒼梧，何所會計？」故下文以舜事詰之。蓋「治」、「始」二字形近而譌，又誤奪在「東」字上，復脱「水」字。「死」字涉上文「禹東治水，死於會稽」而衍。舜亦巡狩，至於蒼梧，安所會計？百王治定則出巡，白虎通巡狩篇曰：

「巡者循也，狩者牧也，爲天下循行守牧民也。道德太平，恐遠近不同化，幽隱有不得所者，故必親自行之，謹敬重民之至也。」巡則輒會計，是則四方之山皆會計也。

百王太平，升封太山。五經通義曰：「易姓而王致太平，必封泰山，禪梁父，荷天命以爲王，使理羣生，告太平於天，報羣神之功。」太山之上，封可見者七十有二，紛綸湮滅者不可勝數。史記司馬相如傳封禪文索隱胡廣曰：「紛，亂也。綸，没也。」韓詩外傳曰：「可得而數者，七十餘人；不得而數者，萬數也。」桓譚新論（初學記十三。）曰：「太山之有刻石凡千八百餘處，而可識知者七十有二。」如審帝王巡狩則輒會計，會計之地如太山封者，四方宜多。

夫郡國成名，猶萬物之名，不可說也。獨爲會稽立歟？周時舊名吴、越也；爲吴、越立名，從何往哉？六國立名，狀當如何？天下郡國且百餘，縣邑出萬，此據漢時言也。地理志：「承秦三十六郡。後稍分析，至孝平，凡郡國一百三，縣邑千三百一十四。」續郡國志謂自世祖迄和帝，各有省置。鄉亭聚里，皆有號名，賢聖之才莫能說。君高能說會稽，不能辯定方名，會計之說，未可從也。

巡狩考正法度，禹時吴爲裸國，斷髮文身，注見初禀篇。考之無用，會計如何？

傳書言：舜葬於蒼梧，象爲之耕；禹葬會稽，鳥爲之田。「鳥」，宋、元本、通津本並誤作「烏」。程、王、崇文本、前偶會篇、御覽八九〇引此文字並作「鳥」，今據正。田讀作「佃」，下同。**蓋以聖德所致，天使鳥獸報祐之也。**劉賡稽瑞引墨子佚文：「舜葬於蒼梧，象爲之耕；禹葬於會稽，鳥爲之耘。」吴越春秋無余外傳：「禹老，命葬會稽，崩後，天美禹德，而勞其功，使百鳥還爲民田，大小有差，進退有行。」又見越絶書。御覽四一引郡國志：「九疑山有九峯，六曰女英，舜葬於此峯下，七曰蕭韶峯，峯下即象耕鳥耘之處。」（今續漢書郡國志只云「營道南有九疑山」，注：「舜之所葬。」）郡國志：「會稽山在山陰南，上有禹冢。」水經四十漸江水注：「鳥爲之耘，春拔草根，秋啄其穢。」

世莫不然。〔如〕考實之，殆虚言也。「如」字據上下文例增。御覽八九〇引此，下有「五帝、三王皆有功德，何獨於舜、禹也」。（張刻本有「禹」字，趙本脱。）兩句，疑是意引下文，非今本誤脱。盼遂案：「考實之」有誤，本書多作「而實考之」，或「如實考之」，此當是脱一字，而又誤倒也。

夫舜、禹之德，不能過堯。堯葬於冀州，或言葬於崇山。史記司馬相如傳：「歷唐堯於崇山兮。」正義曰：「崇山，狄山也。海外經：『狄山，帝堯葬其陽。』」墨子節葬篇：「堯葬蛩山之陰。」吕氏春秋安死篇云：「葬穀林。」注：「堯葬成陽，此云穀林，成陽山下有穀林。」史記五帝紀集解引皇覽曰：「堯冢在濟陰城陽。」劉向曰：「堯葬濟陰，丘壠皆小。」史記正義引郭緣生述征記：「城陽縣東有堯冢，亦曰堯陵，有碑。」括地志云：「堯陵在濮州雷澤縣西三里。雷澤縣本漢陽城縣也。」地理志、郡國志并云濟陰郡成陽有堯塚。水經注、帝王世紀并然此説。是説者多以成陽近是。路史後紀十注以王充説妄甚。冀州鳥獸不耕，盼遂案：「或言葬於崇山」六字，蓋後人傍注，誤入正文，因又于「鳥獸」上添「冀州」二字，此八字並宜刊去。而鳥獸獨爲舜、禹耕，何天恩之偏駮也？

或曰：「舜、禹治水，不得寧處，故舜死於蒼梧，禹死於會稽。勤苦有功，故天報之；遠離中國，故天痛之。」夫天報舜、禹，使鳥田象耕，何益舜、禹？天欲報舜、禹，宜使蒼梧、會稽常祭祀之。使鳥獸田耕，不能使人祭，祭加舜、禹之墓，田施人民之家，天之報祐聖人，何其拙也？且無益哉！由此言之，鳥田象耕，報祐舜、禹，非其實也。

實者，蒼梧多象之地，日人藤田豐八謂：舜死象耕傳説，來自印度，弟象敖，即獸象之人格化。會稽衆鳥所居。禹貢曰：「彭蠡既瀦，陽鳥攸居。」彭蠡故城，在今江西都昌縣北。「瀦」今文，揚雄揚州箴引書同，古文作「豬」。鄭注曰：「南方謂都爲豬。陽鳥，謂鴻鴈之屬，隨陽氣南北。」呂氏春秋孟春紀：「候雁北。」高注云：「候時之雁，從彭蠡來，北過至北極之沙漠。」仲秋紀：「候雁來。」注云：「從北漠中來，過周洛，之彭蠡。」季秋紀注云：「候時之雁，從北方來，南之彭蠡。」季冬紀：「雁北鄉。」注云：「雁在彭蠡之澤，是月皆北鄉，將來至北漠也。」淮南時則篇注略同。仲任與高氏同習今文，亦以彭蠡爲鴻雁所常居之地，與鄭注義同，蓋今古説無異。天地之情，鳥獸之行也。象自蹈土，鳥自食苹（草），「苹」字元本作「草」。朱校同。先孫曰：作「草」是，當據正。劉先生曰：御覽八九〇引字正作「苹」，是宋人所見本固作「苹」。暉按：天啓本、趙刻、張刻、御覽并作「草」。土蹶草盡，先孫曰：「蹶」當爲「撅」。「撅」與「掘」同。逸周書周祝篇云：「貐有爪而不敢以撅。」後效力篇云：「鍤所以能撅地者，跖蹈之也。」暉按：御覽八九〇引作「蹷」。「撅」、「蹶」聲同字通。若耕田狀，壤靡泥易，小爾雅廣言：「靡，細也。」易，夷平也。人隨種之，世俗則謂爲舜、禹田。海陵麋田，地理志：「海陵屬臨淮郡。」廣雅釋獸：「麋，獸名，似鹿。」郡國志廣陵郡東陽縣注：「縣多麋。」引博物志曰：「十千爲羣，掘食草根，其處成泥，名麋畯，民人隨此畯種田，不耕而獲，其收百倍。」若象耕狀，盼遂案：續漢書郡國志徐州廣陵郡東陽縣注引博物記曰：「麋十千爲羣，掘食草根，其處成泥，名曰麋畯，隨畯種稻，其收百倍。」仲任云海陵者，二邑地接，同濱高郵湖，故可互言。何嘗帝王葬海陵者耶？

傳書言：白帖七、類聚九、御覽六十、事類賦六、事文類聚十五、合璧事類八引「傳」并作「儒」。吴王夫差殺伍子胥，煑之於鑊，盼遂案：俞樾曰：「案子胥之死，左傳止曰『使賜之屬鏤以死』，國語始言『使取申胥之尸盛以鴟夷，而投之於江』，然上文但言吴王還自伐齊。乃訊申胥曰云云，并不載賜劍之事。賈誼新書耳痺篇『伍子胥見事之不可爲也，何籠而自投水』，則又以爲自投於水矣。是子胥之死，言人人殊，而鑊煑之説，惟見此書，疑傳聞過實也。」本書命義篇：「屈平、子胥，楚放其身，吴烹其尸。」刺孟篇：「比干剖，子胥烹，子路葅。」是仲任于子胥被戮之事，別有所聞，不如俞説也。**乃以鴟夷橐投之於江。**白帖、事文類聚、合璧事類引「乃」并作「盛」，「橐」并作「囊」。按：「囊」義亦可通。秦策：「伍子胥橐載而出。」注：「橐，革囊。」其改「橐」作「囊」，蓋習聞「無底曰橐」之訓，然於古無徵，詳見劉氏秋槎札記。史記伍子胥傳集解應劭曰：「取馬革爲鴟夷，鴟夷榼形。」正與「革囊曰橐」義合。**子胥恚恨，驅水爲濤，**白帖、類聚、事文類聚、合璧事類引「驅」并作「臨」。下同。吴越春秋夫差内傳「子胥死，投之江中，子胥因隨流揚波，依潮來往，蕩激崩岸」。**以溺殺人。**後漢書張禹傳：「禹拜揚州刺史，當過江，行部中。士民皆以江有子胥之神，難於濟涉。禹將度，吏固請，不聽。禹厲聲曰：『子胥如有靈，知吾志在理察枉訟，豈危邦哉？』遂鼓楫而過。」謝承後漢書：（御覽六十。）「吴郡王閎渡錢塘江，遭風，船欲覆，閎拔劍斫水罵伍子胥，風息得濟。」是當時有子胥溺人説。**今時會稽丹徒大江，**地理志：「丹徒屬會稽郡。」「大江」即今鎮江丹徒之揚子江。**錢唐浙江，**漢志：「錢唐，縣名，屬會稽郡。」浙江，水名。續漢書郡國志「山陰縣有浙江」。浙江通志杭州府山川條引萬曆錢唐縣志云：「錢唐江在縣東南，本名浙江，今名錢唐江。其源發黟縣，曲折而東以入於海。潮水晝夜再上，奔騰衝激，聲撼地軸，郡人以八月十八日傾城觀潮爲樂。」又引蕭山縣志：「浙江在縣西十里，其源自南通徽州黟縣來經富陽，入縣境，北轉海甯入於海。」虞喜志林：（御覽六五。）「今錢唐江口，折山正居江中，潮水投山下，折而西。一云江有反濤，水勢折歸，故云浙江。史記云『江水至會稽、山陰爲浙江』，是也。」御覽六〇、事類賦六引並作「今會稽錢塘丹徒江」，誤，不足據。**皆立子胥之廟。**「廟」，御覽、事類賦引并作「祠」。史記本傳：「吳人憐之，立祠於江上。」正義引吳地記：「越軍於蘇州東南三十里三江口，又向下三里，臨江北岸立壇，殺白馬祭子胥，杯動酒盡，後人因立廟於此江上。今其側有浦，名上壇浦。至晉會稽太守麋豹，移廟吳廓東門內道南，今廟見在。」輿地記：（御覽七四。）「夫差殺子胥，後悔之，與羣臣臨江作壇，創設祭奠，百姓因以立廟。」汪中述學廣陵曲江證：「越之北，至今之石門浙江，非吳地。吳、越交兵凡三十二年，內、外傳所謂江，並吳江也。吳殺子胥，投其尸於江，亦吳江也。吳投子胥之尸，豈有舍其本國南竟五十里之吳江，乃入隣國三百餘里投之浙江哉？此文謂大江、浙江并祭子胥，乃在東漢之世。」**蓋欲慰其恨心，止其猛濤也。**俞曰：子胥之死，左傳止曰「使賜之屬鏤以死」，國語始言「使取申胥之尸，盛以鴟夷，而投之於江」。然上文但言「吳王還自伐齊，乃訊申胥曰」云云，并不載賜劍之事。賈誼新書耳痺篇：「伍子胥見事之不可爲也，何籠而自投水。」則又以爲自投於水矣。是子胥之死，言人人殊，而鑊烹之說，惟見此書，疑傳聞過實也。暉按：賜劍、投江，史記本傳、吳越春秋夫差內傳則兩者並述。本書偶會篇言「子胥伏劍」，感虛篇「子胥刎頸」，逢遇篇、累害篇言「誅死」，蓋亦「伏劍」之義。命義篇、刺孟篇、死僞篇則言「烹死」，與此文同。他書並未經見，未知何本。

夫言吳王殺子胥，投之於江，實也；言其恨恚驅水爲濤者，虛也。

屈原懷恨，自投湘江，王逸離騷章句曰：「屈原不忍以清白久居濁世，遂赴汨淵，自沈而死。」七諫注：「汨水在長沙羅縣，下注湘水中。」地理志：「長沙國有羅縣。」注引盛弘之荊州記：「縣北帶汨水，水原出豫章艾縣界，西流注湘，沿汨西北去縣三十里，名爲屈潭，屈原自沉處。」**湘江〔一〕不爲濤；申徒狄蹈河而死，**盼遂案：事見荀子不苟篇、莊子外物篇〔二〕、韓詩外傳卷一、淮南子說山篇。**河水不爲濤。**申徒，官。狄，名也。史記留侯世家：「良爲韓申徒。」徐廣曰：「申徒即司徒，申、司字通。」元和姓纂三：「申徒狄，夏賢也。湯以天下讓，狄以不義聞己，自投於河。」通志氏族略引風俗通與姓纂略同。莊子外物篇：「湯與務光天下，務光怒之。紀他聞之，帥弟子而踆於窾水，申徒狄因以踣河。」是並以爲殷初時人，抗志自潔者。莊子盜跖篇：「申徒諫而不聽，負石自投於河，爲魚鱉所食。」淮南說山篇注：「殷末人，不忍見紂亂，故自沈於淵。」漢書鄒陽傳師古注引服虔曰：「殷末介士。」莊子大宗師釋文云：「殷時人。」是又以爲殷末人，諫紂不聽者。韓詩外傳一稱申徒狄非其世，將自投於河，引關龍逢、王子比干、子胥、泄冶以自況。新序節士篇同。史記鄒陽傳索隱引韋昭云：「六國時人。」即據外傳爲說。是申徒狄何時人，凡說有三。**世人必曰：「屈原、申徒狄不能勇猛，力怒不如子胥。」夫衛葅子路，**淮南繆稱篇注：「死衛侯輒之難。」淮南精神訓：「季路葅於衛。」高注：「季路仕於衛，衛君父子爭國，季路死。衛人醢之，以爲

〔一〕「江」，原本作「水」，據通津草堂本改。
〔二〕「物」，原本作「務」，據莊子改。

醬，故曰菹。」御覽八六五引風俗通曰：「子路尚剛好勇，死，衛人醢之，孔子覆醢。」而漢烹彭越，史記黥布傳：「漢誅梁王彭越，醢之，盛其醢，偏賜諸侯。」子胥勇猛，不過子路、彭越，然二士不能發怒於鼎鑊之中，白帖七、事文類聚十五引「士」并作「人」。以烹湯菹汁瀋漎旁人。說文：「瀋，汁也。」疑當作「以烹湯菹瀋漎旁人」。「汁」即「瀋」之旁注，羼入正文。「漎」讀作「摐」。史記司馬相如傳集解引漢書音義：「摐，撞也。」盼遂案：吴承仕云：「『漎』應作『摐』。廣雅：『摐，撞也。』史、漢字亦作『鏦』。此從水者，涉上文湯汁瀋等字而誤，疑傳寫之失也。」子胥亦自先入鑊，白帖七、事文類聚十五引作「鼎鑊」。〔後〕乃入江，孫曰：「後」字脱，語意不貫。藝文類聚九、白帖七引并有「後」字，當據補。暉按：事文類聚引亦有「後」字。在鑊中之時，其神安居？豈怯於鑊湯，勇於江水哉？白帖、事文類聚引「勇」上并有「而」字。何其怒氣前後不相副也？

且投於江中，何江也？有丹徒大江，有錢唐浙江，注見前。有吴通陵江。漢書地理志：「吴縣，屬會稽郡。」「通陵江」未詳。或疑爲「廣陵江」之誤，不敢從也。或言投於丹徒大江，無濤。欲言投於錢唐浙江，浙江、山陰江、山陰江即今錢清江。清一統志曰：「浙江紹興府錢清江在山陰縣西北四十里。上流即浦陽江。」上虞江嘉泰會稽志：「上虞江在縣西二十八里，源出剡縣，東北流入，分三道，一出曹娥江，一自龍山下出舜江，又北流至三江口，入於海。」皆有濤。三江有濤，豈分橐中之體，散置三江中乎？人若恨恚也，仇讎未死，子孫遺在，可也。今吴國已滅，夫差無類，吴爲會稽，立置太守，秦因吴地置會稽郡，漢循之。子胥之神，復何怨苦？爲濤不止，欲何求索？吴、越在時，分會稽郡，越治山陰，吴都。今吴、餘暨以南屬越，漢志：「吴、餘暨并縣名，屬會稽郡。」元和郡縣志：「餘暨本名餘槩，吴王弟夫槩邑。」唐天寶元年改蕭山。錢唐以北屬吴。錢唐之江，浙江也。兩國界也。山陰、上虞，在越界中，子胥入吴之江爲濤，當自上（止）吴界中，吴曰：「上」當作「止」，形近而譌。何爲入越之地？怨恚吴王，發怒越江，違失道理，無神之驗也。

且夫水難驅，而人易從也。生任筋力，死用精魂，子胥之生，不能從生人營衛其身，自令身死，筋力消絶，精魂飛散，安能爲濤？使子胥之類數百千人，乘船渡江，不能越水；一子胥之身，煑湯鑊之中，骨肉糜爛，成爲羹葅，何能有害也？周宣王殺其臣杜伯，趙（燕）簡子（公）殺其臣莊子義，先孫曰：「趙簡子」當作「燕簡公」。殺莊子儀事見墨子明鬼篇。本書訂鬼篇不誤。「義」二篇同。抱朴子論仙篇亦云：「子義掊燕簡。」墨子作「儀」，古字通。死僞篇作「趙簡公」，亦誤。其後杜伯射宣王，莊子義害簡子（公），「子」當作「公」，説已見上。餘注見死僞篇。事理似然，猶爲虚言。今子胥不能完體，爲杜伯、子義之事以報吳王，而驅水往來，豈報讎之義，有知之驗哉？俗語〔一〕不實，成爲丹青，丹青之文，賢聖惑焉！盼遂案：「丹青」二字，始見漢書王莽傳。説文青字解云：「丹青之信，言必然。」

夫地之有百川也，猶人之有血脉也。臨安志曰：「王充以爲水者地之血脉，隨氣進退。此未必然。大抵天包水，水承地，而一元之氣升降於太空之中，地乘水力以自持，且與元氣升降。方其氣升而地沉，則海水溢上而爲潮，及其氣降而地浮，則海水縮而爲汐。」血脉流行，汎揚動静，自有節度。百川亦然，其朝夕往來，盼遂案：「朝夕」即「潮汐」之古字。猶人之呼吸，氣出入也，天地之性，自古有之。經曰：「江、漢朝宗於海。」禹貢文。段玉裁曰：「説文水部曰：『淖，水朝宗於海也。从水，朝省聲。衍，水朝宗于海皃〔二〕也。从水行。』按：『淖』者今之『潮』字，以『淖』釋『朝宗于海』，此今文尚書説也。」孫星衍曰：「朝，説文作『淖』，云：『水朝宗於海。』御覽引説文：『淖，朝也。』疑古文有作『淖』者。説文云：『滚，小水入大水也。』疑『宗』之本字。虞翻注易『習坎有孚』曰：『水行往來，朝宗於海，不失其時，如月行天。』則是謂『朝宗』爲『潮

〔一〕「語」，原本作「説」，據通津草堂本改。
〔二〕「皃」，原本作「兒」，據説文改。

宗』，潮〔一〕爲潮水，與仲任義同。蓋今文説也。」皮錫瑞曰：「如段説，則當讀『朝』爲『潮』，『朝宗』二字不連。而鄭注訓『宗』爲『尊』，以『朝宗』爲尊天子之義，與揚子雲説合，蓋亦今文家説。而王仲任、虞仲翔義不同者，歐陽、夏侯之説異也。」唐、虞之前也，其發海中之時，漾馳而已；漾，猶永。詩「江之永矣」，韓詩作「漾」。薛章句：「漾，長也。」入三江之中，入者，潮入也。段玉裁曰：「洚水之時，江、漢不與海通，海淖不上，禹治之，始通。禹貢於揚州曰：『三江既入。』三江者，北江、中江、南江也。既入者，入于海也。於荆州曰：『江、漢朝宗于海。』言海淖上達，直至荆州也。」「三江」衆説不同。詳日知録、經史問答、蕭穆敬孚類稿、阮元浙江圖考、焦循禹貢鄭注釋、成蓉鏡禹貢班義述。殆小淺狹，水激沸起，故騰爲濤。廣陵曲江有濤，汪中曰：「廣陵，漢縣，今爲甘泉及天長之南竟。江，北江也。今潮猶至湖口之小孤山而回，目驗可知。」朱彝尊謂曲江爲今浙江，汪中述學、劉寶楠愈愚録並辯其誤。文人賦之。如枚乘七發。大江浩洋（溔），「洋」當作「溔」。古書以「洋洋」連文，狀大水貌。無以「浩洋」連文者。「洋」爲「溔」之形譌。（日鈔引已誤。）淮南覽冥篇：「水浩溔而不息。」「溔」今亦譌作「洋」，是其比。司馬相如上林賦：「灝溔潢漾。」郭璞曰：「皆水無涯際貌也。」左思魏都賦：「河、汾浩涆而皓溔。」李注引廣雅曰：「皓溔，大也。」灝、皓並與「浩」通。盼遂案：或校謂「洋」爲「汗」誤，非也。淮南覽冥訓「水浩洋而不息」，

〔一〕「潮」，原本無，據文義補。

史記河渠書「浩浩洋洋兮，閭殫爲河」，皆浩洋連用之證。曲江有濤，竟以隘狹也。吳殺其身，爲濤廣陵，子胥之神，竟無知也。溪谷之深，流者安洋；司馬相如上林賦云：「灝溔潢漾，安翔徐回。」「安翔」即「安洋」也。淺多沙石，激揚爲瀨。夫濤、瀨，一也，謂子胥爲濤，誰居溪谷爲瀨者乎？案濤入三江，〔江〕岸沸踊，「江」字當重，今據日鈔引補。中央無聲。盼遂案：「岸」下脱一「涯」字，「岸涯」與「中央」對文。下文「子胥之身聚岸涯」，（依孫詒讓校，今本誤「漼」。）正是其證。必以子胥爲濤，子胥之身，聚岸漼（涯）也？先孫曰：「漼」當作「涯」，形近而誤。（黄氏日鈔引已誤。）濤之起也，隨月盛衰，小大滿損不齊同。如子胥爲濤，子胥之怒，以月爲節也？三江時風，揚疾（侯）之波亦溺殺人，先孫曰：「揚疾」義不可通。「疾」當作「侯」。（黄氏日鈔所引已誤。）感虛篇云：「傳書言，武王伐紂，渡孟津，陽侯之波，逆流而擊。」（事見淮南子覽冥訓。）暉按：孫校「疾」當作「侯」，是也。「揚」當作「陽」。蓋「侯」譌作「疾」，淺人則妄改「陽」作「揚」矣。韓策二：「塞漏舟而輕陽侯之波，則舟覆矣。」論語摘輔象曰：「陽侯司海。」宋均注：「陽侯，伏羲之臣，蓋大江之神者。」（路史後紀六注。）亦見陶潛聖賢羣輔録。漢書揚雄傳注應劭曰：「陽侯，古之諸侯，有罪，自投江，其神爲大波。」楚辭九章哀郢：「凌陽侯之氾濫兮。」王注：「陽侯，大波之神。」淮南覽冥訓注：「陽侯，陵陽國侯也。（吳承仕曰：「陵」字衍。）其國近水，休水而死。其神能爲大波，有所傷害，因謂之陽侯之波。」俞樾曰：「陽陵自是漢侯國。史記高祖功臣表有陽侯傅寬是也。高注以説古之陽侯，殆失之矣。春秋閔二年「齊人遷陽」，杜注曰：『國名。』正義曰：『世本無陽國，不知何姓。杜世族譜土地名闕，不知所在。』古之陽侯，當即此陽國之侯。水經『沂水南逕陽都縣故城東，縣故陽國城。』是其所在矣。」**子胥之神，復爲風也？秦始皇渡湘水遭風，問湘山何祠。左右對曰：「堯之女，舜之妻也。」**史記始皇紀：「上問博士曰：『湘君何神？』博士對曰：『堯女，舜之妻。』」劉向列女傳曰：「二妃死於江、湘之間，俗謂之湘君。」與秦博士説同。韓愈黄陵廟碑因之。楚辭九歌王注以湘君爲湘水神，湘夫人爲舜二妃。檀弓上鄭注：「離騷所謌湘夫人，舜妃也。」鄭、王説同。其必知秦博士説，而故不從者，當有所據。洪興祖謂娥皇爲正妃，爲湘君，女英降曰夫人，以鄭玄亦謂二妃爲湘君。按：檀弓鄭注云：「舜不告而娶，不立正妃。」則洪説失之。史記索隱謂「湘君當是舜」，亦臆説也。**始皇大怒，**「大」，舊誤作「太」。**使刑徒三千人，斬湘山之樹而履之。**史記未云「履之」。盼遂案：「履」當爲「覆」之誤字。「覆」讀禮「覆亡國之社」之「覆」。**夫謂子胥之神爲濤，猶謂二女之精爲風也。**

傳書言：御覽六三引「傳」作「儒」。**孔子當泗水之（而）葬，**孫曰：「之」當作「而」，御覽五五六引正作「而」。暉按：孫説是。紀妖篇、晏殊類要四引此文，亦並作「而」。魯語上韋注：「泗水在魯城北。」皇覽冢墓記（御覽五六〇。）云：「孔子冢，魯城北便門外，南去城十里。」**泗水爲**

之卻流。此言孔子之德，能使水卻，不湍其墓也。世人信之。是故儒者稱論，御覽五五六引「稱」作「講」。皆言孔子之後當封，以泗水卻流爲證。御覽引「泗水」在「封」字下。如原省之，殆虚言也。

夫孔子死，孰與其生？生能操行，慎道應天；吴曰：「慎」讀作「順」，「順」、「慎」聲近字通。繫辭：「慎斯術也。」釋文云：「慎本作順。」藝增篇：「美周公之德，能慎天地。」原校曰：「一作順。」是其證。死，操行絶，天祐至德。「天祐至德」，當作「無德致祐」。「無」一作「无」，與「天」形近而誤。「至」、「致」字通。校者不明字誤，故妄乙「德祐」二字，遂失其旨矣。「無德致祐」與「慎道應天」句法一律。生能操行，故能慎道以應天；死則操行絶矣，當無德以招致瑞祐。故下文以「招致瑞應，皆以生存」承之。故五帝三王，招致瑞應，皆以生存，不以死亡。孔子生時，推排不容，再逐於魯。在陳絶糧。削迹於衛。忘味於齊。伐樹於宋。故嘆曰：「鳳鳥不至，河不出圖，吾已矣夫！」見論語子罕篇。生時無祐，死反有報乎？孔子之死，五帝三王之死也，五帝三王無祐，孔子之死，獨有天報，是孔子之魂聖，五帝之精不能神也。「五帝」下，疑當有「三王」二字。

泗水無知，爲孔子卻流，天神使之；然則孔子生時，天神〔何〕不使人尊敬？孫曰：「不」上脱「何」字，否則與「然則」語氣不相應矣。御覽六三引作「孔子生時，何不使之尊敬乎」。（暉按：趙本作「天神何不使之尊敬乎」，更可證成孫説。孫氏蓋據張本。）雖節引本文，而不脱「何」字，可以借證。如泗水卻流，天欲封孔子之後，孔子生時，功德應天，天不封其身，乃欲封其後乎？

是蓋水偶自卻流。江河之流，有回復之處，百川之行，或易道更路，與卻流無以異，則泗水卻流，不爲神怪也。

傳書稱：御覽九二六引「傳」作「儒」。魏公子之德，仁惠下士，兼及鳥獸。方與客飲，有鸇擊鳩，鳩走，巡於公子案下。御覽引作「鳩逃公子案下」。「逃」較「巡」，於義爲長。鸇追擊，殺於公子之前。公子恥之，即使人多設羅，御覽引作「使人設罔捕鸇」。疑「羅」下當有「捕鸇」二字。得鸇數十枚，責讓以擊鳩之罪。擊鳩之鸇，低頭不敢仰視，公子乃殺之。列士傳：（類聚六九、又九十一、御覽九二六。）「魏公子無忌方食，有鳩飛入案下。公子怪之，此有何急來歸無忌耶？使人於殿下視之，左右顧望，見一鷂在屋上飛去。公子縱鳩，鷂逐而殺之。公子暮爲不食。曰：『鳩避患，歸無忌，竟爲鷂所得，吾負之，爲吾捕得此鷂者，無忌無所愛。』於是左右宣公子慈聲。旁國左右，捕得鷂二百餘頭，以奉公子。公子欲盡殺之，恐有辜。乃自按劍至其籠上曰：『誰獲罪無忌者耶？』一鷂獨低頭不敢仰視，乃取殺之。盡放其餘。名聲流布，天下歸焉。」

世稱之曰：「魏公子爲鳩報仇。」此言虚也。夫鸇，物也，說文：「鸇，鷐風也。」爾雅釋鳥：「晨風，鸇。」郭注：「鷂屬。」詩晨風疏引舍人注：「鸇，鷙鳥也。」陸機詩蟲魚疏：「鸇似鷂，青黄色，燕頷，句喙，嚮風摇翮，乃因風飛，急疾，擊鳩鴿燕雀食之。」情心不同，音語不通。聖人不能使鳥獸爲義理之行，公子何人，能使鸇低頭自責？鳥爲鸇者以千萬數，向擊鳩蜚去，安可復得？能低〔一〕頭自責，是聖鳥也；曉公子之言，則知公子之行矣。知公子之行，則不擊鳩於其前。人猶不能改過，鳥與人異，謂之能悔，世俗之語，失物類之實也。或時公子實捕鸇，鸇得，人持其頭，變折其頸，疾痛低垂，不能仰視，緣公子惠義之人，則因褒稱，言鸇服過。蓋言語之次，空生虚妄之美；功名之下，常有非實之加。

傳書言：齊桓公妻姑姊妹七人。管子小匡篇：「桓公謂管仲曰：『寡人有汙行，不幸好色，姑姊妹有未嫁者。』」荀子仲尼篇：「齊桓内行，則姑姊妹之不嫁者七人。」晏子春秋：「齊景公問於晏子曰：『吾先君桓公淫女公子，不嫁者九人。』」「七」作「九」，與荀子不同。漢書地理志云：

〔一〕「低」，原本作「抵」，形近而誤，據通津草堂本改。

「襄公淫亂，姑姊妹不嫁。」公羊莊二十年傳何注：「齊侯淫，諸姑姊妹不嫁者七人。」亦謂襄公。此文蓋據荀子。

此言虛也。

夫亂骨肉，犯親戚，無上下之序者，禽獸之性，則亂不知倫理。案桓公九合諸侯，一正（匡）天下，吴曰：「正」當作「匡」，宋人避諱改爲「正」。後文作「一匡天下」，此作「正」者，明本失改耳。鄭玄論語注以「九合」爲實數，據穀梁傳：「衣裳之會十一。」去北杏與陽穀爲九會。（見憲問篇皇疏。又釋廢疾云：「自柯之明年，葵丘以前，去貫與陽穀爲九合。」）皇侃、陸德明、劉炫、邢昺諸説并與鄭略同。困學紀聞六、菣厓考古録、論語釋故、論語後録并據史記、穀梁、管子以實九合之事。宋翔鳳論語發微謂：「管子、晏子并以『一匡』、『九合』對舉，『九』者數之究，『一』者數之總，言諸侯至多而已。九合天下至大，而能一匡。九合不必陳其數，一匡不必指其事。」朱亦棟説同。論語集注據左僖二十六年傳讀「九」爲「糾」。按：晏子問下篇、管子小匡篇、戒篇、荀子王霸篇、國策齊策、韓非子十過篇、奸劫篇、吕氏春秋審分篇、大戴禮保傅篇、韓詩外傳六、又八、又十、淮南氾論篇、史記齊世家、蔡澤傳，并以「九合」、「一匡」爲騈句，則「九」不爲「糾」矣。其謂實數者亦誤。九者數之極，詳汪中述學釋三九。宋説是也。道之以德，「道」讀「導」。將之以威，説文寸部：「將，帥也。」以故諸侯服從，莫敢不率，左宣十二年傳杜注：「率，遵也。」非內亂懷鳥獸之性者所能爲也。夫率諸侯朝事王室，恥上無勢而下無禮也。外恥禮之不存，内何犯禮而自壞？外内不相副，則功無成而威不立矣。

世稱桀、紂之惡，不言淫於親戚。實論者謂夫桀、紂惡微於亡秦，亡秦過泊於王莽，鄒伯奇語，見恢國篇。「泊」讀「薄」。無淫亂之言。盼遂案：宋本無「過」字，「泊」字作「洎」，是也。桓公妻姑姊〔妹〕七人，上下文並作「姑姊妹」，此疑脱一「妹」字。〔是〕惡浮於桀、紂，而過重於秦、莽也。「是」字據宋本、朱校元本增。「惡浮」與「過重」對文，宋本、朱校元本無「浮」字，非。春秋采毫毛之美，貶纖芥之惡，語見説苑至公篇。桓公惡大，不貶何哉？魯文姜，齊襄公之妹也，襄公通焉。左桓十八年傳服注：「旁淫曰通。」春秋經曰：「莊二年冬，夫人姜氏會齊侯於郜。」左氏、穀梁作「禚」。此據公羊。郜，齊地。春秋何尤於襄公，説文：「訧，罪也。」一作「尤」。而書其奸？左氏傳曰：「書姦也。」穀梁曰：「婦人既嫁不踰竟，踰竟非正也。婦人不言會，言會非正也。」公羊何注：「書者，婦人無外事，外則近淫。」何宥於桓公，隱而不譏？如經失之，如，若也。傳家左丘明、公羊、穀梁何諱不言？

案桓公之過，多内寵，内嬖如夫人者六。有五公子争立，齊亂，公薨三月乃訃。宋、元本作「赴」。朱校同。事見左僖十七年傳。世聞内嬖六人，嫡庶無别，則言亂於姑姊妹七人矣。

傳書言：御覽七四二引「傳」作「儒」。齊桓公負婦人而朝諸侯。藝文類聚三五、御覽

三七一、黄氏日鈔引「而」並作「以」。此言桓公之淫亂無禮甚也。燕策一：「桓公負婦人而名益尊。」鮑彪注：「桓公好内而霸。即王充論衡所引齊桓公負婦人以視朝者，是也。」朱亦棟羣書札記曰：「史記管仲列傳：『其爲政也，善因禍而爲福，轉敗而爲功。桓公實怒少姬，南襲蔡，管仲因而伐楚，責包茅不入貢於周室。』據此，則所謂『負婦人而名益尊』者，即蔡姬事也。」按：朱説近是。左僖三年傳：「齊侯與蔡姬乘舟于囿，蕩公。公懼，變色，禁之不可。公怒，歸之。未之絶也，蔡人嫁之。」四年傳：「齊侯以諸侯之師侵蔡，蔡潰，遂伐楚。師進，次于陘。夏，楚子使屈完如師，師退，次于召陵。齊侯陳諸侯之師，與屈完乘而觀之。屈完及諸侯盟。」韓非子外儲説左上曰：「蔡女爲桓公妻，桓公與之乘舟，夫人蕩舟，桓公大懼，禁之不止，怒而出之，乃且復召之。因復更嫁之。桓公大怒，將伐蔡，仲父諫曰：『夫以寢席之戲，不足以伐人之國，功業不可冀也，請無以此爲稽也。』桓公不聽。仲父曰：『必不得已，楚之菁茅，不貢於天子三年矣，君不如舉兵爲天子伐楚，楚服，因還襲蔡，曰：「余爲天子伐楚，而蔡不以兵聽從，因遂滅之。」此義於名而利於實，故必有爲天子誅之名，而有報讎之實。』」「桓公負婦人而名益尊」，當即此事。負，恨也。婦人，蔡姬也。後人誤讀「負」爲「荷負」，則生桓公負婦人于背以朝諸侯之説矣。仲任力辯其妄，而不就此事論之，何也？

夫桓公大朝之時，負婦人於背，其游宴之時，何以加此？方脩士禮，崇厲肅敬，負婦人於背，何以能率諸侯朝事王室？葵丘之會，桓公驕矜，當時諸侯畔者九國。

公羊僖九年傳：「葵丘之會，桓公震而矜之，叛者九國。震之者何？猶曰振振然。矜之者何？猶曰莫若我也。」睚眦不得，舊校曰：一有「所載」字。文選長楊賦注引晉灼曰：「睚眦，瞋目貌，又猜忌不和貌。」左哀二十四年傳：「公〔一〕如越，得太子適郢。」杜注：「得，相親説也。」九國畔去，況負婦人，淫亂之行，何以肯留？

或曰：「管仲告諸侯〔曰〕：御覽三七一引作「管仲曰」，七四二引作「管仲告諸侯曰」，並有「曰」字，當據補。『吾君背有疽創，類聚三五引「創」作「瘡」，御覽引同。説文刃部：「刃，傷也。或作創。」徐曰：「俗別作瘡。」不得婦人，瘡不衰愈。』元本「瘡」作「創」，朱校同。御覽三七一引無「衰」字。七四二引作「瘡惡不愈」。諸侯信管仲，故無畔者。」夫十室之邑，必有忠信若孔子。當時諸侯，千人以上，必知方術治疽，不用婦人，管仲爲君諱也。諸侯知仲(苟)爲君諱而欺己，宋本「仲」作「苟」，朱校元本同。按：宋、元本是也，今本則後人妄改。當據正。必恚怒而畔去，何以能久統會諸侯，成功於霸？

或曰：「桓公實無道，任賢相管仲，故能霸天下。」夫無道之人，與狂無異，信讒遠賢，反害仁義，安能任管仲？能養人令之？成事：「成事」冒下文。劉敞曰：「漢時

〔一〕「公」，原本作「如」，據左傳改。

人言行事、成事，皆謂已行、已成事也。王充書亦有之。」（見彼校漢書翟方進傳。）又於陳湯傳曰：「行事者，言已行之事，舊例成法也。漢時人作文言行事、成事者，意皆同。」王念孫讀書雜志曰：「行者，往也，行事即往事，亦作近事，亦作故事。」桀殺關龍逢，紂殺王子比干。無道之君，莫能用賢。使管仲賢，桓公不能用；用管仲，故知桓公無亂行也。有賢明之君，故有貞良之臣。臣賢，君明之驗，奈何謂之有亂？

難曰：「衛靈公無道之君，時知賢臣。論語憲問篇：「子曰：『衛靈公之無道，久也。』康子曰：『夫如是，奚而不喪？』孔子曰：『仲叔圉治賓客，祝鮀治宗廟，王孫賈治軍旅。夫如是，奚其喪？』」管仲爲輔，何明桓公不爲亂也？」夫靈公無道，任用三臣，僅以不喪，非有功行也。桓公尊九九之人，韓詩外傳三：「齊桓公設庭燎，爲使士之欲造見者。東野鄙人有以九九見者。桓公因禮之。」又見説苑尊賢篇。漢書梅福傳注：「九九算術，若九章、五曹之輩也。」拔寧戚於車下，呂氏春秋舉難篇：「寧戚欲干齊桓公，窮困無以自進，於是爲商旅，將任車，以至齊。暮宿於郭門之外。桓公郊迎客，夜開門，辟任車。寧戚飯牛，居車下，擊牛角，疾歌。桓公聞之，曰：『之歌者，非常人也。』命後車載之。寧戚見，説桓公以爲天下。」晏子春秋問篇：「桓公聞寧戚歌，舉以爲大田。」又見淮南道應篇、新序雜事篇。責苞茅不貢，運兵攻楚，左僖四年傳：「齊侯伐楚，楚子使與師言曰：『不虞君之涉吾地也，何故？』管仲曰：『爾貢包茅不入，王祭不共，無以縮酒，寡人是徵。』」杜注：「包，裹束也。茅，菁茅也。束茅而灌之以酒，爲縮酒。」史記封禪書：「江、淮之間，一茅三脊。」盼遂案：吴承仕曰：「『運』疑爲『連』。」九合諸侯，一匡天下，千世一出之主也，而云負婦人於背，虚矣。

説尚書者曰：「周公居攝，帶天子之綬，戴天子之冠，負扆南面而朝諸侯。」皮錫瑞曰：「漢書翟方進傳，王莽依周書作大誥曰：『惟居攝二年十月甲子，攝皇帝位，若曰。』按：王莽大誥皆用今文尚書説也。大傳曰：『周公身居位，聽天下爲政，管叔疑周公。』居位即居攝也。史公説，以爲周公作大誥，在踐阼攝政之後，故可稱王。鄭注云：『王謂攝也。周公居攝，命大事，則權代王也。』鄭言居攝之年，與史記、大傳先後皆異，而以王爲周公攝王，則與今文義同。仲任此文所引，即王家尚書説。」暉按：漢書王莽傳上載書君奭篇説曰：「周公服天子之冕，南面而朝羣臣，發號施令，常稱王命。」禮記明堂位：「周公朝諸侯於明堂之位。天子負斧依南鄉而立。」又見周書明堂解、荀子儒效篇、淮南子氾論篇、齊俗篇。户牖之間曰扆，南面之坐位也。爾雅釋宫云：「牖户之間謂之扆。」明堂位鄭注：「斧依，爲斧文屏風於户牖之間。」曲禮下：「天子當依而立，諸侯北面而見。」正義：「依狀如屏風，以絳爲質，高八尺，東西當户牖之間，繡爲斧文也。」覲禮鄭注云：「如今綈素屏風也。有繡斧文，所以示威。」孫星衍曰：「大戴〔一〕盛德篇説明堂之則，一室

〔一〕「戴」，原本作「載」，形近而誤，今改。

而有四户八牖，則是每室皆有二牖夾户，故云設黼扆牖間。謂二牖之間，正當北户以屏風也。諸家説户牖之間，以爲一户一牖之間，失之。」負扆南面鄉坐，扆在後也。盼遂案：「鄉」字衍文，「負扆南面坐」句絶。蓋「鄉」爲「面」之傍注，後闌入正文者也。周禮撢人「使萬民和悦而正王面」，鄭注：「面，鄉也。」孟子「東面而征西夷怨」，趙注：「面者，向也。」皆面訓鄉之證。桓公朝諸侯之時，或南面坐，婦人立於後也。世俗傳云，則曰負婦人於背矣。此則夔一足、宋丁公鑿井得一人之語也。

唐、虞時，夔爲大夫，性知音樂，調聲悲善。龍城札記二曰：古人音喜悲。當時人曰：「調樂如夔，一足矣。」世俗傳言：「夔一足。」韓非子外儲説左下：「魯哀公問於孔子曰：『吾聞古者有夔一足，其果信有一足乎？』孔子對曰：『不也，夔非一足也。夔者忿戾惡心，人多不説喜也。雖然，其所以得免於人害者，以其信也。人皆曰：「獨此一，足矣。」夔非一足也，一而足也。』」一曰：哀公問於孔子曰：『吾聞夔一足，信乎？』曰：『夔，人也，何故一足？彼其無他異，而獨通於聲。堯曰：「夔一而足矣！」使爲樂正。故君子曰：「夔有一足」，非一足也。』」吕氏春秋察傳篇則載後説，孔叢子、風俗通正失篇同。按：莊子秋水篇云：「夔謂蚿曰：『吾以一足趻踔而行。』」又逸文云：「聲氏之牛夜亡，而遇夔，止而問焉：『我有足，動而不善，子一足而超踴，何以然？』夔曰：『以吾一足王于子矣。』」山海經云：「東海之内，有流波之山，有獸，狀如牛，蒼色無角，一足能走，出入水則必風雨，目光如日月，其聲如雷，其名曰夔，黃帝以其皮冒鼓，聲聞五百里。」則夔固有一足者。夔聲如雷，皮可冒鼓，故有夔通於聲之說。由獸而人格化，古史多有此例。春秋時尚存有夔一隻脚之傳說，經孔子解作「一而足」，則夔儼然是人，千古不疑矣。顧頡剛疑禹是蟲，余意禹蓋鰲鼇之類，與此可相發明。舜典所載朱虎熊羆龍，舊説是舜臣名，余疑皆禹、夔之類也。**案秩宗官缺，帝舜博求，衆稱伯夷，伯夷稽首讓於夔、龍。**今見舜典。**秩宗卿官，漢之宗正也。**舜典僞孔傳：「秩，序。宗，尊也。主郊廟之官。」史記五帝紀集解引鄭注：「秩宗，主次秩尊卑。」百官表：「宗正，秦官，掌親屬。王莽并其官於秩宗。」事物紀原五：「宗正，周官也。在周禮實小宗伯之職。」漢書高帝紀：「七年二月，置宗正官，以序九族。」史記文帝紀正義：「漢置九卿，一曰太常，七曰宗正。」周禮春官宗伯先鄭注以爲漢之太常。鄭語韋注：「秩宗之官，於周爲宗伯，漢爲太常，（今僞「宰」，依路史後紀十注引正。）掌國祭祀。」是鄭衆、韋昭並以秩宗即漢之太常，非宗正也。與充説異。皮錫瑞曰：「漢書百官表云：『王莽改太常曰秩宗。』依古也。莽蓋用今文尚書，以漢之太常典禮故也。伯夷不與舜同宗，仲任以漢之宗正當之，似誤。」暉按：皮説是也。王莽並宗正於秩宗，又改太常爲秩宗，光武未遑更革，故仲任云然歟？**斷足，足非其理也。**秩宗，國之禮官，典祭祀。穀梁傳曰：「有天疾者不可入宗廟。」今斷足，故云非其理。吴曰：衍一「足」字。盼遂案：吴承仕曰：「衍一『足』字」下文「秩宗之官，不宜一足」，即申釋此語。又引孫蜀卿云：「第二『足』字，爲『實』字形近之誤，近是。」**且一足之人，何用行也？**

夏后孔甲，田于東〔陽〕萯（蓂）山，舊校曰：「蓂」一作「莫」。先孫曰：事見呂氏春秋〔一〕音初篇。彼云：「夏后氏孔甲田于東陽萯山。」此「東」下當有「陽」字，「蓂」、「莫」並「萯」之誤。（指瑞篇作「首山」，亦誤。）暉按：御覽八二、又七六二引呂氏春秋，注：「萯，音倍。」水經五河水注引呂氏此文，下解曰：「皇甫謐帝王世紀以爲即東首陽山也。蓋是山之殊目矣。」又云：「帝堯修壇河、洛，升于首山，即于此也。」路史前紀三注云：「今東陽有萯山，孔甲畋處。世紀云：『即東陽首山。』」是萯山一名首山，孫謂指瑞篇作「首山」誤，非也。郡國志泰山郡南城縣有東陽城，注：「即孔甲田其地。」杜氏土地名曰：「東陽，或曰泰山南城縣西東安城，是也。」讀史方輿紀要曰：「東陽城在山東沂州費縣西南七十里，魯邑也。呂氏音初篇：『孔甲田于東陽。』即此邑也。今爲關陽鎮。」劉子命相篇云：「孔甲田于箕山。」**天雨晦冥，入于民家，主人方乳。**高誘曰：乳，産也。**或曰：「后來，**「后」，宋、元本、朱校元本並同。程本以下誤作「後」。呂氏春秋及後指瑞篇字正作「后」。**之子必貴。」**高曰：之，其也。**或曰：「不勝，之子必賤。」孔甲曰：「爲余子，孰能賤之？」遂載以歸。析橑，斧斬其足，卒爲守者。**橑，薪橑也。呂氏春秋曰：「子長成

〔一〕「秋」，原本作「初」，涉下篇名而誤，今改。

人，幕動，拆橑，斧斫斬其足，遂爲守門者。」金樓子云：「析薪，斧斬其左足。」盼遂案：「守」下當從呂氏春秋音初篇補「門」字。周禮掌戮：「刖者使守囿。」下文「故爲守者」、「守者斷足」，亦同。孔甲之欲貴之子，有餘力矣；斷足無宜，故爲守者。今夔一足，無因趨步，坐調音樂，可也；秩宗之官，不宜一足，猶守者斷足，不可貴也。孔甲不得貴之子，伯夷不得讓於夔焉。

宋丁公者，宋人也。未鑿井時，常有寄汲，計之，日去一人作。自鑿井後，不復寄汲，計之，日得一人之作，故曰：「宋丁公鑿井得一人。」俗傳言曰：「丁公鑿井，得一人於井中。」呂氏春秋察傳篇：「宋之丁氏，家無井，而出溉汲，常一人居外。及其家穿井，告人曰：『吾穿井，得一人。』有聞而傳之者曰：『丁氏穿井得一人。』國人道之，聞之於宋君。宋君令人問之於丁氏。丁氏對曰：『得一人之使，非得一人於井中也。』」又見風俗通正失篇。「寄汲」，呂氏春秋、風俗通作「溉汲」。夫人生於人，非生於土也。穿土鑿井，無爲得人。推此以論，負婦人之語，猶此類也。

負婦人而坐，則云婦人在背；知婦人在背非道，則生管仲以婦人治疽之言矣。使桓公用婦人徹胤服，「胤」，元本作「胷」，朱校同。疑是。徹，去也。婦人於背，「婦」上疑脱「負」字。女氣瘡可去，以婦人治疽。「以」上疑有脱字。盼遂案：此文當是「婦人於背，女氣愈瘡，可云以婦人治疽」。後脱「愈」字，「云」又譌爲「去」，遂不可通。方朝諸侯，桓公重衣，婦人襲裳，通俗文曰：「重衣曰襲。」女氣分隔，負之何益？桓公思士，作庭燎而夜坐，御覽三七一引「作」作「設」。韓詩外傳三、説苑尊賢篇、漢書王褒傳述此事，亦並作「設」。禮記郊特牲：「庭燎之百，由齊桓公始也。」正義：「於庭中設火，以照燎來朝之臣夜入者，因名火爲庭燎也。」詩小雅庭燎毛傳：「庭燎，大燭。」儀禮燕禮：「甸人執大燭於庭。」鄭注：「燭，燋也。甸人掌共薪蒸者，庭大燭爲位廣也。」賈疏：「古者無麻燭而用荆燋，故少儀云：『主人執燭抱燋。』鄭云：『未爇曰燋，但在地曰燎，執之曰燭，於地廣設之則曰大燭，其燎亦名大燭。』」以思致士，御覽引作「以致賢士」。反以白日負婦人見諸侯乎？「人」下朱校元本有「以」字。

傳書言：聶政爲嚴翁仲刺殺韓王。韓策二：「嚴遂陰交聶政，謀刺韓相傀。東孟之會，韓王及相皆在焉。聶政刺韓傀，兼中〔一〕哀侯。」韓非子内儲説下六微篇：「韓廆相韓哀侯，嚴遂重於君，二人甚相害也。嚴遂乃令人刺韓廆於朝。韓廆走君而抱之。遂刺韓廆，而兼哀侯。」史記聶政傳索隱引高誘曰：「嚴遂字仲子。」此云「翁仲」，異文。御覽四八三引琴操，謂聶政爲父報仇，以刺韓王，非爲嚴遂所使也。其説又異。此虚也。

〔一〕「中」，原本作「仲」，據戰國策韓策改。

夫聶政之時，韓列侯也。列侯之三年，聶政刺韓相俠累。「三」，元本作「二」，朱校同，非也。此文據史記韓世家。聶政傳集解徐廣曰：「韓列侯三年三月。」索隱引高誘曰：「韓傀，俠累也。」黄丕烈曰：「俠侯，爵號。傀、累，聲轉也。」錢大昕曰：「俠累合爲傀音。」十二年，列侯卒，史記云：「十三年。」與聶政殺俠累，相去十七年，相去十年，云「十七」，誤。盼遂案：有誤。而言聶政刺殺韓王，短書小傳，竟虚不可信也。俞曰：國策言「聶政刺韓傀，兼中烈侯」。史記韓世家：「烈侯三年，聶政殺韓相俠累。烈侯十三年卒，子文侯立。文侯卒，子哀侯立。哀侯六年，韓嚴弒其君。」是烈侯不見弒，哀侯固見弒也。據刺客傳，又以聶政事在哀侯時。且聶政之刺，乃嚴仲子使之，豈即所謂「韓嚴弒其君」者乎？然則國策所載，自是當時之實，但誤以哀侯爲烈侯耳。暉按：剡川本國策正作「哀侯」，俞氏據鮑刻之誤。刺客傳云在哀侯時，乃本韓策、韓非子。其與世家、年表異者，國策吴師道補注、史記張照考證以爲嚴遂使聶政刺俠累，與韓嚴弒哀侯，截然兩事，國策合而爲一，史記分而兼存。此説近是。俞氏疑即一事，梁玉繩史記志疑以爲烈侯時事，而必以作哀侯爲非，並肊説也。

傳書又言：燕太子丹使刺客荆軻刺秦王，朱校元本無「使」字。不得，誅死。見燕策三、史記荆軻傳。後高漸麗復以擊筑見秦王，御覽七四二引「麗」作「離」，下同。與國策、史記合。漢書高帝紀注應劭曰：「筑，狀似琴，而大頭，安弦，以竹擊之，故曰筑。」淮南泰族篇注：

「筑，二十一弦。」秦王説之；知燕太子之客，乃冒其眼，御覽引「冒」作「瞟」。史記作「矐」，索隱曰：「以馬屎燻，令失明。」使之擊筑。漸麗乃置鉛於筑中以爲重，當擊筑，秦王膝進，不能自禁，漸麗以筑擊秦王顙。文選潘安仁西征賦注引「顙」作「中臏」。西征賦亦云：「潛鉛以脱臏。」秦王病傷，文選注、御覽引「傷」并作「瘡」。與下文合。三月而死。「病死」，史記、國策并未見。

夫言高漸麗以筑擊秦王，實也；言中，秦王病傷三月而死，虚也。

夫秦王者，秦始皇帝也。始皇二十年，燕太子丹使荆軻刺始皇，始皇殺軻，明矣。「明」字無義，疑爲「荆」字，又誤倒。二十一年，使將軍王翦攻燕，得太子首；二十五年，遂伐燕，而虜燕王嘉。史記始皇紀：「得燕王喜，虜代王嘉。」此文誤。後不審何年，高漸麗以筑擊始皇，不中，誅漸麗。見燕策三、史記荆軻傳。當二(三)十七年，「二」當作「三」。始皇紀正作「三十七年」。實知篇不誤。游天下，盼遂案：「二十」爲「三十」誤字。史記始皇本紀：「三十七年十月，始皇出遊，親巡天下。七月，崩于沙丘平臺。」論衡正舉此事也。到會稽，至琅邪，北至勞、盛山，始皇紀作「榮成山〔一〕」。「成」、「盛」古通。郊祀志「盛山」，封禪書、

〔一〕「榮」，原本作「勞」，據史記改。

五帝紀、地理志作「成山」。于欽齊乘曰：「勞、成，二山名。古人立言尚簡，南勞而北盛，則盡乎齊東境矣。」盼遂案：史記作「榮成山」，或仲任意不與史同，以爲勞山、成山也。「盛」與「成」古通。並海，西至平原津而病，漢書武帝紀師古注：「並讀曰傍，依傍也。」按：紀妖篇作「旁海」。到沙丘平臺，始皇崩。以上據史記始皇紀。夫讖書言始皇還，到沙丘而亡；亦見實知篇。傳書又言病筑瘡三月而死於秦。一始皇之身，世或言死於沙丘，或言死於秦，其死，言恒病瘡。或言病筑瘡死於秦。傳書之言，多失其實，世俗之人，不能定也。

變虚篇 盼遂案：本篇止論宋景公三徙火星一事。

傳書曰：宋景公之時，熒惑守（在）心。劉先生曰：「守」疑當爲「在」。吕氏春秋制樂篇、淮南子道應篇、新序雜事篇并作「在心」。下文亦云：「熒惑在心，何也。」此不得獨作「守心」。吕氏春秋高注：「熒惑，五星之一，火之精也。心，東方宿，宋之分野。」公懼，召子韋而問之，曰：「熒惑在心，何也？」高曰：「子韋，宋之太史，能占宿度者。」淮南注：「司星者。」子韋曰：「熒惑，天罰也；史記天官書索隱引春秋文耀鉤曰：「赤帝赤熛怒之神，爲熒惑，位南方，禮失則罰出。」盼遂案：「天罰」，疑當爲「天使」。下文皆作「天使」，且申説熒惑所以爲天使之故，可證。惟吕覽制樂、淮南道應皆作「罰」不作「使」。然仲任此文自據異本，後人因執吕覽等書改論衡，而未盡耳。心，宋分野也，禍當君。天官書亦云：「火守房心，王者惡之。」火即熒惑。雖然，可移於宰相。」公曰：「宰相，所使治國家也，而移死焉，不祥。」祥，善也。子韋曰：「可移於民。」公曰：「民死，寡人將誰爲（君）也？句脱「君」字，語意不明。吕氏春秋、淮南、新序并有「君」字，當據增。高注：「傳曰：『后非衆無以守邑。』故曰：『將誰爲君乎。』」寧獨死耳！」子韋曰：「可移於歲。」公曰：「民饑，必死。爲人君而欲殺其民以自活也，其誰以我爲君者乎？是寡人命固盡也，子毋復言！」子韋退（還）走，北面再拜，「退走」當作「還走」。「退」一作「逻」，與「還」形近而誤。説苑復思篇云：「將軍還走北面而再拜曰。」句法正同。吕氏春秋、淮南子、新序并作「還走」，是其切證。曰：「臣敢賀君。天之處高而耳（聽）卑，處既高，而耳復卑，義不可通。朱校元本、天啓本、程、何、錢、黄各本誤同。王本、崇文本作「聽卑」，與吕氏春秋、淮南、新序合。下文亦云：「天處高而聽卑。」當據正。盼遂案：吴承仕曰：「下文複述子韋之言，作『處高而聽卑』，此處作『耳』，非。程榮本作『聽』。」君有君人之言三，天必三賞君。今夕，星必徙三舍，君延命二十一年。」元本「延命」字倒。公曰：「奚知之？」對曰：「君有三善（言），故有三賞，「善」下當有「言」字。景公只有三善言，非有三善也。吕氏春秋正作：「有三善言，必有三賞。」淮南云：「君有君人之言三，故有三賞。」亦只謂有言三也。意林引作「宋景公有三善言，獲二十一年」，即節引此文，「善」下有「言」字，足資借證。下文正辯却熒惑宜以行，不以言，若無「言」字，則所論失據矣，更其確證。新序誤與此同。星必三徙，[三]徙行七星，星當一年，三七二十一，孫曰：當作「徙行七星」。「三」字涉上句「三徙」而衍。一星當一年，七星則七年矣。若三徙行七星，則僅得七年，不得二十一年矣。吕氏春秋、淮南、新序並作「舍行七星」。（淮南「星」誤「里」，從王念孫説校改。）高注：「星，宿也。」王念孫曰：「古謂二十八宿爲二十八星。七星，七宿也。」故君命延二十一歲。臣請伏於殿（陛）下以伺之，吕氏春秋、淮南、新序并作「陛下」。後讕告篇同。則此「殿」爲「陛」之誤，非異文也。星必不徙，必猶若也。史記天官書：「兵必起，合鬥其直。」匈奴傳〔一〕：「必我行也，爲漢患者。」諸「必」字義同。臣請死耳。」是夕也，火星果徙三舍。天官書索隱引韋昭曰：「火，熒惑。」此文據淮南子。

如子韋之言，則延年審得二十一歲矣。星徙審，則延命，延命明，則景公爲善，天祐之也，盼遂案：上「延命」下，脱一「明」字。則夫世間人能爲景公之行者，則必得景公祐矣。此虚言也。何則？皇天遷怒，使熒惑本景公身有惡而守心，則雖聽子韋言，猶無益也。使其不爲景公，則雖不聽子韋之言，亦無損也。

齊景公時有彗星，見左昭二十六年傳。使人禳之。杜注：「祭以禳除之。」晏子曰：「無益也，秖取誣焉。杜曰：「誣，欺也。」天道不闇，左傳、晏子外篇七并作「謟」。杜云：「疑也。」陳樹華曰：依論衡，則「闇」與「謟媚」字同韻，或左傳古本作「謟」。暉按：新序雜事篇正作「謟」。不貳其命，若之何禳之也？且天之有彗，以除穢也。杜〔二〕注：「星象似箒，故有

〔一〕「奴」，原本作「胸」，據史記改。
〔二〕「杜」，原本作「林」，形近而誤，今改。

除穢之象。」左昭十七年傳，申須曰：「彗所以除舊布新也。」君無穢德，又何禳焉？若德之穢，禳之何益？左傳、晏子並作「損」。新序同此。詩曰：『惟此文王，小心翼翼，鄭箋：「翼翼，恭慎貌。」昭事上帝，聿懷多福；「懷」讀爲「遺」。陳風匪風：「懷之好音。」毛傳：「懷，歸也。」廣雅曰：「歸，遺也。」懷、歸、遺，古音並同。「聿懷多福」，謂上帝遺文王以多福。厥德不回，毛傳：回，違也。以受方國。』四方皆歸之。詩大雅大明篇文。君無回德，左傳、晏子、新序並作「違德」。回、違古通，邪也。但作「回」，與上文「不回」、下文「回亂」合。李賡芸曰：此必本之古本左傳。方國將至，何患於彗？詩曰：『我無所監，夏后及商，用亂之故，民卒流亡。』杜曰：「逸詩也。言追監夏、商之亡，皆以亂故。」盼遂案：今毛詩無此文，疑出魯詩大雅召旻篇，仲任治魯詩者也。若德回亂，民將流亡，祝史之爲，無能補也。」公說，乃止。齊君欲禳彗星之凶，猶子韋欲移熒惑之禍也；宋君不聽，猶晏子不肯從也，則齊君爲子韋，晏子爲宋君也。同變共禍，一事二人，天猶賢宋君，使熒惑徙三舍，延二十一年，盼遂案：「延」下當依上下文例補「命」字。獨不多晏子，舊校曰：「多」一作「爲」。使彗消而增其壽，何天祐善偏駁不齊一也？

人君有〔善言〕善行，孫曰：「有」下挩「善言」二字，（或在「善行」二字下。）下二句即承此文言之。善行動於心，善言出於意，同由共本，一氣不異。宋景公出三善言，則其先三善言之前，於一句中，並出「先」、「前」二字，於義未妥。「先」疑「于」字之誤。一曰：「出」字形譌。必有善行也。盼遂案：「先」疑爲「出」之誤。「出三善言」，疊上文也。有善行，必有善政。政善，則嘉瑞臻，福祥至，熒惑之星，無爲守心也。使景公有失誤之行，以致惡政，惡政發，則妖異見，熒〔惑〕之守心，孫曰：「熒」下脱「惑」字。□桑穀之生朝。句上疑脱「猶」字。無接續詞，則義不相屬矣。高宗消桑穀之變，以政不以言；見異虚篇。景公卻熒惑之異，亦宜以行。景公有惡行，故熒惑守心。不改政修行，坐出三善言，安能動天？天安肯應？何以效之？使景公出三惡言，能使熒惑守（食）心乎？「守」當作「食」。說見下。夫三惡言不能使熒惑守（食）心，宋本「守」作「食」，朱校元本同。後文云：「如景公出三惡言，熒惑食心乎。」與此正合。「食」字對「退徙」爲義。熒惑守心，爲善言卻，爲惡言則當進而食之。「食」讀月蝕之蝕，今涉諸「守心」而誤，則失〔一〕其旨，當據正。三善言安能使熒惑退徙三舍？以三善言獲二十一年，如有百善言，得千歲之壽乎？非天祐善之意，應誠爲福之實也。

子韋之言：「天處高而聽卑，君有君人之言三，天必三賞君。」夫天，體也，與地

〔一〕「失」，原本作「夫」，形近而誤，今改。

無異。諸有體者，耳咸附於首。體與耳殊，未之有也。天之去人，高數萬里，說日篇：「天之去地，六萬餘里。」使耳附天，聽數萬里之語，弗能聞也。人坐樓臺之上，察地之螻蟻，尚不見其體，安能聞其聲？何則？螻蟻之體細，不若人形大，御覽九四七引無「細」字，「大」作「夫」，屬下爲句，非。聲音孔氣，不能達也。今天之崇高，非直樓臺，人體比於天，非若螻蟻於人也。謂天非若螻蟻於人也。劉先生曰：此九字衍，或注語誤入正文，遂使文義隔斷。御覽九四七引無此九字，尤其明證。謂天聞人言，隨善惡爲吉凶，誤矣。四夷入諸夏，因譯而通。說文：「譯，傳四夷之語也。」同形均氣，語不相曉，雖五帝三王，不能去譯獨曉四夷，況天與人異體，音與人殊乎？人不曉天所爲，天安能知人所行？使天體乎？耳高，不能聞人言；使天氣乎？氣若雲煙，安能聽人辭？

說災變之家曰：沈濤曰：「災變家」當爲「變復家」之誤。「說」字屬上爲句。暉按：此與異虛篇「說災異之家」句法同，沈說非。「人在天地之間，猶魚在水中矣。其能以行動天地，猶魚鼓而振水也。魚動而水蕩，□□□氣變。」魚動蕩水，不能變氣，「氣變」上疑脫「人行而」三字。「魚動而水蕩，人行而氣變」對文。下文云「今人操行變氣，遠近宜與魚等」可證。此非實事也。假使真然，不能至天。魚長一尺，動於水中，振旁側之水，不過數尺。大若(者)不過與人同，「若」字無義，當作「者」。盼遂案：「若」疑爲「者」誤。「大者」對上「魚長」

一尺而言。所振蕩者，不過百步，而一里之外，澹然澄靜，離之遠也。今人操行變氣，遠近宜與魚等，氣應而變，宜與水均。以七尺之細形，形中之微氣，不過與一鼎之蒸火同，說文：「烝，火氣上行也。」此假「蒸」爲之。從下地上變皇天，何其高也？

且景公，賢者也。賢者操行，上不及聖，下不過惡人。盼遂案：「聖」下脱「人」字，致與下文不合。世間聖人，莫不堯、舜；惡人，莫不桀、紂。堯、舜操行多善，無移熒惑之效；桀、紂之政多惡，有反景公脱禍之驗。「有反」疑倒。盼遂案：「有反」二字宜互倒。景公出三善言，延年二十一歲，是則堯、舜宜獲千歲，桀、紂宜爲殤子。今則不然，各隨年壽，堯、舜、桀、紂，皆近百載。是竟子韋之言妄，延年之語虚也。

且子韋之言曰：「熒惑，天使也；淮南天文訓：「熒惑常以十月入太微，受制而出行列宿，司無道之國。」心，宋分野也，禍當君。」若是者，天使熒惑加禍於景公也，如何可移於將、相若歲與國民乎？若猶與也。天之有熒惑也，猶王者之有方伯也。天官書索隱引天官占云：「熒惑，方伯象，司察妖孽。」諸侯有當死之罪，使方伯圍守其國。國君問罪於臣，臣明罪在君，雖然，可移於臣子與人民。設國君計其言，「計」字疑誤。盼遂案：「計」爲「許」之壞字。令其臣歸罪於國。謂國君自任其罪。盼遂案：「國」下脱「人」字。國人謂臣子與人民也。下文累言國人是其證。方伯聞之，肯聽其言，釋國君之罪，更移以付國人乎？方伯不聽者，自國君之罪，非國人之辜也。方伯不聽，自國君之罪，盼遂案：「自國君之罪」五字，當是「非國人之辜」，故方伯不肯聽其獄。果「自國君之罪」，則原爲方伯所職守，何故不聽之乎？上文「方伯聞之，肯聽其言，釋國君之罪，更移以付國人乎」，即此事也。熒惑安肯移禍於國人？若此，子韋之言妄也。

曰：「景公〔不〕聽乎言，庸何〔不〕能動天？」此爲設難之詞，脱兩「不」字，義不可通。成事：景公不聽子韋之言，此云「聽乎言」，殊無事證。此文明「人不動天」之旨，故設何以不能動天之難。若脱「不」字，則義無屬。下文「諸侯不聽其臣言」，即承「不聽乎言」爲義；「方伯不釋其罪」，即承「不能動天」爲義。盼遂案：「曰」疑爲「況」字之誤。古「況」止作「兄」，與「曰」字形相近。「公」下應有「不」字，作「況景公不聽乎言」。使諸侯不聽其臣言，引過自予。方伯聞其言，釋其罪，委之去乎？方伯不釋諸侯之罪，熒惑安肯徙去三舍？夫聽與不聽，皆無福善，星徙之實，未可信用。天人同道，好惡不殊，人道不然，則知天無驗矣。言天道者，必有驗於人事。

宋、衛、陳、鄭之俱災也，見左昭十八年傳。杜注：「天火曰災。」氣變見天。昭公十七年有星孛于大辰，謂即此象也。梓慎知之，請於子產，裨竈請，非梓慎也。此文誤。有以除之，解除也。子產不聽。天道當然，人事不能卻也。使子產聽梓慎，四國能無災乎？

堯遭鴻水，時臣必有梓慎、子韋之知矣，然而不卻除者，堯與子産同心也。

案子韋之言曰：「熒惑，天使也；心，宋分野也，禍當君。」審如此言，禍不可除，星不可卻也。若夫寒温失和，風雨不時，政事之家，謂之失誤所致，可以善政賢行變而復也。變復，見感虚篇注。若熒惑守心，若必死，下「若」字，疑「者」字誤。猶亡禍安可除？亡，國亡也。修政改行，安能卻之？善政賢行，尚不能卻，出虚華之三言，謂星卻而禍除，增壽延年，享長久之福，誤矣。

觀子韋之言景公，言熒惑之禍，「景公言」三字疑衍。非寒暑風雨之類，身死命終之祥也。國語周語注：「祥猶象也。」國且亡，身且死，祆氣見於天，容色見於面。宋、元本下「見」字并作「陽」。朱校同。面有容色，雖善操行不能滅，死徵已見也。在體之色，不可以言行滅；在天之妖，安可以治除乎？人病且死，色見於面，人或謂之曰：「此必死之徵也。」雖然，可移於五鄰，若移於奴役。」若猶或也。當死之人，正言不可，容色肯爲善言之故滅，而當死之命，肯爲之長乎？氣不可滅，命不可長，然則熒惑安可卻？景公之年安可增乎？由此言之，熒惑守心，未知所爲，故景公不死也。

且言「星徙三舍」者，何謂也？星三徙於一（三）舍乎？「一舍」，朱校元本作「三舍」。按：上文既明言「星徙三舍」，則此不得據不知問「星三徙於一舍」。疑當從元本作「星三徙於三舍乎」。一徙歷於三舍也？案子韋之言曰：「君有君人之言三，天必三賞君。今夕，星必徙三舍。」若此，星竟徙三舍也。夫景公一坐有三善言，坐猶因也。星徙三舍，如有十善言，星徙十舍乎？熒惑守心，爲善言卻，如景公復出三惡言，熒惑食心乎？爲善言卻，爲惡言進，無善無惡，熒惑安居不行動乎？

或時熒惑守心爲旱災，熒惑，赤帝精，故云。不爲君薨。子韋不知，以爲死禍，信俗至誠之感。熒惑之處「之處」當是「去處」，「去」字，草書極近「之」字。下文「子韋知星行度適自去」，正作「去」也。星，必偶自當去，景公自不死，世則謂子韋之言審，景公之誠感天矣。

亦或時子韋知星行度適自去，自以著己之知，明君臣推讓之所致，見星之數七，上文云：「徙行七星。」謂每徙經七星。呂氏、淮南、新序義并同。仲任似失其旨。因言星〔徙〕七（三）舍，復得二十一年，「星七舍」，當作「星徙三舍」。若作「七舍」，則七七四十九，不得二十一年矣。星之數七，星徙三舍，三七故得二十一年。「復」字於義無着，即「徙」字誤奪。「星徙三舍」，上文屢見。因以星舍計年之數，是與齊太卜無以異也。

齊景公問太卜曰：「子之道何能？」對曰：「能動地。」晏子往見公，公曰：「寡人問太卜曰：『子道何能？』對曰：『能動地。』地固可動乎？」晏子外篇、淮南道應訓并無「固」字。晏子嘿然不對。晏子、淮南「嘿」作「默」。出見太卜曰：「昔吾見鉤星在房、心之間，地其動乎？」淮南亦作「房心」。王念孫曰：當作「駟心」。晏子外篇正作「昔吾見鉤星在四心之間」。「四」與「駟」同。暉按：讕告篇、變動篇、恢國篇并作「房心」，則「房」字不誤。仲任所據淮南然也。天官書亦云：「鉤星出房心間，地動。」房、駟異名同實，房四星而稱爲四，猶心三星而稱爲三。晏子作「四」，淮南作「房」，當各依本書。畢沅以「四」爲誤，亦失之。高注：句星，客星也。房，駟。句星守房心，則地動也。太卜曰：「然。」晏子出，太卜走見公。盼遂案：「公」下當有「曰」字。下文「臣非能動地，地固將自動」二語，即太卜對公之言。脱一「曰」字，則意不貫。〔曰〕：劉先生曰：當依晏子、淮南增「曰」字。「臣非能動地，地固將自動。」夫子韋言星徙，猶太卜言地動也。地固且自動，太卜言己能動之；星固將自徙，子韋言君能徙之。使晏子不言鉤星在房、心〔間〕，則太卜之姦對不覺。「間」據朱校元本補。宋無晏子之知臣，故子韋之一言，遂爲（售）其〔欺〕是（耳）。先孫曰：「遂爲其是」，義不可通。黄氏日鈔引作「售其欺耳」。疑當作「遂售其欺耳」。今本「售」譌「爲」，「耳」譌「是」，又脱「欺」字。

案子韋書録序奏盼遂案：「秦」爲「奏」之誤字。「子韋書録序奏」者，蓋亦劉向、劉歆校上録、略之文歟？漢書藝文志陰陽家有宋司星子韋三篇，歷來輯劉氏録、略者失引此文。亦言：「録序秦」爲子韋書名。字譌，未知所當作。漢志陰陽家有宋司星子韋三篇。「子韋曰：『君出三善言，熒惑宜有動。』於是候之，果徙舍。」不言「三」。未云「徙三舍」。或時星當自去，朱校元本作「徙」。子韋以爲驗，實動離舍，世增言「三」。既空增三舍之數，又虛生二十一年之壽也。

論衡校釋卷第五

異虛篇

盼遂案：本篇止論殷高宗桑穀生亡一事。

殷高宗之時，高宗，武丁。或言中宗太戊。注詳無形篇。**桑穀俱生於朝，**「穀」，變虛篇誤同。天啓本以下作「穀」，亦誤。無形篇、順鼓篇、感類篇作「榖」，是也。説文木部：「榖，楮也。从木，㱿聲。」小雅鶴鳴毛傳：「榖，惡木也。」正義引陸機疏云：「幽州人謂之榖桑，荆、揚人謂之榖，中州人謂之楮。殷中宗時，桑榖共生是也。今江南人績其皮以爲布，又擣以爲紙，謂之榖皮紙，絜白光澤，其裏甚好。其葉初生時可以爲茹。」焦氏筆乘曰：「史記：『桑榖共生。』榖，樹名，皮可爲紙。榖从『木』，音構。穀从『禾』，音谷。糓从『米』，音叨。今多混。」方以智曰：「榖一曰構，其高大皮駁，實如楓實，熟則紅。」**七日而大拱。**史記殷本紀、封禪書、漢書郊祀志上並作「一暮大拱」。呂氏春秋制樂篇作「比旦而大拱」。尚書大傳、漢書五行志、説苑敬慎篇、書僞孔傳、孔子家語五儀解并與此同。韓詩外傳三作「三日」，蓋字之誤。大傳鄭玄注：「兩手搤之曰拱。生七日而見其大滿兩手也。」**高宗召其相而問之，相曰：「吾雖知之，弗能言也。」問祖己。祖己曰：「夫桑穀者，野草也，**鄭注：「此木也，而云草，未聞。」劉氏以爲屬草妖。」沈赤然寄傲軒讀書隨筆曰：「傳言桑穀俱生於朝，疑桑穀本是二物。穀不可言木也。草可該木，桑何不可謂之草？」按沈説「穀不可言木」，是讀五穀之「穀」，而不知「穀」爲「穀」誤。穀，木名，非草。而生於朝，意朝亡乎？」漢書五行志中之下載劉向説曰：「殷道既衰，高宗承敝而起，盡涼陰之哀，天下應之。既獲顯榮，怠於政事，國將危亡，故桑穀之異見。桑猶喪也。穀猶生也。殺生之秉，失而在下，近草妖也。一曰：野木生朝而暴長，小人將暴在大臣之位，危亡國家，象朝將爲虚之應也。」後説，即祖己之義。高宗恐駭，側身而行道，思索先王之政，明養老之義，興滅國，繼絶世，舉佚民，桑穀亡。三年之後，諸侯以譯來朝者六國，尚書大傳、説苑敬慎篇并同。説苑君道篇作「七國」，家語五儀解作「十有六國」，皇甫謐云「七十六國」，説各殊異。遂享百年之福。見氣壽篇注。此文據尚書大傳。

高宗，賢君也，而感桑穀生而問祖己，行祖己之言，修政改行，桑穀之妖亡，諸侯朝而年長久。脩善之義篤，故瑞應之福渥。

此虚言也。

祖己之言，朝當亡哉！盼遂案：「哉」爲「者」之形誤。此語爲起下之辭。夫朝之當亡，猶人當死。人欲死，怪出；國欲亡，期盡。人死命終，死不復生，亡不復存。祖己之言政，天啓本、程、何、錢、黄本并作「政」。王本、崇文本作「改」，非。何益於不亡？高宗之脩行，何益於除禍？夫家人見凶脩善，不能得吉；高宗見妖改政，安能除禍？除禍且不能，況能招致六國，延期至百年乎？故人之死生，在於命之夭壽，不在行之善惡；國之存亡，在期之長短，不在於政之得失。「於」字依上文例，當在「期」字上。

案祖己之占，桑穀爲亡之妖，亡象已見，雖脩孝(教)行，孫曰：「孝」字於義無取。高宗脩政改行，以消桑穀，非孝行也。「孝」疑「教」之壞字。其何益哉？何以效之？魯昭公之時，昭公二十五年。鸜鵒來巢，運斗樞曰：「巢于榆。」(公羊傳疏。)師己採文、成之世童謠之語，師己，魯大夫。文、成，魯先君文公、成公也。今左傳「成」作「武」，傳寫之譌。唐石經、漢五行志、史通、文選幽通賦注引傳，并與此合。有鸜鵒之言，見今有來巢之驗，則占謂之凶。其後昭公爲季氏所逐，出於齊，郈昭伯與季平子因鬭鷄有隙。又季氏之族有淫妻爲讒，使季平子與族人相惡，皆譖平子。昭公遂伐季氏，爲所敗，出奔齊，次於乾侯。見左昭二十五年傳。國果空虛。都有虛驗，「虛」讀作「墟」。指瑞篇：「魯國之都，且爲丘墟。」盼遂案：「虛驗」當是「應驗」，涉上句「虛」字而譌。「虛」字，漢隸作「虗」，形與「應」近。故野鳥來巢；師己處之，「處」，義見本性篇。禍意〔一〕如占。盼遂案：「意」爲「竟」之誤。使昭公聞師己之言，脩行改

〔一〕「意」，原本作「竟」，據通津草堂本改。

政爲善，居高宗之操，終不能消。盼遂案：「居」字爲「若」字之誤。何則？鸜鵒之謡已兆，出奔之禍已成也。鸜鵒之兆，已出於文、成之世矣。根生，葉安得不茂？源發，流安得不廣？文選張茂先勵志詩注引「源」上有「自」字，則「流」字句絶，非也。此尚爲近，未足以言之。

夏將衰也，二龍戰於庭，吐漦而去。注奇怪篇。夏王櫝而藏之。夏亡，傳於殷；殷亡，傳於周，傳此器也。皆莫之發。至幽王之時，當作厲王。奇怪篇誤同。發而視之，漦流于庭，化爲玄黿，走入後宫，與婦人交，鄭語：「府之童妾，未既齓而遭之，既笄而孕，當宣王時而生。不夫而育，懼而棄之。爲弧服者取之，逃于褒。褒姁入于王。」遂生褒姒。褒姒歸周，厲王惑亂，當作幽王。國遂滅亡。盼遂案：「幽王」與「厲王」互倒。仲任蓋因習語幽、厲連言，遂倒寘耳。幽、厲王之去夏世，以爲千數歲，「以」、「已」字通。二龍戰時，幽、厲、褒姒等未爲人也。周亡之妖，已出久矣。妖出，禍安得不就？瑞見，福安得不至？若二龍戰時言曰：「余褒之二君也。」史記集解引虞翻曰：「龍自號褒之二先君也。」是則褒姒當生之驗也。龍稱褒，褒姒不得不生，生則厲王不得不惡，當作幽王。偶會篇不誤。惡則國不得不亡。〔亡〕徵已見，「亡」字脱，語義未足。變虚篇：「亡象已見。」句法與同。本書重文常脱。韓非子亡徵篇：「亡徵者，非曰必亡，言其可亡也。」盼遂案：宜疊「亡」字，「亡徵已見」爲句。雖五聖十賢相與卻之，終不能消。善惡同實：善祥出，國必興；惡祥見，朝必亡。「詳」猶「象」也。謂惡異可以善行除，是謂善瑞可以惡政滅也。河源出於崑崙，漢書張騫傳：「古圖書名河所出曰昆侖。」西域傳：「河有兩源：一出葱嶺山，一出于闐。」徐松曰：「其實河有三源：出葱嶺者，尚有南河、北河之分，與于闐河而三也。」詳爾雅釋水郝疏。其流播於九河。爾雅釋水：「徒駭、太史、馬頰、覆鬴、胡蘇、簡絜、鉤盤、鬲津爲九河也。」使堯、禹卻以善政，終不能還者，水勢當然，人事不能禁也。河源不可禁，二龍不可除，則桑穀不可卻也。

王命之當興也，猶春氣之當爲夏也；其當亡也，猶秋氣之當爲冬也。見春之微葉，吳曰：「微葉」當作「微蘖」，形近而誤。下文「其猶春葉」，誤同。盼遂案：「微葉」疑當是「微芽」之誤。下「春葉秋實」之「葉」，亦「芽」之誤。知夏有莖葉；覩秋之零實，零，落也。知冬之枯萃。桑穀之生，其猶春葉秋實也，必然猶驗之。「猶」字疑涉上文衍。今詳修政改行，何能除之？盼遂案：「詳」疑「設」之誤。

夫以周亡之祥，見於夏時，又何以知桑穀之生，不爲紂亡出乎？或時祖己言之，當作「之言」，傳寫誤倒。信野草之占，失遠近之實；高宗問祖己之後，側身行道，六國諸侯，偶朝而至。高宗之命，自長未終，則謂起桑穀之問，改政脩行，享百年之福矣。

夫桑穀之生，殆爲紂出。亦或時吉而不凶，故殷朝不亡，高宗壽長；祖己信野草之占，謂之當亡之徵。

漢孝武皇帝之時，漢書武帝紀：「元狩元年冬十月，行幸雍，祠五時也。」獲白麟，〔一角〕戴兩（肉）角而共（五）觝（趾），「戴兩角而共觝」，當作「一角戴肉而五趾」。「兩肉」、「共五」、「觝趾」并形近而誤，「一」字脱，「角」字誤奪在「兩」字下，文遂不可通矣。公羊哀公十四年傳注：「麟狀如麕，一角而戴肉。」下文云：「野獸而共一角。」則不得云「戴兩角」矣。「共觝」二字無義。漢書終軍傳：「獲白麟，一角而五蹄。」注：「每一足而有五蹄也。」（前漢紀十二同。）史記封禪書、褚少孫補武帝紀：「獲一角獸，若麃然，有司曰：『蓋麟云。』」即此事也。後講瑞篇、指瑞篇并云：「一角而五趾。」使謁者終軍議之。軍曰：「夫野獸而共一角，象天下合同爲一也。」野獸皆兩角，今此獨一，故云「而共」。漢書本傳載終對曰：「今野獸并角，明同本也。」春秋感精符曰：「麟一角，明海内共一主也。」（類聚九八。）軍説所據。麒麟，野獸也；桑穀，野草也，俱爲野物，獸、草何別？終軍謂〔野〕獸爲吉，吴曰：「獸」上脱「野」字，上文云「麒麟，野獸也。桑穀，野草也」可證。祖己謂野草爲凶。

高宗祭成湯之廟，指瑞篇同。他書并無「之廟」二字。有蜚雉升鼎〔耳〕而雊。「鼎」下當有「耳」字，各本俱脱。書序、大傳、史記殷本紀、漢書郊祀志、五行志、前漢紀二四、本書指瑞篇并有「耳」字，是其證。説文云：「雊，雄雉鳴也。雷始動，雉乃鳴，而雊其頸。」祖己以爲遠人將有來者，大傳：（御覽九一七。）「武丁祭成湯，有雉飛升鼎耳而雊，問諸祖己。祖己曰：『雉者，野鳥也，不當升鼎。今升鼎者，欲爲用也。遠方將有來朝者乎！』武丁思先王之道，編髮重譯，至者六國。」説尚書家謂雉凶，漢書五行志：「劉向以爲雉雊鳴者，雄也。以赤色爲主。於易離爲雉，雉南方，近赤祥也。劉歆以爲羽蟲之孽。易有鼎卦，鼎，宗廟之器，主器奉宗廟者，長子也。野鳥自外來，入爲宗廟器主，是繼嗣將易也。一曰：鼎三足，三公象，而以耳行，野鳥居鼎耳，小人將居公位，敗宗廟之祀。野鳥入廟，敗亡之異也。」鄭玄曰：「鼎，三公象也，又用耳行。雉升鼎耳而鳴，象視不明。天意若曰：當任三公之謀以爲政。」（高宗肜日疏引。）與漢志所載一説義稍不同。并爲視之不明，羽蟲之孽。（僞孔傳以爲耳不聰之異，不足據。五行傳：「聽之不聰，有介蟲之孽。」漢志以爲「魚孽」，非謂雉也。）又漢書外戚傳許皇后傳：「書云：『高宗肜日，粤有雊雉。祖己曰：「惟先假王，正厥事。」』即飭椒房及掖庭也。」師古曰：「謂祖己之言，皆以戒後宫也。」杜欽傳欽上疏及五行傳王音等説，義同。又孔光傳：「上天聰明，苟無其事，變不虚生，書曰：『惟先假王，正厥事。』言異變之來，起事有不正也。」史記殷本紀：「武丁懼，祖己曰：『王勿憂，先修政事。』」諸説義雖不同，俱以雉爲凶祥也。譴飭椒房，乃劉向、谷永等説。（許后傳及谷永傳可見。）孔光、安國後，是謂雉爲凶者，或以爲古文尚書説也，故與大傳異。皮錫瑞曰：「據論衡此文，則漢時今文家已非一解，王仲任不能定其説。説尚書者或云雉吉，或云雉凶，其義雖異，而皆可通。蓋上天示變，則疑於凶；修德禳災，則轉爲吉。史記一書，多同今文，武帝、王音、杜欽、劉歆皆爲今文說。歆雖傳古文尚書，而五行傳所載皆今文之義。」議駁不同。且從祖己之言，雉伏於野草之中，草覆野鳥之形，若民人處草廬之中，可謂其人吉而廬凶乎？民人入都，不謂之凶；野草生朝，何故不吉？

雉則民人之類，如謂含血者吉，長狄來至，是吉也，何故謂之凶？公羊文十一年傳曰：「狄者何？長狄也。兄弟三人，一者之魯，一者之齊，一者之晉。何以書？記異也。」何注：「魯成就周道之封，齊、晉霸尊周室之後。長狄之操，無羽翮之助，別之三國，皆欲爲君，比象周室衰，禮樂廢，大人無輔助，有夷狄行。」五行志下之上：「劉向以爲，是時周室衰微，三國爲大，可責者也。天戒若曰：『不行禮義，大爲夷狄之行，將至危亡。近下人伐上之痾也。』劉歆以爲人變，屬黃祥。一曰：『屬蠃蟲之孽。』一曰：『天地之性，人爲貴，凡人爲變，皆屬皇極。下人伐上之痾云。』京房易傳曰：『君暴亂，疾有道，厥妖長狄入國。』又曰：『豐其屋，下獨苦，長狄生，世主虜。』」如以從夷狄來者不吉，介葛盧來朝，是凶也。僖公二十九年來朝魯。杜預曰：「介，東夷國也。葛盧，介君名也。」公、穀并不言「朝」，謂不能乎朝也。此據左氏。如以草木者爲凶，朱草、蓂莢出，博物志：「和氣相感，則生朱草。」餘注初禀篇。蓂莢見是應篇。是不吉也。朱草、蓂莢皆草也，宜生於野，而生於朝，是爲不吉，何故謂之瑞？一野之物，來至或出，吉凶異議。**朱草、蓂莢，善草，故爲吉，則是以善惡爲吉凶，不以都野爲好醜也。**

周時天下太平，越嘗獻雉於周公，御覽四夷部六引尚書大傳：「交趾之南，有越裳國。周公居攝六年，制禮作樂，天下和平，越裳以三象重譯而獻白雉。」漢書賈捐之傳師古注：「論衡作『越嘗』。」按：儒增篇作「越裳」，講瑞、宣漢、恢國三篇并作「越常」，此作「越嘗」，字并通也。韓詩外傳五、説苑辯物篇、尚書大傳、（文選王元長曲水詩序注、後漢書馬融傳注引。）孝經援神契（類聚祥瑞部引。）并作「越裳」。張晏據「衣裳」之字，謂「越不著衣裳，慕中國化，遺譯來著衣裳，故曰越裳」，失之穿鑿。清一統志曰：「安南國，周時爲越裳氏地。」**高宗得之而吉。**「高宗」二字，不應複出，涉上下文而衍。此據周公得雉之吉，以證桑穀之祥，無涉高宗。雉雊之吉，已辯見上文。又高宗有雉雊鳴，不當言「得之」，並其證。**雉亦野草之物，何以爲吉？如以雉所（耿）分（介）有似於士，**吴曰：「所分」二字無義，「所分」當作「耿介」，形近之譌也。士相見禮：「冬用雉。」鄭注云：「士摯用者，取其雉耿介，交有時，别有倫也。」正義云：「士之義亦然。」義取耿介，不犯上也。」大宗伯：「士執雉。」鄭注云：「取其守介而死。」釋文云：「介或作分。」舊籍傳寫，「介」、「分」多相亂。此文「介」誤爲「分」，淺人不了，又誤改「耿」爲「所」矣。士耿介似雉，故摯用雉以表德，此禮家舊説也。暉按：釋名釋首飾曰：「鷩雉，山雉也，性急憋，不可生服，必自殺，故畫其形於衣，以象人執耿介之節也。」亦可證成吴説。**則麞亦仍有似君子，**吴曰：麞似君子，疑是詩三家遺說。左氏昭元年傳："子皮賦野有死麕之卒章。"杜解云："義取君子徐以禮來，無使我失節，而使狗驚吠。"疑杜蓋有所本。**公孫術（述）得白鹿，**先孫曰："術"當作"述"，後漢書述傳未載。暉按：東觀漢記二三亦無此事。吴曰："鹿"疑當作"麕"，承上"麕似君子"而言。**占何以凶？然則雉之吉凶未可知，則夫桑穀之善惡未可驗也。桑穀或善物，象遠方之士，將皆立於高宗之廟（朝），**"廟"當作"朝"，傳寫誤也。桑穀生朝，故據"朝"言之。禮終則制廟，是與下"高宗享長久"之義相違矣。**故高宗獲吉福，享長久也。**

說災異之家，以爲天有災異者，所以譴告王者，義詳譴告篇。**信也。**當有脱文。或"信"字衍。**夫王者有過，異見於國；**異，先事而至者。**不改，災見草木；**災，隨事而至者。**不改，災見於五穀；不改，災至身。左氏春秋傳曰："國之將亡，鮮不五稔。"**左昭元年傳載秦后子言曰："國無道而年穀和熟，天贊之也。鮮不五稔。"即此文所引。杜注："鮮，少也。少尚當歷五年，多則不啻。"是以五稔爲五年。與下"趙孟視蔭曰：『朝夕不相及，誰能待五』"義正相屬。此文則謂五穀熟也，與"年穀和熟"義正相承，然與趙孟之言不相屬，未知仲任何據。說文禾部引春秋傳曰"鮮不五稔"，解云："稔，穀熟也。"義與此同。**災見於五穀，五穀安得熟？不熟，將亡之徵。災亦有且亡五穀[不]熟之應。**"不"字涉上文"不熟"而衍。五穀熟爲且亡之災，承上"國之將亡，鮮不五稔"爲義也。若作"五穀不熟"，則與"不熟，將亡之徵"義重，而「亦」字無着矣。下文：「夫不熟，或爲災，或爲福。」爲災者，不熟將亡之徵也；爲福者，且亡五穀孰，故不孰爲福也。天(夫)不熟，「天」，宋本作「夫」，是。或爲災，或爲福，禍福之實未可知，桑穀之言安可審？

論説之家，著於書記者，皆云：「天雨穀者凶。」説苑辯物篇：「趙簡子曰：『翟雨穀三日。大哉，妖亦足以亡國矣。』」京房曰：「燕丹回於秦，天雨粟於燕，後秦滅之。」書傳曰：盼遂案：事見淮南子本經篇。又「書傳」爲「傳書」之誤倒，論皆作「傳書」。「蒼頡作書，天雨穀，鬼夜哭。」注感虛篇。「穀」彼作「粟」，義同。此方(乃)凶惡之應。「方」當作「乃」，形近而誤。此釋作書鬼哭也。感虛篇曰：「此言文章興，而亂漸見，致其妖變。」是其義也。和者，盼遂案：「方」爲「乃」之誤字。天何用成穀之道。「何」涉「用」字譌衍。説文：「禾，嘉穀也。㠯二月始生，八月而孰，得之中和，故謂之禾。」是其義。從天降而和，「而」猶「以」也。盼遂案：「何」當爲「偶」之誤。且猶謂之善，和氣且猶謂善。氣壽篇曰：「和氣爲治平。」故云善也。況所成之穀，從雨下乎？謂天雨穀。極論訂之，何以爲凶？夫陰陽和則穀稼成，不則被災害。「不」讀作「否」。陰陽和者，穀之道也，何以謂之凶？絲成帛，縷成布。賜人絲縷，猶爲重厚，況遺人以成帛與織布乎？夫絲縷猶陰陽，帛布猶成穀也。賜人帛，不謂之惡，天與之穀，何故謂之凶？夫雨穀吉凶未可定，桑穀之言未可知也。

使暢草生於周之時，天下太平，〔倭〕人來獻暢草。先孫曰：「使暢草生於」五字，疑衍。「暢」即「鬯」之借字。（詳前山海經。）後儒增篇云：「周時天下太平，倭人貢鬯草。」恢國篇亦云：「倭人貢暢。」超奇篇又云：「暢草獻於宛。」此「人」上疑脱「倭」字。説文鬯部：「遠方鬱人所貢。」與王説異。暉按：據感類篇，知是周公時事。「宛」、「鬱」字通。超奇篇與許説同。説詳彼篇。唯「倭人」未審。後漢書東夷傳謂：「倭在韓東南大海中。」即今日本，與鬱地殊。**暢草亦草野之物也，**詩江漢毛傳、周禮春官鬯人先鄭注并云：「鬯，香草也。」王度記曰：（周禮鬱人疏。）「天子以鬯，諸侯以薰，大夫以蘭芝，士以蕭，庶人以艾。」禮緯云：「秬鬯之草。」中候云：「鬯草生郊。」（大雅江漢疏。）徐幹中論云：「煮鬯燒薰，以揚其芬。」皆以鬯爲草名，與仲任説合。周禮春官〔一〕鬯人鄭注、説文鬯部皆以釀秬爲酒曰鬯，與王説不同。孔穎達江漢疏：「言暢草者，蓋亦謂鬱爲鬯草，鬯是酒名，書傳香草無稱鬯者，鄭説爲長。」**與彼桑穀何異？如以夷狄獻之則爲吉，使暢草生於周家，肯謂之〔不〕善乎？**「肯」猶「可」也。「之」下當有「不」字，傳寫誤脱。尋上下文義自明。**夫暢草可以熾釀，**吕氏春秋仲冬紀：「湛饎必潔。」注：「饎，炊也。『饎』讀熾火之『熾』。」「熾」、「饎」音近字通。方言七：「火孰曰爛，氣孰曰饎。」火孰，今言燒烤也。氣孰，今言蒸也。

〔一〕「春」，原本作「序」，據周禮改。

暢之成酒，其法爲氣孰也。**芬香暢達者，**大雅江漢箋、周禮鬯人注、説文解字并云：「芬香條暢。」義同。**將祭，灌暢降神。**將祭，謂祼奠時也。考工記下鄭注：「祼之言灌也。祼謂始獻酌奠也。」大雅文王毛傳：「祼，灌鬯也。」疏：「以鬯酒灌尸，故言灌鬯。」説文：「鬯芬芳條暢，（今作「攸服」，從段改。）以降神也。」白虎通攷黜篇曰：「鬯者，以百草之香，鬱金合而釀之，成爲鬯。陽達於牆屋，陰入於淵泉，所以灌地降神也。」**設自生於周朝，與嘉禾、朱草、蓂莢之類不殊矣。**封禪書云：「嘉禾者，大禾也。」史記周本紀集解引鄭玄曰：「二苗同爲一穗。」朱草、蓂莢，已見前。**然則桑亦食蠶，蠶爲絲，絲爲帛，帛爲衣，衣以入宗廟爲朝服，**論語鄉黨篇：「朝服而立於阼階。」皇疏：「朝服者，玄冠緇布，衣素積裳，是鄉大夫之祭服也。」**與暢無異，何以謂之凶？**

衛獻公太子至靈臺，新序節士篇「衛」作「晉」。左僖十五年傳：「乃舍諸靈臺。」杜注：「在京兆鄠縣，周之故臺。」洪亮吉曰：「詩含神霧云：『作邑於豐，起靈臺。』易乾鑿度：『伐崇，作靈臺。』孔穎達疏：『是靈臺在豐邑之都内也。』水經渭水注：『豐水又北逕靈臺西。』括地志：『雍州長安縣有靈臺，高二丈，周四百二十步。』」**蛇遶左輪。御者曰：「太子下拜。吾聞國君之子，蛇遶車輪左者速得國。」**朱校元本無「車」字。新序作「繞左輪者」。**太子遂不下（行），**「不下」，義未妥。「下」當作「行」。「不行」與下「反乎舍」義正相承。新序正作「不行」，可證。盧文弨據此文改「行」爲「下」，非。**反乎舍。御人見太子，太子曰：「吾聞爲人子者，盡和順於君，新序無「於」字。不行私欲，共嚴承令，「共」讀作「恭」。新序正作「恭」。又「令」作「命」，義較長。不逆君安。盼遂案：「共嚴」即「恭莊」也，「共」爲「恭」之古文，「嚴」爲明帝諱「莊」之代字。今吾得國，是君失安也。見國之利而忘君安，非子道也；得國而拜，其非君欲。廢子道者不孝，逆君欲則不忠，而欲我行之，殆[吾]欲(吾)國之危明矣。」「吾欲」二字誤倒。「殆欲」承「而欲」爲義。若作「吾欲」，則上與「而欲」，下與「明矣」，語氣不貫。新序正作「殆欲吾國之危明矣」。當據正。投(拔)殿(劒)將死，「投殿」不得言將死。「投殿」當作「拔劒」，形近而誤。新序正作「拔劒將死」，是其證。其御止之，不能禁，遂伏劒而死。夫蚍遶左輪，審爲太子速得國，太子宜不死，獻公宜疾薨。今獻公不死，太子伏劒，御者之占，俗之虛言也。或時蚍爲太子將死之妖，御者信俗之占，故失吉凶之實。夫桑穀之生，與蚍遶左輪相似類也。蚍至實凶，御者以爲吉；桑穀實吉，祖己以爲凶。

禹南濟於江，淮南精神訓高注：「濟，渡也。」水經三十五江水注：「大江右得龍穴水口，北對虎洲，洲北有龍巢，地名，禹南濟江，黃龍夾舟，故水地取名。」有黃龍負舟，舟中之人五色無主。禹乃嘻笑而稱曰：「我受命於天，竭力以勞萬民。高注：「勞，憂也。」生，寄也；死，歸也。[死，歸也]，何足以滑和？」劉先生曰：下「死歸也」三字衍。淮南精神篇、御覽九百四十六引此文，并不重「死歸也」三字。是其證。暉按：吕氏春秋知分篇作：「生，性也；死，命也，余何憂於龍焉。」吴越春秋無余外傳：「生，性也；死，命也，爾何爲者。」文義并與此同。不重「死命也」三字，並足證成劉先生説。高曰：「人壽蓋不過百年，故曰寄。死滅没化不見，故曰歸。滑，亂也。和，適也。」**視龍猶蝘蜓也，**高曰：「蝘蜓，蜥蜴也。或曰守宫。」**龍去而亡〔患〕。**各本「亡」下并脱「患」字。淮南作「龍乃弭耳掉尾而逃」。吕氏春秋：「龍俛耳低尾而逝。」吴越春秋：「龍曳尾舍舟而去。」校者蓋據彼文，讀「亡」爲「往亡」，而誤删「患」字，不知此句非録舊文也。「龍去而亡」，「去」、「亡」於義重複。「亡」音「無」，「亡患」承上文「舟中之人五色無主」句爲言。下文云：「古今龍至皆爲吉，而禹獨謂黄龍凶。」與此文義正相貫。御覽九四六引正作「龍去而亡患」，（明鈔本亦脱「患」字。張本「亡」作「無」，趙本、天啓本作「亡」。）是其明證。**案古今龍至皆爲吉，而禹獨謂黄龍凶者，見其負舟，舟中之人恐也。夫以桑穀比於龍，吉凶雖反，蓋相似。野草生於朝，尚爲不吉，殆有若黄龍負舟之異，故爲吉而殷朝不亡。**

晉文公將與楚成王戰於城濮，左僖廿八年傳杜預曰：「衛地。」**彗星出楚，楚操其柄，以問咎犯。咎犯對曰：「以彗鬭，倒之者勝。」**「倒」，宋本作「到」，非。倒之者勝，謂當彗之末者勝。説苑權謀篇：「城濮之戰，文公謂咎犯曰：『彗星見，彼操其柄，我操其標。』咎犯曰：『以掃則彼利，以擊則我利。』」淮南兵略篇：「武王伐紂，慧星出，而授殷人其柄，然而得天下。」注：

「慧星柄在東方，可以掃西方。」事與此類。文公夢與成王搏，杜曰：「搏，手搏。」成王在上，盬其腦。杜曰：「盬，啑也。」問咎犯，咎犯曰：「君得（見）天而成王伏其罪，說苑權謀篇作「君見天而荆王伏其罪」，即此文所本。「得」當作「見」，寫者習於傳文而妄改之也。下文云：「殆有若對彗見天之詭。」是此文原作「見天」之明證。後卜筮篇：「咎犯曰：『吉，君得天，楚伏其罪。』」文與左氏傳合，乃據傳文，故作「得天」也。章炳麟劉子政左氏説謂仲任「得」「見」并從，二字古通，不以此字爲譌，失之。戰必大勝。」文公從之，大破楚師。嚮令文公問庸臣，必曰不勝。何則？彗星無吉，淮南冥覽訓高注：「彗星爲變異，人之害也。」搏在上無凶也。孫曰：當作「搏在下，凶也」。此指文公言之，當云「在下」。「上」字涉上文「在上」而誤。「無」字涉上句「無吉」而衍。下文云：「猶晉當彗末，搏在下，爲不吉也。」是其證。暉按：此指成王言之，義亦可通。夫桑穀之占，占爲凶，上「占」字當作「生」。或衍一「占」字。盼遂案：衍一「占」字。猶晉當彗末、搏在下爲不吉也。然而吉者，殆有若對彗、見天之詭，詭，異也。故高宗長久，殷朝不亡。

使文公不問咎犯，咎犯不明其吉，戰以大勝，世人將曰：「文公以至賢之德，破楚之無道，天雖見妖，卧有凶夢，猶滅妖消凶以獲福。」殷無咎犯之異知，而有祖己信常之占，故桑穀之文，傳世不絶，轉禍爲福之言，到今不實。

感虚篇

儒者傳書言：「堯之時，十日並出，萬物燋枯。堯上射十日，九日去，一日常出。」淮南本經訓：「堯之時，十日並出，焦禾稼，殺草木，堯乃使羿上射十日。」高注：「十日並出，羿射去九。」天問王注引淮南「射十日」下，有「中其九日，日中九烏皆死，墮其羽翼，故留其一日也」。山海經海外東經郭注、書鈔一四九、藝文類聚一所引略同。是今本淮南有脱誤，此文乃據其完本。「十日並出」，亦見山海經海外東經、大荒東經、歸藏鄭母經、（山海經郭注。）莊子齊物論。方以智曰：「羿射日，（句。）落九烏。以『羿射』爲句，一日而落九烏，非『射日』也。後人誤讀耳。」此亦祛惑之論。路史後紀十注亦謂歸藏、楚詞「羿彈十日」，非天之日。然據山海經謂爲羲和君子，則仍爲舊説所惑。郭沫若釋支干曰：「山海經大荒東經云：『有女子名曰羲和，方浴日于甘淵。羲和，帝俊之妻，生十日。』王國維云：『帝俊即帝嚳。』帝嚳爲殷人所自出，則十日傳説必爲殷人創生，而以屬之於其祖者也。」又曰：「太陽日出夜入，出不知所自來，入不知所自往，而日日周旋，古人苦於索解，故創爲十日之説以解之。」

此言虚也。

夫人之射也，不過百步，矢力盡矣。日之行也，行天星度，天之去人，以萬里數，「日之行也」以下，日鈔引作「日之行天，去人以萬里數」。「以萬里數」，以萬爲數也。仲任以爲天地相去六萬里。說日篇：「天之去地，六萬餘里。」又曰：「天之去人，六萬餘里也。」（今誤作「萬里餘也」。校見彼篇。）談天篇：「天之離天下，六萬餘里。」堯上射之，安能得日？使堯之時，天地相近，不過百步，則堯射日，矢能及之；過百步，不能得也。「得」猶「中」也。

假使堯時天地相近，堯射得之，猶不能傷日，[傷]日何肯去？下「傷」字，涉上文衍。何則？日，火也。使在地之火，附一把炬，人從旁射之，雖中，安能滅之？地火不爲見射而滅，天火何爲見射而去？

此欲言堯以精誠射之，精誠所加，金石爲虧，毁也。蓋誠無堅則亦無遠矣。夫水與火各一性也，能射火而滅之，則當射水而除之。洪水之時，流（氾）濫中國，「流」，宋本作「流」，朱校元本、程本作「氾」，當據正。孟子滕文公下：「當堯之時，水逆行，氾濫於中國。」爲民大害，堯何不推精誠射而除之？堯能射日，使火不爲害，不能射河，使水不爲害。夫射水不能卻水，則知射日之語，虛非實也。

或曰：「日，氣也，射雖不及，精誠滅之。」夫天亦遠，使其爲氣，則與日月同；使其爲體，則與金石等。以堯之精誠，滅日虧金石，上射日（天）則能穿天乎？齊曰：

「上射日」當作「上射天」。此爲仲任設詞。仲任意：天與金石日月等，堯既能滅日虧金石，使堯射天，能穿天乎？後人以堯射日不射天，改之，反誤。世稱桀、紂之惡，射天而毆地；史記褚補龜策傳曰：「紂以韋爲囊，囊盛其血，與人懸而射之，與天帝爭彊。」譽高宗之德，政消桑穀。見異虚篇。今堯不能以德滅十日，而必射之，是德不若高宗，惡與桀、紂同也，安能以精誠獲天之應也？

傳書言：「武王伐紂，渡孟津，陽侯之波，注見書虚篇。逆流而擊，疾風晦冥，人馬不見。於是武王左操黄鉞，右執白旄，淮南「執」今作「秉」，後人依牧誓妄改也。牧誓孔曰：「鉞以黄金飾斧。」馬曰：「旄，牛尾。」瞋目而麾之曰：「麾」，淮南泰族篇同。覽冥訓作「撝」。尚書後案曰：「『麾』字不成文理。説文手部云：『摩，旌旗所以指摩也。從手，靡聲。』此秉旄爲指，字當從之。」畢沅曰：「『麾』即『摩』之異文。『摩』即『㧡』之省。」離騷王注：「舉手曰麾。或言以手教曰麾。」畢説是也。『余在，天下誰敢害吾意者！』王念孫曰：「『害』讀爲『曷』，曷，止也。言誰敢止吾意也。爾雅：『曷、遏，止也。』」於是風霽波罷。」淮南作「濟」。時則訓注：「濟，止也。」説文：「霽，雨止也。」「濟」、「霽」字通。此借「霽」爲之。文據淮南覽冥訓。此言虚也。

武王渡孟津時，士衆喜樂，前歌後舞，天人同應。大誓：「前師乃鼓拊譟，師乃慆。

前歌後舞，格於上天下地。」（依孫星衍輯。）人喜天怒，淮南天文篇：「天之偏氣，怒者爲風。」後漢書郎顗傳：「風者號令，天之威怒。」是當時説感應者，有風爲天怒之説，故據以爲義。非實宜也。

前歌後舞，未必其實；麾風而止之，迹近爲虚。

夫風者，氣也，洪範正義引鄭曰：「風，土氣也。凡氣非風不行，猶金木水火非土不處。故土氣爲風。」陳櫟曰：「莊子：『大塊噫氣，其名爲風。』是風爲土氣之證。」馬其昶曰：「内經云：『風出地氣。』」論者以爲天地之號令也。翼氏風角曰：「風者天之號令，所以譴告人君。」（後漢書蔡邕傳注。）風俗通、（書鈔一五一引。）洪興祖離騷補注引河圖、離騷及七諫王注、蔡中郎集陳政事疏并有此説。武王誅紂是乎？天當安静以祐之。如誅紂非乎？而天風者，怒也。武王不奉天令，求索己過，瞋目言曰：「余在，天下誰敢害吾（意）者！」孫曰：此乃復述武王之言，「吾」下蓋脱「意」字。重天怒，「重」猶「加」也。增己之惡也，風何肯止？父母怒，子不改過，瞋目大言，父母肯貰之乎？貰，赦也。如風天所爲，禍氣自然，當作「氣偶自然」。「偶」、「禍」形譌，字又誤倒。偶會篇：「自然之道，適偶之數。」即其義。是亦無知，不爲瞋目麾之故止。夫風猶雨也，使武王瞋目以旄麾雨而止之乎？「而」讀作「能」，古通。一曰：「雨」字形譌。武王不能止雨，則亦不能止風。

或時武王適麾之，風偶自止，世褒武王之德，則謂武王能止風矣。

傳書言：御覽四引「傳」作「儒」。「魯襄（陽）公與韓戰，盼遂案：本書對作篇引淮南書言「魯陽戰而日暮」，亦作「魯陽」，知仲任本作「魯陽」，此作「襄」者，後人誤改。魯陽當時郡國名，故稱魯陽公，或魯陽子。戰酣，日暮，淮南覽冥篇注：「酣，對戰合樂時也。」公援戈而麾之，御覽引無「公」字，與淮南覽冥訓合。「麾」，淮南作「撝」。日爲之反三舍。」俞曰：淮南覽冥訓高注：「魯陽，楚之縣公。」漢書地理志：「南陽郡魯陽。」師古曰：「即淮南所云『與韓戰，日反三舍』者也。」然則，魯陽非魯也。國語楚語：「惠王以梁與魯陽文子。」韋昭注：「文子，平王之孫，司馬子期子，魯陽公也。」墨子耕柱篇：「子墨子謂魯陽文君曰。」魯陽文君即魯陽文子。與韓戰者，未知即此人否。要非魯之襄公也。孫曰：「魯襄公」本作「魯陽公」。下文同。與淮南子、地理志注並合。今作「襄」者，音近之誤也。對作篇亦説此事，正作「魯陽公」。御覽四引亦作「陽」。是原文作「魯陽」，可無疑矣。俞樾頗惑於此，蓋未深考耳。暉按：魯陽公與韓遘戰，即楚魯陽文子，酈道元已著於水經滍水注，俞氏或未之撿。朱亦棟羣書札記曰：「其地在魯山之陽，南陽魯陽有魯山。楚縣尹皆僭稱公，故曰魯陽公。」

此言虚也。

凡人能以精誠感動天〔者〕，「者」字據御覽四引補。專心一意，委務積神，精通于天，天爲變動，然尚未可謂然。〔魯〕襄（陽）公志在〔於〕戰，「魯」、「陽」、「於」三字，據御覽引補正。**爲日暮一麾，安能令日反？使聖人麾日，日終不反，〔魯〕襄〔陽〕公何人？**「魯」、「陽」二字，據御覽引補正。**而使日反乎？**

鴻範曰：「星有好風，星有好雨。」史記集解引馬曰：「箕星好風，畢星好雨。」僞孔傳同。**日月之行，則有冬有夏。**孔傳：「日月之行，冬夏各有常度。」正義曰：「張衡、蔡雍、王蕃等說渾天者皆云，周天三百六十五度四分度之一。天體圓如彈丸，北高南下。北極去地上三十六度，南極入地下三十六度。北極去南極直徑一百二十二度弱，其依天體隆曲。南極去北極一百八十二度强，正當天之中央。南北二極中等之處，謂之赤道，去南北極各九十一度。春分日行赤道，從此漸北。夏至赤道之北二十四度，去北極六十七度，去南極一百一十五度，日行黑道。從夏至日以後，日漸南至，秋分還行赤道，與春分同。冬至行赤道之南二十四度，去南極六十七度，去北極一百一十五度，其日之行處，謂之黄道。又有月行之道，與日道相近，交路而遇，半在日道之裏，半在日道之表。其當交則兩道相合，交去極遠處，兩道相去六度。此其日月行道之大略也。」仲任說方天者，其日月行道與渾天說有無異同，今不可考。**月之從星，則有風雨。**「有」，洪範、本書說日、明雩篇并作「以」。孔傳「月經於箕則多風，離於畢則多雨」。鄭曰：（依孫星衍輯。）「風，土也，爲木妃。雨，水也，爲金妃。故星好焉。中央土氣爲風，東方木氣爲雨，箕屬東方木，木克土，土爲妃，尚妻之所好，故箕星好風也。西方金氣爲陰，尅東方木，木爲妃，屬西方，尚妻之所好，故畢星好雨也。是土十爲木八妻，木八爲金九妻，故月離於箕，風揚沙，月離於畢，俾滂沱。」**夫星與日月**

同精，晉書天文志曰：「皆陰陽之精。」日月不從星，經言「月之從星」，此并言「日月」者，鄭曰：（洪範疏。）「不言日者，日之從星，不可見故也。」仲任是據實象言之。星輒復變。其説未聞。明日月行有常度，不得從星之好惡也，安得從〔魯〕襄〔陽〕公之所欲？「魯」字脱，「襄」當作「陽」。校見上。

星之在天也，爲日月舍，淮南覽冥訓高注：「舍，次宿也。」文選郭璞遊仙詩注引淮南許注：「二十八宿，一宿爲一舍。」猶地有郵亭，續百官志注引漢官儀曰：「十里一亭，亭長亭候。五里一郵，郵間相去二里半，司姦盜。」又引風俗通曰：「亭，留也，蓋行旅宿會之所館。」説文曰：「郵，竟上行書舍也。」爲長吏廨也。漢書百官表：「秩四百石至二百石，是爲長吏。」師古曰：「吏，理也，主理其縣内也。」光武紀注：「長吏，謂縣令長及丞尉也。」二十八舍有分度，東方：角、亢、氐、房、心、尾、箕。北方：斗、牛、（牽牛。）女、（須女。）虚、危、室、（營室。）壁。（東壁。）西方：奎、婁、胃、昴、畢、觜、（觜嶲。）參。南方：井、（東井。）鬼、（輿鬼。）柳、星、張、翼、軫。李石續博物志：「二十八宿，爲其有二十八星當度，故立以爲宿。」一舍十度，或增或減。淮南天文訓：「星分度：角十二，亢九，氐十五，房五，心五，尾十八，箕十一四分一。斗二十六，牽牛八，須女十二，虚十，危十七，營室十六，東壁九。奎十六，婁十二，胃十四，昴十一，畢十六，觜嶲二，參九。東井三十三，輿鬼四，柳十五，星七，張、翼各十八，軫十七。」言日反三舍，乃三十度也。日，日行一度，一麾之間，反三十日時所在度也？如謂舍爲度，三度亦三日行也，一麾之間，令日卻三日也？

宋景公推誠出三善言，熒惑徙三舍，實論者猶謂之虛。論見變虛篇。〔魯〕襄（陽）公爭鬭，惡日之暮，以此一戈麾，無誠心善言，日爲之反，殆非其意（實）哉！「意」字無義，當作「實」，形之誤也。「殆非其實」，本書常語。與上「猶謂之虛」相應爲文。且日，火也，聖人麾火，終不能卻，魯襄（陽）公麾日，安能使反？

或時戰時日正卯，戰迷，謂日之暮。麾之，轉左曲道，四字當誤。日若卻。世好神怪，因謂之反，不道所謂也。道，云也。「謂」、「爲」字通。不云所爲，言不云日爲精誠却也。

傳書言：「荆軻爲燕太子謀刺秦王，白虹貫日。史記鄒陽傳集解引列士傳曰：「荆軻發後，太子自相氣，見虹貫日，不徹。曰：『吾事不成矣。』後聞軻死，事不立，曰：『吾知其然也。』」郎顗曰：「凡日傍色氣白而純者名曰虹。」衞先生爲秦畫長平之事，太白蝕昴。」蘇林曰：「白起爲秦伐趙，破長平軍，欲滅趙，遣衞先生説昭王益兵糧，乃爲應侯所害，事用不成，其精誠上達於天，故太白爲之蝕昴。昴，趙分也，將有兵，故太白食昴。食，干歷之也。」此引鄒陽獄中上書文。此言精〔誠〕感天，各本脱「誠」字，今以意增。天爲變動也。鄒陽謂如此。

夫言白虹貫日，太白蝕昴，實也。言荆軻之謀，衞先生之畫，史記鄒陽傳索隱引

「畫」作「策」。感動皇天，故白虹貫日，太白蝕昴者，虛也。變動篇亦辯之。

夫以筯撞鐘，干禄字書：「筯，箸俗字。」御覽七六〇引作「箸」。以筭擊鼓，説文：「筭，長六尺，計曆數者。」不能鳴者，句上，御覽引有「鐘鼓」二字。所用撞擊之者小也。今人之形，不過七尺，以七尺形中精神，欲有所爲，雖積鋭意，猶筯撞鐘、筭擊鼓也，安能動天？精非不誠，所用動者小也。且所欲害者，人也，人不動，天反動乎？

問曰：「人之害氣，能相動乎？」曰：「不能。」「豫讓欲害趙襄子，盼遂案：句前當有「曰」字，今脱。此文爲難者之語，與上文持不能説者爲辨詰也。襄子心動；趙策一：「讓變姓名，爲刑人，入宫塗厠，欲以刺襄子。襄子如厠，心動，執問塗者，則豫讓也。」貫高欲篡高祖，盼遂案：篡，刦也。史記衛將軍驃騎傳：「與壯士篡奪之。」法言：「鴻飛冥冥，弋人何篡。」皆刦奪之誼。高祖心亦動。史記張耳陳餘傳：「趙相貫高謀殺高祖。高祖過趙，貫高等乃壁人柏人。高祖過，欲宿，心動，問曰：『縣名爲何？』曰：『柏人。』『柏人者，迫人也。』乃去。」二子懷精，故兩主振感。」振，動也。豫讓以下，難者之詞。「曰」字省。見古書疑義舉例。曰：禍變且至，身自有怪，非適人所能動也。「適」讀作「敵」。何以驗之？時或遭狂人於途，以刃加己，狂人未必念害己身也，然而己身先時已有妖怪矣。由此言之，妖怪之至，禍變自凶之象，非欲害己者之所爲也。且凶之人，卜得惡兆，筮得凶卦，出門見不吉，占危

(候)睹禍氣。「危」字義不可通，字當作「候」。「候」一作「候」，「矦」、「危」形近而誤。列子周穆王篇注：「候，占也。」藝文志序雜占曰：「候善惡之徵。」禍氣見於面，猶白虹、太白見於天也。變見於天，妖出於人，上下適然，自相應也。

傳書言：「燕太子丹朝於秦，不得去，從秦王求歸。秦王執留之，與之誓曰：『使日再中，天雨粟，令烏白頭，馬生角，廚門木象生肉足，乃得歸。』當此之時，天地祐之，日爲再中，天雨粟，烏白頭，馬生角，廚門木象生肉足。秦王以爲聖，乃歸之。」亦見變動篇、是應篇。史記荆軻傳索隱引「廚」作「廄」，「象」作「烏」，誤。燕丹子曰：「燕太子丹質於秦，秦王遇之無禮，不得意，欲求歸，秦王不聽，謬言：『令烏白頭，馬生角，乃可許耳。』丹仰天嘆，烏即白頭，馬生角。秦王不得已而遣之。爲機發之橋，欲陷丹，丹過之，橋爲不發。夜到關，關門未開，丹爲雞鳴，衆雞皆鳴，遂得逃歸。」(據平津館本。)張華博物志所載略同。風俗通正失篇以爲，此乃閭閻小論所飭成者。

此言虚也。

燕太子丹何人？而能動天？聖人之拘，不能動天；太子丹，賢者也，何能致此？

夫天能祐太子，當脱「丹」字。下同。生諸瑞以免其身，則能和秦王之意，以解其難。見拘一事而易，生瑞五事而難。瑞數五。見上。舍一事之易，爲五事之難，何天之不憚勞也？

湯困夏臺，「困」當作「囚」。命義篇正作「囚」。朱校元本作「因」，足證今本「困」爲「囚」之譌。文王拘羑里，注累害篇。孔子厄陳、蔡。注逢遇篇。三聖之困，天不能祐，使拘之者睹祐知聖，出而尊厚之。或曰：「拘三聖者，不與三〔聖〕誓，吴曰：「三」爲「之」字誤。孫曰：「誓」上脱「聖」字。暉按：孫説是。三聖心不願，故祐聖之瑞，無因而至。天之祐人，猶借人以物器矣，人不求索，則弗與也。」曰：太子願天下瑞之時，「下」字於義未安，五瑞非盡由天下也，疑爲「生」字形誤。上文「生諸瑞以免其身」、「生瑞五事而難」，并作「生瑞」，是其證。豈有語言乎？心願而已。然湯閉於夏臺，文王拘於羑里時，心亦願出；孔子厄陳、蔡，心願食。天何不令夏臺、羑里關鑰毁敗，湯、文涉出；盼遂案：「涉」爲「步」之譌。「步出」言安步而出，與下文「孔子食飽」爲同類。文選古詩十九首「步出上東門」，梁父吟「步出齊東門」，皆「步出」連言之證。雨粟陳、蔡，孔子食飽乎？

太史公曰：「世稱太子丹之令天雨粟，馬生角，大抵皆虚言也。」史記荆軻傳贊：「世言荆軻，其稱太子丹之命天雨粟，馬生角也，大過。」（「軻」）字句絶。「世言荆軻」，蓋指司馬相如等。「其稱」，蓋即漢志雜家所載荆軻論五篇中所稱述者。吴汝綸以「命」字句絶，非也。太史公書漢世實事之人，而云「虚言」，近非實也。謂燕丹五瑞非實也。

傳書言：「杞梁氏之妻嚮城而哭，城爲之崩。」齊侯襲莒，杞梁死之，見左襄二十三年傳。左氏只云：「齊侯歸，遇杞梁之妻於郊。」杜注：「妻行迎喪。」檀弓下云：「杞梁死，其妻迎其柩於路，而哭之哀。」孟子告子下、韓詩外傳六、説苑雜言篇只言其善哭，并無向城哭及城崩之説。列女傳貞順篇：「杞梁死，其妻無所歸，枕其夫之屍於城下而哭，十日城崩。」（後漢書劉瑜傳注引作「七日」。）説苑善説篇：「華周杞梁戰而死，其妻悲之，向城而哭，隅爲之崩，城爲之阤。」立節篇文略同。仲任蓋據劉向説也。孟子告子下趙注、後漢書劉瑜傳亦有「城崩」語。湘川記：（合璧事類二八引。）「杞梁死，其妻無子，乃求夫屍於城下。聞之者皆揮涙，十日城崩而死。」云「求屍」，又與劉向説異。孟子孫奭疏始言其妻名「孟姜」。劉開廣列女傳十三「杞植之妻孟姜。植婚三日，即被調至長城，久役而死。姜往哭之，城爲之崩，遂負骨歸葬而死」。同一母題，展轉附會。今俗曲孟姜女即歌此事也。陳士元孟子雜記曰：「杞梁，左傳作『杞殖』，人表作『杞植』，中華古今註云：『杞植字梁。』薛氏人物考云：『杞梁一名殖。』」梁玉繩瞥記曰：「杞梁妻善哭，趙注本説苑、列女傳，言哭夫而城爲之崩。正義著其名爲孟姜。據列女傳云：『就夫之屍於城下。』正義云：『向城而哭。』則城者，莒城也。（暉按：水經沭水注以爲莒城。）左傳云：『遇於郊。』檀弓云：『迎柩於路。』説苑云：『聞之而哭。』則城是齊之城。故崔豹古今注曰：『都城也。』似當依齊城解。乃馬縞中華古今注以爲長城。貫休詩：『築人築土一萬里，杞梁貞婦啼烏烏。』寰宇記：『平州盧龍縣長城東西長萬里，杞梁妻哭，城崩，得失骨，即此城也。』時代懸隔，誕謬之甚。（或指齊長城，然莊公時未築也。）」此言杞梁從軍不還，其妻痛之，嚮城而哭，至誠悲痛，精氣動城，故城爲之崩也。說苑善說篇載孟嘗君曰：「誠能刑於内，則物應於外。」即此義。

夫言嚮城而哭者，實也；〔言〕城爲之崩者，虛也。「城」上脱「言」字。「言某者實也，言某者虛也」，本書常語。今意增。變動篇亦辯其虛。

夫人哭悲，莫過雍門子。淮南覽冥篇注：「雍門子，名周，善彈琴，又善哭。雍門，齊西門也。居近之，因以爲氏。」潛夫論志氏姓篇：「齊之雍門氏，姜姓。」古今姓氏書辨證引世本曰：「齊頃公生子夏勝，以所居門爲雍門氏。」雍門子哭對孟嘗君，淮南子覽冥篇、繆稱篇並云：「以哭見孟嘗君。」蓋此文所本。說苑善說篇、桓譚新論、（文選豪士賦序注。）文選陸士衡於承明作與士龍詩注引淮南繆稱訓並作「以琴見」。據說苑、新論所述，并無哭事，則作以琴見是也。淮南覽冥訓高注：「哭猶歌也。」蓋欲符其事，强爲之解。據此文，則當讀本意。漢書景十三王傳：「雍門子微吟。」蘇林云：「母死，無以葬，見孟嘗君而微吟。」與「哭對」義近，蓋并别有本也。孟嘗君爲之於邑。高誘曰：「歍唈，失聲也。」於邑、歍唈字通。蓋哭之精誠，故對嚮之者悽愴感慟（動）也。「慟」當作「動」。謂振動，非悲慟也。下云「能動孟嘗之心」可證。夫雍門子能動孟嘗之心，不能感孟嘗衣者，「衣」上「之」字，蒙上文省。衣不知惻怛，不以人心相關通也。

「以」猶「與」也。「關」、「貫」字通。今城，土也，土猶衣也，無心腹之藏，安能爲悲哭感慟(動)而崩？「慟」當作「動」。

使至誠之聲能動城土，則其對林(草)木〔而〕哭，「林」當作「草」。「艸」、「林」形誤。下「折草破木」，「夫草木水火」，即承此爲文，可證。「而」字據下「嚮水火而泣」文例增。能折草破木乎？嚮水火而泣，能涌水滅火乎？夫草木水火，與土無異，然杞梁之妻不能崩城，明矣。

或時城適自崩，杞梁妻適哭，下世好虚，不原其實，故崩城之名，至今不滅。

傳書言：「鄒衍無罪，見拘於燕，當夏五月，仰天而歎，天爲隕霜。」淮南子：「鄒衍事燕惠王，盡忠。左右譖之，王繫之，仰天而哭，五月天爲之下霜。」(今本佚。後漢書劉瑜傳引。)此與杞梁之妻哭而崩城，無以異也。謂亦精誠感動。言其無罪見拘，當夏仰天而歎，實也；言天爲之雨(賈)霜，虚也。此復述傳言，「雨」當作「賈」。「隕」、「賈」同字，「賈」殘，譌爲「雨」也。下「獨能雨霜」誤同。下文：「一仰天歎，天爲隕霜。」累害篇：「當夏不隕霜，鄒衍之罪不除。」並作「隕」，是其證。變動篇亦辨其虚。

夫萬人舉口，並解吁嗟，猶未能感天，鄒衍一人，冤而壹歎，安能下霜？鄒衍之冤，不過曾子、伯奇。曾子見疑而吟，莊子外物篇：「人親莫不欲其子之孝，而孝未必愛，故孝己憂而曾參悲。」釋文引李頤曰：「曾參至孝，爲父所憎，嘗見絶糧而後蘇。」鹽鐵論曰：「曾子傍山而吟，山鳥下翔。」倉頡篇云：「吟，歎也。」（文選蘇子卿古詩注。）伯奇被逐而歌。注見累害篇、書虚篇。疑、（逐）與拘同，吟、歌與歎等，孫曰：此承上文「曾子見疑而吟，伯奇被逐而歌」二句言之。「疑」下定脱「逐」字。疑而吟，指曾子；逐而歌，指伯奇；拘而歎，指鄒衍，意正一貫。脱去「逐」字，上下文義不相應矣。曾子、伯奇不能致寒，鄒衍何人，獨能雨（霣）霜？「雨」當作「霣」。校見上。

被逐之冤，尚未足言。申生伏劍，晉語二：「申生雉經于新城之廟。」韋注：「雉經，頭槍而懸死也。」左僖四年傳云「縊」，義同。公、穀、史記晉世家並無明文。此云「伏劍」，不足據也。子胥刎頸，注見逢遇篇。實孝而賜死，謂申生。誠忠而被誅，謂子胥。且臨死時，皆有聲辭。晉語二：「申生將死，使猛足言於孤突曰：『申生有罪，不聽伯氏，以至於死。』」史記吴世家：「子胥將死，曰：『樹吾墓上以梓，令可爲器。抉吾眼，置吴東門，以觀越滅吴也。』」聲辭出口，與仰天歎無異，天不爲二子感，[動]獨爲鄒衍動，上「動」字傳寫誤增。前文「能動孟嘗之心，不能感孟嘗衣」，後文「能小相動，不能大相感」，並以「感」、「動」對言。豈天痛見拘，不悲流血哉？伯（何）[奇]冤痛相似，而感動不同也？「伯奇」二字，義不可通。「伯」爲「何」字形譌。「奇」字涉上「伯奇」而衍。下文並以「何某某也」句詰之，可證。盼遂案：「伯」爲「何」之形誤，「奇」

爲「其」之音誤，「也」與「邪」古同用。上文言「申生伏劍，子胥刎頸，實孝而賜死，誠忠而被誅。天不爲二子感動，獨爲鄒衍」，故此處詰問「何其寃痛相似而感動不同邪」。後人因上文屢有曾子、伯奇之名，遂誤改「何其」作「伯奇」，不顧其語意之不安也。

夫熯一炬火，「熯」，類聚九、張刻御覽六八引並作「爇」，即「然」字。趙刻御覽引作「熏」，義並可通。「炬」俗字，當作「苣」。説文：「苣，束葦燒，从艸，巨聲。」華嚴經音義上引珠叢云：「苣即古之炬字。」説文無「炬」字。白帖三引正作「笸」。所見本近古。（从「竹」，傳寫亂也。）**爨一鑊水，**白帖三作「一尺冰」。類聚九「水」亦作「冰」。**終日不能熱也；倚（持）一尺冰，置庖厨中，**孫曰：白帖三引「倚」作「持」，近是。暉按：「持」、「置」義相承，「倚」字文不可通，形近誤也。當據白帖引正。**終夜不能寒也。**孫曰：御覽六十八引作「終日而不熱也，終夜而不寒也」，皆非也。原文當作「終日不而熱也，終夜不而寒也」。「不而」即「不能」，仲任多假「而」爲「能」。本書「不能」之語，或作「不而」，或作「不能」，或誤作「而不」，皆淺人不達古語而妄改也。今本此文作「不能」，御覽引作「而不」，並失古本。事類賦八引此文去二「而」字，可以悟矣。暉按：白帖三、類聚九引亦並去二「而」字。**何則？微小之感，不能動大巨也。今鄒衍之歎，不過如一炬、尺冰，**白帖引「一炬」作「笸火」。**而皇天巨大，不徒鑊水庖厨之醜類也。**醜亦類也。**一仰天歎，**白帖引與今本同。類聚九引作「一夫仰歎」，孫曰義並得通。**天爲隕霜，**白帖引「隕」作「雨」，非也。何天之易感，霜之易降也？

夫哀與樂同，喜與怒均。衍興怨痛，使天下霜，使衍蒙非望之賞，仰天而笑，能以冬時使天熱乎？變復之家曰：沈濤銅熨斗齋隨筆七：變復家蓋亦五行占驗之流。史記日者傳數諸占家之名，有五行家，堪輿家，建除家，叢辰家，曆家，天人家，太一家，而無變復家。後漢書郎顗傳：「臣伏見光禄大夫江夏黄瓊，明達變復。」楊賜傳：「惟陛下慎經典之誡，圖變復之道。」章懷於顗傳注謂「明于變異銷復之術」，於賜傳注謂「變改而修復」。二注不同，由不知變復爲陰陽五行家之一術耳。又周舉傳策問曰：「變復之徵，厥効何由。」方術樊英傳：「每有災異，詔輒下問變復之效。」三國志魏志和洽傳：「消復之術，莫大於節儉。」消復即變復也。暉按：三國志蜀志劉焉傳注陳壽益部耆舊傳曰：「董扶資游、夏之德，述孔氏之風，内懷焦、董消復之術。」魏志高堂隆傳，隆對曰：「聖主覩災責躬，退而修德，以消復之。」會稽典録：（類聚一百。）「郡遭大旱，夏香諫曰：『自古先聖畏懼天異，必思變復，以濟民命。』」明雩篇曰：「旱久不雨，禱祭求福，若人之疾病，祭神解禍，此變復也。」據此，可知其義矣。「人君秋賞則温，夏罰則寒。」義見寒温篇。寒不累時，則霜不降；温不兼日，則冰不釋。一夫冤而一歎，天輒下霜，何氣之易變，時之易轉也？

寒温自有時，不合變復之家。且從變復之説，變復家謂喜怒賞罰，招致寒温。寒温、譴告、變動三篇力闢之，此則權因其説。或時燕王好用刑，寒氣應至；而衍因拘而歎，歎時霜適自下。世見適歎而霜下，則謂鄒衍歎之致也。

傳書言：「師曠奏白雪之曲，而神物下降，風雨暴至，平公因之癃病，晉國赤地。」淮南覽冥篇文。高誘曰：「神物，即神化之物，謂玄鶴之屬來至，無頭鬼類操戈以舞也。癃病，篤疾。赤地，旱也。」白雪，注見下。暉按：玄鶴，見韓非子。無頭鬼，未聞。説文：「癃，罷病也。」史記平原君虞卿傳：「有罷癃之病。」素問謂小便不通。

或言：「師曠清角之曲，一奏之，有雲從西北起；玄雲也。再奏之，大風至，大雨隨之，裂帷幕，破俎豆，墮廊瓦。坐者散走，平公恐懼，伏乎廊室。「乎」，紀妖作「於」，與韓非子十過篇、史記樂書合。御覽七六七引莊子逸文亦記此事。晉國大旱，赤地三年，平公癃病。」韓非子十過篇文。夫白雪與清角，或同曲而異名，淮南俶真篇高注：「清角，商聲也。」文選南都賦注引許慎淮南注：「清角，弦急，其聲清也。」其禍敗同一實也。

傳書之家，載以爲是；世俗觀見，信以爲然。原省其實，殆虚言也。

夫清角何音之聲，而〔能〕致此？「而」下脱「能」字。前文「魯陽公何人，而使日反」、「燕太子丹何人，而能動天」，與此句例同。下文「實者樂聲不能致此」，與此相應爲文。〔曰〕：「清角，木音也，「清角，木音也」以下十七字，仲任設辭，以答上文「清角何音」之問。「三尺之木」以下，又破其説。「清角」上當有「曰」字。今本脱之，則文不可通矣。今增。春秋繁露五行五事篇：「風者，木之氣也，其音角。」故致風而(雨)。「而」當作「雨」，形近而誤。上文「清角之曲，再奏之，大風至，大雨隨之」，下文「奏清角時，天偶風雨」，並其證。如木爲風，此五行家説也。風，土也，爲木妃，木尅土，尚妻所好，故木爲風。素問五常政大論注：「風，木化也。」淮南天文篇注：「風，木風也。」雨與風俱。」三尺之木，數絃之聲，廣雅釋樂：「神農氏琴，長三尺六寸六分，上有五弦，曰宫、商、角、徵、羽。文王增二弦，曰少宫、少商。」初學記引琴操亦云：「長三尺六寸六分，廣六寸，五弦。」此云「三尺」，舉成數也。高誘於淮南覽冥篇注云：「白雪，太乙五十弦琴瑟樂名也。」吴承仕淮南舊注校理據世本、封禪書，謂「琴」字誤衍。今按：仲任云長三尺，則知是「琴」。諸書並言瑟長七尺二寸也。高誘淮南俶真篇注云：「白雪，太乙五弦之琴。」是與仲任説同。覽冥訓注誤衍「十」字、「瑟」字。云「太乙」，蓋别有本。後人以爲直據史記，故妄增之。感動天地，何其神也？此復一哭崩城，謂杞梁妻。一歎下霜之類也。謂鄒衍。

師曠能鼓清角，必有所受，非能質性生出之也。其初受學之時，宿昔習弄，非直一再奏也。審如傳書之言，師曠學清角時，風雨當至也。齊曰：「當」疑爲「常」字之誤。

傳書言：「瓠芭鼓瑟，淵(淫)魚出聽；「淵」當作「淫」，唐人諱「淵」，筆省，與「淫」形近，故相亂也。荀子勸學篇作「流魚」。「流」爲「沈」字之譌。大戴禮勸學篇正作「沈魚」。「沈」即「淫」

也，聲近字通。（尚書微子篇「沈湎于酒」，「沈湎」即「淫湎」。説詳經義述聞。王先謙荀子集解謂：「沈魚，魚沈伏也。流爲沈之借字。」其説非也。文選七命注引荀子正作「鱏魚」，「鱏」、「淫」聲近字通。司馬相如上林賦「浸潭促節」，漢書作「浸淫」，則知荀子原不作「流」，而「沈」字亦不能如王説也。陶方琦亦云：「流」借爲「沈」。二字聲不相近，其説亦非。）後漢書馬融傳注引韓詩外傳亦作「淫魚」。今外傳六作「潛魚」，「淫」、「潛」聲近。文選別賦注引外傳作「淵魚」，與此文誤同。「淫」、「淵」形譌也。淮南説山篇高注本作「淫魚」。許注本作「潛魚」，説文魚部引傳同。本書率性篇作「潭魚」。「鱏」爲本字，説文魚部有「鱏」。沈、淫、潭並以聲叚借也。（段玉裁謂淫爲大，失之。）是仲任以前舊籍，無有作「淵」者，則此文之誤，明矣。淮南説山篇高注：「瓠巴，楚人也，善鼓瑟。」文選長笛賦注引江遽文釋曰：「瓠巴，齊人也。」與高説異。又淮南齊俗篇：「狐梁之歌。」三國志蜀志郤正傳：「瓠梁託絃以流聲。」注引淮南：「瓠巴鼓瑟，而鱏魚出聽。」又引齊俗篇：「瓠梁之歌。」北堂書鈔一〇六引淮南注：「瓠梁，善歌之人。」是瓠巴、狐梁一人，「瓠」、「狐」字通。又按：諸書並謂瓠巴事，説文魚部以爲伯牙，其説獨異。淮南説山篇高注：「淫魚喜音，出頭於水而聽之。淫魚長頭，身相半，長丈餘，鼻正白，身正黑，口在頷下，似鬲獄魚而身無鱗，出江中。」文選蜀都賦劉注、後漢書馬融傳注、陳藏器本草所説其狀，與高略同。陳藏器本草作「鱘」，與「鱏」音近字通也。山海經東山經郭注、文選西京賦李注謂即鮪魚，説文「鮪」、「鱏」二篆分列，許意不然。漢書賈誼傳師古注謂即鱣魚。臣瓚所狀，正與鱏魚相似。然李時珍本草綱目四十四謂鱘亦鱣屬，其狀如䲡。則鱏、䲡二物也。爾雅釋魚郭注義同。**師曠鼓琴，**諸書並作「伯牙」。**六馬仰秣。**」淮南説山篇「駟馬」。高注：「仰秣，仰頭吹吐，説馬笑也。」荀子勸學篇楊注：「仰首而秣，聽其聲也。」白虎通曰：「天子之馬六。」春秋公羊説也。文出大戴禮、荀子、韓詩外傳、淮南子。**或言：「師曠鼓清角（徵），**「清角」當作「清徵」，涉上下文「清角」而誤。上文已言奏清角，雲起，風雨至。此乃有玄鶴來，與奏清角兩事也。韓非子十過篇、風俗通聲音篇、本書紀妖篇並云師曠爲平公奏清徵之曲，有玄鶴來也，是其切證。今據正。**一奏之，有玄鶴二八，自南方來，集於廊門之危；**禮記喪大記：「中屋履危。」注：「危，棟上也。」紀妖篇「危」上有「上」字，韓非子作「垝」，亦無「上」字。王先慎曰：「當作『上危』二字，危在上，故曰上危，即所謂屋山，俗稱屋脊。」**再奏之而列；**成行列也。**三奏之，延頸而鳴，舒翼而舞，**楚詞九嘆王注：「玄鶴，俊鳥也。師曠鼓琴，天下玄鶴，皆銜明月之珠以舞。」書鈔一〇九引韓非子亦云：「師曠鼓琴，有玄鶴銜明月珠在庭中舞。」今本未見。**音中宫商之聲，聲吁于天。**説文：「吁，驚也。」韓非子、風俗通作「聞」。紀妖篇作「徹」。**平公大悦，坐者皆喜。」**韓非子十過篇文。**尚書曰：「擊石拊石，百獸率舞。」**堯典（今舜典。）文。鄭曰：「石，磬也。百獸，服不氏所養者。（公羊哀十四年傳疏。）磬有大小，擊大石磬，拊小石磬，則感百獸相率而舞。」（周禮春官大司樂疏。）仲任與鄭氏義同，是今古文説無異也。**此雖奇怪，然尚可信。何則？鳥獸好悲聲，耳與人耳同也。**上「耳」字，疑涉「聲」

字譌衍。盧氏龍城札記二：「魏、晉以前，皆尚悲音。蓋絲聲本哀也。」禽獸見人欲食，「欲」疑「飲」字形誤。亦欲食之，盼遂案：上「欲」當爲「之」，涉下句「欲食」而誤，亦由「欲」與「之」草體形近致誤。聞人之樂，何爲不樂？

然而「魚聽」，「仰秣」，「玄鶴延頸」，「百獸率舞」，蓋且其實；風雨之至，晉國大旱，赤地三年，平公癃病，殆虚言也。或時奏清角時，天偶風雨，風雨之後，晉國適旱；平公好樂，喜笑過度，偶發癃病。傳書之家，信以爲然，世人觀見，遂以爲實。實者樂聲不能致此。何以驗之？風雨暴至，是陰陽亂也。樂能亂陰陽，則亦能調陰陽也，王者何須脩身正行，擴施善政？使鼓調陰陽之曲，和氣自至，太平自立矣。

傳書言：「湯遭七年旱，以身禱於桑林，呂氏春秋順民篇高注：「禱，求也。桑林，桑山之林，能興雲作雨也。」自責以六過，荀子大略篇：「湯旱而禱曰：『政不節與？使民疾與？宫室榮與？女謁盛與？苞苴行與？讒夫昌與？』」説苑君道篇文略同。明雩、感類二篇言自責以爲五過，或非，當以此文爲正。荀子、説苑、後漢書鍾離意傳意上疏、會稽典録（類聚一百。）「郡旱，夏香進諫」、帝王世紀（鍾離意傳注。）並云湯責以六過。公羊桓五年傳何休注：「君親之南郊，以六事謝過自責。」其辭與荀子略同。又穀梁定元年傳疏引考異郵曰：「僖公立時不雨，禱於山川，以六過自責。」則雩祭以六事自責，相承舊說。**天乃雨。**」尚書大傳曰：「湯伐桀之後，大旱七年，史卜曰：『當以人爲禱。』湯乃剪髮斷爪，自以爲牲。禱於桑林之社，而雨大至，方至千重。」以上蓋據尚書大傳、荀子、説苑等書。「或言」以下，蓋據商書及吕氏春秋等書也。**或言五年。**「湯旱五年」，蒙上文省。管子權數篇：「湯七年旱，禹五年水。」莊子秋水篇：「湯之時八年七旱。」荀子王霸篇：「禹十年水，湯七年旱。」賈子新書憂民篇：「禹有十年之蓄，故免九年之水；湯有十年之積，故勝七年之旱。」説苑君道篇：「湯之時，大旱七年。」淮南主術篇：「湯之時，七年旱。」漢書鼂錯傳：「湯有七年之旱。」此並云「七年」者。墨子七患篇引殷書曰：「湯五年旱。」吕氏春秋順民篇：「湯克夏而正天下，天大旱，五年不收。」是並言「五年」者。墨子得見殷書，其説爲實。竹書：「湯十九年至二十四年大旱，即禱桑林。其數正爲五年。孫星衍曰：「言五年者，據不收而言，七年中，禱而得雨之年也。」按：古傳自有兩説，不必溝通之。盼遂案：四字爲仲任自注。「**禱辭曰：『余一人有罪，無及萬夫；**周語上引作「湯誓」，「及」作「以」。韋注：「天子自稱曰余，余一人有罪，無罪萬夫。」又云：「湯誓，商書伐桀之誓。今湯誓無此言，則喪亡矣。」韋説非。誓，告於神也。周書世俘篇：「用小牲羊犬豕於百神水土于誓社。」「湯誓」，即湯於桑林禱辭也。徐時棟曰：「尚書湯誓有二：一爲伐桀，是爲今文；一爲禱旱，錯見於古文。梅氏竊取古書，以綴湯誥，而禱旱之誓湮矣。」**萬夫有罪，在余一人。**韋曰：「在余一人，乃我教導之過也。」墨子兼愛下引湯説曰：「惟予小子履，敢用玄牡，告於上天后，曰：『今天大旱，即當朕身履，未知得罪于上下，有善不敢蔽，有罪不敢赦，簡在帝心，萬方有罪，即當朕身，朕身有罪，無及萬方。』」尸子綽子篇、論語堯曰篇亦有此文。僞書竊爲湯誥，孔氏謂伐桀之辭，（論語孔注，亦出謁托。）非也。江聲、魏源仍沿其誤。天（無）以一人之不敏，先孫曰：此本吕氏春秋順民篇。「天」當作「無」。「無」或作「无」，因誤。使上帝鬼神傷民之命。』吕氏春秋高注：「穀者，民命也。旱不收，故曰傷民之命。」吕氏蓋本於殷書，其文尚見墨子。所載湯説，即諸書所謂禱詞。並云：「湯不憚以身爲犧牲。」即禱於桑林事也。孫星衍謂：周語、墨子、論語、吕氏所載，即夏社逸文，是也。書序曰：「湯既勝夏，欲遷其社，不可，作夏社。」鄭康成曰：「當湯伐桀之時，旱致災，既致其禱祀，（此句書疏引。）明德以薦，而猶旱至七年，故湯遷社，而以周棄代之。」（周禮大宗伯疏。）是夏社篇爲因旱禱祀，告天遷社而作，故本書感類篇引書曰：「湯自責，天應以雨。」「書」者，商書也。蓋括述其文。疑仲任及見夏社。然此文確本吕氏。於是剪其髮，麗其手，先孫曰：「麗」，今本吕覽作「鄽」。御覽引作「麗」，與此同。（「麗」即「櫪」之借字，詳前莊子。）自以爲牲，用祈福於上帝。上帝甚説，「上帝」，吕氏作「民乃」。時雨乃至。」

言湯以身禱於桑林自責，若言剪髮麗手「若」猶「及」也。自以爲牲，用祈福於帝者，實也。言雨至爲湯自責以身禱之故，殆虛言也。明雩、感類二篇並辯其虛。

孔子疾病，論語述而篇釋文出「子疾」云：「一本云『子疾病』，鄭本無『病』字。」皇疏、邢疏本與此文同。沈濤〔一〕曰：「魯論有『病』字。鄭从古，故無。」陳鱣、阮元並謂「病」字不當有。子路請禱。鄭注：禱，謝過於鬼神。（御覽五二九。）孔子曰：「有諸？」集解引周曰：「言有此禱請於鬼神之事乎？」（邢本脱「乎」字。）子路曰：「有之；誄曰：『禱爾于上下神祇。』」孔曰：「誄，禱篇名也。」説文言部引論語作「讄」，或作「讄」，云：「禱也。累功德以求福也。」許慎用古文，是古論作「讄」，或作「讄」。鄭注周禮小宗伯引作「讄」，於太祝注作「誄」，是必魯論作「誄」。仲任多从魯論，故相合。孔子曰：「丘之禱，久矣。」鄭曰：「孔子自知無過可謝，（御覽五百二十九。）明素恭肅於鬼神。」（後漢書方術傳注。）聖人脩身正行，素禱之日久，天地鬼神知其無罪，故曰「禱久矣」。易曰：「大人與天地合其德，與日月合其明，與四時合其敍，與鬼神合其吉凶。」易乾卦文言之辭。「敍」作「序」，初稟篇同李富孫易經異文釋曰：「説文云：『敍，次第也。序，東西牆也。』是『敍』爲本字。經傳亦多叚『序』爲『敍』。」此言聖人與天地鬼神同德行也。即須禱以得福，「即」猶「若」也。是不同也。湯與孔子俱聖人也，皆素禱之日久。孔子不使子路禱以治病，湯何能以禱得雨？孔子素禱，身猶疾病；湯亦素禱，歲猶大旱，然則天地之有水旱，猶人之有疾病也。疾病不可以自責除，水旱不可

〔一〕「濤」，原本作「禱」，形近而誤，今改。

以禱謝去，明矣。

湯之致旱以過乎？是不與天地同德也。今不以過致旱乎？「令」猶「若」也。自責禱謝，亦無益也。人形長七尺，形中有五常，有瘅熱之病，「瘅」下舊校曰：一作「瘴」。深自剋責，猶不能愈，況以廣大之天，自有水旱之變，湯用七尺之形，形中之誠，自責禱謝，安能得雨邪？人在層臺之上，人從層臺下叩頭，求請臺上之物。臺上之人聞其言，則憐而與之；如不聞其言，雖至誠區區，廣雅釋訓：「區區，小也。」終無得也。夫天去人，非徒層臺之高也，湯雖自責，天安能聞知而與之雨乎？

夫旱，火變也；湛，水異也。爾雅：「久雨謂之淫。」明雩篇曰：「久雨爲湛。」「淫」、「湛」古同聲通用。考工記㡛氏：「淫之以蜃。」杜子春曰：「淫或爲湛。」堯遭洪水，可謂湛矣，堯不自責以身禱祈，必舜、禹治之，知水變必須治也。除湛不以禱祈，除旱亦宜如之。由此言之，湯之禱祈，不能得雨。

或時旱久，時當自雨，湯以旱久，亦適自責，世人見雨之下，隨湯自責而至，則謂湯以禱祈得雨矣。

傳書言：「倉頡作書，天雨粟，鬼夜哭。」淮南本經訓文，高注：「蒼頡始視鳥跡之文，而造書者也。有書契，（莊刻本「而」字、「書者也有」四字並挩，今據類聚八五、日本古寫本祕府略殘卷引正。)則詐譌萌生；詐譌萌生，則去本趨末，棄耕作之業而務錐刀之利，天知其將餓，故爲雨粟。鬼恐爲書文所劾，故夜哭也。」意林引許注：「造文字，則詐譌生，故鬼哭也。」與高義異。**此言文章興而亂漸見，**淮南子云：「智(「智」字依王念孫校增。)能愈多而德愈薄。」義與此相近。**故其妖變致天雨粟、鬼夜哭也。**淮南高、許注義同。

夫言天雨粟，鬼夜哭，實也。言其應倉頡作書，虚也。

夫河出圖，洛出書，聖帝明王之瑞應也。白虎通封禪：「德至淵泉則河出圖，洛出書。」易繫辭上李鼎祚集解載鄭玄引春秋緯曰：「河以通乾，出天苞；洛以流坤，吐地符。河龍圖發，洛龜書感。河圖有九篇，洛書有六篇。」漢書五行志載劉歆説：「虙羲氏繼天而王，受河圖，則而畫之，八卦是也。禹治洪水，賜洛書，法而陳之，洪範是也。」漢書敍傳：「河圖命庖，洛書賜禹，八卦成列，九疇逌敍。」李奇注：「河圖即八卦，洛書即洪範九疇。」洪範五行傳鄭注：「初禹治水，得神龜負文於洛，于以盡得天人陰陽之用，至是奉帝命而陳之。」是亦以洛書爲洪範九疇也。仲任説同，見後正説篇，蓋河圖即八卦，洛書即洪範，兩漢今古文説無異。**圖書文章，與倉頡所作[字]畫(書)何以異？**古書多以「文字」連文，未有以「字畫」相屬者。「字」字涉下文而衍。「畫」字爲「書」字形近而誤。「倉頡所作書」，承上「傳書言，倉頡作書」爲文也，不當作「字畫」二字。御覽六一八引作「圖書文章，與書何異」。路史前紀六注引作「圖書文章，與作書何異」。並作「書」字，是其明證。天地爲圖書，倉頡作文字，説文序：「依類象形謂之文，形聲相益謂之字。」意林引王嬰古今通論：「倉頡造書，形立謂之文，聲具謂之字。字者，取其孳乳相生。在於竹帛謂之書。」業與天地同，指與鬼神合，何非何惡，而致雨粟、神（鬼）哭之怪（哉）？孫曰：「神哭」當作「鬼哭」。此涉上句「指與鬼神合」而誤。上文云：「傳書言：『倉頡作書，天雨粟，鬼夜哭。』」正説此事。不當作「神哭」也。御覽七四七引作「何非何惡，而致雨粟、鬼哭之怪哉」，當據正。暉按：孫説是。路史前紀六注引亦作「鬼哭」。又御覽、路史注引「怪」下並有「哉」字，今據增。使天地鬼神惡人有書，路史注引「有」作「作」。則其出圖書非也；天不惡人有書，御覽六一八引作「若不惡爲書」，與上文「有書」（路史注作「作書」。）相合。疑今本「有」字誤。作書何非，而致此怪？

或時倉頡適作書，天適雨粟，鬼偶夜哭，而雨粟、鬼神哭，自有所爲，孫曰：此文不當有「神」字，疑涉上文「鬼神」而衍。世見應書而至，則謂作書生亂敗之象，應事而動也。

「天雨穀」，論者謂之從天而下，〔應〕變而生。劉先生曰：「變」上御覽八三七引有「應」字，當據增。

如以雲雨論之，雨穀之變，不足怪也。何以驗之？

夫雲雨出於丘山，降散則爲雨矣。劉先生曰：「雲」下「雨」字疑衍。此言雲出丘山，及其降散，乃爲雨耳。若作「雲雨」，則於詞爲複矣。御覽二七，又八三七引，並無「雨」字，是其證。**人見其從上而墜**〔一〕，**則謂之天雨水也。夏日則雨水，冬日天寒，則雨凝而爲雪，皆由雲氣發於丘山，不從天上降集於地，明矣。**盼遂案：「雲雨」當是「雲氣」，下文云「皆由雲氣發於丘山」，其證也。**夫穀之雨，猶復雲布之，**「布之」二字疑倒。**亦從地起，**盼遂案：「雲布」爲「雲雨」之誤。上文「如以雲雨論之」，此正其結論，故亦云「雲雨」，與之相應也。**因與疾風俱飄，參於天，集於地。**集，止也。**人見其從天落也，則謂之「天雨穀」。**

建武三十一年中，「中」字於義無取，涉「年」字譌衍。劉賡稽瑞、類聚八五、御覽八三七、玉海一九七引並無，當據刪。**陳留雨穀，穀下蔽地。案視穀形，若茨而黑，**類聚引「茨」作「粢」，御覽引作「米」，玉海引作「苡」。孫曰：作「粢」是也。**有似於稗實也。**後漢書光武紀亦云：「形如稗實。」杜預曰：「稗，草之似穀者。」**此或時夷狄之地，生出此穀，夷狄不粒食，**禮記王制：「西方曰戎，被髮衣皮，有不粒食者矣；北方曰狄，衣羽毛穴居，有不粒食者矣。」鄭曰：「不粒食地氣寒，少五穀。」此則謂性不知粒食也。詩思文疏引鄭曰：「粒，米也。」僞益稷孔傳：

〔一〕「墜」，原本作「墮」，據通津草堂本改。

「米食曰粒。」此穀生於草野之中，成熟垂委於地，遭疾風暴起，吹揚與之俱飛，風衰穀集，墮於中國。中國見之，謂之「〔天〕雨穀」。孫曰：「謂之雨穀」，當作「謂天雨穀」，與上「則謂之天雨穀」文正相應。類聚八十五引「之」作「天」，不誤。劉先生曰：御覽八三七引作「謂之天雨穀」。（張本御覽無「之」字。）此文敓「天」字，「之」字不誤。暉按：明天啓本御覽引亦作「謂天雨穀」。然以上文「則謂之天雨穀」例之，則當補「天」字。何以效之？野火燔山澤，山澤之中，草木皆燒，其葉爲灰，疾風暴起，吹揚之，參天而飛，風衰葉下，集於道路。夫「天雨穀」者，草木葉燒飛而集之類也，而世以爲雨穀，作傳書者以〔爲〕變怪。「以變怪」文不成義。「以」下當有「爲」字，傳寫脱也。「以爲雨穀」，「以爲變怪」，文例正同。盼遂案：「以」下當有「爲」字。上句「世以爲雨穀」，此與之同一文法。吳承仕曰：「此句似應作『作書者傳以變怪』，『傳』涉上誤作『傳』，又妄乙之耳。」

天主施氣，地主產物，有葉實可啄食者，皆地所生，非天所爲也。今穀非氣所生，須土以成，雖云怪變，怪變因類。言雖説怪變者，亦必據類言之。穀非天氣所生，而云天雨穀，失其類也。生地之物，更從天集，生天之物，可從地出乎？地之有萬物，猶天之有列星也，星不更生於地，穀何獨生於天乎？

傳書又言：「伯益作井，龍登玄雲，神棲崑崙。」淮南本經訓文。高注：「伯益佐舜初作井，鑿地而求水，龍知將決川谷，漉陂池，恐見害，故登雲而去，棲其神於昆侖之山。」按：高注以「神」爲「龍神」，仲任則以爲「百神皆是」。以文例求之，龍神對文，高説非也。御覽九二九引淮南注：「伯益，（字譌作「夷」。）夏禹之佐也。初鑿井，泄地氣，以後必漉池而漁，故龍登玄雲，神棲崐崘。」與仲任讀同，疑是許注。言龍井有害，故龍、神爲變也。「龍井」當作「作井」。此言龍、神因作井有害而去也。下文云：「爲作井之故，龍登神去。」可證。盼遂案：上「龍」字涉上下文而衍。

夫言龍登玄雲，實也。言神棲崑崙，又言爲作井之故，龍登神去，虛也。

夫作井而飲，耕田而食，同一實也。伯益作井，致有變動，始爲耕耘者，何故無變？神農之橈木爲耒，橈，屈也。教民耕耨，民始食穀，穀始播種。易繫辭下云：「神農氏斲木爲耜，揉木爲耒，耒耨之利，以教天下。」耕土以爲田，鑿地以爲井，井出水以救渴，田出穀以拯饑，天地鬼神所欲爲也，龍何故登玄雲？神何故棲崑崙？

夫龍之登玄雲，古今有之，非始益作井而乃登也。方今盛夏，雷雨時至，龍多登雲。雲〔雨與〕龍相應，「雲」下舊校曰：一有「風興」字。暉按：「雲龍相應」，當作「雲雨與龍相應」。「風興」爲「雨與」形近之誤。下「龍乘雲雨而行」，即承此「雲雨」爲義。御覽一二引作「龍多登雲，雲雨與龍相應」，是其證。龍乘雲雨而行，物類相致，非有爲也。

堯時〔天下大和，百姓無事，有〕五十之民，文選七命注引「堯時」下有「天下」以下九字。路史後紀十注引同。今據補。（玉海廿四引已捝。）又「有五十之民」，路史注引作「有壤父五十餘人」，非也。本書藝增、自然、須頌三篇並謂年五十，非五十人也，文選注引正同此本。擊壤於塗。路史注引作「擊於康衢」，亦意改也。觀者曰：「大哉，堯之德也！」擊壤者曰：「吾日出而作，日入而息，鑿井而飲，耕田而食，堯何等力？」路史注引作「堯何力之有」，亦意改也。此事亦見帝王世紀、（治要十一引史記五帝紀注。）逸士傳。（海録碎事十七。）堯時已有井矣。唐、虞之時，豢龍、御龍，龍常在朝，夏末政衰，龍乃隱伏，左昭二十九年傳：「董父好龍，龍多歸之。乃擾畜龍，以服事帝舜，氏曰豢龍。故帝舜氏世有畜龍。後有劉累，學擾龍于豢龍氏，以事孔甲，氏曰御龍。龍一雌死，求之不得。」晉語八范宣子亦曰：「匄之祖，在夏爲御龍氏。」是御龍，孔甲世也。仲任誤記。史記夏本紀集解引賈逵曰：「豢，養也。穀食曰豢。」服虔曰：「御亦養。」非益鑿井，龍登雲也。

所謂神者，何神也？百神皆是，百神何故惡人爲井？使神與人同，則亦宜有飲之欲。有飲之欲，憎井而去，非其實也。夫益殆不鑿井，益作井，出世本。仲任不從。龍不爲鑿井登雲，神不棲於崑崙，傳書意妄，造生之也。「意妄」當作「妄意」，傳寫倒也。韓非子用人篇：「去規矩而妄意度。」又解老篇：「前識者，無緣而忘意度也。」「忘」讀作「妄」。莊子胠篋篇：「妄意室中之藏。」論語先進篇：

「億則屢中。」何晏曰：「億度是非。」即此「意」字之義。

傳書言：「梁山崩，壅河，三日不流，」「壅河」，穀梁作「壅遏河」。臧琳經義雜記八曰：「遏字衍文。公羊傳作『壅河』，漢書五行志下之上引穀梁傳作『廱河』，則西漢儒所據穀梁無遏字。」按：此作「壅河」，亦足證臧說。晉君憂之。史記年表：晉景公十四年。晉伯宗以輦者之言，此文本穀梁，當作「伯尊」。後人據左氏妄改，亂家法也。令景公素縞而哭之，左氏傳作：「重人曰：『君爲之不舉、降服、乘縵、徹樂、出次，祝幣，史辭以禮焉。』」晉語五略同。公羊無明文。此本穀梁也。穀梁注：「素衣，縞冠，凶服也。」楊疏：「鄭玄云：『黑經白緯謂之縞。縞冠素純以純喪冠，故謂之素縞。』范與鄭異。」按：下文以「素服」釋之，韓詩外傳八同。檀弓下鄭注：「素服，縞冠也。」周禮春官司服：「大札、大荒、大烖素服。」鄭注：「君臣素服縞冠，若晉伯宗哭梁山之崩。」是鄭說與仲任合。河水爲之流通。」

此虛言也。

夫山崩壅河，猶人之有癰腫，血脉不通也。治癰腫者，可復以素服哭泣之聲治乎？

堯之時，洪水滔天，懷山襄陵，帝堯吁嗟，博求賢者。堯典：「帝曰：『咨四岳，湯湯洪水方割，蕩蕩懷山襄陵，浩浩滔天。下民其咨，有能俾乂。』」僞孔傳：「懷，包也。襄，上也。」皮錫瑞曰：「今文尚書作『湯湯鴻水滔天，浩浩懷山襄陵』。」仲任蓋據今文。水變甚於河壅，堯憂深於景公，不聞以素縞哭泣之聲能厭勝之。堯無賢人若輦者之術乎？將洪水變大，不可以聲服除也？「將」猶「抑」也。

如「素縞而哭」，悔過自責也，堯、禹之治水，以力役，不自責。梁山，堯時山也；所壅之河，堯時河也。水經注四：「河水南逕梁山原東。在馮翊夏陽縣西北，臨于河上。」孫星衍曰：「河逕今韓城，山即韓城縣北大梁山。」山崩河壅，天雨水踊，二者之變，無以殊也。堯、禹治洪水以力役，輦者治壅河用自責，變同而治異，人鈞而應殊，「鈞」讀作「均」，亦同也。殆非賢聖變復之實也。變復義見前注。

凡變復之道，所以能相感動者，以物類也。有寒則復之以温，復謂消復之。温復解之以寒。故以龍致雨，注見偶會篇。以刑逐暑，孫曰：「『以刑逐暑』，義不可通。『刑』當作『形』。（形、刑古通。）『暑』當作『景』。塞温篇云：『虎嘯而谷風至，龍興而景雲起，同氣共類相招致，故曰以形逐影，（元本作「景」。）以龍致雨。』吕氏春秋有始篇、召類篇並云：『以龍致雨，以形逐影。』是其證。又按：『刑』或『扇』字之譌。春秋繁露同類相動篇云：『故以龍致雨，以扇逐暑。』皆緣五行之氣，用相感勝之。感動厭勝。山崩壅河〔一〕，素縞哭之，於道何意乎？道，變復之道。

此或時河壅之時，山初崩，土積聚，水未盛。三日之後，水盛土散，稍壞沮矣。壞沮水流，竟注東去。遭伯宗得輦者之言，因素縞而哭，哭之因流，流時（則）謂之河變起此而復。「時」當作「則」，形之誤也。起，因也。本書常語。復，消復。言人見其流，則謂河壅之變因哭而消復也。於「或時」以下，求傳書虛妄之由，必以「則謂」云云出之。本書諸篇可按。其實非也。何以驗之？使山恒自崩乎？素縞哭無益也。使其天變應之，宜改政治。素縞而哭，何政所改，而天變復乎？

傳書言：「曾子之孝，與母同氣。曾子出薪於野，有客至而欲去。曾母曰：御覽三六九引作「曾子母曰」。『願留，參方到。』即以右手搤其左臂。事文類聚四、合璧事類二五引「右左」二字並倒。曾子左臂立痛，即馳至，問母（曰）：「曰」字，據事文類聚、合璧事類引增。『臂何故痛？』母曰：『今者客來欲去，吾搤臂以呼汝耳。』」未知何出。搜神記云：「曾子從仲尼在楚，而心動，辭歸問母。母曰：『思爾嚙指。』孔子聞曰：『曾參之孝，精感萬

〔一〕「壅河」，原本作「河壅」，據通津草堂本乙。

里。』」與此事相近。盼遂案：唐蘭云：「類書引此事，云孝子傳。隋志孝子傳有數家，劉向、師覺授等是也。」干寶搜神記十一亦記此事。蓋以至孝與父母同氣，體有疾病，精神輒感。

曰：此虚也。

夫「孝悌之至，通於神明」，孝經文。乃謂德化至天地。俗人緣此而説，言孝悌之至，精氣相動。

如曾母臂痛，曾子臂亦輒痛，曾母病[乎]，曾子亦〔輒〕病〔乎〕？元本「乎」字在「曾子亦病」下。朱校同。孫曰：當據正。暉按：「亦」下當有「輒」字。「亦輒痛」，「亦輒病」，「亦輒死」，語氣相同。今本此文「亦」下脱「輒」字，下文「輒」上又脱「亦」字，可互證。曾母死，曾子〔亦〕輒死乎？「輒」上當有「亦」字。御覽三六九引此文作「臂痛，曾子臂亦痛；母死，曾子亦死乎」。兩「輒」字並漏引，然可推證此文與上文句法一律，並以「亦輒」二字連文。盼遂案：此文本作「曾母病，曾子亦輒病乎？曾母死，曾子亦輒死乎」，始與上文「曾母臂痛，曾子臂亦輒痛」應。攷事，疑是「成事」之誤。本書常語。曾母先死，檀弓下：「子張死，曾子有母之喪，齊衰而往哭之。」曾子不死矣。此精氣能小相動，不能大相感也。

世稱申喜夜聞其母歌，心動，開關問歌者爲誰，果其母。淮南説山訓：「老母行歌而動，申喜精之至也。」高注：「申喜，楚人也。少亡其母，聞乞人行歌，聲感而出視之，則其母也。」

盼遂案：事見呂氏春秋精通篇。蓋聞母聲，聲音相感，心悲意動，開關而問，蓋其實也。

今曾母在家，曾子在野，不聞號呼之聲，母小搤臂，安能動子？疑世人頌成，義未明。聞曾子之孝，天下少雙，則爲空生母搤臂之説也。

世稱：南陽卓公爲緱氏令，蝗不入界。卓公，卓茂也。後漢書本傳：「卓茂字子康，南陽宛人也，遷密令。平帝時，天下大蝗，河南二十餘縣，皆被其災，獨不入密縣。督郵言之，太守不信，自出案行見乃服焉。」傳云爲密令，此云「緱氏令」，因兩地並在河南，傳聞而誤，當以密令爲是。類聚五十引司馬彪書與范書同。（書鈔七十八引彪書云：「爲茂陵令，蝗不入茂陵界。」不足據。）後漢書光武紀云：「以前密令（今誤作高密。）卓茂爲太傅。」水經注：「密縣城東門南側有漢密令卓茂祠〔一〕。」蓋以賢明至誠，災蟲不入其縣也。

此又虛也。

夫賢明至誠之化，通於同類，能相知心，然後慕服。蝗蟲，閩虻之類也，類聚九七蚊類引「閩」作「蚊」。下同。字本作「蟁」，又以聲轉作「閩」也。漢書高帝紀注應劭曰：「『閩』音文飾之『文』。」何知何見，而能知卓公之化？使賢者處深野之中，閩虻能不入其舍乎？

〔一〕「祠」，原本作「詞」，形近而誤，據水經注改。

閩虻不能避賢者之舍，蝗蟲何能不入卓公之縣？

如謂蝗蟲變，災變也。與閩虻異，殊異也。夫寒温，亦災變也，從説寒温者之説。使一郡皆寒，賢者長一縣，一縣之界能獨温乎？夫寒温不能避賢者之縣，蝗蟲何能不入卓公之界？

夫如是，蝗蟲適不入界，卓公賢名〔偶〕稱於世，「稱」字下舊校曰：一有「偶」字。孫曰：疑當作「偶稱於世」，與「適不入界」語氣相同。本書「偶」、「適」平列，其例甚多。舊校「偶」字在「稱」字下者，文誤倒也。世則謂之能卻蝗蟲矣。何以驗之？夫蝗之集於野，非能普博盡蔽地也，往往積聚多少有處。非所積之地，則盜跖所居；所少之野，則伯夷所處也。集過〔地〕有多少，孫曰：「過」當作「地」。下云：「夫集地有多少，則其過縣有去留矣。」正承此言。「過」字即涉「過縣」而誤。不能盡蔽覆也。夫集地有多少，則其過縣有留去矣。多少不可以驗善惡，有無安可以明賢不肖也？蓋時蝗自過，不謂賢人界不入〔界〕明矣。孫曰：當作「不爲賢人不入界」。上云：「卓公爲緱氏令，蝗不入界。」又云：「蝗蟲適不入界。」並其證。今本「爲」誤作「謂」，又將「界」字錯於「不入」之上，故文不成義。暉按：「謂」讀作「爲」，本書時有其例，今仍之。盼遂案：「賢人界」三字成詞。「賢人界不入」，即不入賢人界也，本自可通，不煩改换。

論衡校釋卷第六

福虚篇

世論行善者福至，爲惡者禍來。禍福之應，皆天也，人爲之，天應之。陽恩，人君賞其行；陰惠，天地報其德。無貴賤賢愚，莫謂不然。〔不〕徒見行事有其文傳，又見善人時遇福，「徒」上當有「不」字。「又見」即承「不徒見」爲義也，可證。故遂信之，謂之實然。斯言或時賢聖欲勸人爲善，著必然之語，以明德報；或福時適，遇者以爲然。文有脱誤。疑當作「或時福適遇，遇者以爲然」。兩「或時」平列，本書常語。今本「遇」字因重文而脱，「時」字又誤奪在下，遂失其義。盼遂案：此九字文辭不屬，意亦與上文沓複，疑是衍文。如實論之，安得福祐乎？

楚惠王食寒葅而得蛭，元本脱「寒」字。宋本、賈子新書春秋篇、新序雜事篇並與此同。説文：「葅，酢菜也。从艸，沮聲。」字或作「菹」，亦爲肉稱。漢書刑法志：「葅其骨肉於市。」蛭，爾雅釋魚曰：「蟣。」注：「今江東呼水中蛭蟲入人肉者爲蟣。」廣韻五質云：「蛭，水蛭。」引博物志曰：「水蛭，三斷而成三物。」本草：「水蛭一名蚑。」唐注：「一名馬蜞。」爾雅釋文一名「馬蓍」。吾鄉俗稱馬黄，生洿濁水中。爾雅邢疏謂即楚王食葅而吞者。下文謂蛭非如蟣蝨，此蟣即説文云「蝨子也」。「蛭」名「蟣」，方言異也。仲任謂食血之蟲，正馬黄，可驗也。盼遂案：「楚」上脱一「曰」字，此論難者之辭也。因遂吞之，腹有疾而不能食。令尹問：賈子、新序並作「令尹入問曰」。「王安得此疾也？」王曰：「我食寒葅而得蛭，念譴之而不行其罪乎？是廢法而威不立也，孫曰：「廢法」疑當作「法廢」，文誤倒也。「法廢」與「威不立」語意相貫。新書春秋篇正作「法廢」。暉按：新序亦作「法廢」。非所以使國人聞之也。譴而行誅乎？新序作「行其誅」，與上「行其罪」語氣相同，疑是。則庖廚(宰)監食者宋本「廚」作「宰」，朱校元本同。與賈子、新序同。今據正。法皆當死，心又不忍也。吾恐左右見之也，「見之」二字疑倒。下文「如恐左右之見」可證。賈子、新序並作「吾恐蛭之見」。因遂吞之。」令尹避席再拜而賀曰：「臣聞天道無親，唯德是輔。王有仁德，天之所奉也，淮南説林訓高注：「奉，助也。」病不爲傷。」是夕也，惠王之後而蛭出，「之」猶「往」也。往後宫也。及久患心腹之積皆愈。賈子亦作「積」。新序作「疾」，後人不明其義而妄改也。下文云：「惠王心腹之積，殆積血也。」正釋此「積」字。爾雅邢疏：「楚王食寒葅吞蛭，能去結積。」正得其義。御覽九五〇、郝懿行爾雅義疏並引此文，改「積」爲「疾」，失之。北堂書鈔百四十六引賈子作「其久疾心腹之積疾皆愈也」，則知此文當作「心腹之積」矣。故天之親（視）德（聽）也，可謂不察乎？「親德」當作「視聽」。「察」，明也，與「親德」義不相屬。字形相近，又涉上文「天道無親，唯德是輔」而誤。賈子新書春秋篇、新序雜事篇正作「視聽」，是其明證。

曰：此虛言也。

案惠王之吞蛭，不肖之主也。有不肖之行，天不佑也。何則？惠王不忍譴蛭，恐庖廚監食法皆誅也。「廚」字當作「宰」，下同。説見上文。一國之君，專擅賞罰；而赦，盼遂案：「而」猶「與」也，及也。詳王氏經傳釋詞。人君所爲也。惠王通譴葅中何故有蛭，庖廚監食皆當伏法，然能終不以飲食行誅於人，赦而不罪，惠莫大焉。庖廚罪覺而不誅，自新而改後；惠王赦細而活微，身安不病。今則不然，强食害己之物，使監食之臣不聞其過，失御下之威，無禦非之心，不肖一也。使庖廚監食失甘苦之和，若塵土落於葅中，大如蟣虱，「若」猶「或」也。「虱」，蝨俗字。非意所能覽，非目所能見，原心定罪，不明其過，可謂惠矣。今蛭廣有分數，長有寸度，爾雅釋魚郝疏：「大如拇指。」在寒葅中，眇目之人，釋名釋疾病：「目匡陷急曰眇。」説文曰：「一目小。」義稍異。猶將見之。臣不畏敬，擇濯不謹，罪過至重，惠王不譴，不肖二也。葅中不當有蛭，不食投地；如恐左右之見，懷屏隱匿之處，足以使蛭不見，何必食之？如不可食之物，「如」猶「乃」也。誤在菹中，可復隱匿而强食之？不肖三也。有不肖之行，而天祐之，是天報祐不肖人也。

不忍譴蛭，世謂之賢，賢者操行，多若吞蛭之類，吞蛭天除其病，是則賢者常無病也。賢者德薄，未足以言。聖人純道，操行少非，「薄」疑當作「駁」，聲之誤也。禍虚篇：「賢者尚可謂有非，聖人純道者也。」明雩篇：「世稱聖人純而賢者駁，純則行操無非。」潛夫論實貢篇：「聖人純，賢者駁。」是聖純賢駁，漢時通義。則知此文當以「德駁」與「純道」相對爲義，非謂德薄也。爲推不忍之行，以容人之過，必衆多矣。然而武王不豫，金縢曰：「武王有疾不豫。」皮錫瑞曰：「『不』，今文，古文作『弗』。」段玉裁曰：「古文一作『不』。」白虎通曰：「天子疾，曰不豫，言不復豫政也。」（書疏引，今本脱。）此今文説也，仲任當從之。説文引周書作「悆」，云：「喜也。」此古文説也。郭忠恕汗簡中之二云：「『悆』，古文尚書『豫』。」僞孔傳謂「弗豫」爲「不悦豫」，尚知承守古文舊説。五行志：「天子不豫。」顏注從孔傳，不知班氏今文，其説自異也。孔子疾病，注見感虚篇。天之祐人，何不實也？

或時惠王吞蛭，蛭偶自出。食生物者，無有不死，腹中熱也。初吞，蛭時未死，疑當作「初吞時，（句。）蛭未死」。「蛭未死」，與下「蛭動作」、「蛭死腹中」語意相貫。今作「蛭時」，文誤倒也。盼遂案：當是「初吞時，蛭未死」，否則似惠王時未死矣。而腹中熱，蛭動作，故腹中痛。須臾，蛭死腹中，痛亦止。以上文例之，「痛」上當有「故」字。蛭之性食血，惠王心腹之積，殆積血也。故食血之蟲死，而積血之病愈。陳氏本草經百種録曰：「水蛭主逐惡血月閉，破血瘕積聚。水蛭最喜食人之血，而性又遲緩善入。遲緩則生血不傷，善入則堅積易破，借其力以攻積久之滯，自有利而無害也。」猶狸之性食鼠，韓非子揚榷篇：「令狸執鼠，皆用其能。」尸子下卷：「使牛捕鼠，不如貓狌之捷。」莊子秋水篇：「捕鼠不如貓狌。」郊特牲曰：「迎貓，爲其食田鼠也。」是狸即貓。廣雅：「貍，貓也。」今俗呼貍爲野貓。人有鼠病，吞狸自愈，淮南説山訓：「狸頭愈鼠。」是也。高注：「鼠齧人創。」失之。本草陶注：「狸肉主鼠瘻。」瘻，頸腫也，俗名老鼠包。物類相勝，方藥相使也。食蛭蟲而病愈，安得怪乎？食生物無不死，死無不出，之後蛭出，安得祐乎？令尹見惠王有不忍之德，知蛭入腹中必當死出，臣因〔以〕再拜，賀病不爲傷，「臣」字無義，「臣因」當作「因以」。「以」或作「目」，與「臣」形近而譌，文又誤倒。此文與變虚篇「亦或時子韋知星行度」云云文例同。「因以再拜」句，與彼「因以星舍」句正相比，可證。盼遂案：「臣」係「因」之形譌而衍。俗「因」字作「囙」，與「臣」形相近。此句承上令尹爲言，故不容有臣字。著己知來之德，宋本「來」作「身」。朱校元本同。以喜惠王之心，是與子韋之言星徙，太卜之言地動，並見變虚篇。無以異也。

宋人有好善行者，三世不解，盼遂案：三世不懈也。别本作「不改」，是誤字。家無故黑牛生白犢，以問孔子。淮南人間篇作「先生」。列子説符篇同此。孔子曰：「此吉祥也，以享鬼神。」淮南許注：「白犢，純色，可以爲犧牲。」即以犢祭。一年，其父無故而盲。牛又生白犢，其父又使其子問孔子。孔子曰：「吉祥也，以享鬼神。」復以犢祭。一年，其子〔又〕無故而盲。孫曰：當作「其子又無故而盲」。上云「其父無故而盲」，故此云「其子又無故而盲」。淮南子人間篇、列子説符篇並有「又」字。其後楚攻宋，圍其城。淮南許注：「楚莊王時，圍宋九月。」事見左宣十四年及十五年傳。當此之時，易子而食之，析骸而炊之，公羊傳何注：「析，破。骸，人骨也。」「�Ꞥ」即「析」字。此獨以父子俱盲之故，得毋〔一〕乘城。乘，上也。軍罷圍解，父子俱視。許注：視復明也。此脩善積行神報之效也。

曰：此虚言也。夫宋人父子脩善如此，神報之，何必使之先盲後視哉？不盲常視，不能護乎？此神不能護不盲之人，則亦不能以盲護人矣。使宋、楚之君合戰頓兵，頓，傷也。流血僵尸，僵，仆也。戰夫禽獲，死亡不還，以

〔一〕「毋」，原本作「無」，據通津草堂本改。

盲之故，得脱不行，可謂神報之矣。今宋、楚相攻，兩軍未合，圍積九月而未戰。華元、子反宋、楚二大夫。結言而退，具見公羊宣十五年傳。左氏謂登子反牀，盟。盼遂案：宋人黑牛生白犢事，淮南子人間訓、列子説符篇皆有記載，惟謂宋、楚相攻，不刻定爲華元、子反之役，至論衡始有此言。然考之春秋三傳，司馬子反和華元平，事在魯宣公十四年。史記孔子世家記孔子生在魯襄公二十二年，則華元、子反平事前於孔子之生且四十四年，然則宋人之子安得以白犢問孔子，孔子又安得以吉祥語之哉？夫宋、楚相攻之事夥矣，仲任必規爲華元、子反之役，是亦千慮之一失矣。二軍之衆，並全而歸，兵矢之刃無頓用者。頓，傷折也。雖有乘城之役，無死亡之患。爲善人報者，爲乘城之間乎？謂只免乘城之役。使時不盲，亦猶不死。猶，均也。盲與不盲，俱得脱免，神之使盲，何益於善？

當宋國乏糧之時也，盲人之家，豈獨富哉？俱與乘城之家易子枏骸，謂與不盲者同困。反以窮厄獨盲無見，則神報祐人，失善惡之實也。

宋人父子，前偶自以風寒發盲，素問至真要大論注：「風，寒氣生也。」又風論：「風者，百病之長。」圍解之後，盲偶自愈。世見父子修善，又用二白犢祭，宋、楚相攻，獨不乘城，圍解之後，父子皆視，則謂修善之報，獲鬼神之祐矣。

楚相孫叔敖爲兒之時，楚莊王相也。左宣十一年傳：「楚令尹蔿艾獵城沂。」孔疏引服虔曰：「艾獵，蔿賈之子，孫叔敖也。」呂氏春秋情欲篇、知分篇高誘注同。毛奇齡以叔敖非楚公族，並非蔿氏，乃期思鄙人。叔敖碑云：「諱饒字叔敖。」孫星衍曰：「饒、敖音近。」馬驌繹史、顧炎武金石文字記並疑此碑不足信。見兩頭虵，續博物志：馬鼈食牛血所化。殺而埋之，歸，對其母泣。母問其故，對曰：「我聞見兩頭虵〔者〕死。句脱「者」字，於義不明。賈子新書春秋篇正作「吾聞見兩頭蛇者死」。新序雜事篇：「聞見兩頭之蛇者死。」並有「者」字，當據補。向者，出見兩頭虵，「向」讀作「嚮」。恐去母死，是以泣也。」其母曰：「今虵何在？」對曰：「我恐後人見之，即殺而埋之。」其母曰：「吾聞有陰德者，天必報之〔福〕。孫曰：「天必報之」本作「天報之福」，「必」字涉下句而誤，又脱「福」字。下文云：「有陰德天報之福者，俗議也。」正承此文言之。否則，無所屬矣。新書春秋篇、新序雜事篇並作「天報以福」。汝必不死，天必報汝。」叔敖竟不死，遂爲楚相。埋一虵，獲二祐，天報善，明矣。

曰：此虚言矣。

夫見兩頭虵輒死者，俗言也；有陰德天報之福者，俗議也。叔敖信俗言而埋虵，其母信俗議而必報，是謂死生無命，在一虵之死。

齊孟嘗君田文以五月五日生，其父田嬰讓其母曰：「何故舉之？」洪範馬注：「舉猶生也。」謂何故乳育之。曰：「君所以不舉五月子，何也？」疑「曰」上當有「文」字，此田文語也。史記本傳：「文頓首，因曰。」本書四諱篇同。今脱「文」字，若文母語也。盼遂案：「曰」上脱「文頓首」三字，宜據本書四諱篇及史記孟嘗君傳補。否則竟似其母與田嬰應答矣。嬰曰：「五月子，長與户同，殺其父母。」曰：「人命在天乎？在户乎？如在天，君何憂也？如在户，則宜高其户耳，誰而及之者？」「而」讀作「能」。後文長與一户同，而嬰不死。「一」字於義無取，傳寫誤增。四諱篇曰：「文長過户，而嬰不死。」即其義。是則五月舉子之忌，無效驗也。夫惡見兩頭虵，猶五月舉子也。五月舉子，其父不死，則知見兩頭虵者，無殃禍也。由此言之，見兩頭虵自不死，非埋之故也。埋一虵，獲二福，盼遂案：「福」當爲「祐」。上文「埋一蛇，獲二祐」，下文「埋十蛇，得幾祐」，皆不作「福」。如埋十虵，得幾祐乎？

埋虵惡人復見，叔敖賢也。賢者之行，豈徒埋虵一事哉？前埋虵之時，多所行矣。禀天善性，動有賢行，賢行之人，宜見吉物，無爲乃見殺人之虵。「乃」猶「而」也。言不得見凶物。豈叔敖未見虵之時有惡，有惡行。天欲殺之，見其埋虵，除其過，天活之哉？石生而堅，蘭生而香，如謂叔敖之賢，在埋虵之時，非生而禀之也。謂則非生禀性命。

儒家之徒董無心，藝文志儒家：「董子一篇。」注：「名無心，難墨子。」其書明時尚有傳本，見陳第世善堂書目。今則不傳。孫詒讓墨子閒詁墨語下輯佚文六則。鄭樵謂無心爲墨子弟子，誤也。**墨家之役(徒)纏子**，孫曰：「役」疑「徒」字之誤。齊曰：作「役」不誤。問孔篇：「故稱備徒役，徒役之中，無妻則妻之耳。」「役」猶「徒」也，互文。暉按：王應麟漢書藝文志考證引正作「徒」，當據正。廣韻二仙曰：「纏又姓，漢書藝文志有纏子著書。」按：漢志無纏子，隋、唐志亦未載。馬總意林始著纏子一卷，引其文二則。謂纏子修墨子之業。文選文賦注亦引有其語。或曰：並本於董子書。盼遂案：「役」亦「徒」也。問孔篇：「諸入孔子門者皆有善行，故稱備徒役。」此「徒」、「役」同義之證。莊子庚桑楚篇：「老聃之役有庚桑楚者。」釋文引司馬彪云：「役，學徒弟子也。」又引廣雅云：「役，使也。」成疏：「役，門人之稱。」呂氏春秋尊師篇後爲誣徒篇，高誘注云：「此篇一名詆役。凡篇中徒字皆作役，徒與役謂弟子也。」（高語止此。）古人事師，供其驅走，不憚艱險，故稱役焉。**相見講道。**王應麟玉海五十三引中興館閣書目曰：「董子一卷，與學墨者纏子辯上同、兼愛、上賢、明鬼之非，纏子屈焉。」**纏子稱墨家佑(右)鬼神**，「佑」當作「右」。藝文志曰：「宗祀嚴父，是以右鬼。」淮南氾論訓：「右鬼非命。」本書薄葬篇、案書篇並作「右鬼」。高誘曰：「右猶尊也。」顏師古義同。若作「佑」，則非其義。漢志攷證引，「右」字不誤。又右鬼、非命，墨家之義，亦諸書常語。「神」字傳寫誤增。漢志師古注引墨子「明鬼神」，誤同。**是引秦穆公有明德**，「穆」、「繆」字通。然「秦穆公」字本作「繆」。此文當依無形篇改作「繆」，否則，下文「穆則誤亂之名」無所屬矣。下諸「穆」字同。**上帝賜之［九］十〔九〕年。**先孫曰：此事亦見墨子明鬼篇。秦穆公今本墨子作「鄭穆公」，誤。（此與前無形篇並作「秦」，與山海經海外東經郭注、北齊書樊遜傳、杜氏玉燭寶典並合。詳墨子閒詁。）「九十年」，前無形篇正作「十九年」，此誤倒。暉按：今本墨子作「錫女壽十年有九」。海外東經郭注引墨子正作「賜之壽十九年」。（楚詞遠遊洪補注引墨子作「十年」，引郭注作「九十」，並誤。）**纏（董）子難以堯、舜不賜年，**「纏」當作「董」，字之誤也。此董無心以難纏子者。上舉纏子之説，又云纏子難之，義不可通。意林引纏子載董子曰：「子信鬼神，何異以踵解結，終無益也。」纏子不能應。又風俗通載董無心曰：「杜伯死，親射宣王於鎬京。子以爲桀、紂而殺，足以成軍，可不須湯、武之象。」並爲董無心難纏子之詞。漢書藝文志攷證引作「董子」，是其證。**桀、紂不夭死。**盼遂案：「纏子」爲「董子」之誤。上文纏子主明德延年，此則董子應敵之辭也。馬總意林卷一纏子書：「董子曰：『子信鬼神，何異于以踵解結，終無益也。』纏子不能應。」此董子之以無神責難纏子之證也。

堯、舜、桀、紂猶爲尚遠，當作「猶尚爲遠」。異虛篇：「此尚爲近。」實知篇：「此尚爲遠。」**且近難以秦穆公、晉文公。**齊曰：「秦穆公」三字衍。董子以堯、舜、桀、紂難纏子，仲任嫌其尚遠，乃近舉晉文公以難之，故曰「且近難以晉文公」。下文云：「天不加晉文以命，獨賜秦穆以年，是天報誤亂，與穆公同也。」其據晉文以難纏子，立文甚明。暉按：藝文志攷證五引作「近而秦穆、晉文言之」。**夫謚者，行之迹也，**周書謚法解、禮記檀弓、樂記、表記鄭注、説文解字並云。**迹生時行，以爲死謚。**白虎通謚篇曰：「謚之爲言引也，引列行之跡也。」五經通義曰：（通典禮六十四。）「謚之言列，陳列所行。」後道虚篇曰：「謚，臣子所誄列也，誄生時所行，爲之謚。」**穆者誤亂之名，**「穆」當作「繆」，漢志攷證引作「繆」，下並同。周書謚法解：「名與實爽曰繆。」蔡邕、張守正字並作「繆」，古通。説文：「謬，狂者之妄言也。」中庸鄭注：「謬，亂也。」廣雅釋詁三：「繆，誤也。」故曰：「繆者誤亂之名。」穆，美名也。謚法解云：「布德執義曰穆，中情見貌曰穆。」史記蒙恬傳，蒙毅曰：「秦穆公殺三良而死，罪百里奚，而非其罪，故立號曰繆。」風俗通五伯篇：「繆公受鄭甘言，置戍而去，違黄髮之計，而遇殽之敗，殺賢臣百里奚，以子車氏爲殉，詩黄鳥之所爲作，故謚曰繆。」是秦穆公原謚爲「繆」，本書無形篇、儒增篇並作「秦繆公」，則知此爲妄人改之也。他書凡作「秦穆公」者，皆類此。唐皮日休追咎秦伯舍重耳，置夷吾，作秦穆公謚繆論，其説是也。黄晉卿雜辨曰：「秦穆之見于詩、書、春秋傳，皆正作穆，未聞穆可讀如繆也。」錢大昕養新録曰：「古書昭穆之穆，與謚法之繆，二字相亂。秦穆公之謚，當讀如繆。」説並失之。**文者德惠之表。**謚法解：「慈惠愛民曰文。」**有誤亂之行，天賜之年；有德惠之操，天奪其命乎？案穆公之霸，不過晉文；晉文之謚，美於穆公。天不加晉文以命，獨賜穆公以年，是天報誤亂，與穆公同也。**

天下善人寡，惡人衆。善人順道，惡人違天。然夫惡人之命不短，善人之年不長。盼遂案：「然夫」爲「然而」之誤。篆文「而」字作[illegible]，「夫」字作[illegible]，故易致譌。天不命善人常享一百載之壽，惡人爲殤子惡死，何哉？

禍虛篇

世謂受福祐者，既以爲行善所致；又謂被禍害者，爲惡所得。以爲有沉惡伏過，天地罰之，鬼神報之。天地所罰，小大猶發；鬼神所報，遠近猶至。

傳曰：「子夏喪其子而喪其明，鄭玄曰：「明，目精。」曾子弔之，哭。痛其喪明。子夏曰：『天乎！予之無罪也！』鄭曰：「怨天罰無罪。」曾子怒曰：『商！汝何無罪也？商，子夏名。吾與汝事夫子於洙、泗之間，論語比考讖曰：「夫子教於洙、泗之間，今於城北二水之中，即夫子領徒之所。」（御覽六三。）水經注二五引從征記曰：「洙、泗二水交於魯城東北十七里。」退而老於西河之上，鄭曰：「西河，龍門至華陰之地。」水經四：「河水南出龍門口。」注曰：「又南崌谷水注之。崌谷側谿山南有石室，子夏教授西河，疑即此也。」與鄭說合。史記弟子傳正義曰：「今汾州。」非也。唐書地理志：「汾州西河縣，本隰城，肅宗時更名。」與此西河無涉。趙一清曰：「相州安陽西河，非龍門西河。」使西河之民，疑汝於夫子，爾罪一也。鄭曰：「言其不稱師。」喪爾親，使民未有異聞，盼遂案：禮記檀弓作「使民未有聞焉」。鄭注：「言居親喪無異稱。」知原本有「異」字，今脫。宜據論衡此文補入。爾罪二也。鄭曰：「言居親喪無異稱。」喪爾子，喪爾明，爾罪三也。鄭曰：「言隆於妻子。」而曰汝何無罪歟？』子夏投其杖而拜，曰：『吾過矣！吾過矣！吾離羣而索居，亦以久矣！』」「以」、「已」字通。鄭曰：「羣謂同門朋友也。索猶散也。」以上禮記檀弓上文。夫子夏喪其明，曾子責以〔有〕罪，「罪」上當有「有」字。曾子謂商何無罪，數其有罪三。下文云：「病聾不謂之有過，失明謂之有罪。」正承此文言之。御覽七三九引，正作「曾子責以有罪」，是其證。子夏投杖拜曾子之言，蓋以天實罰過，故目失其明；已實有之，故拜受其過。

始聞暫見，皆以爲然。熟考論之，虛妄言也。

夫失明猶失聽也，失明則盲，失聽則聾。病聾不謂之有過，失明謂之有罪，惑也。蓋耳目之病，猶心腹之有病也。耳目失明聽，謂之有罪，心腹有病，可謂有過乎？

伯牛有疾，注命義篇。孔子自牖執其手，曰：「亡之命矣夫！「亡」音「無」。「之」猶「其」也。論語雍也篇集解孔注訓「亡」爲「喪」，與此不同。說見問孔篇。斯人也，而有斯疾也！」原孔子言，謂伯牛不幸，故傷之也。如伯牛以過致疾，天報以惡，與子夏同，孔子宜陳其過，若曾子謂子夏之狀。今乃言「命」，命非過也。

且天之罰人，「且」下朱校元本有「夫」字。猶人君罪（罰）下也。「罪」當作「罰」，形近又涉上下文諸「罪」字而誤。「罰人」，「罰下」，語氣相貫。下句「所罰服罪」，即承此「罰下」言之。所罰服罪，人君赦之。子夏服過，拜以自悔，天德至明，宜愈其盲。如非天罪（罰），此即破上文「天實罰過，故目失明」之義。今本作「罪」，非也。盼遂案：「天罪」宜爲「天罰」之誤，上下文多「罪」字，故致誤。子夏失明，亦無三罪。且喪明之病，元本作「痛」，朱校同。孰與被厲之病？謂伯牛爲厲。注命義篇。喪明有三罪，被厲有十過乎？顔淵早夭，注見實知篇。子路葅醢，注見書虚篇。早死、葅醢，〔天下〕極禍也，宋本「葅醢」作「天下」。按：「葅醢」下當有「天下」二字。刺孟篇：「顔淵早夭，子夏失明，子胥烹，子路葅，天下極戮。」與此文例同。宋本脱「葅醢」二字，此本又脱「天下」二字，當互校補。盼遂案：次「葅醢」，宋本作「天下」，疑此脱「天下」二字，宋本脱「葅醢」二字也。以喪明言之，顔淵、子路有百罪也。由此言之，曾子之言，誤矣。

然子夏之喪明，喪其子也。言因子亡。子者，人情所通；親者，人所力報也。禮記祭義曰：「君子致其敬，發其情，竭力從事，以報其親。」盼遂案：「所力」二字宜乙作「力所」，與上句相偶。論語：「事父母能竭其力。」喪親，民無聞；喪子，失其明，此恩損於親，而愛增於子也。增則哭泣無數，數哭中風，目失明矣。「中」猶「傷」也。風寒發盲。曾子因俗之議，以著子夏三罪。子夏亦緣俗議，因以失明，故拜受其過。曾子、子夏未離於俗，故孔子門敍行，未在上第也。吴曰："子"字疑衍。暉按："門"字衍。論語先進篇"德行顔淵"章，鄭玄以合"子曰從我陳、蔡"章，是承"子曰"言之，則謂孔子序列弟子行操也。仲任意同，故云："孔子敍行。"定賢篇曰："子貢之辯勝顔淵，孔子序置於下。"可證。皇侃别爲一章，云："記者所書，孔子印可。"蓋一本從皇説改作"孔門"，（太史公與皇説同。俞樾説。）校者又據舊本補"子"字，而"門"字未删也。説文："敍，次第也。"孔門四科，子夏在文學之目，次最後者曾參未與其品，故曰未在上第。盼遂案：疑衍"子"字。

秦襄王賜白起劍，據史記白起傳，事在昭王五十年。此云"襄王"，非。盼遂案："秦襄王"當作"秦昭王"，此係仲任誤記。史記白起傳記武安君之死，在秦昭王五十年十一月。白起伏劒將自刎，史記作"自剄"。剄謂斷頭也。"刎"，説文新附字，當作"歾"。吕氏春秋離俗篇："卻而自歾。"又高義篇："不去斧鑕歾頭乎王廷。"今新序節士篇"歾"作"刎"。荀子富國篇："是猶欲壽而自歾頸。"楊注："歾當爲刎。"非也。説文："歾，終也，或作殁。"此"刎"字亦後人所改。曰："我有何罪於天乎？"良久，曰："我固當死。長平之戰，趙卒降者數十萬，我詐而盡坑之，是足以死。"注見命義篇。遂自殺。史記白起傳文。白起知己前罪，服更後罰也。"更"、"受"古通。史記夏紀："受豕韋之後。"徐廣曰："受一作更。"儀禮燕禮注："古文受爲更。"

夫白起知己所以罪，不知趙卒所以坑。如天審罰有過之人，趙降卒何辜于天？

如用兵妄傷殺，則四十萬衆必有不亡，言不盡戰死。不亡之人，何故以其善行無罪而竟坑之？問天何故。卒不得以善蒙天之祐，卒，趙降卒也。白起何故獨以其罪伏天之誅？由此言之，白起之言，過矣。

秦二世使使者詔殺蒙恬。蒙恬喟然嘆曰：「我何過於天？無罪而死！」良久，徐曰：「恬罪故當死矣！「故」讀作「固」。史作「固」。夫起臨洮屬之遼東，齊策：「舉齊屬之海。」注：「屬，至也。」之，於也。城徑萬里，謂築長城。此其中不能毋絶地脉。此乃恬之罪也！」即吞藥自殺。太史公非之曰：「夫秦初滅諸侯，天下心未定，夷傷未瘳，史「夷」作「痍」。此借字。而恬爲名將，不以此時彊諫，救百姓之急，史「救」作「振」，義同。養老矜孤，史「矜」作「存」。「矜」、「存」聲近義同。脩衆庶之和，阿意興功，此其子（兄）弟過（遇）誅，不亦宜乎？孫曰：當從史記作「兄弟遇誅」。「過」即「遇」字形近之譌。兄謂恬，弟謂毅。朱説同。何與乃罪地脉也？」史無「與」字，疑脱。乃，異之詞。以上史記蒙恬傳文。

夫蒙恬之言既非，而太史公非之亦未是。何則？蒙恬絶〔地〕脉，「絶脉」當作「絶地脉」，上下文並作「地脉」可證。「絶脉」非其義。罪至當死，地養萬物，何過於人（天），「人」當作「天」，形近而誤。此文謂天罰有罪，地有無過罪，與「人」無涉。意謂蒙恬絶地脉，天罰之以死。然地又何過於天，而絶其脉？與上「趙降卒何辜於天，而竟坑之」文例正同。而蒙恬絶其脉？「蒙恬」二字，原在下「知己」句上。「蒙恬知己有絶地之罪」二句，與上「白起知己所以罪」二句，文例同。若無「蒙恬」二字，則無主詞，其證一。「而絶其脉」承「地何過於天」爲義，問天何故絶其脉也。與上「何故以其善行無罪而竟坑之」文例同。並不謂白起與蒙恬也，其證二。校者未審其義，而妄移下句「蒙恬」二字於此。〔蒙恬〕知己有絶地脉之罪，不知地脉所以絶之過，「蒙恬」二字，舊奪在上，今正。校見上。自非如此，與不自非何以異？

太史公爲非恬之爲名將，上「爲」字，疑「惟」之聲誤。不能以彊諫，故致此禍。盼遂案：「爲非」當是「乃非」之誤，緣草書「爲」字作为，與「乃」形近故也。夫當諫不諫，故致受死亡之戮。身任李陵，坐下蠶室，太史公舉李陵，陵敗降匈奴，而推言其功，遂下蠶室。漢書〔一〕武帝紀注引漢書音義：「蠶室，宫刑獄名。有刑者畏風須暖，作窨室蓄火，如蠶室，因以名焉。」如太史公之言，所任非其人，故殘身之戮，天命而至也。非蒙恬以不彊諫，故致此禍，則己下蠶室，有非者矣。已無非，則其非蒙恬，非也。盼遂案：「已」爲「己」之誤，「無非」當是「有非」。此正承上文「己下蠶室，有非者矣」而來。

作伯夷之傳，史記有伯夷傳。則(列)善惡之行，宋本「則」作「列」，當據正。吴曰：伯夷

〔一〕「書」上原本誤衍「後」字，今删。

列傳以顔淵、盜跖對舉，所謂列善惡之行也。盼遂案：孫人和曰：「吴説近是。或即『别』字之譌。」宋本正作列。云：「七十子之徒，仲尼獨薦顔淵好學。然回也屢空，論語皇疏引王弼曰：「數空匱也。」糟糠不厭，索隱曰：「謂不飫飽。」卒夭死。史記作「而卒早夭」。疑「卒」下有「早」字。下「顔回不當早夭」，即承此爲言。天之報施善人如何哉？盜跖日殺不辜，肝人之肉，暴戾恣睢，説文：「睢，仰目也。」正義曰：「仰白目，怒貌也。」今史作「睢」，誤。「睢」、「睢」音形皆别。聚黨數千，横行天下，竟以壽終。是獨遵何哉？」疑當從史記作「是遵何德哉」。「獨」即「德」之形誤，字又誤倒。盼遂案：「何」字下宜依史記伯夷列傳補「德」字，文義方完。若此言之，顔回不當早夭，朱校元本、程本、天啓本作「回」。錢、黄、王本并作「淵」，是。盜跖不當全活也。不怪顔淵不當夭，上「不」字涉上下諸「不」字而衍。史公正怪顔淵早夭也。而獨謂蒙恬當死，過矣。

漢將李廣與望氣王朔燕語曰：「燕語」猶「私語」也。「自漢擊匈奴，而廣未常不在其中，當從史記、漢書李廣傳作「未嘗」。盼遂案：「常」字當依史記李將軍傳改作「嘗」。下文「豈常」、「羌常反」諸「常」字同。而諸校尉以下，續漢志曰：「大將軍營有五部、三校尉。」才能不及中，師古曰：「中謂中庸之人。」然以胡軍攻（功）取侯者數十人，「攻」當作「功」，聲之誤也。史作「擊胡軍功」，漢書作「軍功」，可證。而廣不爲侯後人，史無「侯」字。索隱曰：「謂不在人後也。」先孫曰：以漢書李廣傳校之，「侯」字衍。然終無尺土（寸）之功，「土」當從史作「寸」。「得」、「見」篆隸并形近。（左傳：「我得天而楚伏其罪。」説苑「得」作「見」。）先孫據漢書校同。以得見封邑者，何也？據史，「見」字衍。先孫據漢書校同。豈吾相不當侯？且固命也？」朔曰：「將軍自念，豈常有恨者乎？」「常」當依史、漢作「嘗」。師古曰：「恨，悔也。」廣曰：「吾爲隴西太守，羌常反，史、漢並作「嘗反」。吾誘而降之八百餘人，吾詐而同日殺之。至今恨之，獨此矣！」朔曰：「禍莫大於殺已降，此乃將軍所以不得侯者也。」李廣然之，聞者信之。

夫不侯猶不王者也。不侯何（有）恨，不王何負乎？「何恨」當作「有恨」，涉「何負」而誤。「不侯有恨」，述上文嘗有恨故不侯之意。「不王何負」，乃據「不王」以證「不侯有恨」之謬也。前文「耳目之病，猶心腹之有病也。耳目失明聽，謂之有罪；心腹有病，可謂有過乎」，與此文例正同。若只據不侯如不王，而徑言不侯何恨，則文理疏矣。孔子不王，公羊家説。注問孔篇。論者不謂之不（有）負；下「不」字涉上下文而誤，當作「有」。「論者不謂之有負」，與下「王朔謂之有恨」正反相承。若作「不謂之不負」，正謂有負矣，殊失其旨。李廣不侯，王朔謂之有恨。然則王朔之言，失論之實矣。

論者以爲，人之封侯，自有天命，天命之符，見於骨體。義見骨相篇。大將軍衛青在建章宫時，鉗徒相之曰：「貴至封侯。」後竟以功封萬户侯。注骨相篇。衛青未有功，而鉗徒見其當封之證。由此言之，封侯有命，非人操行所能得也。鉗徒之言，實而有〔一〕效，王朔之言，虚而無驗也。多横恣而不罹（離）禍，「罹」不成字，崇文本改作「離」，是也。「離」一作「罹」。今從宋本作「離」。離，遭也。順道而違福，王朔之説，白起自非、蒙恬自咎之類也。

倉卒之世，後漢書光武紀下注：「倉卒，謂喪亂也。」以財利相劫殺者衆。同車共船，千里爲商，至闊迥之地，殺其人而并取其財。尸捐不收，骨暴不葬，在水爲魚鼈之食，在土爲螻蟻之糧。惰窳之人，不力農勉商，以積穀貨，遭歲饑饉，爾雅釋天：「穀不熟爲饑。蔬不熟爲饉。」腹餓不飽，椎人若畜，説文：「椎，擊也。」割而食之，無君子小人，並爲魚肉，人所不能知，吏所不能覺，千人以上，萬人以下，計一聚之中，説文：「邑落曰聚。」衆經音義十四引韋昭漢書注：「小鄉曰聚。」生者百一，死者十九，可謂無道，至痛甚矣，皆得陽達，富厚安樂。盼遂案：「陽」疑當爲「暢」之誤。或云「揚」字。天不責其無仁義之心，道相并殺，非其無力作，非亦責也。而倉卒以人爲食，加以渥禍，使之夭命，章

〔一〕「而有」，原本作「得其」，據通津草堂本改。

其陰罪，明示世人，使知不可爲非之驗，何哉？王朔之言，未必審然。

傳書□：此與上「傳曰子夏喪其子」云云文例同，疑脱「言」字。「傳書言」，本書常語也。「李斯妬同才，盼遂案：「同才」當是「同門」之誤。本書案書篇云：「韓非著書，李斯采以言事，非、斯同門。」「斯」，今本譌「私」，依孫詒讓訂。草書「門」字作𠃍，因誤爲「才」耳。幽殺韓非於秦，後被車裂之罪；事見史記韓非傳。李斯傳謂斯腰斬咸陽市。淮南人間訓則謂李斯車裂。許注：「李斯爲秦相，趙高譖之二世，車裂之于雲陽。」與充説同。商鞅欺舊交，擒魏公子卬，後受誅死之禍。」呂氏春秋無義篇：「公孫鞅爲秦將而攻魏，魏使公子卬當之。鞅居魏，固善卬。使謂卬曰：『豈忍相戰？皆罷軍。』將歸，鞅使人謂公子曰：『願與坐而相去别。』卬從之。鞅因伏卒取卬。秦惠王以此疑鞅之行，欲加罪焉。」秦策一云：「惠王車裂鞅。」秦策三范睢曰：「公孫鞅欺舊交，虜魏公子卬。」彼欲言其賊賢欺交，故受患禍之報也。

夫韓非何過而爲李斯所幽？「何過」，天啓本、錢、王本、崇文本並作「何故」，非也。公子卬何罪而爲商鞅所擒？車裂誅死，賊賢欺交，幽死見擒，何以致之？「賊賢欺交」四字於下文無屬，疑涉上文衍。下「不當受其禍」，承「車裂誅死」爲文。「不得幽擒」，承「幽死見擒」爲文。如韓非、公子卬有惡，天使李斯、商鞅報之，則李斯、商鞅爲天奉誅，宜蒙其賞，不當受其禍；如韓非、公子卬無惡，非天所罰，李斯、商鞅不得幽、擒。

論者説曰：「韓非、公子卬有陰惡伏罪，人不聞見，天獨知之，故受戮殃。」夫諸有罪之人，非賊賢則逆道。如賊賢，則被所賊者何負？如逆道，則被所逆之道何非？「所逆」，宋本作「所行」，朱校元本同。

凡人窮達禍福之至，大之則命，小之則時。太公窮賤，遭周文而得封；秦策五姚賈曰：「太公望，齊之逐夫，朝歌之廢屠，子良之逐臣，棘津之讎不庸，文王用之而王。」甯戚隱阨，逢齊桓而見官。甯戚飯牛，桓公用爲大田。注書虛篇。非窮賤隱阨有非，而得封見官有是也。窮達有時，遭遇有命也。太公、甯戚，賢者也，尚可謂有非。聖人，純道者也。虞舜爲父弟所害，幾死再三。注吉驗篇。有遇唐堯，盼遂案：「有」當爲「后」，形近而譌。説文解「后」爲「繼體君」，故與「後」同用。堯禪舜。立(不)爲帝，嘗見害，未有非；「立」，當據宋本改作「不」。朱校元本同。「不爲帝」，與下「立爲帝」相對成義。立爲帝，未有是。前，時未到；後，則命時至也。下「時」字疑衍。此文以命、時對言。盼遂案：前「時」上宜有「命」字，下句「後則命時至也」與爲對文。案古人君臣困窮，後得達通，未必初有惡，天禍其前；卒有善，神祐其後也。一身之行，一行之操，結髮終死，言自少至老。前後無異；然一成一敗，「一」猶「或」也。下并同。一進一退，一窮一通，一全一壞，遭遇適然，命時當也。

龍虚篇

盛夏之時，雷電擊折[破]樹木，孫曰：「破」字疑衍。下文云：「雷電擊折樹木，發壞屋室。」雷虚篇云：「盛夏之時，雷電迅疾，擊折樹木。」又云：「世俗以爲擊折樹木，壞敗室屋者，天取龍。」並無「破」字。疑一本作「折」，一本作「破」，校者誤合耳。發壞室屋，「發」讀爲「廢」。説文：「廢，屋頓也。」俗謂天取龍。謂龍藏於樹木之中，匿於屋室之間也，雷電擊折樹木，發壞屋室，則龍見於外，龍見，雷取以升天。世無愚智賢不肖，皆謂之然。如考實之，虚妄言也。

夫天之取龍，何意邪？如以龍神，爲天使，猶賢臣爲君使也，反報有時，報，報命也。無爲取也。如以龍遁逃不還，非神之行，天亦無用爲也。「用爲」二字誤倒。「無爲」連文，上下文可證。如龍之性當在天，在天上者，固當生子，無爲復在地。如龍有升降，降龍生子於地，子長大，天取之，則世名雷電爲天怒，取龍之子，無爲怒也。

且龍之所居，常在水澤之中，不在木中屋間。何以知之？叔向之母曰：「深山大澤，實生龍蛇。」左襄二十一年傳文。傳曰：「山致其高，雲雨起焉；水致其深，蛟龍生焉。」淮南人間訓文。亦見文子上德篇、説苑貴德篇。傳又言：「禹渡於江，黄龍負船。」淮南精神訓文。「船」，宋本、朱校元本作「舡」。淮南、本書異虚篇及他書并作「舟」。疑此誤。「荆次非渡淮，兩龍繞舟。」吕氏春秋知分篇：「荆有次非者，得寶劍於干遂，還反涉江，至於中流，有兩蛟夾繞其船，次非拔劍赴江殺之。」亦見淮南道應訓。水經注三五：「江東逕赭要洲，下即楊子洲，俱在江中，二洲之間，常苦蛟害，荆佽飛濟此斬之。」博物志云：「荆軻，字次非。渡，鮫夾船，次非斷其頭而風波盡除。」方以智曰：「荆軻墓碑謂荆將軍名軻，字次非。豈古先有壯士次非，而軻慕之以爲字乎？」按：荆人次非，荆非姓。附之荆軻，非也。「東海之上，有蕾丘訢，舊校曰：「蕾」或作「魯」。孫曰：「蕾」疑「菑」字之俗，此沿六朝以來俗書之譌，未經改訂者。（吕覽亦有此字，並非古本。）魏帥僧達造象以「蓸」爲「菑」，齊高叡修佛寺碑以「[illegible]」爲「緇」，隋甯贙碑以「蓸」爲「淄」，（干祿字書作「甾」。）可以推證。御覽四三七引越絶書、（今本越絶書脱佚此文。）韓詩外傳十並作「菑丘訢」，元和姓纂、通志氏族略作「淄丘訢」，（古今姓氏書辨證云：「淄」或爲「菑」。）太平廣記一九一引獨異志作「菑丘訢」。惟吴越春秋作「椒丘訢」爲異耳。勇而有力，盼遂案：「蕾」疑爲「蓾」。説文艸部「蓾」爲「[illegible]」之或體。「蓾丘訢」故或本可以作「魯」矣。韓詩外傳十作「菑」。仲任不妨别有所據矣。出過神淵，吴越春秋闔閭内傳曰：「爲齊王使於吴，過淮津。」使御者飲馬，馬飲因没。訢怒拔劍，入淵追馬，見兩蛟方食其馬，手劍擊殺兩蛟。」韓詩外傳十：「訢去朝服，拔劍而入，三日三夜，殺三蛟一龍（書鈔一五二引作「三龍」。）而出。雷神隨而擊之，十日十夜，眇其左目。」水經泗水注：「泗水又東南逕淮陽城北，城臨泗水。菑丘訢飲馬斬蛟於此。」由是言之，蛟與龍常在淵水之中，離騷王注：「小曰蛟，大曰龍。蛟龍，水蟲也。」説文：「龍春分登天，秋分潛淵。」不在木中屋間，明矣。在淵水之中，則魚鼈之類，何爲上天？天之取龍，何用爲哉？

如以天神乘龍而行，神恍惚無形，淮南原道訓：「忽兮怳兮，不可爲象。」注：「忽怳無形貌。」怳恍聲近字通。出入無間（門），「間」當作「門」，門、形爲韻。雷虚篇、解除篇並作「出入無門」可證。無爲乘龍也。如仙人騎龍，天爲仙者取龍，則仙人含天精氣，形輕飛騰，若鴻鵠之狀，無爲騎龍也。世稱黄帝騎龍升天，此言蓋虚，猶今謂天取龍也。辨見道虚篇。

且世謂龍升天者，必謂神龍〔神〕。「神龍」當作「龍神」，文誤倒也。下文云：「人貴龍賤，貴者不神，賤者反神乎？」又云：「龍稟何氣而獨神？虎鳥與龜不神，龍何故獨神？」並謂龍不神。又以龍有形可食證龍不神。並破此「龍神」之義。若作「神龍」，則此下所論，失所據矣。又下文云：「世俗言龍神而升天者，妄矣。」正承此文言之，是其證。不神，不升天；升天，神之效也。

天地之性，人爲貴，則龍賤矣。貴者不神，賤者反神乎？如龍之性，有神與不神，神者升天，不神者不能，龜蛇亦有神與不神，神龜神蛇，復升天乎？爾雅釋魚云：「二曰神龜。」邢疏曰：「上圓下方，長尺二寸。」史記龜策傳：「神龜在江南嘉林中。」説文：「螣，神蛇也。」爾雅云：「螣，螣蛇。」注云：「淮南云：『蟒蛇。』」且龍稟何氣而獨神？天有倉龍、白虎、朱鳥、玄武之象也，盼遂案：「倉」字宜有草頭作「蒼」。地亦有龍、虎、鳥、龜之物。四星之精，降生四獸，注見物勢篇。虎鳥與龜不神，龍何故獨神也？

人爲倮蟲之長，龍爲鱗蟲之長，大戴禮易本命：「有鱗之蟲三百六十，而蛟龍爲之長。倮之蟲三百六十，而聖人爲之長。」俱爲物長，謂龍升天，人復升天乎？龍與人同，獨謂能（龍）升天者，謂龍神也。「能」當作「龍」，聲之誤也。此文以人龍相較，人不能升天，故云：「獨謂龍升天者，謂龍神也。」世或謂聖人神而先知，猶謂神龍能升天也。因謂聖人先知之明，「先」上當有「有」字，於義方足。實知篇：「儒者論聖人，以爲有獨見之明。」論龍之才，謂龍升天，故其宜也。

天地之間，恍惚無形，寒暑風雨之氣乃爲神。恍惚無形爲神者，今文尚書説也。周禮大宗伯疏引異義曰：「今歐陽、夏侯説六宗者，上不及天，下不及地，傍不及四時，居中央，恍惚無有，神助陰陽變化，有益於人，故郊祭之。」今龍有形，有形則行，行則食，食則物之性也。

天地之性，有形體之類，能行食之物，不得爲神。何以言之，龍有體也？傳曰：「鱗蟲三百，龍爲之長。」大戴禮易本命文。龍爲鱗蟲之長，安得無體？何以言之，□□□□。此有脱文。下文引孔子言「龍食於清，游於清」，以證龍有行食也，與上文引傳證龍有體文例同。疑此文原作「何以言之，龍行食也」，與上「何以言之，龍有體也」文法一律。孔子曰：「龍食於清，游於清；龜食於清，游於濁；呂氏春秋舉難篇「龜」作「螭」，下同。魚食於濁，游於濁。丘上不及龍，下不爲魚，中止其龜與！」呂覽作「丘其螭邪」。疑「止」爲「丘」字形誤。呂覽曰：「季孫氏刼公家，孔子欲諭術，則見外。於是受養而便説。魯國以訾，孔子曰云云。」

山海經言：四海之外，有乘龍虵之人。此括舉海外東、西、南、北四經言之。世俗畫龍之象，馬首虵尾。驗符篇云：「二黄龍見，身大於馬，舉頭顧望，狀如圖中畫龍。」匋齋藏山東兩城山刻石，朝鮮出土高句麗時代蒼龍墓壁，所圖龍象，與充説相類。由此言之，馬、虵之類也。慎子曰：慎子名到。史記云：「趙人。」淮南子注云：「齊人。」呂覽慎勢篇注：「作法書四十二篇。」（「二」，今作「一」，依漢志改。）今傳本非其舊。「蜚龍乘雲，騰虵游霧，爾雅釋魚「螣，螣蛇」，注：「龍類也，能興雲霧而遊其中。」淮南云：『螣蛇。』」騰、螣字通。雲罷雨霽，「雨」當從韓非子作「霧」。與蚓、蟻同矣。」「蚓」即「蚓」，聲近，即蚯蚓也。爾雅釋蟲云：「螼蚓。」即「蚯蚓」

聲轉。郭注：「江東呼寒蚓。」吾鄉俗名寒蠕子。韓非子「蟻」作「螘」，古今字。文見韓非子難勢篇。韓子曰：「龍之爲蟲也，史記韓非傳正義：「龍，蟲類，故言龍之爲蟲。」鳴可狎而騎也，先孫曰：文見韓非子説難篇。「鳴」，韓作「柔」，此不知何字之誤。然喉下有逆鱗尺餘（一），韓非子、史記「尺餘」并作「徑尺」。按：宋本作「尺一」，朱校元本同，是也。容齋隨筆三云：「史記張儀傳：『尺一之檄。』漢淮南王安書云：『丈一之組。』匈奴傳云：『尺一牘。』後漢書『尺一詔書』之類，即俗語謂錢一貫有畸，曰千一千二。米一石有畸，曰石一石二。長一丈有畸，曰丈一丈二之類。」是「尺一」漢人常語，義猶尺餘。疑今本作「尺餘」，乃後人妄改。人或嬰之，韓非子注：「嬰，觸也。」必殺人矣。」比之爲螾、蟻，又言蟲可狎而騎，蚍、馬之類，明矣。

傳曰：盼遂案：韓非喻老及史記微子世家。「紂作象箸而箕子泣。」韓非子喻老、説林上、淮南繆稱、説山、史記十二諸侯年表序并有此文。索隱謂箸即樽，非也。當從鄒氏、劉氏音直慮反，即筯也。韓非子喻老云：「以爲象箸必不加於土鉶。」説林上云：「以爲象箸必不盛羹於土鉶。」下文云：「象箸所挾。」可證。象謂象牙也。泣之者，痛其極也。夫有象箸，必有玉杯，玉杯所盈，象箸所挾，則必龍肝豹胎。韓非子喻老、説林上並云：「象箸玉杯，必不羹菽藿，則必旄象豹胎。」六韜、（文選七發注、七命注。）淮南説山高注、楚詞天問王注並云：「必盛熊蹯豹胎。」此云「龍肝」，實知篇同。未知何出。夫龍肝可食，其龍難得，難得則愁下，謂苦臣民。

愁下則禍生，故從而痛之。如龍神，其身不可得殺，其肝何可得食？禽獸肝胎非一，稱「龍肝、豹胎」者，人得食而知其味美也。

春秋之時，魯昭公二十九年。龍見于絳郊。杜預曰：「絳，晉國都。」魏獻子問於蔡墨曰：「吾聞之，蟲莫智於龍，以其不生得也。謂之智，信乎？」對曰：「人實不知，非龍實智。古者畜龍，故國有豢龍氏，有御龍氏。」杜曰：「豢、御，養也。」獻子曰：「是二者，吾亦聞之，而不知其故。是何謂也？」對曰：「昔有飂叔宋（安），有裔子曰董父，孫曰：「宋」乃「安」字形近之譌。見左昭二十九年傳。杜曰：「飂，古國也。叔安，其君名。裔，遠也。玄孫之後爲裔。」實甚好龍，能求其嗜欲以飲食之，龍多歸之。乃擾畜龍，杜曰：「擾，順也。」以服事舜，而錫之姓曰董，氏曰豢龍，杜曰：「豢龍，官名。官有世功，則以官氏。」封諸鬷川，鬷夷氏是其後也。杜曰：「鬷水上夷皆董姓。」按：晉語云：「黎爲高辛氏火正，命之曰祝融。其後八姓。董姓鬷夷豢龍則夏滅之矣。」似「鬷夷」不應分別爲義。故帝舜氏世有畜龍。及有夏，孔甲擾于帝，杜曰：「其德能順於天。」帝賜之乘龍，河、漢各二，杜云：「合爲四。」是謂河、漢共一乘。服虔云：「河、漢各二乘。」史記夏本紀謂「天降龍二」。各有雌雄。孔甲不能食也，而未獲豢龍氏。「而」猶「以」也，見釋詞。有陶唐氏既衰，杜曰：「陶唐，堯所治地。」其後有劉累路史曰：「堯長子監明早死，封其子式於留。留累，其後也。以豢龍事夏。」學擾龍于豢龍氏，史記集解引應劭曰：「擾音柔。擾，馴也。能順養得其嗜慾。」以事孔甲，能飲食龍。「龍」，左傳作「之」。晉語八韋注引傳亦作「龍」。夏后嘉之，賜氏曰御龍，以更豕韋之後。更，代也。史記集解引賈逵曰：「劉累之後，至商不絶，以代豕韋之後。祝融之後，封於豕韋，殷武丁滅之，以劉累之後代之。」龍一雌死，潛醢以食夏后。夏后烹（享）之，左傳「烹」作「饗」，洪亮吉曰：「作『烹』，刻本之訛。『烹』當作『享』。『享』爲古『享』字，『享』與『饗』通。上云：『潛醢以食夏后。』不得復言夏后烹之也。」盼遂案：「烹」本字作「亯」，後分爲「享」、「亯」、「烹」三體。仲任自作「享」用，淺人誤認爲「烹」字耳。作「烹」，則與上文「潛醢」複矣。左氏昭公二十九年傳作「饗」，古「饗」、「享」通用。既而使求。懼而不得，賈逵曰：「夏后既饗，而又使求致龍。劉累不能得而懼也。」遷于魯縣。竹書：「孔甲七年，劉累遷於魯陽。」地理志：「南陽，魯陽縣有魯山，古魯縣。」范氏，其後也。」晉語八范宣子曰：「昔匄之祖，自虞以上爲陶唐氏，在夏爲御龍氏，在商爲豕韋氏，在周爲唐杜氏。周卑，晉繼之，爲范氏。」韋注：「士會食邑於范，爲范氏。」獻子曰：「今何故無之？」對曰：「夫物有其官，官脩其方，杜曰：「方，法術。」朝夕思之。一日失職，則死及之；失官不食。杜曰：「不食禄。」官宿其業，杜曰：「宿猶安也。」其物乃至；杜曰：「設水官脩則龍至。」若泯棄之，杜曰：「泯，滅也。」物乃低伏，「低」，左傳作「坻」，并誤。字當作「坁」。説文：「坁，箸也，从土，氏聲。坻，小渚也，从土，氐聲。」釋文：

「音旨。又音了禮反。」切「丁禮」則爲「氐」聲，蓋唐時已誤「坻」爲「坻」。杜注：「坻，止也。」明當作「坻」。廣韻四紙云：「坻，著，止也。」本書蓋初誤爲「坻」，再譌爲「低」也。鬱湮不育。」杜曰：「鬱，滯也。湮，塞也。育，生也。」由此言之，龍可畜又可食也。「又」，朱校元本作「人」。可食之物，不能神矣。世無其官，又無董父、后、劉之人，后，夏后也。劉，劉累也。蒙前文省。盼遂案：「后劉」謂「劉累」，稱「后」者，殆亦后稷、后啓之意。故潛藏伏匿，出見希疏；出又乘雲，與人殊路，人謂之神。如存其官而有其人，則龍，牛之類也，何神之有？

以山海經言之，以慎子、韓子證之，以俗世之畫驗之，「俗世」當作「世俗」，承上文「世俗畫龍」爲文。以箕子之泣訂之，以蔡墨之對論之，知龍不能神，不能升天，天不以雷電取龍，明矣。世俗言龍神而升天者，妄矣。

世俗之言，亦有緣也。短書言：謂諸子尺書。「龍無尺木，無以升天。」意林引新論曰：「龍無尺木，無以升天；聖王無尺土，無以王天下。」周廣業校改「木」作「水」。引本書下文「龍從木中升天」句，亦改「木」爲「水」。按：論衡確應作「木」。疑新論一本作「木」，不誤。所云「短書」，蓋謂新論也。三國吴志太史慈傳注引江表傳，孫策出教曰：「龍欲騰翥，先階尺木。」師伏堂筆記謂是「尺水」，非。段成式酉陽雜俎鮮介篇：「龍頭上有一物，如博山形，名尺木。龍無尺木，不能昇天。」與此文「尺木」

異義。又曰「升天」，「又曰」與下「又言」於詞爲複。「又」疑「文」字形誤。又言「尺木」，謂龍從木中升天也。盼遂案：桓譚新論：「龍無尺水，無以升天；聖人無尺土，無以王天下。」（意林卷三引。）仲任所謂短書，斥此也。惟「尺木」，新論作「尺水」，應據論衡改正。三國志太史慈傳注引江表傳，孫策教曰：「龍欲騰翥，先階尺木者也。」亦作「尺木」。近年洛陽出土隋楊暢墓志銘詞曰：「誕此哲人，齊峯特秀。尺木既升，增嶠增構。」此文殆用龍升尺木之事。石刻確是木而非水，不若寫本印本之易誤。又唐嶲州邛都丞張客墓志銘云：「飛謡海甸，宣才江澳。雅政清夷，仁風肅穆。英英君子，鸞鳳其族。長逾千里，微班尺木。」考此銘以木與澳、穆、族爲韻，其不作「尺水」甚顯，明作「水」爲誤。酉陽雜俎云：「龍無尺木，不能升天。尺木，龍頭上如博山形。」是段氏亦作「尺木」，明作「水」者，乃誤字爾。俞理初癸巳類稿謂論衡「尺木」爲「水」之誤，然又云：「當雷電樹木擊之時，龍適與雷電俱在樹木之側，雷電去，龍隨而上，故謂從樹木之中升天也。」是論衡作「尺木」明矣。俞據誤本初學記爲證，失之。 彼短書之家，世俗之人也，見雷電發時，龍隨而起，當雷電（擊）樹木[擊]之時，孫曰：「當雷電樹木擊之時」，疑當作「當雷電擊樹木之時」。上文云：「盛夏之時，雷電擊折樹木。」是其證。 龍適與雷電俱在樹木之側，雷電去，龍隨而上，故謂從樹木之中升天也。

實者，雷（雲）龍同類，感氣相致，「雷」當作「雲」，形之誤也。雷虚篇謂雷爲火，爲太陽之激氣，龍乃水蟲，不得言同類。又諸書多言雲龍感氣相致，未言雷龍者。偶會篇曰：「雲從龍，風從虎，同類通氣，性相感動。」寒温篇：「虎嘯而谷風至，龍興而景雲起，同氣共類，動相招致。」是同類共氣，乃雲龍也。下文云：「雲從龍。」又云：「龍興景雲起。」即承此「雲龍同類」爲説，是其證。又下文：「世儒讀易文，見傳言，皆知龍者雲之類。」尤其切證。**故易曰：「雲從龍，風從虎。」**乾卦九五文言之詞。**又言：「虎嘯谷風至，龍興景雲起。」**此文見淮南天文篇。「又言」上疑當有「傳書」二字，不當承「易曰」爲文。下文云：「世儒讀易文，見傳言，皆知龍者雲之類。」「傳言」二字即蒙此爲文，是其證。楚詞七諫謬諫王注：「景雲，大雲而有光者。」餘注見偶會篇。元命包亦云：「猛虎嘯而谷風起，類相動也。」（文選七啓注。）盼遂案：淮南天文訓：「虎嘯而谷風至，龍舉而景雲屬。」仲任蓋引此文。唯上言「易曰」，此稱「又言」，易于致混，疑句首脱一「傳」字。下文「世儒讀易文，見傳言」，即承此文言也。本書温寒篇亦引此二語。**龍與雲相招，虎與風相致，故董仲舒雩祭之法，設土龍以爲感也。**義見明雩、亂龍二篇。**夫盛夏太陽用事，雲雨干之。**干，犯也。陰氣干之。**太陽，火也；雲雨，水也，〔水〕火激薄則鳴而爲雷。**「火」上脱「水」字。薄，迫也，獨火不得激迫。雷虚篇曰：「以一斗水灌冶鑄之火，氣激㜸裂，若雷之音。陽氣爲火猛矣，雲雨爲水多矣，分争激射，安得不迅。」即其義。盼遂案：「火」上蓋脱「水」字，此句雙承「太陽，火也；雲雨，水也」二句。**龍聞雷聲則起，起而雲至，雲至而龍乘之。雲雨感**

龍，龍亦起雲而升天。天極雷高，盼遂案：「雷」當爲「雲」，涉下文而誤。雲消復〔一〕降。龍降。人見其乘雲，則謂「升天」；見天爲雷電，則爲「天取龍」。「爲」讀作「謂」。世儒讀易文，見傳言，皆知龍者雲之類。拘俗人之議，不能通其說；又見短書爲證，故遂謂「天取龍」。

天不取龍，龍不升天。當蓄丘訢之殺兩蛟也，手把其尾，把，持也。拽而出之，至淵之外，拽，拖也。雷電擊之。注見前。蛟則龍之類也，山海經南山經注：「蛟似蛇，四足，龍屬。」蛟龍見而雲雨至，雲雨至則雷電擊。如以天實取龍，龍爲天用，何以死蛟爲取之？盼遂案：「爲」上脱一「不」字。

且魚在水中，亦隨雲雨，蜚而乘雲雨，非升天也。朱校元本「蜚」作「龍」，則「而」讀作「能」。陶注本草云：「鯉魚能神變飛越江湖。」暉當目驗，時值霖雨，乘飛越塘。蓄魚家爲運替之占。龍，魚之類也，並爲水蟲。其乘雷電，猶魚之飛也。魚隨雲雨，不謂之神，龍乘雷電，獨謂之神，世俗之言，失其實也。物在世間，各有所乘，水虵乘霧，騰虵乘霧，諸書或云神虵，或云騰虵，或云飛虵，或云蟒虵。「水虵」未聞。疑「水」字衍，下文並以三字爲句。龍乘

〔一〕「復」，原本作「後」，據通津草堂本改。

雲，鳥乘風。宋本「風」作「氣」。鳥因風搖翮，今本作「風」，是。見龍乘雲，獨謂之神，失龍之實，誣龍之能也。

然則龍之所以爲神者，以能屈伸其體，存亡其形。說文龍部云：「能幽能明，能細能巨，能短能長。」屈伸其體，存亡其形，未足以爲神也。豫讓吞炭，漆身爲厲，趙策一：「豫讓爲知伯報仇，謀刺襄子，不果。又漆身爲厲，滅鬚去眉，自刑以變其容。」史記本傳索隱：「凡漆有毒，近之多患瘡腫，若癩病然。厲、癩聲近，通。」人不識其形；子貢滅鬚爲婦人，弘明集三宗炳答何衡陽書：「由醢，予族，賜滅其鬚。」文選幽通賦注：「衛蒯聵之亂，子羔滅髭，衣婦人衣逃出。孔悝求之，不得，故免於難。」御覽髭部亦作子羔事。蓋傳聞異詞。盼遂案：御覽三百七十四引曹大家幽通賦注曰：「衛蒯聵亂，子羔滅髭鬚，衣婦人衣，逃得出。」疑子貢爲子羔之誤。然子貢固亦與乎蒯聵之難。墨子非儒篇：「子貢、季路輔孔悝亂乎衛。」鹽鐵論殊路篇：「孔悝之亂，子貢、子皋逃遁不能死其難。」則滅鬚爲婦人事，歸之子貢亦得也。弘明集卷三宗炳答何衡陽書：「由醢，予族，賜滅其鬚。」即說此事。人不知其狀；龍變體自匿，人亦不能覺，變化藏匿者巧也。物性亦有自然，狌狌知往，爾雅釋獸作「猩猩」，字通。南方獸。海內南經：「狌狌知人名，其爲獸如犬而人面。」淮南萬畢術曰：「歸終知來，狌狌知往。」（類聚九五。）淮南氾論訓：「猩猩知往而不知來。」高注：「猩猩，北方獸名，人面，身黃色。禮記曰：『猩猩能言，不離走獸。』

見人狂走，則知人姓字，此知往也。」（諸書並云狌狌出交阯。作「北方」，非也。）龍城札記二：「狌狌與猩猩似二獸，狌狌善走，猩猩知人。」按：二字多通用，今不從其說。**乾鵲知來，**孫曰：是應篇亦作「乾鵲」。「鵲」並當作「鳱」。淮南子氾論篇〔一〕：「乾鳱知來而不知往。」（鄭注大射儀引作「鳱鵲」。）高注：「乾鳱，鵲也。人將有來事憂喜之徵則鳴，此知來也。知歲多風，多巢於木枝，人皆探其卵，故曰不知往也。『乾』讀『乾燥』之『乾』，『鳱』讀『告退』之『告』。」易林小畜之漸云：「餌吉知來。」「餌吉」即「乾告」之譌。列女傳晉羊叔姬傳云：「南方有鳥，名曰乾吉。」抱朴子對俗篇云：「乾鵲知來。」古寫本抱朴子殘卷作「乾吉」。「吉」並「告」字之殘。此皆「乾鵲」當作「乾鳱」之證。然說文：「雗鷽，山鵲，知來事鳥也。」「雗鷽」與「乾鵲」聲亦相近。暉按：實知篇作「鳱鵲」。西京雜記陸賈曰：「乾鵲噪而行人至。」方以智通雅四五謂「乾鵲」即「喜鵲」。**鸚鵡能言，**說文：「鸚鵡，能言鳥也。」淮南說山篇高注：「出於蜀郡，赤喙者是。其色縹緑，能效人言。」**三怪比龍，性變化也。如以巧爲神，豫讓、子貢神也。**

孔子曰：「游者可爲綱（綸），」「綱」當作「綸」。史記老子傳：「游者可以爲綸。」爲此文所本。知實篇字正作「綸」，是其證。小雅采緑〔二〕鄭箋：「綸，釣繳也。」疏云：「謂繫繩於釣竿也。」今

〔一〕「氾」，原本作「記」，形近而誤，今改。
〔二〕「緑」，原本作「緣」，形近而誤，今改。

本作「網」，義雖可通，然失其舊。飛者可爲矰。至於龍也，吾不知，其乘風雲上升！史作「上天」。今日見老子，其猶龍乎！」夫龍乘雲而上，雲消而下，物類可察，上下可知，而云孔子不知。以孔子之聖，尚不知龍，況俗人智淺，好奇之性，無實可（事）之心，齊曰：「可」當作「事」，草書形近而誤。雷虚篇：「實事者謂之不然。」道虚篇：「非臣子實事之心，別生於死之意也。」超奇篇：「實事之人，見然否之分。」治期篇：「實事者說堯之洪水，皆有遭遇。」齊世篇：「實事者謂亡秦之惡，甚於桀、紂。」並「實事」連文之證。程本作「實考」，亦非。盼遂案：「可」讀爲「考」，「可」、「考」同從「丂」音，又溪母雙聲。謂之龍神而升天，不足怪也。

雷虚篇

盛夏之時，雷電迅疾，擊折樹木，壞敗室屋，時犯殺人。世俗以爲「擊折樹木，壞敗室屋」者，天取龍；其「犯殺人」也，謂之〔有〕陰過。孫曰：「謂之」下脱「有」字。下文云：「人有陰過，亦有陰善。有陰過，天怒殺之；如有陰善，天亦宜以善賞之。」正承此言。類聚二、御覽十三引並有「有」字。暉按：初學記雷部引亦有「有」字。左僖十五年傳云：「震伯夷之廟，罪之也。於是展氏隱有慝焉。」史記殷本紀：「武乙無道，暴雷震死。」並謂雷罰過也。飲食人以不潔浄，天怒，擊而殺之。盼遂案：北史高車傳：「俗不清潔，喜致震霆。」唐沈既濟雷民傳：「雷州事雷，畏敬甚謹，每具酒肴奠焉。有以彘肉雜魚食者，霹靂輒至。南中有木，名曰棹，以煮汁漬梅李，俗呼爲棹汁。雜彘肉食者，霹靂亦至，犯必響應。」知雷擊食不潔浄之説，至六朝、唐時仍盛。隆隆之聲，詩雲漢疏：「隆隆，雷聲不絶之狀。」天怒之音，若人之呴吁矣。「呴」、「吁」皆開口出氣也。世無愚智，莫謂不然。推人道以論之，虚妄之言也。

夫雷之發動，一氣一聲也。言同一氣聲。折木壞屋，亦犯殺人；犯殺人時，亦折木壞屋。獨謂折木壞屋者，天取龍；犯殺人，罰陰過，與取龍吉凶不同，並時共聲，非〔實〕道也。御覽十三、事類賦三引「非」下並有「實」字，是也。當據增。

論者以爲，「隆隆」者，天怒呴吁之聲也。此便於罸過，不宜於取龍。罸過，天怒可也；取龍，龍何過而怒之？如龍神，天取之，不宜怒；如龍有過，與人同罪，〔殺〕龍殺而已，「龍殺」當作「殺龍」。此據人有陰過天犯殺之爲義。今本誤倒。盼遂案：此「龍」字衍文，據上下文知之。何爲取也？宋本「何」作「天」，朱校元本同。疑當作「天何爲取也」，與上「天取之」正反相應。殺人，怒可也；以上「罸過，天怒可也」文例之，「怒」上疑脱「天」字。取龍，龍何過而怒之？殺人不取，殺龍取之，人龍之罪何别？而其殺之何異？然則取龍之説既不可聽，罸過之言復不可從。

何以效之？

案雷之聲，迅疾之時，人仆死於地，隆隆之聲，臨人首上，故得殺人。審隆隆者，天怒乎？怒用口，〔口〕之怒氣殺人也。「怒用口」三字爲句。「之」上又脱一「口」字。本書重文常脱。下文「如天用口怒」，即承此「怒用口」句。口之怒氣，安能殺人？人爲雷所殺，詢其身體，若燔灼之狀也。盼遂案：吴承仕曰：「『詢』字疑『診』之形譌。後文『即詢其身』，疑亦同此。」如天用口怒，口怒生火乎？且口着乎體，口之動，與體俱。當擊折之時，聲着于地；其衰也，聲着于天。夫如是，聲着地之時，口至地，體亦宜然。當雷〔聲〕迅疾之時，「雷」下脱「聲」字。上文「案雷之聲，迅疾之時」，下文「且雷聲迅疾之時」，並有「聲」字，是其證。此文據雷聲遠近，以效天怒之虛，若脱「聲」字，則失其義。仰視天，不見天之下。不見天之下，則夫隆隆之聲者，非天怒也。天之怒，與人無異。人怒，身近人則聲疾，遠人則聲微。今天聲近，其體遠，非怒之實也。且雷聲迅疾之時，聲東西或南北。如天怒體動，口東西南北，仰視天，亦宜東西南北。

或曰：「天已東西南北矣，雲雨冥晦，當如下文作「晦冥」。人不能見耳。」夫千里不同風，百里不共雷。易曰：「震驚百里。」震卦文。雷電之地，雷雨晦冥，「雷雨」當作「雲雨」。盼遂案：「雷雨」當作「雲雨」，係涉上下文多雷字而誤。百里之外，無雨之處，宜見天之東西南北也。口着於天，天宜隨口，口一移，普天皆移，非獨雷雨之地，天隨口動也。且所謂怒者，誰也？天神邪？蒼蒼之天也？如謂天神，神怒無聲；如謂蒼蒼之天，天者體，不怒，怒用口。

且天地相與，夫婦也，其即民父母也。盼遂案：「即」字宋本作「不」，則「也」字讀宜同「邪」。子有過，父怒，笞之致死，而母不哭乎？今天怒殺人，地宜哭之。獨聞天之怒，不聞地之哭。如地不能哭，則天亦不能怒。

且有怒則有喜。宋本「有怒」作「天怒」，朱校元本同。疑當作「且天有怒則有喜」。人有陰過，亦有陰善。有陰過，天怒殺之；如有陰善，天亦宜以善賞之。「以善」疑當作「喜以」。盼遂案：「以善」之「善」爲「喜」之誤字，又誤倒置「以」字下。本文當作「天亦宜喜以賞之」，方與上句「天怒殺之」相應。隆隆之聲，謂天之怒；如天之喜，亦〔宜〕哂（啞）然（啞）而笑。孫曰：「哂然而笑」，本作「啞啞而笑」，與「隆隆之聲」相對。今作「哂然」者，「啞」以形近誤爲「哂」，校者不達，改作「哂然」。義雖可通，失古本矣。御覽三九一引正作「啞啞」。暉按：孫說是也。「亦」下當有「宜」字。此據天怒以推論天喜，故曰「亦宜啞啞而笑」，與上「天亦宜以善賞之」語氣正同。若脱「宜」字，則爲肯定語矣。御覽三九一引作「天怒，則隆隆雷聲；天喜，應啞啞而笑」，雖節引此文，然着一「應」字，可以推證。人有喜怒，故謂天喜怒。推人以知天，知天本於人，如人不怒，則亦無緣謂天怒也。緣人以知天，宜盡人之性。人性怒則呴吁，喜則歌笑。比聞天之怒，希聞天之喜；比見天之罰，希見天之賞。豈天怒不喜，貪於罰，希於賞哉？「希」疑「忞」譌。「忞」即俗「吝」字。盼遂案：「希」當爲「忞」。「忞」即「吝」之别體。涉上下文多「希」字而誤。何怒罰有效，喜賞無驗也？

且雷之擊也，「折木壞屋」，「時犯殺人」，以爲天怒。時或徒雷，無所折敗，亦不殺人，天空怒乎？人君不空喜怒，喜怒必有賞罰。無所罰而空怒，是天妄也。妄則失威，非天行也。政事之家，以寒温之氣，爲喜怒之候，舊校曰：一有「候」字。（通津本、王、錢本字誤作「守」，今據宋本、天啓本、鄭本正〔一〕。）人君喜即天温，即（怒）則天寒。「即」當據宋本、天啓本、錢、黄、鄭、王本改作「怒」。寒温篇亦有此文。雷電之日，天必寒也。盼遂案：「温」下漏「怒」字。「則」字本在「雷」上，後人誤移置「天寒」之上以足句耳。局本改作「怒則天寒」，亦非。此文本爲「人君喜即天温，怒即天寒，則雷電之日，天必寒也」。高祖之先，「先」疑「生」形誤。劉媪曾息大澤之陂，夢與神遇，「遇」，注吉驗、奇怪二篇。下云「施氣」，是「遇」當訓「構」。此時雷電晦冥。天方施氣，宜喜之時也，何怒而雷？如用擊折者爲怒，用，以也。不擊折者爲喜，則夫隆隆之聲，不宜同音。人怒喜異聲，天怒喜同音，與人乖異，則人何緣謂之天怒？

且「飲食人以不潔净」，小過也。以至尊之身，親罰小過，非尊者之宜也。尊不親罰過，故王不親誅罪。天尊於王，親罰小過，是天德劣於王也。且天之用心，猶人之用意。人君罪惡，疑作「罰惡」。初聞之時，怒以非之，盼遂案：「罪惡初聞」當是「初聞罪惡」，聞臣民之罪惡也。照誤本，則似人君有罪惡矣。及其誅之，哀以憐之。故論語曰：「如

〔一〕「本正」二字原本誤倒，今乙。

得其情，則哀憐而勿喜。」子張篇曾子對陽膚之詞。「憐」作「矜」，疑此爲魯論。翟氏考異未及之。集解引馬曰：「民犯法，當哀矜之，勿自喜能得其情。」**紂，至惡也，武王將誅，哀而憐之，故尚書曰：「予惟率夷憐爾。」**多士文。「夷憐」作「肆矜」。段玉裁曰：「此今文尚書也。『夷』、『肆』古音同第十五部。『憐』、『矜』古音同第十二部。『矜』從『令』聲，讀如『鄰』。自誤『令』音，而古音亡矣。」江聲曰：「今文『率夷憐爾』，『夷』之言『常』，『憐』與『矜』同義。謂率循常典，矜憐爾商。」王鳴盛説同。並與僞孔義無別。錢大昕曰：「『夷』，誅也。『憐』、『矜』聲近。此今文書説也。」孫星衍説同。劉貴陽經説曰：「『矜』、『矝』判然兩字，一從『矛』、『令』，一從『予』、『令』，不容相溷。」華嚴音義上卷云：「矝，毛詩傳曰：『矝，憐也。』説文字統：『矝，怜（俗憐字。）也。』」皆從「予」、「令」。若從「矛」、「令」者，音巨斤反，矛柄也。玉篇二字皆從「予」、「令」，無「矛」、「令」者，是慧苑在唐時所見毛詩經傳並作「矝」，而玉篇則有「矝」而無「矜」，此古本未經竄改之據也。今考詩之「矝」、「憐」字爲韻者，菀柳〔一〕以叶「天」、「臻」，桑柔以叶「旬」、「民」、「填」、「天」，皆真、諄部中字。故「矝」與從「矛」、「令」聲訓矛柄，入蒸、登部之「矜」，斷是兩字。今考詩古「矝」、「憐」通用。論衡引書「矛惟率肆矝爾」，引論語「則哀矝而勿喜」，並作「憐」字，「憐」亦真、諄部中字也。故「矝」與從「矛」、「令」聲訓矛柄，入蒸、登部之「矜」，斷是兩字。**人君誅惡，憐而殺之，天之罰過，怒而擊之，是天少恩而人多惠也。**

〔一〕「菀」，原本作「苑」，據毛詩改。

説雨者，以爲天施氣。書鈔一五一引河圖曰：「雨者，天之施也。」天施氣，氣渥爲雨，故雨潤萬物，名曰澍。説文：「澍，時雨也。所以樹生萬物者也。」人不喜，不施恩；天不説，不降雨。謂雷天怒，雨者天喜也。雷起常與雨俱，如論〔者〕之言，「論」下脱「者」字。「如論者之言」，指説天怒殺人者。天怒且喜也。人君賞罰不同日，春秋繁露四時相副云：「以賞副暑而當夏，以罰副清而當秋。」天之怒喜不殊時，天人相違，賞罰乖也。且怒喜具形，「具」當作「俱」。亂也。盼遂案：「具」爲「俱」之壞字。上文「人君賞罰不同日，天之喜怒不殊時」，此之「俱形」，正對上反言之也。惡人爲亂，「惡」音烏路切。怒罰其過，罰之以亂，非天行也。冬雷，人謂之陽氣洩；呂覽仲冬紀：「仲冬行夏令，雷乃發聲。」高注：「夏氣發泄。」春雷，謂之陽氣發；呂覽仲春紀：「是月雷乃發聲。」注：「冬陽閉固，陽伏於下，是月陽升。」夏雷，不謂陽氣盛，謂之天怒，竟虚言也。

人在天地之間，物也；物，亦物也。物之飲食，天不能知；人之飲食，天獨知之。萬物於天，皆子也。父母於子，恩德一也，豈爲貴賢加意，賤愚不察乎？何其察人之明，省物之闇也！犬豕食，人〔以〕腐臭食之，「人」下脱「以」字。此舉人以腐臭食犬豕，與人以不潔净飲食人相較爲義。脱「以」字，文不可通。天不殺也。盼遂案：「食之」二字涉下文而衍。如以人貴而獨禁之，則鼠洿人飲食，人不知，誤而食之，天不殺也。如天能原鼠，則亦能原人。人誤以不潔凈飲食人，人不知而食之耳，豈故舉腐臭以予之哉？如故予之，人亦不肯食。

吕后斷戚夫人手，去其眼，置於厠中，漢書外戚傳云：「居鞠域中。」此從史記吕后紀。以爲人豕。呼人示之，示、視字通。人皆傷心。惠帝見之，病卧不起。吕后故爲，天不罰也；人誤不知，言不知不潔凈，誤以飲食人。天輒殺之。不能原誤，失（反）而責（貰）故，天治悖也。「失」，宋、元本并作「反」，朱校同。當據正。「責」當作「貰」，形近而誤。「反而貰故」，承上「吕后故爲，天不罰」爲義。「故」、「誤」漢律常語，猶今法言故意過失。貰謂緩恕其罪。答佞篇曰：「聖君誅故貰誤。」今反貰故，故曰天治悖。夫人食不凈之物，口不知有（人）其洿也；「有」，宋本作「大」，朱校元本同。疑本作「人」。此文仍據「飲食人以不潔凈」爲義，故曰「口不知人其洿也」。下文「如食，己知之」，「人」、「己」相對成義。蓋宋、元本「人」字形誤爲「大」，今本妄改爲「有」，則「洿」字謂所食之物有洿，而「其」字於義無着。改爲「口不知其有洿」，語氣方順。則此文非原作「有」，明矣。如食，己知之，名曰腸洿。戚夫人入厠，身體□□。吴曰：此下當有脱文。辱之與洿何以别？盼遂案：依文義當重「辱」字，讀爲「戚夫人入厠身體辱」句絶，「辱之與洿何以别」句絶。腸之與體何以異？爲腸不爲體，言天爲腸洿殺人。傷洿不病辱，非天意也。且人聞人食不清之物，心平如故，觀戚夫人者，莫不傷心。

人傷，天意悲矣。夫悲戚夫人，朱校元本上「夫」字作「天」。則怨呂后。案呂后之崩，未必遇雷也。道士劉春，熒惑楚王英，盼遂案：悼厂云：「惠棟後漢書補注，劉春疑即濟南王康傳之劉子産也。」英，光武子。使食不清。「清」，御覽十三引作「潔」。此事後漢書本傳未見。春死未必遇雷也。建初四年夏六月，御覽十三、事類賦三引並作「建武」。雷擊殺會稽靳（鄞）專日食羊五頭，皆死。孫曰：「靳」當作「鄞」。「專日食」三字，與雷擊殺羊義不相屬，當有錯誤。御覽十三、事類賦三引並作「雷擊會稽鄞縣羊五頭」。暉按：「食」字涉上文諸「食」字衍。「專日」二字，爲「縣」字形殘。夫羊（有）何陰過，而雷殺之？孫曰：「何」上脱「有」字，當據御覽、事類賦引補。暉按：初學記雷部引亦有「有」字。舟人洿溪上流，人飲下流，舟人不雷死。

天神之處天，猶王者之居也（地）。「也」，當據宋本改作「地」。「天」、「地」相對成義。王者居重關之内，則天之神宜在隱匿之中；王者居宮室之内，則天亦有太微、紫宮、軒轅、文昌之坐。淮南天文訓：「太微者，天子之庭也。（「子」，今誤「一」，依俞樾校改。）紫宮者，太一之居也。軒轅者，帝妃之舍也。」史記天官書：「南宮：朱鳥，權、衡。衡，太微。」集解孟康曰：「太微爲衡。」索隱宋均曰：「太微，天帝南宮。」又天官書云：「中宮天極星，其一明者，太一常居也。環之匡衛十二星，藩臣，皆曰紫宮。」索隱：春秋合誠圖曰：「紫微，大帝室。」又云：「權，軒轅。」天象列星圖曰：「軒轅十七星，在七星北，如龍之體，後宮之象。」（御覽六引。）石氏星經曰：「文昌六星，如半月形，斗魁前，爲天府，主天下集計事。」（御覽六引。）王者與人相遠，不知人之陰惡；天神在四宮之内，何能見人闇過？王者聞人過，以人知；天知人惡，亦宜因鬼。使天問過於鬼神，則其誅之宜使鬼神；如使鬼神，則天怒，鬼神也，非天也。

且王斷刑以秋，月令曰：「孟秋，決獄訟，戮有罪，嚴斷刑。」後漢書陳寵傳：「蕭何草律，季秋論囚。」天之殺用夏，謂夏雷殺人。此王者用刑違天時。□□奉天而行，吴曰：「奉天」上宜有「王者」二字。盼遂案：「王」上衍「此」字。「刑」下應有「弗」字。此蓋周易文言「大人者，先天而天弗違，後天而奉天時」語義。其誅殺也，宜法象上天。春秋繁露四時相副篇：「天之道，秋清以殺，冬寒以藏。聖人副天之所行以爲政，故以罰副清而當秋，以刑副寒而當冬。」天殺用夏，王誅以秋，天人相違，非奉天之義也。

或論曰：「飲食〔人〕不潔净，天之大惡也，「食」下脱「人」字。下文「天之大惡，飲食人不潔清」即承此文。正有「人」字，是其證。盼遂案：「食」字下應有「人」字。上下文皆作「飲食人不潔净」，謂以不潔净者飲食他人也。殺大惡不須時。」須，待也。王者大惡，謀反、大逆無道也；漢書景帝紀如淳注引律：「大逆不道，父母妻子同産皆棄市。」天之大惡，飲食人不潔清，「潔清」當從上文作「潔净」。下「潔清」同。天之（人）所惡，小大不均等也。「小大不均等」，據「王」、「天」兩者言之。「之」當作「人」，形誤。上文「天人相違，非奉天之義」，與此文例同。惡，烏路反。盼遂案：「天之所惡」之「之」，是「人」之形訛，當作「天人所惡」。「人」謂王者。如小大同，王者宜法天，制飲食人不潔清之法爲死刑也。聖王有天下，制刑不備此法，聖王闕略，有遺失也。「闕」，宋本作「闊」，疑是。書解篇：「周法闊疏，而不可因也。」與此「闊略」同。

或論曰：「鬼神治陰，王者治陽。陰過闇昧，人不能覺，故使鬼神主之。」曰：陰過非一也，何不盡殺？案一過，非治陰之義也。案，考案也。一過，謂飲食人不潔凈。天怒不旋日，人怨不旋踵。人有陰過，或時有用冬，未必專用夏也。以冬過誤，不輒擊殺，遠至於夏，非不旋日之意也。

圖畫之工，孫曰：開元占經雷霆占引「工」作「士」，疑非。暉按：白帖二、初學記一、御覽十三引並作「工」，與今本合。圖雷之狀，纍纍如連鼓之形。徐中舒曰：「銅器中從畾之字，皆作連鼓之形，與武梁祠所繪極似。」（古代狩獵圖象考。）又圖一人，若力士之容，謂之雷公，素問陰陽論類篇有黄帝問雷公語。淮南天文篇注、水經河水注、文選思玄賦注並以豐隆爲雷公。又或謂雨〔一〕師。五經異義（禮記郊特牲疏。）鄭玄曰：「今人謂雷曰雷公。」盼遂案：悼厂云：「王逸注

〔一〕「雨」，原本作「兩」，形近而誤，今改。

招魂云：『欲涉流沙，則回入雷公之室。』甘氏星經又有雷公、雷姥之文。」使之左手引連鼓，右手推椎〔之〕，若擊之狀。「椎」涉「推」字譌衍，又脱「之」字。「椎」亦擊也，與「擊」字意複。「右手推之」，與「左手引連鼓」，「引」、「推」義正相承。推，手前也。引，手卻也。（見釋名釋枇杷。）下文「安可推引而爲連鼓之形」，字正作「推」，可證。御覽十三引正作「右手推之」，（據天啓本。趙刻本及合璧事類三、唐李石續博物志一引並作「右手椎之」。「推」、「椎」形近易誤。）是「椎」字未衍，「之」字未脱，當據補正。其意以爲，雷聲隆隆者，連鼓相扣擊之意（音）也；「意」字無義，當爲「音」字形誤。「音」與下「聲」字相對。下文「相叩而音鳴」，即承此文，可證。其魄然若敝（䃶）裂者，宋本亦作「敝」。先孫曰：後文兩見「敝」並作「䃶」。譴告篇亦有「䃶裂」之文。暉按：說文：「震，劈歷振物者。」劈歷，疾雷名，與「䃶裂」聲義並近。盼遂案：「敝裂」即「劈歷」，雷聲也。說詳譴告篇。「若」字衍文。「魄然」讀若泰誓「其聲魄」之「魄」，猶今人言砰然矣，所以狀劈歷之聲也。馬融注尚書云：「魄然，安定意。」恐非本旨。椎所〔推〕擊之聲也；「椎所擊」文不成義，當作「所推擊」。「推」誤爲「椎」，（校見上。）文又誤倒。其殺人也，引連鼓相椎，並擊之矣。「椎」當作「推」，校見上。世又信之，「又」，御覽引作「人」。莫謂不然。盼遂案：「又」當爲「人」之誤。御覽十三引正作「世人」。如復原之，虚妄之象也。

夫雷，非聲則氣也。聲與氣，安可推引而爲連鼓之形乎？如審可推引，則是物也。相扣而音鳴者，非鼓即鐘也。夫隆隆之聲，鼓與鐘邪？如審是也，鐘鼓[而]不〔而〕空懸，孫曰：「而不」當作「不而」。「不而」即「不能」。亦後人不達古語而妄改也。（說見前感虛篇。）須有筍簴，然後能安，然後能鳴。「筍」舊作「箕」，據宋本正。考工記梓人作「筍簴」。禮記明堂位注：「簨簴所以縣鐘磬也。橫曰簨，植曰簴。」「筍」讀博選之「選」，聲通作「簨」。說文、釋名並謂懸鐘鼓者。今鐘鼓無所懸着，雷公之足，無所蹈履，安得而爲雷？

或曰：「如此固爲神。如必有所懸着，足有所履，然後而爲雷，是與人等也，何以爲神？」曰：神者，恍惚無形，出入無門，上下無根（垠），盼遂案：「根」當爲「垠」，字之誤也。說文：「垠，地垠也。一曰岸也。」本又作「根」，益誤。宋本正作「垠」。故謂之神。「垠」舊作「根」，天啓本同。錢、王本作「根」。皆傳寫者隨意作之，不足據。今據宋本、朱校元本正。「形」、「門」、「垠」爲韻。今雷公有形，雷聲有器，安得爲神？續博物志七引作「安得謂之神」。如無形，不得爲之圖象；如有形，不得謂之神。[謂之神]龍〔神〕升天，實事者謂之不然，「神龍升天」，當作「龍神升天」。下文「以其可畫，故有不神之實」，正與「龍神」反正相承。「謂之」二字涉上文衍。感虛篇：「宋景公出三善言，熒惑徙三舍，實論者猶謂之虛。」變動篇：「夫豫子、貫高欲刺兩主，兩主心動，實論之，尚謂非二子精神所能感也。」並與此文例同，可證。若有「謂之」二字，則句無主詞。以人時或見龍之形也。辯見龍虛篇。以其形見，故圖（體）畫升龍之形(服)也；宋本、朱校元本作「體畫升龍之服」是也。尚書益稷：「日、月、星辰、山、龍、華蟲，作會。宗彝、藻、火、粉米、黼、黻，絺繡。」鄭注：「自日月至黼黻，凡十二章，天子所以飾祭服。凡畫者爲繪，刺者爲繡。此繡與繪各有六。衣用繪，裳用繡。」疏曰：「日也、月也、星也、山也、龍也、華蟲也，六者畫以作繪，施於衣也。」大傳曰：「山龍，青也。」以自天子至士皆有山龍，詳語增篇注。雖伏生、鄭玄説異，然并謂服畫龍。此文即其義也。蓋後人不審，妄改「體」爲「圖」，「服」爲「形」。以其可畫，故有不神之實。難曰：「人亦見鬼之形，鬼復(弗)神乎？」「復」當作「弗」，聲之誤也。盼遂案：「亦」當爲「不」，形之誤也。左傳桓五年「王亦能軍」，「亦」亦「不」字之譌。(王氏經義述聞。)同此例矣。曰：人時見鬼，有見雷公者乎？鬼名曰神，其行蹈地，與人相似。雷公頭不懸於天，足不蹈於地，安能爲雷公？飛者皆有翼，物無翼而飛謂仙人。畫仙人之形，爲之作翼。如雷公與仙人同，宜復着翼。使雷公不飛，圖雷家言其飛，非也；使實飛，不爲着翼，又非也。夫如是，圖雷之家，畫雷之狀，皆虛妄也。且説雷之家，謂雷，天怒呴吁也；圖雷之家，謂之雷公，怒引連鼓也。審如説雷之家，則圖雷之家非；審如圖雷之家，則説雷之家誤。二家相違也，并而是之，無是非之分。無是非之分，故無是非之實。無以定疑論，故虛妄之論勝也。

禮曰：「刻尊爲雷之形。」禮記明堂位注：「尊，酒器也。」周禮春官「司尊彝」注：「山罍亦刻而畫之，爲山雲之形。」詩周南卷耳疏引異義曰：「毛詩說：金罍，酒器也。諸臣之所酢。人君以黄金飾。尊大一碩，金飾龜目，蓋刻爲雲雷之象。謹案：謂之罍者，取象雲雷博施，故從人君下及諸臣同，(「故從」作「如」，無「同」字。此據「司尊彝」疏正。)皆得畫雲雷之形。以其名罍，取於雲雷故也。」此云「尊」，即雷尊也。儒增、亂龍并謂雷尊刻畫雲雷之形。「雷」、「罍」聲同字通。此文蓋出禮緯，經無明文。又潛邱劄記二云：「博古圖録有犧首罍、素犧罍、象首罍、麟鳳爲乳罍、饕餮罍。諸罍致飾不一，僅犧首間錯雲雷，并無畫山雲象者。」案：見存銅器甚尠，不得據以爲疑。**一出一入，一屈一伸，**「一」猶「或」也。**爲相校軫則鳴。**此據雷尊圖象以釋雷也。「校」讀爲「絞縊」之「絞」。文選七發注引許慎曰：「軫，轉也。」說文：「紾，轉也。」「校軫」爲「絞紾」借字。說文：「𦉪，籀文櫑。」從缶、回。漢書文三王傳：「孝王有𤳳尊。」應劭注引詩卷耳：「我姑酌彼金𤳳。」罍從𤳳从回，即罍刻畫之象，𤳳从靁省。說文：「靁，从雨、畾，象回轉形。」靁，籀文靁，間有回。回，靁聲也。」許云：「回，雷聲。」與此「校軫則鳴」義合。古器多以「回」爲雷，「回」即「回」字，亦取屈伸校軫則鳴之義。盼遂案：「校軫」爲「絞紾」之借。說文：「絞，縊也。」禮記雜記疏：「兩股相交謂之絞」說文：「紾，轉也。」是絞、紾二字皆以狀雷之出入屈伸之容也。**校軫之狀，**舊校曰：「校軫」或作「佼較」。**鬱律嵔壘之類也。**漢書揚雄傳甘泉賦：「雷鬱律於巖窔兮。」注：「鬱律，雷聲也。」按：鬱律、嵔壘并爲曲屈回轉義。雷聲隆隆不絕，聽之若騰空回轉，故謂「鬱律，雷聲」。文選江賦：「時鬱律其如烟。」注：「鬱律，烟上貌。」炊烟隨風，左引右挹，亦爲回曲義。說文：「鍡鑸，不平也。」管子輕重乙篇：「山間堤壗之壤。」文選魏都賦：「或嵬壘而複陸。」海賦：「碨磊山壟。」爾雅釋木：「枹遒木魁瘣。」郭注：「謂樹木叢生，根枝節目盤結磈磊。」木之相攢追謂之磈磊，則雷氣校軫亦謂之崼壘。曲屈回轉者必不平，故不平謂之堤壗。大人賦：「徑入雷室之砰磷鬱律兮。」亦以「鬱律」狀雷室之回曲不平。「鬱律」、「崼壘」，聲相轉也。上林賦：「崴磈㟪瘣，丘虛堀礨，隱轔鬱𡾰。」大人賦：「洞出鬼谷之堀礨崴魁。」唐人謂「黄巢」云：「田八二十一，果頭三屈律。」「屈律」指「巢」字上半之回曲形，并鬱律、崼壘之聲轉也。路史餘論三曰：「鬱律者，苑結之謂也。西京賦云：『靁鬱律於岩突。』聲鬱屈也。沈休文（今本誤作「伴文」。）云：『鬱律構丹巘。』形鬱屈也。」其說得之。此象類之矣。氣相校軫分裂，則隆隆之聲，校軫之音也。魄然若敫裂者，氣射之聲也。氣射中人，人則死矣。

實說雷者，太陽之激氣也。淮南天文訓：「陰陽相薄，感而爲雷。」呂氏春秋仲春紀高注：「震氣爲雷，激氣爲電。」河圖亦云：「陰皦陽爲電。」仲任則以釋雷。何以明之？正月陽動，故正月始雷；月令疏引蔡邕曰：「季冬雷在地下，孟春動於地之上，至仲春升而動於天之下。」五月陽盛，故五月雷迅；秋冬陽衰，故秋冬雷潛。月令：「仲秋之月，雷始收聲。」注：「雷始收聲在地中也。」盛夏之時，太陽用事，陰氣乘之。陰陽分事（争）則相校軫，先孫曰：黄氏日鈔引「分事」作「交争」。疑當作「分争」，「争」、「事」形近而誤。劉先生曰：孫說是也。下文「温寒分争，激氣雷鳴」，與此文義正相類。御覽二二引正作「陰陽分争」，尤其確證。暉按：宋本正作「分争」。續博物志七引亦作「分争」。莊子曰：「陰氣伏於黄泉，陽氣上通於天，陰陽分争。」即此義。吕氏春秋仲夏紀：「是月也，陰陽争。」注：「是月也，陰氣始起於下，盛陽蓋覆其上，故曰争。」盼遂案：下文正作「分争」。

校軫則激射，激射爲毒，中人輒死，中木木折，中屋屋壞。人在木下屋間，偶中而死矣。何以驗之？試以一斗水灌冶鑄之火，續博物志七引「灌」作「沃」。氣激𤄃裂，若雷之音矣。或近之，必灼人體。天地爲鑪，大矣；陽氣爲火，猛矣；雲雨爲水，多矣。分争激射，安得不迅？中傷人身，安得不死？當冶工之消鐵也，「消」當作「銷」。以土爲形，「形」讀作「型」。説文：「型，鑄器之法也。」以土曰型，以竹曰笵，多借「刑」或「形」爲之。燥則鐵下，不則躍溢而射。「不」讀作「否」。射中人身，則皮膚灼剥。陽氣之熱，非直消鐵之烈也；陰氣激之，非直泥土之濕也；朱校元本「濕」作「温」。陽（激）氣中人，非直灼剥之痛也。「陽氣」當作「激氣」，涉上文「陽氣」而誤。陰陽相激射爲雷，即激氣也。雷傷人，非獨陽氣。上文云：「陰陽分争則相校軫，校軫則激射，激射爲毒，中人輒死。」又云：「陽氣爲火，雲雨爲水，分争激射，中傷人身。」並謂陰陽相激而中人，是其證。宋本正作「激氣中人」，尤其切證。當據正。

夫雷，火也，〔火〕氣剡人，人不得無迹。孫曰：「氣剡人」，語意不完，「氣」上蓋脱「火」

字。玉燭寶典十一引作「火氣燎人」，正有「火」字。暉按：孫説是也。宋本正有「火」字，當據補。如炙處狀似文字，盼遂案：「炙」當爲「灸」字之誤也。説文：「灸，灼也。」人見之，謂天記書其過，以示百姓。是復虚妄也。

使人盡有過，天用雷殺人，殺人當彰其惡，以懲其後，明著其文字，不當闇昧。圖出於河，書出於洛，注感虚篇。河圖、洛書，天地所爲，人讀知之。今雷死之書，亦天所爲也，何故難知？如以一人皮不可書，吴曰：「一」字疑誤。盼遂案：「一」即「殪」之壞字。説文歺部：「殪，死也。」緣「殪」脱「歺」作「壹」，讀者又改「壹」爲「一」也。猶書康誥之「殪戎殷」，禮記中庸作「壹戎衣」，而僞書武成作「一戎衣」矣。魯惠公夫人仲子，宋武公女也，生而有文在掌，楊曰：左傳隱公作「有文在其手」。紀妖篇「在」下有「其」字。暉按：自然篇亦有「其」字。曰：「爲魯夫人。」左隱元年傳疏云：「傳加『爲』，非爲手文有『爲』字。石經『魯』作『𢁽』，手文容或似之。『夫人』固當有似之者。」翁元圻曰：「古文『爲』字，後改爲『乩』。祕閣有銅尊銘作『𡆧公』，以『𡆧』爲『魯』。」沈濤曰：「古文『爲』作『[illegible]』，『魯』作『𢁽』，故手文得似之。」是以「爲」亦爲手文。文明可知，故仲子歸魯。婦人謂嫁曰歸。雷書不著，著，明也。故難以懲後。夫如是，火剡之跡，非天所刻畫也。或頗有而增其語，或無有而空生其言。虚妄之俗，好造怪奇。

何以驗之，雷者火也？此釋上文「夫雷，火也」，與龍虚篇「何以言之，龍有體也」文例同。胡先生疑此二句誤倒，今不從。盼遂案：「雷者火也」當在「何以驗之」上。下文所臚五驗，皆所以申明雷火之義。以人中雷而死，即詢其身，中頭則鬚髮燒燋，中身則皮膚灼燌，廣韻二十文云：「燌同焚。」臨其尸上聞火氣，「氣」，宋本作「之臭」。一驗也。道術之家，以爲雷燒石，色赤，盼遂案：「雷」當爲「器」。亂龍篇：「消煉五石鑄以爲器，乃能得火。」下文又云：「激聲大鳴，若雷之狀。」明此處非雷字矣。投於井中，「爲」字衍。此述其事，非道術家之意以爲也。續博物志七引作「道家以雷燒石投井中」，無「爲」字，可證。石燋井寒，激聲大鳴，若雷之狀，二驗也。人傷於寒，寒氣入腹，腹中素温，温寒分争，激氣雷鳴，三驗也。當雷之時，電光時見大（火），若火（人）之耀，宋本、朱校元本「大」作「火」，「火」作「人」。「火」字屬上讀。吴謂「大」爲「光」之誤。「光若火之耀」，義亦可通。四驗也。當雷之擊時，或燔人室屋，及地草木，五驗也。夫論雷之爲火有五驗，言雷爲天怒無一效，然則雷爲天怒，虚妄之言。

雖（難）曰：吴曰：「雖」當作「難」，形近而譌。此爲設難之文。暉按：宋本正作「難」字。論語云：「迅雷風烈必變。」鄉黨篇記孔子之行。集解引鄭玄曰：「敬天之怒也。風疾雷爲烈也。」鄭與難者義同。禮記曰：「有疾風迅雷甚雨則必變，「甚」讀作「湛」。雖夜必興，衣服，冠而坐。」文見玉藻。鄭注亦謂敬天之怒。懼天怒，畏罰及己也。如雷不爲天怒，其擊不爲罰過，則君子何爲爲雷變動、朝服而正坐子（乎）？「子」，元本作「乎」。朱校同。孫曰：當作「乎」，非「子曰」連文。是也。

曰：天之與人猶父子，有父爲之變，宋本、朱校元本「父爲」作「不安」。子安能忽？故天變，己亦宜變。順天時，示己不違也。人聞犬聲於外，莫不驚駭，竦身側耳以審聽之，況聞天變異常之聲，軒（軯）磕迅疾之音乎？「軒」，當據宋本改作「軯」。感類篇亦誤作「軒轞」。文選思玄賦：「豐隆軯其震霆兮。」注：「軯，聲也。」列子湯問篇：「砰然聞之若雷霆之聲。」文選藉田賦注：「軯，大聲也。」軯、砰聲同字通。說文：「磕，石聲也。从石，盍聲。」俗从「蓋」，口太切。此从「盍」，感類篇从「蓋」，則苦盍切，誤也。从「盍」、从「盇」之字多亂。漢書揚雄傳上甘泉賦：「登長平兮雷鼓磕。」文選洞簫賦注引字林：「磕，大聲也。」此作「磕」，字異義同。合言之則爲「軯磕」。文選藉田賦：「鼓鞞硡隱以砰磕。」「軯磕」、「砰磕」字通。論語所指，禮記所謂，皆君子也。君子重慎，自知無過，如日月之蝕，此句疑寫者因孟子文妄增。盼遂案：孟子：「君子之過也，如日月之食。」此既言「無過」，又安謂「如日月之蝕」，疑後人誤沾。無陰闇食人以不潔清之事，崇文本作「潔淨」，是。宋本同此。內省不懼，何畏於雷？審如〔審〕不畏雷，「審如」當作「如審」，與下「如審」平列。廣雅：「如，若也。」呂氏春秋[一]先己篇注：「審，實也。」與上「審如說雷之家」之兩「審如」不同。「如審」平列爲設詞，本書常語。則其變動不足以效天怒。何則？不爲己也。如審畏雷，亦不足以效罰陰過。何則？雷之所擊，多無過之人，君子恐偶遇之，故恐懼變動。夫如是，君子變動，不能明雷爲天怒，而反著雷之妄擊也。妄擊不罰過，故人畏之。如審罰〔過〕，有過小（之）人乃當懼耳，「罰」下脱「過」字。「之」誤作「小」。「如審罰過」，與上「妄擊不罰過」正反相承。「有過之人」，與下「君子之人」句法一律。宋本、朱校元本「小」正作「之」，是其證。蓋「過」字脱，後人則以「有過」屬上爲句，而妄改「之」爲「小」，遂使「罰有過」與「不罰過」語氣不貫。下句「君子」下多出「之人」二字。君子之人無爲恐也。宋王問唐鞅曰：呂氏春秋淫辭篇注：「宋王，康王也。」墨子所染篇亦云：「宋康染於唐鞅。」荀子王霸篇謂宋獻。「寡人所殺戮者衆矣，而羣臣愈不畏，其故何也？」唐鞅曰：「王之所罪，盡不善者也。罰（罪）不善，善者胡爲畏？劉先生曰：上下文皆言「罪」，此不得獨言「罰」。「罰」當作「罪」，字之誤也。荀子解蔽篇楊倞注引作「罪不善」。呂氏春秋淫辭篇：「罪不善，善者故爲不畏。」文雖小異，而「罰」正作「罪」，

[一]「秋」字原本脱，今補。

并其證也。王欲羣臣之畏也，不若毋辨其善與不善而時罪之，〔若此〕，斯羣臣畏矣」。宋本「斯」作「若此」二字。朱校元本作「若」。案：當作「若此，斯羣臣畏矣。」呂覽淫辭篇作「若此，則羣臣畏矣」，可證。「斯」、「則」義同。蓋宋本脱「斯」字，元本脱「此斯」二字，今本脱「若此」二字，當互校補。宋王行其言，羣臣畏懼，宋王(國)大怒(恐)。吴曰：「宋王大怒」，與上下文義不相應。「王」當作「國」。俗書「國」或作「国」，又涉上「宋王」而誤。「怒」當作「恐」，形近之誤。「宋王大怒」，當作「宋國大恐」。下文云：「君子變動，宋國大恐之類也。」正複述此語，是其切證。夫宋王妄刑，故宋國大恐；懼雷電妄擊，故君子變動。君子變動，宋國大恐之類也。

盼遂案：事見呂氏春秋淫辭篇及高注。

論衡校釋卷第七

道虛篇

儒書言：黄帝採首山銅，鑄鼎於荆山下。鼎既成，有龍垂胡髯，下迎黄帝。胡，頷下垂肉。黄帝上騎龍，羣臣、後宫從上七十餘人，孫曰：雲笈七籤軒轅本紀作「七十二人」。龍乃上去。餘小臣不得上，乃悉持龍髯。龍髯拔，墮黄帝之弓。百姓仰望黄帝既上天，漢書王莽傳，天鳳六年，下書引紫閣圖〔一〕曰：「太一、黄帝，皆僊上天。」乃抱其弓與龍胡髯吁號。故後世因〔名〕其處曰「鼎湖」，其弓曰「烏號」。孫曰：「因」下蓋脱「名」字，當從史記封禪書、漢書郊祀志補。風俗通正失篇：「故後世因曰烏號。」淮南子原道篇注：「因名其弓爲烏號之弓也。」淮南原道篇注：「烏號，桑柘，其材堅勁，烏峙其上，及其將飛，枝必橈下，勁能復起，（「起」字依吴承仕校增。）擽烏隨之，（「擽」誤作「巢」，依吴校改。）烏不敢飛，號呼其上。伐其枝以爲弓，因曰烏號之弓也。一説黄帝鑄鼎於荆山鼎湖，得道而仙，乘龍而上。其臣援弓射龍，欲

〔一〕「紫閣圖」，原本作「紫圖」，據漢書補「閣」字。

下黄帝不能也。烏，於也。號，呼也。於是抱弓而號，因名其弓爲烏號之弓也。」風俗通正失篇、司馬相如子虛賦應劭注、列女傳、（吴都賦注。）古史考（七發注。）並同高誘前説。抱弓呼號，當出自方士附會。以上見史記封禪書、漢書郊祀志。盼遂案：「因」當爲「目」，形近而譌。隸書「因」字作「曰」，易與「目」淆。目爲題目。後漢書襄楷傳「目號太平清領書」，其例也。孫氏舉正謂「因」下脱「名」字，而又引風俗通「後世因曰烏號」之語，胥失之矣。

太史公記即史記。漢書楊惲傳：「惲始讀外祖太史公記。」又見風俗通。**誄五帝，亦云：黄帝封禪已，仙去。**盼遂案：此處所云黄帝仙去事，見史記五帝本紀。又本書定賢篇云：「太史公序累以湯爲酷。」事見史記酷吏列傳張湯傳。是史記一書，仲任或稱爲「太史公記誄」，或稱爲「太史公序累」，無定名也。漢書藝文志作太史公百三十篇，迨隋書經籍志始正名爲史記也。**羣臣朝其衣冠，因葬埋之。**史記五帝紀無此文。封禪書載或對武帝問曰：「黄帝已僊上天，羣臣葬其衣冠。」郊祀志同。通鑑二十據漢武故事以爲公孫卿言。仲任蓋誤屬史公。晉周生招魂議曰：「黄帝體仙登遐，其臣扶微等斂其衣冠葬之。」（路史後紀五注。）博物志八謂左徹削木象黄帝，率羣臣以朝之。

曰：此虛言也。羅泌路史發揮二亦極辯其妄。

實「黄帝」者，何等也？號乎？謚乎〔一〕？周書謚法解：「謚者行之迹，號者功之表。」盼遂案：「也」等於「耶」，問詞。黄暉本改作「乎」，非矣。如謚，臣子所誄列也，誄生時所行爲之謚。禮記曾子問鄭注：「誄，累也，累列生時行迹，讀之以作謚。」餘注福虚篇。盼遂案：「爲」亦「謂」也，古通用。黄帝好道，遂以升天，臣子誄之，宜以「仙」、「升」，不當以「黄」謚。謚法曰：白虎通謚篇引有禮謚法文，大戴禮有謚法篇，見通典，逸周書有謚法解，未知仲任何指。「静民則法曰黄（皇），（德象天地曰帝）。」御覽七九引「黄」作「皇」。「德象天地曰帝」句，據御覽引增。謚法解無「黄」謚，此文讀「黄」作「皇」，與他書作「黄帝」以爲土德自異，（詳驗符篇。）故引謚法以證其説。後人妄改「皇」作「黄」，以與上下文一律，則使其義失所據矣。御覽引此文作「皇」，下句作「黄」，是其明證。「黄（帝）」者，「帝」字據御覽引增。安民之謚，非得道之稱也。白虎通謚篇曰：「黄帝，先黄後帝者何？古者質，死生同稱，各持行合而言之，美者在上。黄帝始制法度，得道之中，萬世不易，後世雖聖，莫能與同。後世德與天同，亦得稱帝。不能制作，故不得復稱黄也。」雖亦以爲非得道之稱，而義與仲任微異。百王之謚，文則曰「文」，武則曰「武」。白虎通謚篇引禮謚法曰：「慈惠愛民謚曰文，剛强理直謚曰武。」文武不失實，所以勸

〔一〕「乎」，通津草堂本作「也」。

使黄帝之臣子，知君；使後世之人，跡其行。黄帝之世，號謚有無，雖疑未定，「黄」非升仙之稱，明矣。

龍起雲雨，因乘而行；雲散雨止，降復入淵。如實黄帝騎龍，隨溺於淵也。

龍不升天，黄帝騎之，乃明黄帝不升天也。

案黄帝葬於橋山，史記五帝紀：「黄帝崩，葬橋山。」漢書地理志：「上郡陽周，橋山在南，有黄帝冢。」猶曰羣臣葬其衣冠。審騎龍而升天，衣不離形；如封禪已，仙去，衣冠亦不宜遺。黄帝實仙不死而升天，臣子百姓所親見也。見其升天，知其不死，必也。葬不死之衣冠，與實死者無以異，非臣子實事之心，別生於死之意也。

載太山之上者，七十有二君，注見書虚篇。皆勞情（精）苦思，「情」當作「精」。漢書張敞傳：「勞精於政事。」潛夫論慎微篇：「勞精苦思。」本書命禄篇：「勞精苦形。」儒增篇：「專精一思。」此作「勞情」，「精」、「情」形近而誤。憂念王事，然後功成事立，致治太平。太平則天下和安，淮南俶真篇注：「太平，天下之平也。」乃升太山而封禪焉。升封告成於天。中候準讖哲曰：「管仲曰：『昔聖王功道洽，符出，乃封泰山。』」（禮記王制疏。）夫修道求仙，與憂職勤事不同。心思道，則忘事；憂事，則害性。世稱堯若腊，舜若腒，亦見語增篇。書鈔一四五引傳子：「堯如腊，舜如腒。」御覽八十引符子載鄧析曰：「古詩云：『堯、舜至聖，身如脯腊；桀、紂無道，肌膚二尺。』」說文肉部「腒」下引傳曰：「堯如腊，舜如腒。」說文：「昔，乾肉也。」腊，籀文。又曰：「北方謂鳥腊曰腒。」（「曰」字據穀梁莊二十四年傳釋文引增。）禮記内則注：「腒，乾雉也。」心愁憂苦，形體羸臞。使黄帝致太平乎？則其形體宜如堯、舜。堯、舜不得道，黄帝升天，非其實也。使黄帝廢事修道，依上文例，疑有「乎」字。則心意調和，形體肥勁，是與堯、舜異也。異則功不同矣。功不同，天下未太平而升封，又非實也。五帝三王，皆有聖德之優者，黄帝不在上焉。「不」當作「亦」，形之誤也。奇怪篇據帝繫篇及三代世表以證五帝三王皆黄帝子孫，是其五帝說與史遷同，並數黄帝。則此云「不在」，非也。奇怪篇又云：「黄帝，聖人。」此云「聖德之優，黄帝不在」，亦非也。則「不」爲「亦」之譌，可知。若作「不」，則謂黄帝不聖，而下文「聖人皆仙」云云，失所據矣。尤其切證。盼遂案：「不」爲「亦」之誤。如聖人皆仙，仙者非獨黄帝；如聖人不仙，黄帝何爲獨仙？

世見黄帝好方術，方術，仙者之業，則謂〔黄〕帝仙矣。據下「則言黄帝」云云文例補「黄」字。又見鼎湖之名，則言黄帝採首山銅鑄鼎，而龍垂胡髯迎黄帝矣。是與說會稽之山無以異也。夫山名曰「會稽」，即云夏禹巡狩，會計於此山上，故曰「會稽」。辯見書虚篇。夫禹至會稽，治水不巡狩，猶黄帝好方技不升天也。無會計之事，猶無鑄鼎龍垂胡髯之實也。里名勝母，漢書鄒陽傳、鹽鐵論、新序雜事三並云里名。尸子、史記云縣名。可謂實有子勝其母乎？邑名朝歌，淮南説山篇：「曾子立孝，不過勝母之閭；墨子非樂，不入朝歌之邑。」水經淇水注：「有新聲靡樂，號邑朝歌。晉灼曰：『史記樂書，紂作朝歌之音。「朝歌」者，歌不時也，故墨子聞之，惡而迴車，不逕其邑。』論語比考讖〔一〕曰：『邑名朝歌，顔淵不舍，七十弟子揜目，宰予獨顧，由蹷墮車。』」孫星衍曰：「山海經有朝歌之山，當是以此得名，非紂樂也。」可謂民朝起者歌乎？舊本段。盼遂案：二語見淮南子説山篇。

儒書言：類聚九一、御覽九一八引「儒」並作「傳」。盼遂案：風俗通正失篇文可參。淮南王學道，淮南王安。招會天下有道之人。傾一國之尊，下道術之士，是以道術之士，並會淮南，奇方異術，莫不争出。前漢紀十二：「淮南王安好讀書，招致賓客方術之士數千人，作内書二十一篇，外書甚衆，中書八卷，言神仙黄白之事。」西京雜記三：「淮南王好方士，方士皆以術見，遂有畫地成山河，撮土爲土巖，嘘吸爲寒暑，噴嗽爲雨霧。」風俗通正失篇：「作鴻寶、苑秘、枕中之書，鑄成黄白。」王遂得道，舉家升天。畜産皆仙，犬吠於天上，鷄鳴於雲中。風俗通曰：「白日升天。」神仙傳曰：「雷被誣告安謀反。人告公曰：『安可以去矣。』乃與登山，即

〔一〕「論語比考讖」，水經注作「論撰考讖」。

日升天。八公與安所踐石上之馬跡存焉。」此言仙藥有餘，犬鷄食之，并隨王而升天也。「并」，朱校元本、程、何本同，王本、崇文本作「皆」。

好道學仙之人，皆謂之然。此虛言也。

夫人，物也，雖貴爲王侯，性不異於物。物無不死，人安能仙？鳥有毛羽，能飛，不能升天。人無毛羽，何用飛升？使有毛羽，不過與鳥同，況其無有，升天如何？案能飛升之物，生有毛羽之兆；國語晉語注：「兆，形也。」能馳走之物，生有蹄足之形。馳走不能飛升，飛升不能馳走，稟性受氣，形體殊別也。今人稟馳走之性，故生無毛羽之兆，長大至老，終無奇怪。好道學仙，中生毛羽，終以飛升。使物性可變，金木水火可革更也？「也」讀作「邪」。蝦蟆化爲鶉，雀入水爲蜄蛤，注無形篇。稟自然之性，非學道所能爲也。好道之人，恐其或若等之類，「若」猶「此」也。若等，謂蝦蟆及雀。故謂人能生毛羽，毛羽備具，能升天也。且夫物之生長，無卒成暴起，「卒」讀作「猝」。皆有浸漸。「浸」亦「漸」也。爲道學仙之人，能先生數寸之毛羽，從地自奮，升樓臺之陛，疑當作「階」。下文「乃得其階」。乃可謂升天。今無小升之兆，卒有大飛之驗，何方術之學成無浸漸也？

毛羽大（之）效，難以觀實，「大」字未妥，當作「之」。下文「亦無毛羽之效」。且以人髯髮、物色少老驗之。「髯」疑涉「髮」字譌衍。「人髮」、「物色」對言。下文云：「物生也色青，其熟也色黃；人之少也髮黑，其老也髮白。」即分承此文。物生也色青，其熟也色黃；人之少也髮黑，其老也髮白。黃爲物熟驗，白爲人老效。物黃，人雖灌溉壅養，終不能青；髮白，雖吞藥養性，終不能黑。黑青不可復還，老衰安可復却？黄之與白，猶肉腥炙之燋，魚鮮煑之熟也。生肉曰腥。生魚曰鮮。燋不可復令腥，熟不可復令鮮。鮮腥猶少壯，燋熟猶衰老也。天養物，宋本、朱校元本「天」作「夫」，義並可通。能使物暢至秋，不得延之至春；吞藥養性，能令人無病，不能壽之爲仙。爲仙體輕氣彊，猶未能升天，令見輕彊之驗，亦無毛羽之效，何用升天？

天之與地皆體也，地無下，則天無上矣。天無上，〔上〕升之路何如？「天無上」，複述上文。「上升之路何如」，反詰之詞。「上」字涉重文脱。穿天之體，人力不能入。如天之門在西北，周禮大司徒疏引河圖括地象曰：「天不足西北，是爲天門。」升天之人，宜從崑崙上。淮南之國，在地東南，如審升天，宜舉家先從(從)崑崙，乃得其階；「從」當作「從」，二字形近，又涉上文「從崑崙上」而誤。天門在西北，淮南在東南，故必先徙往西北，以崑崙爲階，若作「從」，則義不可通。下文「今不言其從之崑崙」，「從」亦「徙」之誤。「徙之」猶「徙往」也。如鼓翼邪飛，趨西北之隅，是則淮南王有羽翼也。今不言其從(從)之崑崙，亦不言其身生羽翼，空言升天，竟虚非實也。

案淮南王劉安，孝武皇帝之時也。安爲武帝諸父列。父長以罪遷蜀嚴道，至雍道死。淮南厲王長謀反，文帝幸赦，坐徙。邑邑不食，至雍以死聞。嚴道，屬蜀郡。縣有蠻夷曰道。安嗣爲王，恨父徙死，懷反逆之心，招會術人，欲爲大事。伍被之屬，充滿殿堂，淮南子高誘序：「天下方術之士多往焉，如蘇飛、李尚、左吴、田由、雷被、毛被、伍被、晉昌等八人，及諸儒大、小山之徒。」作道術之書，發怪奇之文，漢志雜家：「淮南内二十一篇，淮南外三十三篇。」前漢紀曰：「中書八卷。」合景亂首，舊校曰：一本作「齊首」。按：文有脱誤。盼遂案：吴承仕曰：「此句疑。」章士釗曰：「『合景亂首』，當是『古吴紀若』四字之誤。」「景」疑爲「謀」。説文「謀」之古文作「𧥺」，與「景」形近。八公之傳，欲示神奇，史記淮南王安傳索隱引淮南要略，以高誘淮南子序所舉八人號曰八公。抱朴子仙藥篇：「仙人八公，各服一物，以得陸僊，各數百年，乃合神丹金液，乃昇太清。」搜神記一：「淮南王安好道術，設廚宰以候賓客。正月上午，有八老公詣門求見。門吏曰：『先生無駐衰之術，未敢以聞。』公知不見，乃更形爲八童子，色如桃花，王便見之，盛禮設樂，以享八公。」梁玉繩瞥記五曰：「壽春八公山以八人得名，水經肥水注言『左吴與王春、傅生等尋安，仝詣玄洲，還爲著記，號曰八公記』，則八公名目又與高序異矣。」今按：八公傳或即八公記之類。一曰：「傳」當作「儒」。漢書司馬相如傳：「相如以爲列僊之儒，居山澤間。」師古曰：「儒，柔也，術士之稱也。凡有道術皆爲儒，今流俗書作『傳』字，非也，後人所改耳。」（史記索隱以「傳」字不誤。）正其比。**若得道之狀。**盼遂案：「傳」當爲「儔」，形近之誤。下文同。**道終不成，效驗不立，乃與伍被謀爲反事，事覺自殺。或言誅死。**史、漢本傳、風俗通正失篇並云「自殺」。漢書武帝紀：「元狩元年，安反，誅。」**誅死自殺**〔一〕**，同一實也。世見其書，深冥奇怪；又觀八公之傳，似若有效，則傳稱淮南王仙而升天，失其實也。**風俗通亦謂：「安親伏白刃，何能神仙？安所養士，或頗漏亡，恥其如此，因飾詐説，後人吠聲，遂傳行耳。」舊本段。

儒書言：盧敖游乎北海，淮南道應篇高注：「盧敖，燕人，秦始皇召以爲博士，使求神仙，亡而不反也。」梧丘雜札曰：「此即史記始皇紀之燕人盧生。説苑反質篇以爲齊客盧生。蓋燕、齊二國皆好神仙之事，盧生燕人，曾爲齊客，談者各就所聞稱之。」**經乎太陰，**高誘曰：「太陰，北方也。」**入乎玄關（闕），**孫曰：「玄關」，當從淮南道應篇作「玄闕」。高注云：「玄闕，北方之山也。」「玄關」乃六朝以來佛家語，漢代無此名也。蜀志郤正傳：「盧敖翱翔乎玄闕。」薛道衡出塞曲：「絏馬登玄闕。」並不作「關」。關、闕形近，後人又習聞「玄關」之語，故致誤耳。**至於蒙轂之上，**

〔一〕「殺」，原本作「死」，據通津草堂本改。

高曰：「蒙轂，山名。」淮南天文篇注：「蒙谷，北地之山名，盧敖所見若士之所也。」莊逵吉曰：「『蒙谷』即尚書『昧谷』。『蒙』、『昧』聲相近。」按：「蒙谷」即「蒙轂」，「谷」、「轂」字通。**見一士焉，深目〔而〕玄準，**「目」下當有「而」字，與下句法一律。淮南道應篇正有「而」字，可證。「玄準」，淮南作「玄鬢」。蜀志郤正傳注引淮南同此。**鴈頸而戴(䳒)肩，**「鴈頸」，淮南作「渠頸」。(今作「淚注」，依王念孫校改。)王念孫曰：「渠，大也。此作『鴈』，後人以意改之。」劉先生淮南校補：「『鴈』字不誤，鴈頸鳶肩，誼相類，文亦相對。」暉按：「戴」，宋本作「䳒」，當據正。干禄字書：「䳒通鳶正。」淮南正作「鳶肩」。御覽三六九引莊子佚文：「盧敖見若士，深目鳶肩。」晉語八韋注：「鳶肩，肩井斗出。」鳶从弋聲，戴从𢦏聲，籀文作戴，「弋」、「𢦏」同在之部。「鳶」作「䳒」，猶「戴」作「戴」。「戴」爲「䳒」之形誤。盼遂案：「戴」宜依淮南道應改作「鳶」。漢人「鳶」字書作「䳒」，故易致誤。**浮上而殺下，軒軒然方迎風而舞。**方以智曰：「軒軒」猶言「僊僊」也。詩「屢舞僊僊」，注：「僊僊，軒舉。」「軒軒」古與「僊僊」聲近。趙凡夫謂當用「仚仚」，溷讀「僊僊」。所攷未審。**顧見盧敖，樊然下其臂，**説文：「樊，鷙不行也。」廣雅釋詁三：「騤，止。」樊然，止舞貌。**遯逃乎碑下。**「碑」讀作「崥」。王念孫曰：「崥，山足也。下者後也。謂遯逃乎山足之後也。」**敖乃視之，方卷〔然〕龜背而食合梨。**孫曰：此文不當有「然」字，蓋涉上諸「然」字而衍。此言方踞龜背而食合梨。若加「然」字，不可通矣。淮南子作「方倦龜殼而食蛤梨」。高注：「楚人謂倨爲倦。」(卷、倦同。倨、踞同。）是其義也。暉按：孫説是也。宋本正無「然」字。列仙傳「卷」作「踞」。章炳麟新方言二：「倦之言拳也。今四川謂踞在地曰倦在地。倦讀如捲。」「梨」，舊校曰：一本作「蛪」。按：「合梨」讀作「蛤蛪」。淮南作「蛤梨」。高注：「海蚌也。」盼遂案：吴承仕曰：「後文作『蛪』。疑一本作『蛪』者是。」盧敖仍與之語曰：孫曰：「仍」與「扔」同。廣雅釋詁：「扔，引也。」老子釋文引字林：「扔，就也。」並其義。暉按：廣韻曰：「扔，强牽引也。」吾鄉俗語猶存。「吾子唯以敖爲倍俗，「倍」讀作「背」。去羣離黨，窮觀於六合之外者，非敖而已？朱曰：尋文義，「已」下當依淮南補「乎」字。敖幼而游，至長不倫（偷）解，吴曰：「倫」當作「偷」。淮南子作「渝」。「渝」、「偷」聲近義通。潛夫論斷訟篇：「後則榆解奴抵。」汪繼培箋云：「『榆』蓋『偷』之誤。『解』讀爲『懈』。」此「偷解」連文之證。周行四極，唯北陰之未闚。今卒睹夫子於是，殆可與敖爲友乎？」若士者悖然而笑曰：悖然，興起貌。淮南作「蓄然」。「嘻！子中州之民也，不宜遠至此。此猶光日月而戴（載）列星，各本作「戴」，當據宋本、朱校元本改作「載」，與淮南合。高曰：「言太陰之地，尚見日月也。」盼遂案：「猶」下有一缺文，程榮本同。淮南作「乎」。「戴」，宋本作「載」。四時之所行，陰陽之所生也。此其比夫不名之地，猶峽屼也。文選海賦：「突扤孤遊。」注：「突扤，高貌。」吴都賦注引字指：「岦，秃山也。」峽屼謂矗立山也。言盧敖所行，比我所游不可字名之地，直藐若一山耳。若我南游乎罔浪之野，北息乎沉蘱之鄉，淮南作「沉墨」。朱曰：「蘱」、「墨」一聲之轉。西窮乎杳冥之黨，宋本「杳」作「窅」，與淮南合。莊逵吉曰：「方言云：『黨，所也。』」而東貫澒（澒）懞（濛）之先（光）。吴曰：淮南子作「鴻濛」。此文「澒」當作「項」。「項」、「鴻」聲近通假。暉按：此文當原作「澒濛」。「澒懞」并形之誤。談天篇：「溟涬濛澒，氣未分之類也。」孝經援神契：「天度濛澒。」（後漢書張衡傳注。）「澒濛」倒言之爲「濛澒」，於義一也。莊子在宥篇：「雲將東遊，適遭鴻蒙。」帝系譜：「天地初起，溟涥（「涥」當作「涬」。）鴻濛。」（事類賦一。）「鴻」並「澒」之借字。又「先」當從淮南作「光」。「東貫澒濛之光」，謂東貫日光也。淮南俶真訓：「以鴻濛爲景柱。」高注：「鴻濛，東方之野，日所出。」是其義。盼遂案：「先」字當依淮南改作「光」。「光」字與鄉、黨、營、狀爲韻。若作「先」，則非韻矣。此其下無地，上無天，聽焉無聞，而視焉則營；「營」讀作「眴」，目眩也。此其外猶有狀，有狀之餘，壹舉而能千萬里，淮南作「此其外猶有汰沃之汜，其餘一舉而千萬里」，疑此文有誤。吾猶未能之在。高曰：「吾尚未至此地。」今子游始至於此，乃語窮觀，豈不亦遠哉？然子處矣。吾與汗漫期於九垓之上，高曰：「汗漫，不可知之也。九垓，九天。」（依王念孫校，「天」下删「之外」二字。）漢書郊祀志如淳注：「陔，重也。」吾不可久。」若士者舉臂而縱身，遂入雲中。盧敖目仰而視之，不見，乃止喜（嘉），淮南作「乃止駕」。注：「止其所駕之車。」王念孫曰：「『喜』當作『嘉』。『嘉』、『駕』古字通。」盼遂案：「喜」爲「嘉」誤，「嘉」又「駕」之借字。淮南作「止駕」，本字也。心不怠，淮南作「心柸治」。注：「楚人謂恨不得爲柸治也。」王念孫曰：「『柸治』疊韻字，言其心柸治然也。『不怠』即『柸治』之借字。」俞樾曰：「『怠』者『怡』之叚字。『柸治』之義，即『不怡』也。『不怡』二字，本於虞書，古人習用之。國語晉語曰：『主色不怡。』太史公報任少卿書曰：『聽朝不怡。』此言心不怡，非必楚語。因聲誤爲『柸治』，其義始晦矣。」暉按：王說未審，俞說「不怠」即「不怡」，亦非。方以智曰：「楚人謂恨不得爲『柸治』，猶今言『癡』也。『癡』轉爲『獃』，猶『眙』之有『嗤』音也。『柸』乃發語聲。」「不」，語詞，或作「丕」，見經傳釋詞。故此作「不」，淮南作「柸」，此作「怠」，淮南作「治」，並聲之轉。悵若有喪，盼遂案：「不怠」，淮南作「柸治」。許叔重注：「楚人謂恨不得爲柸治也。」今案：「不怠」爲疊韻連語，爲不怡之皃〔一〕。人之胚胎，草之芣苢，皆與有關。詳拙著淮南許注漢語疏。曰：「吾比夫子也，猶黃鵠之與壤蟲也，高曰：「壤蟲，蟲之幼也。」終日行，而不離咫尺，高曰：「八寸爲咫，十寸爲尺。」而自以爲遠，豈不悲哉？」以上并見淮南道應篇。若盧敖者。按：此上下并有脱文。本篇於引傳書後，必有「此虛言也」句，承上啓下。此節獨無，與全例不合。又與下文義不相屬。盼遂案：此四字與上下文不貫，疑爲衍文。唯龍無翼

〔一〕「皃」，原本作「兒」，形近而誤，今改。

者，升則乘雲。盼遂案：「者」字誤衍，「無」亦「有」之訛字。下文「不言有翼，何以升雲」，足證此處當是「有翼」。盧敖言若士者有翼，言乃可信。今不言有翼，何以升雲？

且凡能輕舉入雲中者，飲食與人殊之故也。龍食與蛇異，故其舉措與蛇不同。聞爲道者，服金玉之精，列仙傳言：「王喬服水玉。」食紫芝之英。食精身輕，故能神仙。若士者，食合蜬之肉，與庸民同食，無精輕之驗，安能縱體而升天？聞食氣者不食物，食物者不食氣。若士者食物，如不食氣，「如」猶「則」也。盼遂案：「如」猶「而」也，古「如」、「而」通用。則不能輕舉矣。

或時盧敖學道求仙，游乎北海，離衆遠去，無得道之效，慙於鄉里，負於論議，自知以必然之事見責於世，則作誇誕之語，云見一士。其意以爲有〔仙〕，求仙之未得，期數未至也。孫曰：疑當作「其意以爲有仙，求之未得，期數未至也」。吴説同。盼遂案：吴承仕曰：「文有錯亂，疑當作『其意以爲有仙，求之未得，期數未至也』，與下文『其意欲言道可學得，審有仙人』同意。」淮南王劉安坐反而死，天下並聞，當時並見，儒書尚有言其得道仙去，鷄犬升天者，況盧敖一人之身，獨行絶跡之地，空造幽冥之語乎？

是與河東蒲坂項曼都之語無以異也。

曼都好道學仙，委家亡去，三年而返。家問其狀，曼都曰：「去時不能自知，忽見若卧形，「見」字無義，疑衍。下文「忽然若卧」。有仙人數人，書鈔一五六引作「有數仙人」。御覽三四引同。又七五九引作「有仙人」。疑此文原作「有數仙人」，「數」字誤奪在下，又衍「人」字。將我上天，爾雅釋言：「將，送也。」離月數里而止。見月上下幽冥，幽冥不知東西。居月之旁，其寒悽愴。御覽三四引作「淒滄」。口饑欲食，御覽七五九引「饑」作「飢」，是。仙人輒飲我以流霞一杯。每飲一杯，數月不饑。御覽八引「月」作「日」。又「饑」作「飢」。不知去幾何年月，不知以何爲過，忽然若卧，復下至此。」河東號〔一〕之曰斥仙。抱朴子祛惑篇：「河東蒲坂有項曼都者，與一子入山學仙，十年而歸家，家人問其故。曼曰：『在山中三年精思，有仙人來迎我，共乘龍而升天。良久，低頭視地，杳杳冥冥，上未有所至，而去地已絶遠。龍行甚疾，頭昂尾低，令人在其脊上危怖嶮巇。及到天上，先過紫府，金牀玉几，晃晃昱昱，真貴處也。仙人但以流霞一杯與我，飲之輒不飢渴。忽然思家，到天帝前謁拜入儀，見斥來還。今〔二〕當更自修積，乃可得更復矣。』河東因號曼都爲斥仙人。」實論者聞之，乃知不然。

夫曼都能上天矣，何爲不仙？已三年矣，何故復還？夫人去民間，升皇天之上，精氣形體，有變於故者矣。萬物變化，無復還者。復育化爲蟬，注無形篇。羽翼

〔一〕「號」，原本作「好」，據通津草堂本改。
〔二〕「今」，祛惑篇作「令」。

既成，不能復化爲復育。能升之物，皆有羽翼，升而復降，羽翼如故。見曼都之身有羽翼乎，言乃可信；身無羽翼，言虛妄也。虛則與盧敖同一實也。

或時聞曼都好道，吴曰：「聞」字衍。上文云：「或時盧敖好道求仙。」與此文例同。誤著「聞」字，義不可通。默委家去，周章遠方，文選吴都賦劉注：「周章，謂章皇周流也。」終無所得，力勸望極，極，盡也。默復歸家，慙愧無言，則言上天。其意欲言道可學得，審有仙人，審，實也。己殆有過，故成而復斥，升而復降。舊本段。

儒書言：齊王疾痟，吕氏春秋至忠篇作「疾痟」。文選張景陽七命注引吕氏作「病痟」。御覽七三八引吕氏作「疾痟」。疑并爲「痟」字形誤。梁仲子曰：「『痟』蓋即周禮天官疾醫之所謂『痟首』也。」盧文弨曰：「『痟首』，常有之疾，未必難治。此或與消渴之『消』同。」高誘曰：「齊王，湣王也。宣王子。」使人之宋迎文摯。文摯至，視王之疾，晉語八韋注：「視，相察也。」謂太子曰：「王之疾，必可已也。高曰：「已，猶愈也。」雖然，王之疾已，則必殺摯也。」太子曰：「何故？」文摯對曰：「非怒王，高曰：「『怒』讀如强弩之『弩』。」日鈔引吕覽作「弩」。方言曰：「凡人語而過，東齊謂之劍，或謂之弩。」是齊人謂語而過以激人者爲「弩」。管子輕重甲篇：「是君朝令一怒，布帛流越而之天下。」並讀「怒」爲「弩」，與此同。齊人語也。疾不可治也。趙簡子病，扁鵲治，亦怒之。物理論曰：「大怒則氣通血脈暢達也。」（御覽七三八。）王怒，則摯必死。」呂覽作「怒王」。太子頓首强請曰：「苟已王之疾，臣與臣之母以死争之於王，〔王〕必幸臣〔與臣〕之母。孫曰：「必幸臣之母。」文義不明。太子意謂王若加罪於摯，臣與臣母必以死争之於王。王必哀臣與臣母也。故下文云：「王將生烹文摯，太子與王后急争之。」即此意也。呂氏春秋至忠篇：「王必幸臣與臣之母。」是也。此脱三字。高注：「幸，哀也。」俞樾曰：「愛也。」願先生之勿患也。」文摯曰：「諾，請以死爲王。」高曰：「爲，治也。」與太子期，將往，不至者三，齊王固已怒矣。文摯至，不解屨登牀，禮，見君解韤。左哀二十五年傳：「褚師聲子韤而登席，衛侯怒。」此屨尚不解，欲甚怒之。履〔王〕衣，問王之疾。孫曰：「履衣問王之疾」不可通。既非裸袒問疾，則履衣無義。呂氏作「履王衣，問王之疾」，是也。此脱「王」字，故文義不明。蓋履王衣，以示僭越，激王之怒也。王怒而不與言。文摯因出辭以重王怒。王叱而起，疾乃遂已。高曰：「已，除，愈也。」王大怒不悦，將生烹文摯。太子與王后急争之而不能得，果以鼎生烹文摯。爨之三日三夜，顔色不變。文摯曰：「誠欲殺我，則胡不覆之，以絶陰陽之氣？」王使覆之，文摯乃死。以上見呂氏春秋至忠篇。夫文摯，道人也，入水不濡，入火不燋，故在鼎三日三夜，顔色不變。

此虚言也。

夫文摯而烹三日三夜，「而」讀作「能」。顔色不變，爲一覆之故，絶氣而死，非得道之驗也。諸生息之物，「諸」猶「凡」也。氣絶則死；死之物，「死之物」三字於義無取，疑涉上文衍。此文義在凡有生之物，氣絶則死，烹之輒爛，非言死後烹之也。烹之輒爛。致（置）生息之物密器之中，「致」當作「置」，聲之誤也。下文「置湯鑊之中」，「置人寒水之中」，句法并與此同。覆蓋其口，漆塗其隙，中外氣隔，息不得洩，有頃死也。如置湯鑊之中，亦輒爛矣。何則？體同氣均，稟性於天，共一類也。文摯不息乎？與金石同，入湯不爛，是也；令文摯息乎？「令」，崇文本作「今」。烹之不死，非也。

令文摯言，言則以聲，聲以呼吸。呼吸之動，因血氣之發。血氣之發，附於骨肉。骨肉之物，烹之輒死。今言烹之不死，一虚也。既能烹煑不死，此真人也，説文：「真，僊人變形而登天也。」素問曰：「上古有真人，壽敝天地，無有終時。」與金石同。金石雖覆蓋，與不覆蓋者無以異也。今言文摯覆之則死，二虚也。置人寒水之中，無湯火之熱，鼻中口内，不通於外，斯須之頃，樂記鄭注：「斯須，猶須臾也。」氣絶而死矣。寒水沉人，尚不得生，況在沸湯之中，有猛火之烈乎？言其入湯不死，三虚也。人没水中，口不見於外，言音不揚。烹文摯之時，身必没於鼎中。没則口不見，口不見則言不揚。文摯之言，四虚也。烹輒死之人，三日三夜，顔色不變，癡愚之人，尚知怪之。使齊王無知，太子羣臣宜見其奇。奇怪文摯，則請出尊寵敬事，從之問道。

今言三日三夜，無臣子請出之言，五虚也。

此或時聞文摯實亨，盼遂案：「聞」字涉下文摯之「文」而衍。上文「或時聞曼都好道」亦衍「聞」字，（吴承仕説。）與此同例。亨而輒死，世見文摯爲道人也，則爲虚生不死之語矣。猶黄帝實死也，傳言升天；淮南坐反，書言度世。世好傳虚，故文摯之語，傳至於今。

世無得道之效，而有有壽之人。世見長壽之人，學道爲仙，踰百不死，共謂之仙矣。何以明之？

如武帝之時，有李少君，御覽九八五引魯生别傳：「李少君字雲翼，齊國臨淄人。」事文類聚三四引漢武内傳：「李少君字雲翼，好道，入太山採藥，修絶穀全身之術，上甚尊敬，爲之立屋第。」以祠竈、辟穀、却老方見上，「上」謂武帝也。史武紀索隱曰：「説文、周禮以竈祠祝融。淮南子炎帝作火官，死爲今竈神。」上尊重之。少君匿其年及所生長，郊祀志師古注：「長謂其郡縣所屬及居止處。」常自謂七十，而能使物却老。吴曰：史、漢並作「能使物却老」。此文當作「而使物却老」。「而」即「能」也。校者旁注「能」字於「而」字下，傳寫者誤入正文。史記集解如淳曰：「物，鬼物。」瓚曰：「藥物。」其游以方徧諸侯。無妻。史記封禪書、武帝紀、漢書郊祀志「妻」下並有「子」字。人聞其能使物及不老，史、漢並作「不死」。更饋遺之，常餘錢金衣食。當從史、漢作「金錢」。董仲舒李少君家録：「少君有不死之方，而家貧無以市其藥物，故出於漢，以假途求其財，道成而去。」（抱朴子論仙篇引。）人皆以爲不治産業（而）饒給，今從史、漢補「而」字，語氣方足。師古曰：「給，足也。」又不知其何許人，「許」、「所」字通。愈爭事之。少君資好方，善爲巧發奇中。如淳曰：「時時發言有所中。」嘗從武安侯飲，服虔曰：「田蚡也。」座中有年九十餘者，少君乃言其王父游射處。史、漢「言」下並有「與」字。老人爲兒時，從（其王）父，「從父」，當作「從其王父」。史、漢並作「老人爲兒時，從其大父」。王父，即大父也。下文「老父爲兒，隨其王父」，並其證。識其處。識，記也。盼遂案：「父」上宜有「王」字，下文「老父爲兒，隨其王父」可證。一座盡驚。少君見上，上有古銅器，問少君。少君曰：「此器齊桓公十五年陳於栢寢。」史、漢並作「十年」。劉盼遂中國金石之厄運曰：「陳於栢寢，鑄於栢寢也。『十五』當作『卅五』。古『卅』字作『𠀎』、（曶鼎。）『𠀎』，（大鼎、格伯鼎。）故易致譌。齊桓公即位之三十五年，即魯僖公九年，齊桓公會諸侯盟于葵丘之歲也。唐闕史卷上裴丞相古器條云：『丞相河東公，掌綸誥日，有親表調授邑宰於曲阜者。耕人墾田得古鐵器曰盎，腹容三斗，淺項庳足，規口矩耳，洗滌之，隱隱有古篆九字。兖州書生姓魯曰：「齊桓公會於葵丘歲鑄。」』是裴丞相所得鐵盎，爲葵丘之會所鑄，與史記、論衡所云卅五年陳于栢寢者，殆是一器。」栢寢，服虔曰：「地名，有臺也。」瓚曰：「晏子書：栢寢，臺名。」師古曰：「以栢木爲寢室於臺之上。」已而案其刻，師古曰：「刻謂器上所銘記。」果齊桓公器，一宮盡驚，以爲少君數百歲人也。久之，少君病死。以上文出史、漢。漢禁中起居注：（抱朴子論仙篇引。）「少君之將去也，武帝夢與之共登嵩山，半道，有使者乘龍持節，從雲中下，云上帝〔一〕請少君。帝覺，以語左右曰：『如我之夢，少君將舍我去矣。』數日而少君稱病死。久之，帝令人發其棺，視尸〔二〕，唯衣冠在焉。」

今世所謂得道之人，李少君之類也。少君死於人中，人見其尸，故知少君性壽之人也。如少君處山林之中，入絶跡之野，獨病死於巖石之間，尸爲虎狼狐狸之食，則世復以爲真仙去矣。

世學道之人，無少君之壽，年未至百，與衆俱死，元本有「矣夫」二字，朱校元本同。愚夫無知之人，尚謂之尸解而去，抱朴子引仙經曰：「上士舉形昇虚，謂之天仙。中士遊於名山，謂之地仙。下士先死後蜕，謂之尸解仙。」集仙傳：（合璧事類五〇。）「人死視其形如生，乃尸解也。足不青，皮不皺，亦尸解也。目光不毁，頭髮不脱，不失其形骨者，皆尸解也。有未歛而失尸者，有人形猶在而無復骨者，有衣在形去者，有髮脱而形去者。」其實不死。所謂「尸解」

〔一〕「上帝」，論仙篇作「太一」。

〔二〕「視尸」，論仙篇作「無尸」。

者，何等也？謂身死精神去乎？謂身不死得免去皮膚也？李賡芸炳燭編三曰：借「免」爲「脱」。下同。如謂身死精神去乎？是與死無異，人亦仙人也。如謂不死免去皮膚乎？諸學道死者，骨肉俱在，「俱」舊作「具」，今從朱校元本正。與恒死之尸無以異也。夫蟬之去復育，龜之解甲，虵之脱皮，鹿之墮角，「墮」亦「解」也。廣雅：「墮，脱也。」易林噬嗑之小畜曰：「關柝開啓，衿帶解墮。」淮南要略曰：「解墮結紐。」殼皮之物解殼皮，持骨肉去，朱校元本「持」作「特」，義較長。可謂尸解矣。今學道而死者，尸與復育相似，尚未可謂尸解。何則？案蟬之去復育，無以神於復育，況不相似復育，謂之尸解，蓋復虚妄失其實矣。

太史公與李少君同世並時，少君之死，臨尸者雖非太史公，足以見其實矣。如實不死，尸解而去，太史公宜紀其狀，不宜言死。

其處座中年九十老父爲兒時者，處，猶審辯也。注本性篇。少君老壽之效也。或少君年十四五，「十四」，朱校元本作「四十」。老父爲兒，隨其王父。少君年二百歲而死，盼遂案：「二百」當是「一百」之譌。氣壽篇：「强弱夭壽，以百爲數，不至百者，氣自不足也。」是仲任謂人之老壽者可百年也。且上文言九十老父爲兒時，時少君年十四五，此亦可證本文爲「一百歲」也。何爲不識？武帝去桓公鑄銅器，此有脱文。且非少君所及見也。盼遂案：吴承仕曰：「『去』字疑誤。」或時聞宮殿之内有舊銅器，或案其刻以告之者，故見而知之。今時好事之人，見舊劍古鉤，多能名之，可復謂目見其鑄作之時乎？舊本段。

世或言：東方朔亦道人也，姓金氏，字曼倩，變姓易名，游宦漢朝。外有仕宦之名，内乃度世之人。俞曰：洞冥記云：「東方朔，字曼倩。父張夷，字少平，妻田氏女。（暉按：「妻」當從路史後紀五注引改作「母」。）夷年二百歲，顔如童子。朔生三日，而田氏死，時景帝三年也。鄰母拾而養之。」據此，則朔又姓「張」也。蓋皆非實事，故傳聞各異。風俗通正失篇云：「俗言東方朔太白星精。」太白者，金星也。此或金姓之説所本乎？孫曰：俞氏所引洞冥記，見今本卷一。玫御覽二十二引洞冥記云：「東方朔母田氏，寡，夢太白星臨其上，因有娠。田氏歎曰：『無夫而孕，人得棄我。』（暉按：「得」當從路史注作「將」。）乃移向代郡之東方里，五月生朔。」（暉按：路史注引作「以五月朔旦生之，因姓東方而名曰朔」。乃以所居爲姓。）與今本異。暉按：路史注又載一説云：「生時東方始明，因爲姓。」玫漢書本傳，褚少孫補史滑稽傳並未言朔度世。風俗通正失篇載俗言曰：「東方朔太白星精，黄帝時爲風后，堯時爲務成子，周時爲老聃，在越爲范蠡，在齊爲鴟夷子皮。言其神聖，能興王霸之業，變化無常。」列仙傳云：「武帝時爲郎，宣帝時棄去，後見會稽。」夏侯湛東方朔畫贊：「談者以先生噓吸冲和，吐故納新，蟬蜕龍變，棄俗登仙。」蓋并班固、應劭所謂好事者爲之。于欽齊乘五：「朔墓在德州東四十里，古厭次城北。」則度世不死虚矣。

此又虛也。

夫朔與少君並在武帝之時，太史公所及見也。少君有教（穀）道、祠竈、却老之方，「教道」無義，又與「方」字義不相屬。「教道」當作「穀道」，形之譌也。史、漢并云：「少君以祠竈、穀道、却老方見上。」穀道，辟穀之道，上文作「辟穀」，義同。是其證。又名齊桓公所鑄鼎，知九十老人王父所游射之驗，然尚無得道之實，而徒性壽遲死之人也。況朔無少君之方術效驗，世人何見謂之得道？

案武帝之時，道人文成、五利之輩，封禪書：「齊人少翁以神鬼方見上，拜爲文成將軍。又拜膠東宮人欒大爲五利將軍。」入海求仙人，索不死之藥，有道術之驗，事見封禪書。故爲上所信。朔無入海之使，無奇怪之效也。孫曰：「使」字於義無取，蓋「伎」字之譌。暉按：孫說非。下文「如使有奇」，「使」即承此「使」字，「奇」即承「奇怪」爲言。是「使」字不誤。漢武嘗使方士於海上求仙也。盼遂案：孫說非。「使」字承上入海求索事也。如使有奇，不過少君之類，及文成、五利之輩耳，況謂之有道？「況」字未妥。依上文例，疑當作「何見」。「何」字脫，「見」字形譌爲「況」。

此或時偶復若少君矣，自匿所生之處，當時在朝之人，不知其故，故，舊也。謂不知其身世。朔盛稱其年長，人見其面狀少，盼遂案：「狀」當爲「壯」。貌壯少與下句性恬淡爲對也。性又恬淡，淮南原道訓：「恬然無思，澹然無慮。」説文：「恬，安也。」又云：「倓，安也。憺，安也。」倓、憺、淡、澹并通。淡，澹之借字。不好仕宦，善達（逢）占卜射覆，「達」當作「逢」，形近之誤。「卜」字後人妄增。「逢占」、「射覆」對言。漢書東方朔傳贊、風俗通正失篇并云：「朔逢占射覆。」「達」正作「逢」，而無「卜」字。如淳注：「逢占，逢人所問而占之也。」師古曰：「逢占，逆占事，猶云逆刺也。」後漢書方術傳序：「其流又有逢占。」後別通篇：「東方朔能達占射覆。」雖「達」字誤同，而「卜」字尚未衍也。類聚八八引東方朔占曰：「朔與弟子俱行，朔渴，令弟子叩邊家門，不知室姓名，呼不應。朔復往，見博勞飛集其家李樹下。朔謂弟子曰：『主人當姓李名博，汝呼當應。』室中人果有姓李名博出，與朔相見，即入取水與之。」射覆，師古曰：「於覆器之下，而置諸物，令闇射之。」朔射蜥蜴及寄生，見本傳。爲怪奇之戲，世人則謂之得道之人矣。

舊本段。

世或以老子之道爲可以度世，恬淡無欲，養精愛氣。夫人以精神爲壽命，精神不傷，則壽命長而不死。成事：「成事」，冒下文，漢人常語。注書虚篇。老子行之，踰百度世，氣壽篇謂老子二百餘歲，不足徵也。説見彼篇。爲真人矣。真人，義見前。

夫恬淡少欲，孰與鳥獸？「孰與」猶「何如」也。鳥獸亦老而死。鳥獸含情欲，有與人相類者矣，朱校元本無「有」字。未足以言。草木之生何情欲？而春生秋死乎？

盼遂案：依文例，「何」上脱一「含」字。夫草木無欲，壽不踰歲；人多情欲，壽至於百。此無情欲者反夭，有情欲者壽也。夫如是，老子之術，以恬淡無欲、延壽度世者，復虛也。

或時老子，李少君之類也，行恬淡之道，偶其性命亦自壽長。世見其命壽，又聞其恬淡，〔則〕謂老子以術度世矣。「謂」上當有「則」字。上文：「世見黄帝好方術。方術，仙者之業，則謂黄帝仙矣。」又：「世見文摯爲道人也，則爲虛生不死之語矣。」又：「人見其面狀少云云，則謂之得道之人矣。」並與此文例同。若無「則」字，則語氣不貫。

世或以辟穀不食爲道術之人，謂王子喬之輩，注見無形篇。以不食穀，與恒人殊食，故與恒人殊壽，踰百度世，遂爲仙人。此又虛也。

夫人之生也，禀食飲之性，故形上有口齒，形下有孔竅。口齒以噍食，説文：「噍，齧也。或从爵。」御覽八四九引作「進」，義亦通。孔竅以注瀉。順此性者，爲得天正道；逆此性者，爲違所禀受。失本氣於天，何能得久壽？使子喬生無齒口孔竅，是禀性與人殊。禀性與人殊，尚未可謂壽，況形體均同，而(何)以所行者異？「而」當作「何」。「所行者異」，謂不食穀也。此文正言王子喬亦有口齒，當亦食穀，不得言其有異行也。

御覽八四九引作：「王子喬形體與人同，何以獨能度世耶？」雖節引本文，但作「何以」不誤，可證。

言其得度世，非性之實也。

夫人之不食也，猶身之不衣也。衣以温膚，食以充腹，膚温腹飽，精神明盛。御覽引作「衣温食飽」。又「精」上有「則」字。如饑而不飽，寒而不温，盼遂案：「如」字宋本作「知」，誤。則有凍餓之害矣，凍餓之人，安能久壽？且人之生也，以食爲氣，猶草木生以土爲氣矣。拔草木之根，使之離土，則枯而蚤死；「蚤」爲「早」之借字。閉人之口，使之不食，則餓而不壽矣。舊本段。

道家相誇曰：「真人食氣。」以氣而爲食，「而」讀作「能」。故傳曰：「食氣者壽而不死。」淮南地形訓：「食氣者神明而壽。」吐納經曰：「八公有言：食草者力，食肉者勇，食穀者智，食氣者神。」（御覽六六九。）楚詞遠遊王注引陵陽子明經言：「春食朝霞，朝霞者，日始欲出赤黄氣也。秋食淪陰，淪陰者，日没以後赤黄氣也。冬食沆瀣，沆瀣者，北方夜半氣也。夏食正陽，正陽者，南方日中氣也。并天地玄黄之氣，是爲六氣也。」雖不穀飽，亦以氣盈。

此又虚也。

夫氣謂何氣也？如謂陰陽之氣，陰陽之氣，不能飽人。人或噏氣，氣滿腹脹，不能饜飽。饜亦飽也。如謂百藥之氣，人或服藥，食一合屑，吞數十丸，藥力烈盛，胸中憒毒，盼遂案：「憒」段爲「潰」，爲「殨」。說文歺部：「殨，爛也。」不能飽人。

食氣者必謂吹呴呼吸，吐故納新也，莊子刻意篇成疏：「吹冷呼而吐故，呴暖吸而納新。」釋文李云：「吐故氣，納新氣。」昔有彭祖嘗行之矣，莊子刻意篇：「吹呴呼吸，吐故納新，彭祖之所好。」不能久壽，病而死矣。莊子逍遥遊釋文引世本云：「姓籛名鏗，年八百歲。」淮南說林篇注、御覽三八七引風俗通亦云年八百。吕氏春秋情欲、執一、爲欲三篇注、搜神記一並云七百歲。是雖以久特聞，而終必死。續博物志謂彭城下有冢。神仙傳謂：「其年七百六十七歲，而不衰老，往流沙，非壽終。」當爲誕說。壽八百，理已難通。舊本段。

道家或以導氣養性，度世而不死。導氣，導引形體，以舒血脉之氣。莊子刻意篇云「熊經鳥申」，即此。釋文引司馬彪曰：「若熊之攀樹，鳥之嚬呻，而引氣也。」李軌云：「導氣令和，引體令柔。」以「導」、「引」分說，則導氣與吐納無别，非也。下文云：「血脉在形體之中，不動摇屈伸，則閉塞不通。」又云：「人之導引，動摇形體。」是仲任以導氣即導引，故與前「食氣」分别言之。淮南齊俗訓：「今學道者，一吐一吸，時詘時伸。」詘伸，導氣也。吐吸，食氣也。以爲血脉在形體之中，不動摇屈伸，則閉塞不通；不通積聚，則爲病而死。

此又虚也。

夫人之形，猶草木之體也。草木在高山之巔，當疾風之衝，晝夜動摇者，能復勝彼隱在山谷間，鄣於疾風者乎？案草木之生，動搖者傷而不暢；續博物志七「傷」作「生」。人之導引動搖形體者，何故壽而不死？

夫血脈之藏於身也，猶江河之流地。江河之流，濁而不清；血脈之動，亦擾不安。盼遂案：「擾」下疑有「而」字，與上句「濁而不清」相對。不安，則猶人勤苦無聊也，漢書賈誼傳：「一二指搐，身慮亡聊。」師古曰：「聊，賴也。」安能得久生乎？

道家或以服食藥物，輕身益氣，延年度世。抱朴子至理篇引黃帝九鼎神丹經：「服草木之藥，可得延年。服金丹，令人壽與天地相畢。」

此又虛也。

夫服食藥物，輕身益氣，頗有其驗。若夫延年度世，世無其效。百藥愈病，病愈而氣復，氣復而身輕矣。凡人稟性，身本自輕，氣本自長，中於風濕，百病傷之，注見福虛篇。故身重氣劣也。「劣」當作「少」，謂氣短少。「氣少」與上「氣長」正反相承。下文「非本氣少身重」正作「少」，是其證。服食良藥，身氣復故，非本氣少身重，得藥而乃氣長身[更]輕也；「更」字涉「身」字譌衍，二字隸書形近。氣長、身輕對言，又與「氣少身重」正反相承。「更」字於義無取。盼遂案：「而乃」爲「乃而」誤倒。論衡多假「而」爲「能」。稟受之時，本自有之矣。故夫服食藥物除百病，令身輕氣長，復其本性，安能延年？

至於度世。有血脉之類，無有不生；生無不死。以其生，故知其死也。天地不生，故不死；陰陽不生，故不死。死者，生之效；生者，死之驗也。夫有始者必有終，有終者必有始。唯無終始者，乃長生不死。人之生，其猶水（冰）也。「水」當作「冰」。此文以氣喻水，以人喻冰，非言人猶「水」也。下文：「水凝而爲冰，氣積而爲人。」又云：「人可令不死，冰可令不釋乎？」並其證。宋本、朱校元本并作「其猶冰也」，更其明證。盼遂案：「水」，宋本作「冰」，是也。水凝而爲冰，氣積而爲人。冰極一冬而釋，人竟百歲而死。人可令不死，冰可令不釋乎？諸學仙術，爲不死之方，其必不成，猶不能使冰終不釋也。

語增篇

傳語曰：聖人憂世，深思事勤，疑當作「勤事」，與「深思」語氣相類。道虚篇云：「憂職勤事。」臧琳經義雜記十八引此文改作「深思勤事」，是也。愁擾精神，感動形體，故稱「堯若腊，舜若腒；桀、紂之君，垂腴尺餘」。意林引尸子：「堯瘦舜黑，皆爲民也。」文子自然篇：「堯瘦癯，舜黧黑。」吕氏春秋貴生篇注：「堯、舜、禹、湯之治天下，黧黑瘦瘠。」淮南修務篇引傳曰：「堯瘦臞，舜黴黑，則憂勞百姓甚矣。」荀子非相篇：「桀、紂長巨姣美。」楚辭天問：「受平脅曼膚，何以肥之？」王注：「紂爲無道，諸侯背畔，天下乖離，當懷憂癯瘦，而反形體曼澤，獨何以能平脅肥盛乎？」説文肉部〔一〕：「腴，腹下肥者。」餘注道虚篇。

夫言聖人憂世念人，「念人」當作「念民」，蓋唐人諱改，而今本沿之。身體羸惡，不能身體肥澤，可也；言堯、舜若腊與腒，桀、紂垂腴尺餘，增之也。

齊桓公云：「寡人未得仲父極難，既得仲父甚易。」韓非子難二：「晉客至，有司請

〔一〕「肉」，原本作「内」，形近而誤，今改。

禮。桓公曰『告仲父』者三。而優笑曰：『易哉爲君！一曰仲父，二曰仲父。』桓公曰：『吾聞君人者，勞於索人，佚於使人。吾得仲父已難矣，得仲父之後，何爲不易乎哉？』」又見呂氏春秋任數篇、新序雜事四。桓公不及堯、舜，仲父不及禹、契，桓公猶易，堯、舜反難乎？以桓公得管仲易，知堯、舜得禹、契不難。舜典：「舜曰：禹作司空，契作司徒。」淮南修務訓：「堯治天下，舜爲司徒，契爲司馬，禹爲司空。」史記舜紀：「禹、契，自堯時，皆舉用。」故此云堯、舜得之。夫易則少憂，少憂則不愁，不愁則身體不臞。說文：「臞，少肉也。」

舜承堯太平，堯、舜襲德，功假荒服，「假」音「格」，至也。周語上：「戎狄荒服。」注：「在九州之外，荒裔之地，故謂之荒，荒忽無常之言也。」堯尚有憂，舜安能無事。「能」猶「而」也。見釋詞。盼遂案：「能」當作「而」，語助詞也。後人因論衡文字中常用「而」爲「能」，往往改還本字，不悉此處之「而」用爲連詞，又誤解堯尚有憂，至舜更不容無事，遂徑改之，而與下文「上帝引逸，謂虞舜也」及「舜恭己無爲而天下治」諸語全相牴牾矣。故經曰：「上帝引逸。」尚書多士文。「逸」當作「佚」。漢石經大傳「無逸」作「毋佚」，今文作「佚」也。自然篇引經正作「佚」，是其證。今本蓋淺人依僞孔本妄改。路史後紀十一注引此文作「俒」，即「佚」之譌。若作「逸」，則不得譌爲「俒」，是所據本尚作「佚」。僞孔傳：「上天欲民長逸樂。」此文指舜，今文說也。江聲、王鳴盛并謂經傳凡言「上帝」皆指天帝，王充說誤。趙坦寶甓齋札記謂以上帝爲虞舜，未知何本。按：春秋説題辭（御覽六〇九。）云：「上帝，謂二帝三王。」是亦以「上帝」指虞舜。蓋今文舊説，仲任因之。爾雅釋詁：「引，長也。」高誘注呂覽云：「逸，不勞也。」「逸」、「佚」字通。任賢使能，故長佚不勞。**謂虞舜也。**盼遂案：尚書多士：「周公曰：『我聞曰上帝引逸。』」孔傳曰：「天欲民長逸乎？」是上帝謂天帝也。古經傳凡言上帝，皆指天説，此今古文家所同。然仲任于此以爲虞舜，殆于失考。自然篇又云：「上帝，謂舜、禹也。」所失益甚。詳後。**舜承安繼治，任賢使能，恭己無爲而天下治。故孔子曰：「巍巍乎！舜、禹之有天下，而不與焉！」**見論語泰伯篇。巍巍者，高大之稱也。「與」，舊説有四。一、「與求」。集解：「美舜、禹己不與求天下而得之也。」二、「與見」。皇疏引王弼、江熙説：「孔子歎己不預見舜、禹之時。」三、「與益」。孟子滕文公下趙注：「有天下之位雖貴盛，不能與益舜巍巍之德。言德之大，大於天子位也。」四、「與及」。孟子孫奭疏：「天下之事，未嘗自與及焉。以其急於得人而輔之，所以但無爲而享之，不必自與及焉。」孫説與仲任義合。後自然篇引論語，説同。漢書王莽傳上：「莽與專斷，乃風公卿奏言：『太后不宜親省小事。』令太后下詔曰：『今衆事煩碎，朕春秋高，精氣不堪，故選忠賢，立四輔，羣下勸職，以永康寧。孔子曰云云。』」師古注：「言舜、禹之治天下，委任賢臣，以成其功，而不身親其事。與讀曰豫。」正與仲任義同，蓋漢儒舊説也。孟子云：「堯以不得舜爲己憂，舜以不得禹、皋陶爲己憂。爲天下得人者謂之仁。是故以天下與人易，爲天下得人難。」引孔子曰云云。與齊桓公所云「未得仲父極難，既得仲父甚易」，義甚相近。是「不與」，正謂既得禹、皋陶，己不親與其事。趙氏謂舜德莫之「與益」，殊失其旨。孫疏謂「不自與及」，蓋亦不然趙説。夫「不與」尚謂之臞若腒，如德劣承衰，若孔子栖栖，論語憲問篇微生畝曰：「丘何爲是栖栖者與？」邢疏：「東西南北栖栖皇皇。」周流應聘，身不得容，道不得行，可骨立跛附，盼遂案：「跛」疑爲「皮」之誤。「皮附」與「骨立」對文。僵仆道路乎？「附」，疑當作「跗」。

紂爲長夜之飲，糟丘酒池，注見下。沉湎於酒，不舍晝夜，是必以病。病則不甘飲食，不甘飲食，則肥腴不得至尺。經曰：「惟湛樂是從，時亦罔有克壽。」尚書無逸：「惟耽樂之從，自時厥後，亦罔或克壽。」小雅常棣釋文：「『湛』又作『耽』。」韓詩云：『樂之甚也。』」「湛」、「耽」字通。「之從」作「是從」，漢書鄭崇傳、中論夭壽篇同。「自時厥後」作「時」，鄭崇傳、後漢書荀爽傳同。「或」作「有」，鄭崇傳同。皆今文尚書也。陳壽祺曰：「今文多以訓詁改古文。」漢書杜欽傳引經曰：「『或四三年。』言失欲之害生也。」「失」讀作「佚」，謂逸欲害生，與仲任義同。魏公子無忌爲長夜之飲，困毒而死。史記信陵君傳：「公子以毁廢，乃謝病不朝。與賓客爲長夜飲，日夜爲樂飲者四歲，竟病酒而卒。」紂雖未死，宜羸臞矣。然桀、紂同行，則宜同病，言其腴垂過尺餘，非徒增之，又失其實矣。

傳語又稱：「紂力能索鐵伸鉤，撫梁易柱。」帝王世紀曰：「紂倒曳九牛，撫梁易柱。（史記殷本紀正義引。）引鉤申索，握鐵流湯。」（路史發揮六引。）淮南主術篇：「桀之力，制觡，伸鉤，索鐵，歙金。」高注：「索，絞也。」蓋紂、桀并以力聞，故所傳異辭。言其多力也。「蜚廉、惡來之徒，並幸受寵。」史記秦本紀：「蜚廉生惡來，惡來有力，蜚廉善走。父子俱以材力事殷紂。」尸子：「飛廉、惡來力角虎兕，手搏熊犀。」（御覽三八六引。）言好伎力之主，致伎力之士也。

或言：「武王伐紂，兵不血刃。」荀子議兵篇：「武王伐紂，以仁義之兵行於天下，故兵不血刃。」說苑指武篇：「戰不血刃，湯、武之兵。」桓譚新論：「武王伐紂，兵不血刃，而天下定。」（御覽三二九。）

夫以索鐵伸鉤之力，輔以蜚廉、惡來之徒，與周軍相當，武王德雖盛，不能奪紂素所厚之心；紂雖惡，亦不失所與同行之意。雖爲武王所擒，殷本紀言紂自焚，死後，武王斬其頭，非擒也。荀子儒效篇：「厭旦，於牧之野，鼓之，而紂卒易鄉，遂乘殷人而誅紂。蓋殺者，非周人，因殷人也。故無首虜之獲，無蹈難之賞。」是亦不言擒。淮南主術篇言武王擒紂於牧野，與此合。時亦宜殺傷十百人。今言「不血刃」，非紂多力之效，蜚廉、惡來助紂之驗也。尸子：「武王親射惡來之口，親斫殷紂之頭，手汙於血，不盥（荀子仲尼篇注引誤作「温」，從謝校改。）而食。」正與「不血刃」之説相反。

案武王之符瑞，不過高祖。武王有白魚、赤烏之祐，注初稟篇。高祖有斷大虵、老嫗哭於道之瑞。注吉驗篇。武王有八百諸侯之助，太誓：「遂至孟津，八百諸侯不召自來，不期同時，不謀同辭。」（依孫星衍輯。）高祖有天下義兵之佐。事具史記本紀。武王之相，望羊而已；骨相篇作「望陽」，字通。説見彼篇。高祖之相，龍顔、隆準、項紫、美鬚髯，身有七十二黑子。項紫，史、漢並未見，可補史缺。餘注骨相篇。高祖又逃吕后於澤中，吕后輒見上有雲氣之驗；注吉驗篇。武王不聞有此。夫相多於望羊，瑞明於魚烏，天下義兵並來會漢，助彊於諸侯。武王承紂，高祖襲秦，二世之惡，隆盛於紂，天下畔秦，畔讀叛。宜多於殷。案高祖伐秦，還破項羽，戰場流血，暴尸萬數，後漢書光武紀注：「數過於萬，故以萬爲數。」失軍亡衆，幾死一再，盼遂案：「一再」，言非一也。猶公羊所謂「不一而足」也。儒增篇：「一楊葉射而中之，中之一再。」意與此同。然後得天下，用兵苦，誅亂劇。獨云周兵不血刃，非其實也。言其易，可也；言「不血刃」，增之也。

案周取殷之時，太公陰謀之書，漢志道家：「太公二百三十七篇。謀八十一篇，言七十一篇，兵八十五篇。」沈欽韓疏證曰：「謀即太公之陰謀。」國策秦策：「蘇秦得太公之陰符，伏而讀之。」史記：「秦得周書陰符，伏而讀之。」陰符蓋即陰謀。淮南子要略篇：「太公之謀。」注：「陰符兵謀。」食小兒丹，「丹」上恢國篇有「以」字。教云亡「殷〔亡〕」。「亡殷」當作「殷亡」。恢國篇作「教言殷亡」，又云「及言殷亡」，並其證。兵到牧野，晨舉脂燭。説苑權謀篇：「武王伐紂，晨擧脂燭，過水折舟，示無反志。」(「晨擧」句，今本脱，據書鈔十三引。)盼遂案：唐蘭云：「四語爲太公陰謀中文，嚴輯陰謀失載。」**察武成之篇，**書序曰：「武王伐殷，往伐，歸獸，識其政事，作武成。」書疏引鄭玄曰：「武成，逸書，建武之際亡。」孟子盡心下趙注：「武成，逸書之篇名。」漢志班注：「尚書五十七篇。」師古注引鄭玄敍贊曰：「後又亡其一，故五十七。」所亡，即指武成。班書作於顯宗時，故武成已亡。此云「察武成之篇」，是仲任尚及見之，蓋亡於建武之末歟？桓譚新論云：「古文尚書爲五十八篇。」是武成尚存。譚死於中元元年，在建武後，仲任於時已三十，宜讀武成矣。趙坦謂本孟子，非也。**牧野之戰，**牧誓僞孔傳：「紂近郊三十里地名牧。」疏引皇甫謐曰：「在朝歌南七十里。」按：説文作「坶」，云：「朝歌南七十里。」史殷紀集解引鄭曰：「紂南郊地名。」僞孔傳不足據。**「血流浮杵」，赤地千里。**僞武成曰：「前徒倒戈，攻于後，以北。血流漂杵。」賈子新書益壤篇、制不言篇、孟子盡心篇趙注並有「血流漂杵」之文。本書藝增、恢國並作「浮杵」。蓋今文作「浮」，古文作「漂」。吴曰：「『漂』、『浮』聲近，宵、幽相通轉。」其説是也。如「率肆矜爾」，今文作「率夷憐爾」，正其比。今文多以聲音訓詁易古文也。閻氏尚書古文疏證八據孟子，謂當日書辭僅「血流杵」三字，僞古文緣趙岐注增「漂」字。其説恐非。若作「血流杵」，仲任無緣著一「浮」字也。吴曰：「赤地千里」，據下文及藝增篇，知非武成原語，乃仲任形頌浮杵之文。**由此言之，周之取殷，與漢、秦一實也。而云取殷易，「兵不血刃」，美武王之德，增益其實也。**

凡天下之事，不可增損，考察前後，效驗自列，自列，則是非之實有所定矣。世

稱紂力能索鐵伸鉤，又稱武王伐之兵不血刃。夫以索鐵伸鉤之力當人，則是孟賁、夏育之匹也；史記范雎傳集解引漢書音義曰：「夏育，衛人，力舉千鈞。」賁，注累害篇。並古勇士也。以不血刃之德取人，則是三皇、五帝之屬也。各本作「是則」，今从朱校元本正。與上句法一律。以索鐵之力，不宜受服，以不血刃之德，不宜頓兵。朱校元本「頓」作「賴」。今稱紂力，則武王德貶；譽武王，則紂力少。索鐵、不血刃，不得兩立；殷、周之稱，不得二全。不得二全，則必一非。

孔子曰：「紂之不善，不若是之甚也，是以君子惡居下流，天下之惡皆歸焉。」論語子張篇子貢語。齊世篇引亦云孔子。漢人有此例。説見命祿篇。「若」，論語作「如」。孟子曰：「吾於武成，取二三策耳。以至仁伐不仁，如何其血之浮杵也？」見孟子盡心下。「策」，宋本作「筴」，字同，並爲「册」之借字。曲禮釋文曰：「筴，編簡也。」「耳」，孟子作「而已矣」。「伐」下有「至」字。「如」作「而」，「浮」作「流」。崇文本作「流」，蓋依孟子改之。李賡芸炳燭編曰：「古『如』、『而』字通。『浮』字之誼，似長於『流』。又藝增篇、恢國篇俱云：『武成篇言，周伐紂，血流浮杵。』」若孔子言，殆沮浮杵；孫曰：「沮」字無義，當作「且」，蓋涉「浮」字而誤加水旁。本書多「殆且」連文。指瑞篇：「殆且有解編髮、削左衽、襲冠帶而蒙化焉。」漢書終軍傳作「殆將」。感類篇：「然則雷雨之至也，殆且自天氣。成王畏懼，殆且感物類也。」恢國篇：「以武成言之，食小兒以丹，晨舉脂燭，殆且然矣。」並「殆且」連文之證。此謂如孔子所言，殆將浮杵矣。故下文辨之云「浮杵過其實」也。若孟子之言，近不血刃。浮杵過其實，不血刃亦失其正。一聖一賢，共論一紂，輕重殊稱，多少異實。

紂之惡不若王莽。鄒伯奇曰：「桀、紂不如亡秦，亡秦不如王莽。」（見感類篇。）紂殺比干，莽鴆平帝；漢書翟義傳：「移檄郡國，言莽鴆殺孝平皇帝。」平帝紀師古曰：「漢注云：『帝春秋益壯，以母衛太后故怨不悦。莽自知益疎，簒弑之謀由是生。因到臘日，上椒酒，置藥酒中。』」紂以嗣立，莽盜漢位。殺主隆於誅臣，嗣立順於盜位，士衆所畔，宜甚於紂。漢誅王莽，兵頓昆陽，死者萬數，軍至漸臺，血流没趾。後漢光武紀：「莽軍到城下者且十萬，光武幾不得出，圍昆陽數十重，矢如雨下，城中負户而汲。」劉玄傳：「長安中兵起，攻未央宫。九月，東海人公賓就斬王莽於漸臺，收璽綬傳首詣宛。」注：「漸臺，太液池中臺也。爲水所漸潤，故以爲名。」按：漢書郊祀志：「漸臺高二十餘丈，在建章宫北。」而獨謂周取天下，兵不血刃，非其實也。舊本段。

傳語曰：「文王飲酒千鍾，孔子百觚。」孔叢子儒服篇平原君曰：「昔有遺諺，堯、舜千鍾，孔子百觚。」環氏吴紀：「孫皓問張尚曰：『孤飲酒可方誰？』尚對曰：『陛下有百觚之量。』皓云：『尚知孔丘之不王，而以孤方之。』因此發怒收尚。」（三國志吴志張紘傳注。）傳玄敍酒賦：「唐堯千鍾竭，周文百斛泊。」（書鈔一四六。）後漢書孔融傳注引融集與曹操書曰：「堯不千鍾，無以建太平。孔非百觚，無以堪上聖。」張璠漢記：「孔融曰：『堯不飲千鍾，無以成其聖。』」（魏志崔琰傳注引。）抱朴子袪惑篇：「堯爲人長大，美髭髯，飲酒一日中二斛餘，世人因加云千鍾，實不能也。」或云堯、舜，或云周文、孔子，主名不定，殊難徵信。**欲言聖人德盛，能以德將酒也。**

如一坐千鍾百觚，此酒徒，非聖人也。飲酒有法，說具下文。**〔聖人〕胸腹小大，與人均等，**「聖人」二字舊脱，語無主詞，「與人均等」句，於義失所較矣。下文云：「文王、孔子之體，不能及防風、長狄。」是其義，今據御覽八四五引增。**飲酒用千鍾，用肴宜盡百牛，百觚則宜用十羊。**孫曰：御覽七六一引作「若酒用千鍾，則肉宜用百牛；酒用百觚，則肴宜用千羊」。意較完足，疑今本有脱誤。暉按：孫說非。御覽八四五引作「若飲千鍾，宜食百牛；能飲百觚，則能食十羊」，與前引又有出入。蓋以意增，非今本脱誤。「百觚」上省「飲酒用」三字，「用」下省「肴」字。平列句，得蒙上句省也。**夫以千鍾百牛、百觚十羊言之，文王之身如防風之君，**魯語下：「防風氏，禹殺而戮之，其骨節專車。」韋注：「防風，汪芒氏君之名。骨一節，其長專車，計之三丈。」家語辨物篇王注、（史孔子世家集解引今本脱。）述異記並云長三丈。**孔子之體如長狄之人，**洪範五行傳：「長狄之人，長蓋五丈餘也。」（御覽三七七。）穀梁文十一年傳注謂「長五丈四尺」。疏引春秋考異郵云：「長百尺。」公羊何注同。左氏杜注：「蓋長三丈。」按：魯語下曰：「防風於周爲長狄。僬僥長三尺，短之至。長者不過十之，（「之」字今本脱。家語、説苑辨物篇誤同。此從孔子世家、左傳疏補。）數之極也。」是言長狄十倍僬僥之長。杜蓋據以爲説。博物志曰：「長五丈四尺。或長十丈。」兼存公羊、穀梁説也。乃能堪之。案文王、孔子之體，不能及防風、長狄，以短小之身，飲食衆多，是缺文王之廣，貶孔子之崇也。

案酒誥之篇：「朝夕曰：『祀兹酒。』」尚書酒誥篇，周公誥康叔，述文王之詞。孔傳：「文王朝夕勑之，惟祭祀而用此酒，不常飲。」此言文王戒慎酒也。朝夕戒慎，則民化之。外出戒慎之教，内飲酒盡千鍾，導民率下，何以致化？朱校元本作「教化」。承紂疾惡，何以自别？

且千鍾之效，百觚之驗，何所用哉？「所」，宋本、朱校元本同，程、王、崇文本並作「時」。使文王、孔子因祭用酒乎？則受福胙不能厭飽。晉語二韋注：「福，胙肉也。」左僖四年傳杜注：「胙，祭之酒肉。」因饗射之用酒乎？孫曰：此與上「因祭用酒乎」文例正同，不當有「之」字，蓋衍文。暉按：孫説疑非。本書駢列語，後列每加一語詞。道虚篇：「物生也色青，人之少也髮黑。」上文云：「若孔子言，殆且浮杵；若孟子之言，近不血刃。」後列並多一「之」字，與此文例正同。饗射飲酒，自有禮法。如私燕賞賜飲酒乎？則賞賜飲酒，宜與下齊。賜尊者之前，三觴而退，朱校元本「觴」作「觚」。下同。禮記玉藻：「君若賜之爵，禮已三爵而油油以退。」左宣二年傳：「臣侍君宴，過三爵，非禮也。」過於三觴，醉酗生亂。鄭玄曰：「禮飲過三爵，則敬殺。」說文：「酌，酒醬也。」經典多作「酗」。文王、孔子，率禮之人也，賞賚左右，至於醉酗亂盼遂案：「亂」上依上文當有「生」字。身，自用酒千鍾百觚，大之則爲桀、紂，小之則爲酒徒，用何以立德成化，表名垂譽乎？朱校元本「用」作「又」。

世聞「德將毋醉」之言，書酒誥：「越庶國，飲惟祀，德將無醉。」今文「無」作「毋」。見聖人有多德之效，則虛增文王以爲千鍾，空益孔子以百觚矣。「爲」字於義無取，兩句文例正同。蓋衍文。舊本段。

傳語曰：「紂沈湎於酒，以糟爲丘，以酒爲池，牛飲者三千人，爲長夜之飲，亡其甲子。」此事有二說。韓詩外傳二：「桀爲酒池糟隄，牛飲者三千。」又卷四：「桀爲酒池，可以運舟，糟丘足以望十里，而牛飲者三千人。」新序刺奢篇、節士篇略同。並謂桀事也。韓非子喻老篇：「紂爲肉圃，設炮烙，登糟丘，臨酒池。」呂氏春秋過理篇：「糟丘酒池，肉圃爲格，刑鬼侯之女，殺梅伯而遺文王其醢。」淮南本經訓：「紂爲肉圃酒池。」六韜：「紂爲君，以酒爲池，迴船糟丘，而牛飲者三千人。」（今本脫。書鈔一四六引。）賈子新書：「紂糟丘酒池。」（今脫，書鈔二一〇引。）說苑反質篇：「紂爲鹿臺糟丘酒池肉林。」並以爲紂事也。史記殷本紀從後說。尸子：「桀、紂縱欲長樂，以苦百姓，六馬登糟丘，方舟泛酒池。」（御覽六七八。）又屬之兩人。主名不定，明其事非實也。路史發揮六曰：「桀、紂之事，多出模倣，紂如是，桀亦如是，豈俱然哉？」可謂有史識矣。淮南本經篇注：「紂積肉以爲園圃，積酒以爲淵池。今河内朝歌，紂所都也，城西有糟丘酒池處是也。」史記殷本紀正義：「括地志云：『酒池在衛州衛縣西二十三里。』」新序刺奢篇：「紂飲酒七日七夜。」楚詞王逸九思注：「紂爲九旬之飲而不聽政。」書鈔二一引世紀：「紂飲七日，不知曆數。」「沈湎於酒」，尚書微子篇文。「湎」作「酗」。此今文經也。沈之爲言淫也。説文：「湎，沈於酒也。」淮南要略注：「沉湎，淫酒也。」

夫紂雖嗜酒，亦欲以爲樂。令酒池在中庭乎？金鶚求古録曰：「凡言庭，皆廟寢堂下。」中庭東西，爲羣臣列位，聘燕宜其處，故據以言。**則不當言爲長夜之飲。坐在深室之中，閉窗舉燭，故曰長夜。令坐於室乎？每當飲者，起之中庭，**之，至也。**乃復還坐，則是煩苦相踖藉，**釋名釋姿容：「踖，藉也。以足藉也。」後漢明帝紀注引五經要義：「籍，蹈也。」衆經音義九引字林：「躪，踐也。」「藉」、「籍」、「躪」音義并通。**不能甚樂。令池在深室之中，則三千人宜臨池坐。前**盼遂案：「前」字疑涉下文多「前」字而衍。下「臨池而坐」句可證。**俛飲池酒，〔後〕仰食肴膳，**「仰」上當有「後」字。池酒在前，肴膳必陳於後。下文「如審臨池而坐，則前飲害於肴膳」，即謂肴膳在坐後，不便也。且「前飲」連文，則此當以「前俛飲池酒」爲句。「後仰食肴膳」，句法正相一律。蓋後人不審其義，以「前」字屬上讀，而妄删「後」字。**倡樂在前，**

乃爲樂耳。如審臨池而坐，則前飲害於肴膳，倡樂之作，不得在前。

夫飲食既不以禮，臨池牛飲，則其啖肴不復用杯，亦宜就魚肉而虎食，則知夫酒池牛飲，非其實也。舊本段。

傳又言：「紂懸肉以爲林，令男女倮而相逐其間。」史記殷本紀文。公孫尼子謂「紂爲肉圃」。（初學記。）三輔故事謂爲肉林。（書鈔二〇。）餘已注前。是爲醉樂淫戲無節度也。「爲」讀作「謂」，與上「欲言」、「此言」文例同。

夫肉當内於口，口之所食，宜潔不辱。廣雅釋詁：「辱，污也。」今言男女倮相逐其間，何等潔者？盼遂案：「何等潔者」，言不潔也，此漢人語法。藝增篇「何等賢者」，言不賢也；「堯何等力」，言無力也，皆與此一例。如以醉而不計潔辱，則當其（共）浴於酒中。孫曰：「其」字當從元本作「共」。（崇文本作「共」，蓋亦據別本改。）而倮相逐於肉間，何爲不肯浴於酒中？「而」讀作「能」。以不言浴於酒，知不倮相逐於肉間。

傳者之說，或言：書鈔一四五引作「傳者說」。「車行酒，騎行炙，盼遂案：悼厂云：「惠氏後漢書補注云：『古人以車騎行酒肉。馬融廣成頌云「清醪車湊，燔炙騎將」，亦其例也。』」百二十日爲一夜。」出太公六韜。又見世紀、三輔故事。（書鈔二〇引。）盼遂案：「夜」下當有「亡其甲子」一句，今脫，則下文兩言「亡其甲子」之語無稽。

夫言「用酒爲池」，則言其「車行酒」非也；言其「懸肉爲林」，即言「騎行炙」非也。「即」猶「則」也。

或時意林、御覽八四五並引作「或是」。紂沈湎，謂酗營也。覆酒，滂沲於地，元本作「滂沱」。朱校同。意林、御覽引亦並作「沱」。「它」、「也」二字自異，而从「它」从「也」之字多亂。此當作「沱」爲正。即言以酒爲池；釀酒糟積聚，意林、御覽引並作「釀酒積糟」。則言糟爲丘；懸肉以（似）林，「以」，元本作「似」。朱校同。御覽引亦作「似」。當據正。則言肉爲林；林中幽冥，人時走戲其中，則言倮其逐；或時載酒用鹿車，風俗通（御覽七百七十五、後漢書趙憙傳注引。）曰：「俗說鹿車窄小，載（一作「裁」。）容一鹿也。或云樂車。乘牛馬者，剉斬飲飼達曙；今乘此，雖爲勞極，然入傳舍，偃臥無憂，故曰樂車。無牛馬而能行者，獨一人所致耳。」後漢書趙憙傳曰：「載以鹿車，身自推之。」則言車行酒、騎行炙；或時十數夜，則言其百二十；或時醉不知問日數，則言其亡甲子。周公封康叔，告以紂用酒，期於悉極，史記衛世家：「封康叔爲衛君，周公申告曰：『紂所以亡者，以淫於酒。』」酒誥：「嗣王酣身，惟荒腆于酒。」欲以戒之也，而不言糟丘、酒池，懸肉爲林，長夜之飲，亡其甲子。聖人不言，殆非實也。舊本段。

傳言曰：「紂非時與三千人牛飲於酒池。」此複述上文，非另引傳也。夫夏官百，殷二百，周三百。禮記明堂位文。鄭注：「周之六卿，其屬各六十，則周三百六十官也。昏義，凡百二十，蓋謂夏時。以夏、周推之，殷宜二百四十，不得如此記。」按：荀子正論篇又云：「古者天子千官。」蓋都不足據也。紂之所與相樂，非民必臣也，非小臣必大官，其數不能滿三千人。傳書家欲惡紂，故言三千人，增其實也。舊本段。

傳語曰：「周公執贄下白屋之士。」尚書大傳、荀子堯問篇、韓詩外傳三、説苑尊賢篇並有此文。贄，禽贄，所執以爲禮也。白屋，謂庶人以白茅覆屋者也。謂候之也。盼遂案：吴承仕曰：「曲禮『使某羞』，鄭注：『羞，進也，言進於客。古者謂候爲進。』正義曰：『古者謂迎客爲進，漢時謂迎客爲候。』據此，則候謂漢時通語。此云『謂候之』，亦以漢語比古事，與鄭同意。」

夫三公，鼎足之臣，王者之貞幹也；五行志：「鼎三足，三公象。」易鼎卦九五：「鼎折足。」李鼎祚引九家易曰：「鼎者，三足一體，猶三公承天子也。」周官以太師、太傅、太保爲三公。鄭志答趙商曰：「周公左，召公右，兼師保於成王。」「貞」通「楨」，楨亦幹也，並築具。白屋之士，閭巷之微賤者也。三公傾鼎足之尊，執贄候白屋之士，非其實也。

時或〔時〕待士卑恭，「時或」當作「或時」，與下「或時」平列，本書常語也。不驕白屋，人則言其往候白屋；或時起白屋之士，秦策注：「起猶舉也。」以璧迎禮之，「璧」，舊校曰：一本作「圭」。暉按：「璧」是，一本作「圭」，非。公羊定八年傳何注：「禮：珪以朝，璧以聘，琮以璜以徵召，璧以聘問，璋以發兵，珪以質信，琮以發兵，璜以發衆，璋以徵召。」白虎通瑞贄篇云：「璜以徵召，璧以聘問，璋以發兵，珪以質信，琮以起土功之事。」並謂璧以聘問，則此云「以璧迎禮之」是也。**人則言其執贄以候其家也。** 舊本段。

傳語曰：「堯、舜之儉，茅茨不剪，采椽不斲。」 太史公自序引墨家言。又見史記始皇紀引韓子。文選東京賦注引墨子、韓非子五蠹篇、淮南主術篇、史記李斯傳、帝王世紀（御覽八〇。）並只謂堯事。史記自序正義：「屋〔一〕蓋曰茨，以茅覆屋。」索隱韋昭云：「采椽，櫟榱也。」

夫言茅茨、采椽，可也；言不剪不斲，增之也。

經曰：「弼成五服。」 尚書皋陶謨文。今見僞孔本益稷篇。**五服，五采服也。** 段玉裁曰：「此今文書說也。」暉按：皋陶謨曰：「天命有德，五服五章哉。」又益稷曰：「予欲觀古人之象，日月、星辰、山龍、華蟲、作會、宗彝、藻火、粉米、黼黻、絺繡，以五采彰施于五色，作服，汝明。」大傳曰：「天子衣服，其文華蟲、作繢、宗彝、藻火、山龍。諸侯作繢、宗彝、藻火、山龍。子男宗彝、藻火、山龍。大夫藻火、山龍。士山龍。山龍，青也。華蟲，黄也。作繢，黑也。宗彝，白也。藻火，赤也。天子服五，諸侯服四，次國服三，大夫服二，士服一。」今文説以五服爲五章，廣雅曰：「山龍，彰也。」即舉山龍以該五章。五章即大傳所舉五采，故云「五服，五采服」。攷馬、鄭注，並謂

〔一〕「屋」，原本作「屈」，形近而誤，據正義改。

侯、甸、綏、要、荒五服，與仲任説不同。若如仲任説，則經義上下不貫，孫奕、孫星衍謂爲誤釋，是也。皮錫瑞曰：「仲任以五服爲五采服，不知下文之解若何。若以五服爲天子、諸侯、次國、大夫、士五章之服，如後世所云冠帶之國，義亦可通。」盼遂案：書皋陶謨：「弼成五服，至於五千。」孔安國、馬融、鄭玄、王肅注皆即大禹「荒度土功」爲説。仲任釋五服爲五采服，雖本今文師説，然於經義則遠。**服五采之服，又茅茨、采椽，何宫室衣服之不相稱也？服五采，畫日月星辰，**孫星衍曰：「司馬法云：『章，夏后氏以日月，尚明也。』則日月星辰畫於旌旂。漢東平王蒼南北郊服議曰：『日月星辰，山龍華蟲，天王衮冕十有二旒，以明天數，旂有龍章日月以備其文。』（續漢輿服志注引東觀書。）是古説以日月爲旂章也。大傳亦不言五服畫日月星辰，充説誤也。」暉按：夏本紀云：「余欲觀古人之象，日月星辰，作文繡服色，女明之。」史公云「作文繡服色」，即釋經文「山龍、華蟲」至「作服」也，而「日月星辰」别出於上者，即史公不以「日月星辰」在文繡服色之中，其義與伏生大傳同。此文謂：「服五采，畫日月星辰。」量知篇：「加五綵之巧，施針縷之飾，文章炫耀，黼黻華蟲，山龍日月，學士有文章，猶絲帛有五色之巧也。」以「日月」與山龍、華蟲並言，則其義亦謂服色有「日月」也。後漢書輿服志曰：「顯宗遂就大業，乘輿備文，日月星辰十二章，三公諸侯用山龍九章，九卿以下用華蟲七章，皆備五采。」又云：「孝明皇帝永平二年，初詔有司采周官、禮記、尚書皋陶篇，乘輿服從歐陽氏説，公卿以下從大、小夏侯氏説。」皮錫瑞曰：「據此，則是歐陽説冕服章數以十二、九、七爲節，大、小夏侯説冕服章數天子至公侯以九爲節，卿以下以七爲節，皆與大傳言五服五章不同，此三家今文之背其師説者。當時三家博士，變今文尚書之師説，以傳會周官，不知周禮非可以解虞書。經明言『五服五章』，不得有十二章、九章、七章之制。鄭玄據周禮以推虞制，其義正本於歐陽、夏侯。仲任云服日月星辰，蓋沿歐陽之誤説，以爲天子服有日月星辰也。」

傳語曰：「秦始皇帝燔燒詩、書，坑殺儒士。」史記儒林傳：「秦焚詩、書，阬術士。」言燔燒詩、書，滅去五經文書也；坑殺儒士者，言其皆挾經傳文書之人也。燒其書，坑其人，詩、書絶矣。

茅茨、采椽，非其實也。舊本段。

承仕曰：「漢人多言五經，遂以貤説舊事，不知漢前實言六經。藝文志『三十而五經立』，其誤亦同。」「皆」當是「盡」之誤字。「盡挾經傳文書之人」者，將挾經傳文書之人一網而打盡之也。此處「盡」爲動詞，淺人不了，以「皆」與「盡」同，意改之，而不悟不與下文「盡坑之」一語相照也。盼遂案：吴

言燔燒〔一〕詩、書，坑殺儒士，實也；言其欲滅詩、書，故坑殺其人，非其誠，又增之也。

秦始皇帝三十四年，置酒咸陽臺，正説篇作「宫」。史記始皇紀、李斯傳同。儒士七十

〔一〕「燔燒」，通津草堂本作「燒燔」。

人前爲壽。正説篇作「博士」，與始皇紀合。李斯傳：「博士僕射周青臣等頌稱始皇威德。」疑此文當作「博士」，指周青臣輩也。僕射周青臣進頌始皇之德。齊淳于越進諫始皇不封子弟功臣正説篇句首有「以爲」二字。宋、程本作「挾」，王本、崇文本作「夾」，并「枝」字形譌。史記始皇紀作「枝」，李斯傳作「支」，可證。自爲狹（枝）輔，「狹」當作「枝」。刺周青臣以爲面諛。「㓨」，「刺」之隸變。毛詩：「維是褊心，是以爲刺。」魯詩、石經「刺」作「㓨」。顔氏家訓書證篇曰：「『刺』應爲『朿』，今作『夾』也。」盼遂案：「㓨」爲「刺」之俗體。「刺周青臣」，不辭，疑本爲「劾」。劾者，劾告罪人。後訛爲「刺」耳。又案：「狹」，宋本作「挾」，是。説文：「挾，俾持也。」始皇下其議於丞相李斯。李斯非淳于越曰：「諸生不師今而學古，以非當世，惑亂黔首。説文：「秦謂民爲黔首，謂黑色。」臣請勑史官，非秦記皆燒之；非博士官所職，天下有敢藏詩、書百家語諸刑書者（刑）；「諸書」二字，涉「詩書」譌衍。「刑」字當在「者」字下。始皇紀、李斯傳未言刑書。正説篇作「有敢藏詩、書百家語者刑」，是其證。悉詣守尉集（雜）燒之；「集」當從始皇紀作「雜」。「雜」一作「褋」，故殘爲「集」。元本正作「褋」。朱校同。有敢偶語詩、書，棄市；「書」下，元本有「者」字。朱校同。始皇紀與今本合。以古非今者，族滅；吏見知弗舉，始皇紀有「者」字，此蒙上文省。與同罪。」始皇許之。

明年，三十五年，諸生在咸陽者，多爲妖言。始皇使御史案問諸生，諸生傳相告引者，始皇紀無「者」字。**自除犯禁者四百六十七人**，始皇紀「七」作「餘」。文選西征賦注引史作「四百六十四人」。疑史文原不作「餘」。唐李亢〔一〕獨異志云：「二百四十人。」未知何據。**皆坑之。**史記云：「坑之咸陽。」衛宏詔定古文尚書序、（史儒林傳正義。）古文奇字、（類聚八〇。）獨異志並云「阬於驪山」。盼遂案：「告引者」之「者」，宜依史記改爲「有」字，屬下讀。

燔詩、書，起淳于越之諫；坑儒士，起自諸生爲妖言，見坑者四百六十七人。傳增言坑殺儒士，欲絶詩、書，又言盡坑之，此非其實，而又增之。今從宋本段。

傳語曰：「町町若荆軻之閭。」未知何出。「若」，元本作「者」，朱校同。疑誤。意林引同今本。急就篇顏注：「平地爲町。」釋名釋州國曰：「鄭，町也。其地多平，町町然也。」「町町」猶詩東山之「町畽」。説文：「田踐處曰町。」又：「畽，禽獸所踐處。」踐處，則其地夷平也。廣雅釋訓曰：「𨙨𨙨，盡也。」王念孫曰：「町町，與𨙨𨙨義同。」盼遂案：「町町」，蕩盡之意。廣雅釋訓：「𨙨𨙨，盡也。」王氏疏證引此文爲説。今按：町町、𨙨𨙨聲近義通。**言荆軻爲燕太子丹刺秦王，後誅軻九族，**漢書鄒陽傳：「荆軻湛七族。」（「荆」字依王念孫校補。）應劭注：「荆軻爲燕刺秦始皇，不成而死。其族坐之。」九族有二説，五經異義：「夏侯、歐陽説：九族者，父族四，母族三，妻

〔一〕「亢」，原本作「元」，形近而誤，今改。

族二。皆據異姓。古尚書説，從高祖自玄孫，皆同姓。」（左桓六年傳疏。）其後恚恨不已，復夷軻之一里。一里皆滅，故曰町町。

此言增之也。

夫秦雖無道，無爲盡誅荆軻之里。始皇幸梁山之宫，始皇三十五年。從山上望見丞相李斯車騎甚盛，恚，出言非之。其後，左右以告李斯，李斯立損車騎。始皇知左右洩其言，莫知爲誰，盡捕諸在旁者皆殺之。始皇本紀「諸」下有「時」字，義較長。朱校元本「諸」下有「生」字，疑「時」之誤。其後墜星下東郡，至地爲石。始皇三十六年。民或刻其石曰：「始皇帝死，地分。」紀妖篇、史記始皇本紀、漢五行志「地」上並有「而」字，疑此文脱。〔始〕皇帝聞之，「始」字脱，「帝」字涉上文衍。上下文並稱「始皇」，「皇帝」非其義也。紀妖篇、始皇紀並作「始皇聞之」，是其證。盼遂案：依文例當作始皇。此史駁文未盡正者也。令御史逐問，莫服，盡取石旁人誅之。紀妖篇「人」上有「家」字，與始皇紀作「居人」義合。

夫誅從行於梁山宫，及誅石旁人，欲得洩言、刻石者，不能審知，故盡誅之。荆軻之閭，何罪於秦而盡誅之？如刺秦王在閭中，不知爲誰，盡誅之，可也；荆軻已死，刺者有人，一里之民，何爲坐之？始皇二十年，燕使荆軻刺秦王，見前書虚篇注。

秦王覺之，體解軻以徇，不言盡誅其閭。彼或時誅軻九族，九族衆多，同里而處，誅其九族，一里且盡，好增事者，則言町町也。

論衡校釋卷第八

儒增篇

章太炎原儒曰："儒有三科：達名爲儒，謂術士也。類名爲儒，謂知禮樂射御書數。私名爲儒，即七略儒家。王充儒增、道虛、談天、説日、是應所舉儒書，是諸名籍道、墨、刑法、陰陽、神仙之倫，旁有雜家所記，列傳所録，一謂之儒。號偏施於九能，諸有術者，悉晐之矣。"

儒書稱："堯、舜之德，至優至大，天下太平，一人不刑。"慎子曰："有虞氏不賞不罰。"（路史後紀十二注。）皮錫瑞今文尚書考證以爲即指"唐、虞象刑"。又言："文、武之隆，遺在成、康，刑錯不用四十餘年。"史記周本紀："成、康之際，天下安寧，刑錯四十餘年不用。"又見竹書紀年、武帝賢良詔。荀子大略篇曰："文王誅四，武王誅二，周公卒業，至成、康則案無誅已。"書序釋文引馬融曰："錯，廢也。"是欲稱堯、舜，褒文、武也。

夫爲言不益，則美不足稱；爲文不渥，則事不足褒。堯、舜雖優，不能使一人不刑；荀子議兵篇曰："堯殺一人，刑二人。"文、武雖盛，不能使刑不用。言其犯刑者少，用刑希疏，可也；言其一人不刑，刑錯不用，增之也。

夫能使一人不刑，則能使一國不伐；能使刑錯不用，則能使兵寢不施。廣雅釋詁：「寢，藏也。」案堯伐丹水，吕氏春秋召類篇：「堯戰於丹水之浦，以服南蠻。」淮南兵略訓：「堯戰於丹水之浦。」許注：「堯以楚伯受命，滅不義于丹水。丹水在南陽。」六韜曰：「堯伐有扈氏，戰於丹水之浦。」帝王世紀曰：「諸侯有苗氏處南蠻而不服，堯征而克之於丹水之浦。」舜征有苗，見淮南兵略篇、荀子議兵篇。許曰：「有苗，三苗也。」楊曰：「即禹伐之。書曰：『帝曰：咨禹，惟時有苗不服，汝徂征之。』」按韓非子五蠹篇、韓詩外傳三、説苑君道篇並謂禹請伐之，舜修德而服。四子服罪，謂舜流共工、放驩兜、竄三苗、殛鯀也。恢國篇亦謂四子。刑兵設用。成王之時，四國篡畔，淮夷、徐戎，並爲患害。四國，謂管叔、蔡叔、霍叔、武庚也。竹書：「成王元年，武庚以殷叛。二年，奄人、徐人及淮夷入於邶以叛。」夫刑人用刀，伐人用兵，罪人用法，誅人用武。白虎通誅伐篇曰：「誅猶責也，誅其人，責其罪，極其過惡。伐，擊也，欲言伐擊之也。」武、法不殊，兵、刀不異，巧論之人，不能別也。夫德劣故用兵，「德」下舊校曰：一有「爲」字。淮南兵略篇：「導之以德而不聽，則制之以兵革。」犯法故施刑。刑與兵，宋本、朱校元本「刑」下並有「之」字。猶足與翼也。走用足，飛用翼，形體雖異，其行身同。刑之與兵，全衆禁邪，其實一也。〔不〕稱兵之不用，言刑之不施，齊曰：「稱」上當有「不」字。下文云：「今稱一人不刑，不言一兵不用。」句意正同。盼遂案：上「不」字涉下句而衍。「稱兵之用」與下句「言刑之不施」相反爲文也。是猶人耳缺目完，盼遂案：「耳缺」當爲「身缺」。隸書「身」字作「㐆」，易訛爲「耳」。下文「身無敗缺」，即承此語而言。以目完稱人體全，不可從也。人桀於刺虎，怯於擊人，「桀」猶「强」也。注物勢篇。而以刺虎稱，謂之勇，不可聽也。身無敗缺，勇無不進，乃爲全耳。今稱「一人不刑」，不言一兵不用；褒「刑錯不用」，不言一人不畔，未得爲優，未可謂盛也。舊本段。

儒書稱：「楚養由基善射，射一楊葉，百發能百中之。」「能」，史記周本紀作「而」。而、能古通。西周策、史記「楊葉」並作「柳葉」。漢書枚乘傳、說苑正諫篇同此。西周策、淮南說山篇高注並云：「養姓，由基名。」梁玉繩人表考曰：「養，邑名，其地見水經汝水注、續志潁川郡。蓋由基以邑爲氏，其後有養由氏。故通志氏族略五云：『養由基之後。』廣韻邑字注謂楚大夫養由氏，則直以養由基爲複姓，恐非。」梁氏左通補釋曰：「左昭三十年，楚逆吴公子使居養。疑由基即食邑於此，故以邑爲氏。襄十三年，稱養叔，即其字。」是稱其巧於射也。

夫言其時射一楊葉中之，可也；「時」上疑脱「或」字。一曰：「時」疑「射」字譌衍。言其百發而百中，增之也。

夫一楊葉，射而中之，中之一再，行敗穿不可復射矣。如就葉懸於樹而射之，雖不欲射葉，朱校元本作「中」。楊葉繁茂，自中之矣。是必使上取楊葉，一一更置地而射之也。射之數十行，足以見巧，觀其射之者亦皆知射工，亦必不至於百，明矣。

言事者好增巧美，數十中之，則言其百中矣。百與千，數之大者也。實欲言「十」則言「百」，「百」則言「千」矣。是與書言「協和萬邦」，尚書堯典文。藝增、齊世引「邦」並作「國」，此後人妄改。段玉裁曰：古文尚書「邦」字，今文尚書皆作「國」，漢人詩、書不諱，不改經字，自是今文本作「國」也。詩曰「子孫千億」，大雅假樂文。同一意也。舊本段。

儒書言：「衛有忠臣弘演，爲衛哀公使，未還，「哀公」當作「懿公」，下同。仲任誤也。呂氏春秋忠廉篇、韓詩外傳七、新序義勇篇、淮南繆稱訓許注、三國志魏志陳矯傳注引新序（與今本不同。）具載此事，並作「衛懿公」。狄人攻衛，即左氏閔二年傳戰於滎澤者，是懿公，非哀公也。梁玉繩瞥記二曰：「衛懿公有哀公之號，見論衡儒增。以其爲狄所殺故也。亦猶魯哀公孫于越，漢書人表謂之出公，皆可補經傳所未及。」疑非塙論。狄人攻哀公而殺之，盡食其肉，獨捨其肝。弘演使還，致命於肝。痛哀公之死，身肉盡，盼遂案：「死」借爲「屍」。漢書陳湯傳：「求谷吉等死。」注云：「死，屍也。」肝無所附，引刀自刳其腹，「刀」舊誤「力」，今據各本正。盡出其腹實，乃内哀公之肝而死。」言此者，欲稱其忠矣。

言其自刳内哀公之肝而死，可也；言盡出其腹實乃内哀公之肝，「言」下疑脱「其」字。增之也。

人以刃相刺，中五臟輒死。何則？五臟，氣之主也，猶頭，脉之湊也。頭一斷，手不能取他人之頭着之於頸，奈何獨能先出其腹實，乃内哀公之肝？腹實出，輒死，則手不能復把矣。把，持也。如先内哀公之肝，乃出其腹實，則文當言「内哀公之肝，出其腹實」。今先言「盡出其腹實，内哀公之肝」，又言「盡」，增其實也。舊本段。

盼遂案：「又言盡」三字原在「内」字上，鈔胥誤脱，沾補於後耳。「先言」與「又言」相爲照應。

儒書言：「楚熊渠子出，見寢石，以爲伏虎，將弓射之，矢没其衛。」釋名釋兵曰：「矢其旁曰羽，齊人曰衛，所以導衛矢也。」或曰：「養由基見寢石，以爲兕也，射之，矢飲羽。」吕氏春秋精通篇：「養由基射兕中石，矢乃飲羽。」文選吴都賦注：「飲羽，謂所射箭没其箭羽也。」或言：「李廣。」史記本傳：「廣爲右北平太守，出獵，見草中石，以爲虎而射之，中石没鏃，視之，石也。」西京雜記五：「廣獵於冥山之陽，見卧虎，射之，没矢飲羽，進而視之，乃石也，其形類虎。」又見搜神記十一。便是熊渠、養由基、李廣主名不審，無實（害）也。宋、元本，朱校元本，「實」並作「害」，是也。仲任只不信「没衛」，而「射石矢入」不疑也。若作「無實」，則謂本無其事，與下文義不相貫。其證一。本篇每節引史事後，先加訓釋，繼出己見。自「便是熊渠」至「射之入深也」，爲訓釋之詞，「夫言」以下乃爲己見。此作「無實」，是據己見論之，與全例不合。其證二。「失實」、「非實」，乃本書常語，無「無實」之文。其證三。「便是」猶「即是」，言即是主名不定，無害其真。蓋「害」、「實」形近，後人又不審其義而妄改之。盼遂案：「無實」，宋本作「無害」，是也。或以爲「虎」，或以爲「兕」，兕、虎俱猛，一實也。國語韋注：「兕似牛而青，善觸人。」或言「没衛」，或言「飲羽」，羽則衛，言不同耳。則，即也。羽，衛，方言殊也。義注上。要取以寢石似虎、兕，畏懼加精，射之入深也。呂氏、韓嬰、劉向、（新序，又見搜神記。）揚雄（見西京雜記。）並謂精誠所致也。

夫言以寢石爲虎，射之矢入，可也；言其没衛，增之也。

夫見似虎者，意以爲是，張弓射之，盛精加意，則其見真虎，與是無異。射似虎之石，矢入没衛，若射真虎之身，矢洞度乎？度，過也，謂矢通過。一曰：「度」當作「皮」。石之質難射，肉易射也。以射難没衛言之，則其射易者洞，不疑矣。善射者能射遠中微，不失毫釐，安能使弓弩更多力乎？養由基從軍，射晉侯中其目。錢大昕養新録十二：「左傳養由基射呂錡中項，未嘗射晉侯也。呂錡射楚共王中目。王充誤記，不足信。」暉按：事見左成十六年傳。夫以疋夫射萬乘之主，其加精倍力，必與射寢石等。當中晉侯之目也，可復洞達於項乎？如洞達於項，晉侯宜死。

車張十石之弩，弩以足張，（見史記蘇秦傳正義、索隱。）此云車張，謂連弩也。墨子備高臨篇：「備臨以連弩之車，兩軸三輪，（俞曰：「三」當作「四」。）輪居筐中，（孫云：車闌。）筐左右旁二植，左右有衡植，衡植左右皆圜內，（同柄。）左右縛弩皆於植。以弦（孫校作「距」，即弩牙。）鉤弦，矢長十尺，以繩矢端，（孫曰：矢端著繩。）如弋射，（今重「如」字，「弋」作「戈」，依孫校正。）以磨鹿（今作「磨㢆」，依王校改。）卷收。」淮南氾論篇：「連弩以射，銷車以鬬。」高注：「連車弩通一紘，以牛挽之，以刃著左右，爲機關發之，曰銷車。銷讀曰綃。」恐不能入一寸，矢摧爲三，「矢」舊作「失」，程本同。今從宋本、王本、崇文本正。盼遂案：「入」下脱一「石」字。「失」當從宋本改爲「矢」。「入石」者，承前文熊渠子、養由基、李廣射寢石爲言也。況以一人之力，引微弱之弓，雖加精誠，安能没衛？人之精乃氣也，氣乃力也。有水火之難，惶惑恐懼，舉徙器物，精誠至矣，素舉一石者，倍舉二石。然則，見伏石射之，精誠倍故，不過入一寸，如何謂之没衛乎？如有好用劍者，見寢石，懼而斫之，可復謂能斷石乎？以勇夫空拳而暴虎者，爾雅釋訓舍人注：「暴虎，無兵空手搏之也。」卒然見寢石，以手椎之，衆經音義二五引三倉：「椎，打也。」宋本、朱校元本、御覽七四六引並作「推」。能令石有跡乎？

巧人之精，與拙人等；古人之誠，與今人同。使當今射工，射禽獸於野，其欲得之，不餘精力乎，不當有「乎」字。盼遂案：「乎」字衍文，論衡無如此用法。及其中獸，不過數寸。跌誤中石，不能内鋒，「内」同「納」。箭摧折矣。夫如是，儒書之言楚熊渠子、養由基、李廣射寢石，矢没衛飲羽者，皆增之也。舊本段。

儒書稱：「魯般、墨子之巧，刻木爲鳶，飛之三日而不集。」御覽七五二引舊注：「集，下也。」韓非子外儲説左上：「墨子爲木鳶，三年而成，蜚一日而敗。」列子湯問篇：「班輸之雲梯，墨翟之飛鳶。」張注：「墨子作木鳶，飛三日不集。」並只言墨子。淮南齊俗篇：「魯般、墨子以木爲鳶而飛之，三日而不集。」即此文所本。墨子魯問篇謂公輸子削竹木爲鵲。蓋傳聞訛爲鳶也。

夫言其以木爲鳶飛之，可也；言其三日不集，增之也。

夫刻木爲鳶，以象鳶形，安能飛而不集乎？既能飛翔，安能至於三日？如審有機關，一飛遂翔，淮南時則訓注：「大飛不動曰翔。」不可復下，則當言「遂飛」，不當言「三日」。

猶世傳言曰：御覽七五二引無「曰」字。「魯般巧，亡其母也。」言〔其〕巧工，「其」字舊脱，據御覽引增。爲母作木車馬，文選長笛賦注引無「馬」字。木人御者，機關備具，載母其上，一驅不還，文選注引作：「機關一發，遂去不還。」事文類聚三六、合璧事類五二引同。趙刻御覽引作「載母其上，臺去而不還」。（「臺」即「壹」之譌。張刻、明刻本作「載母上，臺云去而不還」。「臺」亦誤。「云」蓋「去」字誤衍。）遂失其母。如木鳶機關備具，與木車馬等，則遂飛不集。機關爲須臾間，不能遠過三日，則木車等亦宜三日止於道路，無爲徑去以失其母。二者必失實者矣。舊本段。

書説：「孔子不能容於世，周流游説七十餘國，未嘗得安。」淮南子泰族訓：「孔子欲行王道，東西南北七十説而無所偶。」鹽鐵論〔一〕相刺篇：「孔子東西南北七十説而不用。」説苑至公篇：「夫子行説七十諸侯，無定處。」又善説篇：「仲尼委質以見人主七十君矣，而無所遇。」史記儒林傳：「仲尼干七十餘君。」索隱曰：「後之記者失辭也。案家語等説，則孔子歷聘諸國莫能用，謂周、鄭、齊、宋、曹、衛、陳、楚、杞、莒、匡等耳。縱歷小國，亦無七十餘君也。」案：吕氏春秋遇合篇又言：「所見八十餘君。」莊子天運篇：「以奸者七十二君。」皆語增耳，非實録也。

夫言周流不遇，可也；言干七十國，增之也。公羊定四年傳何注：「不待禮見曰干。」

案論語之篇，諸子之書，孔子自衛反魯，論語子罕篇文。在陳絶糧，論語衛靈公篇集解孔曰：「孔子去衛如曹，曹不容，又之宋，遭匡人之難，又之陳，會吴伐陳，陳亂，故乏食也。」削迹於衛，見吕氏春秋慎人篇，莊子天運、山木、讓王、盜跖各篇。天運成疏：「夫子嘗遊於衛，衛人疾之，故剗削其迹，不見用也。」忘味於齊，孟子萬章下：「孔子去齊，接淅而行。」注：「淅，漬米也。不及炊，避惡亟也。」一曰：忘肉味。論語：「子在齊聞韶，三月不知肉味。」是也。伐樹於宋，莊子讓王篇釋文：「孔子之宋，與弟子習禮大樹下。宋司馬桓魋欲殺孔子，伐其樹，孔子遂行。」並費

〔一〕「論」，原本誤作「篇」，今改。

與頓牟，先孫曰：「頓牟」蓋即「中牟」。後變動篇亦云：「頓牟叛，趙襄子帥師攻之。」（襄子攻中牟，見淮南子道應訓、韓詩外傳、新序〔一〕雜事。）暉按：孔子至費與中牟，諸書並未見。論語陽貨篇言公山不擾以費叛，召，子欲往；佛肸以中牟畔，召，子欲往。不言果往。仲任似失之。至不能十國。淮南修務篇注：「能猶及也。」「不能」猶言「未及」也。傳言七十國，非其實也。

或時千十數國也，七十之說，文書傳之，因言干七十國矣。論語曰：見憲問篇。「孔子問公叔文子於公明賈曰：檀弓下鄭注：「文子，衛獻公之孫，名拔。」（論語集解邢疏本、朱子集注並誤作「枝」。）潘維城曰：「公明賈，當是姓公明，名賈。孟子有公明儀、公明高。」『信乎，夫子不言、不笑、不取乎？』公明賈對曰：『以告者過也。夫子時然後言，人不厭其言也；樂然後笑，人不厭其笑也；義然後取，人不厭其取也。』「言」、「笑」、「取」下並有「也」字，皇疏本、高麗本同。邢疏本無，後知實篇同，疑據彼妄删。子曰：『豈其然乎？豈其然乎？』」論語上句作「其然」。集解馬曰：「美其得道，（釋「其然」。）嫌其不能悉然也。」（釋「豈其然乎」。）此重言，知實篇同，非抑揚之詞。銅熨斗齋隨筆曰：「與何氏所據本不同。」羣經義證曰：「韓詩外傳，景公使子貢譽孔子，亦曰：『善，豈其然；善，豈

〔一〕「序」，原本誤作「事」，今改。

其然。』」

夫公叔文子實時言、樂笑、義取，「樂笑」舊作「時笑」，宋本、朱校元本同。王本、崇文本作「樂笑」。此承「樂然後笑」言之，作「樂笑」是也。今據正。人傳説稱之，言其不言、不笑、不取也，俗言竟增之也。舊本段。

書言：「秦繆公伐鄭，過晉不假途，事見魯僖三十三年。「不假途」，三傳無明文。公羊何注：「行疾不假途，變必生。」仲任蓋本公羊家説。晉襄公率羌（姜）戎要擊於崤塞之下，「羌」當作「姜」，形近而誤。三傳並作「姜」。杜曰：「姜戎，姜姓之戎，居晉南鄙。」閻若璩四書釋地又續曰：「殽，晉之南境，從秦向鄭，路必經之。括地志云：『二殽山，一名嶔崟山，在洛州永寧縣西北二十里，即古之殽道。』蘇代謂之殽塞。元和志謂東崤至西崤三十五里，在秦關之東、漢關之西是也。」匹馬隻輪無反者。」穀梁曰：「匹馬倚輪無反者。」公羊同此。何注：「匹馬，一馬也。隻，踦也。皆喻盡。」臧氏經義雜記謂：公羊本作「踦輪」，何注當作「踦，隻也」。王引之謂：公羊本作「易輪」，何氏讀「易」爲「隻」。按：吕氏春秋悔過篇高注引穀梁傳亦作「隻輪」，與此同。時秦遣三大夫孟明視、西乞術、白乙丙，史記秦紀：「百里傒子孟明視，蹇叔子西乞術及白乙丙。」吕氏春秋悔過篇高注：「申，白乙丙也。視，孟明視也。皆蹇叔子。」以視爲蹇叔子，與史記異。左僖三十二年傳疏引世族譜與史同，以爲百里奚子。又譜載或説，以西乞、白乙爲蹇叔子。孔疏以爲,傳言「蹇叔之子與師」,則其子明非三帥,或説妄也。洪亮吉左傳詁曰:「南史亦云:『孟明,百里奚子。』下傳亦即明云『百里孟明視』。按:吕覽以孟明視爲蹇叔子,今蹇叔哭孟子之後,始云:『其子與師,哭而送之。』且稱爲『孟子』,明視非蹇叔子,可知。史記以蹇叔子爲西乞、白乙,正義非之。今攷三帥同出,蹇叔先哭孟子,不及二人,次乃云『蹇叔之子與師,哭而送之』,則西乞、白乙或即爲蹇叔子。以其爲子,故哭有次第,又改而稱『爾』,文法甚明。至變文言蹇叔之子,行文互見之法,正義譏之,非也。」皆得復還。傳言文嬴請三帥,使歸就戮,晉公許之。

夫三大夫復還,車馬必有歸者,文言「匹馬隻輪無反者」,增其實也。舊本段。

書稱:「齊之孟嘗,魏之信陵,趙之平原,楚之春申君,待士下客,招會四方,各三千人。」孟嘗君田文傾天下之士,食客數千人。信陵君無忌致食客三千人。平原君趙勝,賓客至者數千人。春申君黄歇,客三千餘人。並見史記本傳。欲言下士之至,趨之者衆也。

夫言士多,可也;言其三千,增之也。

四君雖好士,士至雖衆,不過各千餘人,書則言三千矣。夫言衆必言千數,言少則言無一,世俗之情,言事之失也。舊本段。

傳記言:「高子羔之喪親,泣血,三年未嘗見齒,君子以爲難。」見禮記檀弓上。鄭讀「泣血三年」句絶。檀弓疏、齊乘引史記弟子傳並云:「高柴,鄭人。」(今本無「鄭人」二字,論語先進篇疏引同。）鄭玄曰：「衛人。」（史記集解、論語邢疏。）家語弟子解云：「齊人，高氏之別族。」齊乘卷六曰：「墓在沂州向子城側。」難爲故也。

夫不以爲非實，而以爲難，君子之言誤矣。

高子泣血，殆必有之。何則？荆和獻寶於楚，楚刖其足，痛寶不進，己情不達，泣涕，涕盡因續以血。韓非子和氏篇：「楚人和氏得玉璞，獻之厲王。玉人曰：『石也。』王以和爲誑，刖其左足。又獻之武王，刖其右足。和乃哭，三日三夜，泣盡繼之以血。」今高子痛親，哀極涕竭，血隨而出，實也。鄭注檀弓曰：「言泣無聲，如血出。」較此説義長。而云「三年未嘗見齒」，是增之也。

言「未嘗見齒」，欲言其不言不笑也。鄭曰：「言笑之微。」與仲任異義。孝子喪親，不笑可也，安得不言？言安得不見齒？孔子曰：「言不文。」孝經喪親章：「子曰：『孝子之喪親也，言不文。』」鄭注：「父母之喪，不爲詞，唯而不對者也。」（書鈔九三引。）引此經者，明臣下居喪言也，言不文耳。禮記喪服四制曰：「三年之喪，君不言。然而曰『言不文』者，謂臣下也。」注引孝經説曰：「言不文者，指士民也。」白虎通喪服篇曰：「言不文者，指謂士民不言而事成者。」或時不言，孫星衍孔子集語五引屬上，爲孔子之詞，非也。傳則言其不見齒；或時□□，傳則言其不見齒三年矣。「或時」下疑脱「不笑」二字。兩「或時」，兩「傳則言」，平列爲文。蓋校者誤以「或時不言」爲孔子語，妄删「不笑」二字。盼遂案：「或時」下疑脱「不見齒數月」五字。上句「或時不言，傳則言其不見齒」，此當與之同一文法。

高宗諒陰，三年不言。 尚書無逸作「亮陰」，大傳作「梁闇」，禮記喪服四制、白虎通爵篇並作「諒闇」。論語憲問篇作「諒陰」，與此文同。然公羊〔一〕文九年注、吕氏春秋重言篇注引論語並作「諒闇」。鄭注亦云：「諒闇，謂凶廬也。」（後漢張禹傳注。）大傳、小戴記爲今文，則高、何、鄭所據論語與之合，是魯論也。何晏集解作「諒陰」，與僞孔本無逸合，是古論也。仲任今文家，多從魯論，則此作「諒陰」者，後人妄改也。「亮陰」馬、孔注以爲信默，（左傳隱元年疏、論語憲問集解。）與「諒闇」伏生、鄭玄以爲凶廬，（喪服四制及論語注。）其義不同，其字自異。仲任習今文，未有從古文作「諒陰」之理。皮氏今文尚書考證據論語及此文作「諒陰」，而不知被後人妄改，以定尚書今文一作「諒陰」，疑非塙論。盼遂案：吴承仕曰：「喪服四制曰：『書云：高宗諒陰，三年不言。』此之謂也。然而曰言不文者，謂臣下也。』鄭注引孝經説曰：『言不文，指子民也。』論引『子曰言不文』，當本自孝經説。此文大意謂尊爲天子或不可言，而書言三年不言，猶疑其增。高子身爲臣下，言不文可也，安得三年不言，比于天子邪？此節『言不文』下疑有脱字。又『尊爲天子不言，而其文言不言』，疑當作『尊爲天子不言，而其文言三年』。此外仍有譌脱，無可據正。」又云：「『泣血三

〔一〕「公羊」，原本誤作「羊公」，今乙。

年』，鄭注云：『言泣無聲，如血出。』『未嘗見齒』，注云：『言笑之微。』鄭義自通。王義與鄭異。似失之拘。」尊爲天子不言，此據舊説，以釋高宗不言也。鄭志趙商答陳鑠問曰：「三年之喪，天子諸侯不言而事成者，冢宰有也。雖亦有所言，但希耳。至於臣下，須言而辨，爲可謂言，但不文耳。」而其文言「不言」，猶疑於增，況高子位賤，而曰「未嘗見齒」，是必增益之也。舊本段。

儒書言：「禽息薦百里奚，繆公未聽，〔出〕，禽息出當門，「出」當在「聽」字下，傳寫誤也。此言繆公未聽其言而出，禽息當門以止之，非言禽息出也。文選演連珠李注引應劭漢書注：「繆公出，當車，以頭擊門。」後漢書朱暉傳注：「不見納，繆公出，當車，以頭擊闑。」並謂繆公出也。文選演連珠注引此文正作「繆公出，當車仆頭碎首，以達其友」，是其明證。又文選注引作「當車」，與後漢書注合。然「當門」義亦可通，今因之。韓詩外傳謂「對使者以首觸楹死」，事又稍異。仆頭碎首而死。繆公痛之，乃用百里奚。」此言賢者薦善，不愛其死，仆頭碎首〔一〕而死，以達其友也。世士相激，文書傳稱之，莫謂不然。盼遂案：「文」字疑衍。

夫仆頭以薦善，古今有之。禽息仆頭，蓋其實也；言碎首而死，是增之也。

〔一〕「首」，原本作「頭」，據通津草堂本改。

夫人之扣頭，痛者血流，雖忿恨惶恐，無碎首者。非首不可碎，人力不能自碎也。執刃刎頸，樹鋒刺胸，鋒刃之助，故手足得成勢也。言禽息舉椎自擊，首碎，不足怪也；仆頭碎首，力不能自將也。有扣頭而死者，未有使頭破首碎者也。

此時或（時）扣頭薦百里奚，「此時或」當作「此或時」，本書常語也。傳寫誤。世空言其死；若或扣頭而死，「若」亦「或」也，複語。世空言其首碎也。舊本段。

儒書言：「荆軻爲燕太子刺秦王，操匕首之劍，通俗文曰：「匕首，劍屬，其頭類匕，故曰匕首，短而便用。」（類聚六〇。）刺之不得。得，中也。漢人語。淮南齊俗訓：「天之圓也不得規，地之方也不得矩。」文子自然篇「得」並作「中」。（俞樾謂當作「中」，非也。）秦王拔劍擊之。意林二引燕丹子曰：「荆軻起督亢圖進之。秦王發圖，圖窮而匕首見。軻左手把秦王袖，右手揕其胸。秦王曰：『乞聽琴聲而死。』召姬人鼓琴，秦王負劍拔之，斷軻兩手。軻曰：『吾事不濟也。』」秦零陵令上書，言秦王以神武扶揄長劍以自救。（文選吴都賦注。）事詳史記荆軻傳。軻以匕首擿秦王，「擿」同「擲」。不中，中銅柱，入尺。」燕丹子：「荆軻拔匕首擿秦王，決耳，入銅柱，火出。」（文選盧子諒覽古詩注。）史記軻傳亦不言「入尺」。漢武氏石室畫像，荆軻作散髮狂奔狀，左有一柱，柱間一刃下墮，即圖此也。欲言匕首之利，荆軻勢盛，投鋭利之刃，陷堅彊之柱，稱荆軻之勇，故增益其事也。

夫言入銅柱，實也；言其入尺，增之也。

夫銅雖不若匕首堅剛，入之不過數寸，殆不能入尺。以入尺言之，設中秦王，匕首洞過乎？車張十石之弩，注見前。射垣木之表，盼遂案：「垣」當爲「桓」，形之誤也。說文木部：「桓，亭郵表也。」漢、魏名曰桓表，亦曰和表。（見漢書尹賞傳注。）尚不能入尺。以荆軻之手力，投輕小之匕首，鹽鐵論謂長尺八。身被龍淵之劍刃，入堅剛之銅柱，「身被龍淵之劍刃」，於此義無所屬，非其次也。「手力」承「車張」，「輕小匕首」承「十石之弩」，「堅剛銅柱」承「垣木之表」，並正反相較爲文，「身被」七字，當在下文，誤奪入此。盼遂案：「身」字衍。此自以「被龍淵之劍刃」爲句，「入堅剛之銅柱」爲句也。是荆軻之力，勁於十石之弩，銅柱之堅，不若木表之剛也。

世稱荆軻之勇，不言其多力。多力之人，莫若孟賁。注累害篇。使孟賁上文「身被龍淵之劍刃」句，疑當在此。擿銅柱，王本、崇文本「擿」作「擿」，非。能淵（洞）〔過〕出一尺乎？「能」下舊校曰：一有「過」字。吴曰：此文當作：「能洞過出一尺乎？」「淵」即「洞」字形近之譌，「過」字本或誤奪，遂不可讀。上文云：「設中秦王，匕首洞過乎？」立文正同。暉按：宋本「淵」正作「過」，足證成吴説。此亦或時匕首利若干將、莫邪，並吴利劍名。詳王氏廣雅疏證。所刺無前，所擊無下，故有入尺之效。夫稱干將、莫邪，亦過其實。擊刺無前、下，亦入銅柱尺之類也。舊本段。

儒書言：「董仲舒讀春秋，專精一思，志不在他，三年不窺園菜。」桓譚新論曰：「董仲舒專精於述古，年至六十餘，不窺園中菜。」（見御覽九七六。）史記本傳：「三年不觀於舍園。」鄒子曰：「董仲舒三年不闚園門，乘馬不知牝牡。」（事類賦三。）

夫言不窺園菜，實也；言三年，增之也。

仲舒雖精，亦時解休，「解」讀作「懈」。解休之間，猶宜游於門庭之側，[則]能至門庭，何嫌不窺園菜？「嫌」猶「得」也。義詳書虚篇注。「能至門庭，何嫌不窺園菜」，爲反詰之詞，「則」字無義，蓋涉「側」字譌衍。書虚篇：「能讓吴位，何嫌貪地遺金？」又：「棄其寶劍，何嫌一叱生人取地遺金？」句法正同。聞用精者，察物不見，存道以亡身，禮運注：「存，察也。」察，明也。「亡」同「忘」。不聞不至門庭，坐思三年，不及窺園也。

尚書毋佚曰：「無逸」，今文經作「毋佚」。「君子所其毋逸，「逸」當作「佚」，疑後人改亂之。下文作「乃佚」，未誤。今文作「毋佚」。説詳段玉裁古文尚書撰異、孫星衍尚書今古文注疏。先知稼穡之艱難乃佚。」鄭曰：「君子，止謂在官長者。所，猶處也。君子處位爲政，其無自逸豫也。」（書疏引。）[佚]者，[解]也。舊校曰：一有「解」字。吴曰：此文當作「先知稼穡之艱難乃佚，佚者解也」。蓋王氏引書，乃自釋之。「佚者解也」，乃王氏説經之詞。論衡引用經傳，每自下訓釋。如云：「弼成五服。五服，五采服也。」「毋曠庶官。曠，空也。庶，衆也。」「今我民罔不欲喪。罔，無也。」皆其比倫。既訓「佚」爲「解」，故下文云：「人之筋骨，非木非〔一〕石，不能不解。」此文「乃佚」下奪一「佚」字，「也」上奪一「解」字。原校近之而未盡也。**人之筋骨，非木非石，不能不解。故張而不㢮，**程、王、崇文本作「弛」。禮雜記同。宋本、通津本作「㢮」。**文王不爲；㢮而不張，文王不行；一㢮一張，文王以爲常。**王本、崇文本作「當」。「故」字以下，禮記雜記孔子論蜡之詞。「文王」作「文、武」。餘亦稍異。鄭注：「張弛以弓弩喻人也。弓弩久張之則絶其力，久弛之則失其體。」**聖人材優，尚有㢮張之時，仲舒材力劣於聖，安能用精三年不休？**舊本段。

儒書言：「夏之方盛也，史記封禪書、漢書郊祀志並謂禹之世，許慎、杜預因之。仲任亦云禹鑄，見下文。金履祥通鑑前編、洪亮吉春秋左氏詁並云當從墨子耕柱篇作夏后開。**遠方圖物，**杜曰：「圖畫山川奇異之物而獻之。」**貢金九牧，**服虔曰：「使九州之牧貢金。」（史記楚世家集解引。杜同。）**鑄鼎象物，**賈逵曰：「象所圖物，著之於鼎。」（引同上。杜同。）**而爲之備，**謂使民逆備鬼物。**故入山澤，不逢惡物，用辟神姦，**傳云：「禁禦不若，（「禁禦」今作「不逢」，從惠

〔一〕「非」字原本脱，據正文補。

棟校改。）螭魅罔兩，莫能逢之。」故能叶于上下，以承天休。」「叶」，傳作「協」。杜曰：「民無災害，則上下和而受天祐。」以上見左宣三年傳。

夫金之性，物也，用遠方貢之爲美，鑄以爲鼎，用象百物之奇，沈欽韓曰：「山海經所説形狀物色，殆所象也。」安能入山澤不逢惡物，辟除神姦乎？黃震曰：「禹鑄鼎象物，使不逢不若，蓋使人識而避之耳。辨其不能辟除神姦，非也。」

周時天下太平，越裳獻白雉，倭人貢鬯草。並注異虛篇。食白雉，服鬯草，不能除凶，金鼎之器，安能辟姦？且九鼎之來，德盛之瑞也。高誘淮南注：「九鼎，九州貢金所鑄也。一曰象九德，故曰九鼎。」按東周策顏率語，是鼎數九也。服瑞應之物，不能致福。男子服玉，淮南説山篇注：「服，佩也。」女子服珠，珠玉於人，無能辟除。寶奇之物，使爲蘭服，作牙身，宋本「服」作「或」，朱校元本同。疑此文當作「使爲蘭」。「或作牙」三字爲讀者校語，（藝增篇：「皆賫盛糧，或作乾糧。」「或作乾糧」四字，即宋人校語誤入正文。正其比。）誤入正文。「身」爲「牙」字譌衍。（「牙」、「身」二字，隸書形近。韓非子説疑篇「續牙」，漢書人表作「續身」。）「服」爲「蘭」字旁注，校者不審，誤以「服」字入正文，又妄删「或」字。漢書韓延壽傳：「抱弩負蘭。」注：「如淳曰：『蘭，盛弩箭箙也。』」詩小雅采薇曰：「象弭魚服。」毛傳：「魚服，魚皮也。」鄭箋：「服，矢服也。」疏引陸機曰：「魚服，魚獸之皮也。魚獸似猪，東海有之，其皮背上班文，腹下純青，今以爲弓鞬步叉者也。其皮雖乾燥，以爲弓鞬矢服，經年，海水潮及天將雨，其毛皆起；水潮還及天晴，其毛復如故。雖在數千里外，可以知海水之潮，自相感也。」據此，是籣以寶奇之物爲之。説文「籣」从「竹」。隸書从「艸」从「竹」字多亂。史記信陵君傳：「平原君負韊矢。」字亦从「艸」。其从「革」，明以魚獸皮製也。牙，牙旗也。文選關中詩：「高牙乃建。」東京賦薛注：「古者天子出，建大牙旗，竿上以象牙飾之，故云牙旗。」是牙亦寶奇之物爲之。故「蘭」一本作「牙」。或言有益者，九鼎之語也。夫九鼎無能辟除，「夫」上舊校曰：一有「大」字。暉按：「大」字涉「夫」字譌衍。傳言能辟神姦，是則書增其文也。

世俗傳言：「周鼎不爨自沸，不投物，物自出。」墨子耕柱篇：「夏后開鑄鼎，成，不炊而自烹，不舉而自藏，不遷而自行。」孫詒讓曰：「儒增所載漢時俗語，蓋出於此。」暉按：宋書符瑞志、孫氏瑞應圖並有此語。此則世俗增其言也，儒書增其文也，是使九鼎以無怪空爲神也。

且夫謂周之鼎神者，何用審之？周鼎之金，遠方所貢，禹得鑄以爲鼎也。其爲鼎也，有百物之象。如爲遠方貢之爲神乎？「如爲」，據下文例，疑當作「如以爲」。遠方之物安能神？如以爲禹鑄之爲神乎？禹聖，不能神。聖人身不能神，鑄器安能神？如以金之物爲神乎？則夫金者，石之類也，石不能神，金安能神？以有百物之象爲神乎？夫百物之象，猶雷罇也，雷罇刻畫雲雷之形，注雷虚篇。雲雷在天，神於百物，雲雷之象不能神，百物之象安能神也？舊本段。

傳言：「秦滅周，周之九鼎入于秦。」見史記封禪書。漢書郊祀志文略同。案本事，周赧王之時，五十九年。秦昭王使將軍摎攻王赧。王赧惶懼犇秦，頓首受罪，盡獻其邑三十六，三十六城。口三萬。秦受其獻，還王赧。王赧卒，秦王取九鼎寶器矣。事在秦昭王五十二年。此文據史記周、秦本紀。若此者，九鼎在秦也。始皇二十八年，北遊至琅邪，還過彭城，齊戒禱祠，「齊」讀「齋」。欲出周鼎，使千人没泗水之中，求弗能得。此據始皇紀。漢吾丘壽王亦云。案時，昭王之後，三世得始皇帝。昭王、孝文、莊襄，計三世。秦無危亂之禍，鼎宜不亡，亡時殆在周。傳言：「王赧犇秦，秦取九鼎。」或時誤也。

傳又言：「宋太丘社亡，史記年表在周顯王三十三年。搜神記六云：「三十二年。」蓋「二」當作「三」。郊祀志云：「顯王四十二年。」竹書紀年、水經泗水注同。鼎没水中彭城下。「水」謂泗水也。其後二十九年，秦并天下。」封禪書云：「其後百一十五年。」是自周顯王三十四年至始皇二十六年計之。郊祀志云：「後二十八年。」是從秦莊襄王二年計之。時滅東周後一年也。此云「二十九」，蓋起自莊襄元年。然此「其後」承「鼎没」而言，則其爲數非「二十九」也。疑

「其後」上，文有誤脱。若此者，鼎未入秦也。其亡，從周去矣，俞曰：史記年表，宋太丘社亡，在周顯王之三十三年，則秦惠文王之二年也。後此二十年，爲惠文王之後九年，張儀欲伐韓，尚有「周自知不救，九鼎寶器必出」之言，安得亡於周顯王之三十三年也？即如漢書郊祀志之説，謂社亡於顯王四十三年，至惠文王後九年，亦十二年矣。愚嘗謂秦取九鼎，著於周本紀；九鼎入秦，著於秦本紀，乃史公之實録。封禪書又云：「或曰：宋太丘社亡，而鼎没於泗水彭城下。」此方士新垣平輩之妄説也。九鼎自在秦，而後世不見者，燬於咸陽三月之火也。秦所求泗水之鼎，漢所出汾陰之鼎，均非禹鼎。此言鼎未入秦，失其實矣。又按周考王二年，封其弟桓公於河南，是爲西周君。桓公卒，威公立，威公卒，惠公卒，復封其少子於鞏，是爲東周君。而周天子自在成周。至赧王立，自成周，遷於王城。王城即河南也。於是始與西周君共居。及秦昭襄王五十一年，秦使將軍摎攻西周，西周君自歸於秦，頓首受罪，盡獻其邑，此西周君也，非赧王也。合史記周、秦兩紀觀之，事迹甚明。此言王赧惶懼奔秦，亦失其實。全祖望曰：「周鼎何以過彭城没泗水，李復已疑之。且赧王五十九年而亡，次年秦始取九鼎，見周本紀。上距顯王四十二年，乃惠文王十一年。顯王又六年而崩，間以慎靚王六年，至赧王五年，乃武王元年，其八年武王薨。據甘茂傳，武王葬周，蓋舉鼎絶臏而死，則是時鼎猶未入泗。又歷五十一年，而九鼎始不保。以道里計之，浮河入渭，即至秦土，豈由泗乎？又況在六十二年之前，其妄明矣。封禪書又謂宋太丘社亡，鼎没泗水，是周鼎早在宋。何以在宋，更不可曉。」王先謙曰：「鼎未入秦，淪没泗水，乃秦人傳聞。全氏謂浮河入渭，即至秦，不得由泗，是也。封禪書言鼎入秦，又云没于泗水。蓋史公未能斷其是非，兼紀兩説。」未爲神也。

春秋之時，五石隕于宋。魯僖十六年。五石者，星也。左氏傳説。星之去天，猶鼎之亡於地也。星去天不爲神，鼎亡於地何能神？春（秦）秋之時，三山亡，「春秋」當作「秦」。「秦」形譌爲「春」，傳寫又妄入「秋」字。説日篇：「秦之時，三山亡。」感類篇：「秦時三山亡。」並其證。下文「如鼎與秦三山同乎」，字正作「秦」，更其切證。春秋時只梁山崩，沙鹿崩，無「三山」之異也。説苑辨物篇：「二世即位，山林淪亡。」殆即此也。猶太丘社之去宋，五星之去天。三山亡，五石隕，太丘社去，皆自有爲。然鼎亡，亡亦有應也，未可以亡之故，乃謂之神。如鼎與秦三山同乎？亡不能神。如有知，欲辟危亂之禍乎？「辟」同「避」。則更桀、紂之時矣。更，經也。衰亂無道，莫過桀、紂，桀、紂之時，鼎不亡去。周之衰亂，未若桀、紂，留無道之桀、紂，去衰末之周，非止（亡）去之宜（有）神有知之驗也。「止」當作「亡」。干禄字書「亾」通「止」，與「亡」形近而誤。「有神」二字，傳寫誤倒。上文正言鼎之亡去，非神非知，故此云：「非亡去之宜有神知之驗也。」或時周亡之時，將軍摎人衆見鼎盜取，姦人鑄爍以爲他器，蘇軾曰：「周人毁鼎以緩禍，而假之神妖以説。」沈欽韓曰：「周自亡之，虞大國之甘心，爲宗社之殃，又當困乏之時，銷毁爲貨，繆云鼎亡耳。」俞樾謂毁於咸陽兵火，並難憑信。漢人已莫能明，仲任此説，亦意度耳。始皇求不得也。後因言有神名，則空生没於泗水之語矣。

孝文皇帝之時，文帝後元年。趙人新垣平上言：「周鼎亡在泗水中。今河溢，通於泗水。臣望東北，汾陰直有金氣，郊祀志師古注：「汾陰直，謂正當汾陰也。」意周鼎出乎？兆見弗迎則不至。」於是文帝使使治廟汾陰，南臨河，欲祠出周鼎。王本、崇文本「祠」並誤作「神」。人有上書告新垣平所言神器事皆詐也，「器」讀作「氣」，氣、器古通。（大戴禮文王官人篇：「其氣寬以柔。」周書「氣」作「器」。莊子人間世：「氣息茀然。」釋文：一本作「器息」。）下文「新垣平詐言鼎有神氣見」，即承此爲文。封禪書作「氣神事」。於是下平事於吏。吏治，誅新垣平。封禪書、郊祀志「誅」下並有「夷」字，文紀：「詐覺，謀反，夷三族。」夫言鼎在泗水中，猶新垣平詐言鼎有神氣見也。

藝增篇藝，謂經藝也。

世俗所患，患言事增其實，著文垂辭，辭出溢其真，稱美過其善，進惡没其罪。何則？俗人好奇，不奇，言不用也。故譽人不增其美，則聞者不快其意；毁人不益其惡，則聽者不愜於心。聞一增以爲十，見百益以爲千，使夫純樸之事，十剖百判；審然之語，千反萬畔。墨子哭於練絲，楊子哭於歧道，並注率性篇。蓋傷失本，悲離其實也。

蜚流之言，百傳之語，出小人之口，馳閭巷之間，其猶是也。諸子之文，筆墨之疏，人賢所著，吴曰：疑當作「大賢」。盼遂案：「人賢」二字，當以爲「賢人」。上文「小人」，下文「聖人」，皆與此相應。妙思所集，宜如其實，猶或增之。儻經藝之言，如其實乎？言審莫過聖人，經藝萬世不易，猶或出溢，增過其實。增過其實，皆有事爲，不妄亂誤以少爲多也。然而必論之者，方言經藝之增與傳語異也。

經增非一，略舉較著，令怳惑之人，觀覽采擇，得以開心通意，曉解覺悟。

尚書〔曰〕：依下文例補「曰」字。「協和萬國。」堯典文。「邦」作「國」，説見前篇。是美堯德致太平之化，化諸夏並及夷狄也。言協和方外，可也；言萬國，增之也。

夫唐之與周，俱治五千里內。此今文書説也。王制疏引五經異義曰：「今尚書歐陽、夏侯説，中國方五千里。古尚書説，五服旁五千里，相距萬里。」書虚篇：「舜與堯共五千里之境，同四海之内。」談天篇：「周時九州東西五千里，南北亦五千里。」別通篇：「殷、周之地極五千里。」宣漢篇：「周時僅治五千里內。」難歲篇：「九州之内五千里。」又御覽六二六引孫武曰：「帝王處四海之内，居五千里之中。」並今文説也。今文家不以爲實有萬國，故不以爲實有萬里也。周時諸侯千七百九(七)十三國，「九」當作「七」，尚書大傳洛誥傳：「天下諸侯之來進受命於周，退見文、武之尸者，千七百七十三諸侯。」王制曰：「凡九州千七百七十三國。」鄭注：「周因殷諸侯之數。」並其證。荒服、戎服、要服周禮夏官職方氏注：「服，服事天子也。」周語上：「夷蠻要服，戎狄荒服。」韋注：「要者，要結好信而服從也。荒，荒忽無常之言也。」禹貢、周禮、周語並無「戎服」。及四海之外不粒食之民，注感虚篇。若穿胸、儋(耴)耳、焦僥、跋(跂)踵之輩，淮南地形訓有穿胸民，高注：「穿胸，胸前穿孔達背，南方國名。」海外南經曰：「貫胸國，人胸有竅。」竹書紀年有貫胸氏。博物志二曰：「穿胸國，昔禹平天下，會諸侯會稽之野。防風氏後到，殺之。夏德之盛，二龍降之，禹使范成光御之，行域外，既周而還。至南海，經防風，防風氏之二臣，以塗山之戮，見禹使，怒而射之，迅風雷雨，二龍升去。二臣恐，以刃自貫其心而死。禹哀之，乃拔其刃，療以不死之草，是爲穿胸民。」括地圖文略同。方以智曰：「儋耳」即「耽耳」。淮南曰：「耽耳在北方。」漢南海有儋耳郡，注：「作瞻，大耳。」説文：「耳曼無輪廓曰聃。」老聃以此名。子長疑太史儋即老聃。則「儋」、「瞻」、「聃」一字。今儋州即儋耳。淮南「在北方」，或譌舉，或同名乎？暉按：方説非也。漢之儋耳郡，唐之儋州，地在南方，與此無涉。説文明言南方有瞻耳國。此「儋耳」在四海之外，本海外北經、淮南地形訓。「儋」當作「耴」，初譌爲「耽」，再轉爲「瞻」、爲「儋」耳。（段玉裁曰：「古作耽。一變爲瞻，再變爲儋。」）今淮南地形訓「耴耳」譌作「耽耳」。（依王念孫校。）此則由「耽」轉寫作「儋」也。吕氏春秋任數篇：「北懷儋耳。」高注：「北極之國。」則「儋」亦當作「耴」，與此誤同。（大荒北經：「儋耳之國，任姓。」亦「耴耳」之誤。）淮南高注：「耴耳，耳垂在肩上。耴讀褶衣之『褶』，或作『攝』，以兩手攝耳，居海中。」海外北經曰：「聶耳之國，在無腸國東，爲人兩手聶其耳，縣居海水中。」王念孫曰：「耴耳即聶耳。」魯語下：「焦僥民，（今作「焦僥氏」，從段玉裁校。）長三尺，短之至也。」韋注：「焦僥，西南蠻之別名也。」（今脱「名」字，從孔子世家集解補。）海外南經曰：「焦僥國在三首國東。」括地志曰：「在大秦國北。」大荒南經云：「幾姓。」先孫曰：「跋踵」當作「跂踵」。山海經海外北經：「跂踵國在拘纓東。」（郭注引孝經鉤命決云：「焦僥、跂踵，重譯款塞。」）暉按：孫説是也。山海經郭璞注：「跂音企。」是「跂」讀「企」。企，舉踵望也。淮南地形訓高注：「跂踵，踵不至地，以五指行。」大荒北經郭注：「其人行，脚跟不着地也。」字又作「歧」。

竹書：「歧踵戎來賓。」呂氏春秋當染篇：「夏桀染於干辛、歧踵戎。」山海經曰：「流沙行五百里有山，曰跂踵山。」或即跂踵國地。并合其數，不能三千。「能」猶「及」也。天之所覆，地之所載，盡於三千之中矣。而尚書云「萬國」，褒增過實，以美堯也。欲言堯之德大，所化者衆，諸夏夷狄，莫不雍和，故曰「萬國」。漢書地理志曰：「昔在黄帝，作舟車以濟不通，旁行天下，方制萬里，畫壄分州，得百里之國萬區，是故易稱『先王以建萬國，親諸侯』，書曰『協和萬國』，此之謂也。」據此，則今文説以萬國爲實數，非虚增也。仲任以爲褒增，與之異者，皮錫瑞曰：「仲任、歐陽説，與班固、夏侯説不同。」其説是也。孫奕示兒編十三以仲任謂唐無萬國爲誤經義，非也。猶詩言「子孫千億」矣，見大雅假樂篇。美周宣王之德，陳喬樅魯詩遺説考：「毛詩以假樂之詩爲嘉成王。今據論衡述詩，以爲美周宣王之德，是魯詩之説與毛義異。」能慎天地，「慎」，舊校曰：一作「順」。暉按：「慎」讀作「順」，聲近字通。天地祚之，子孫衆多，至於千億。鄭箋：「成王行顯顯之令德，求禄得百福，其子孫亦勤行而求之，得禄千億。」是非謂子孫之數有千億也。與王説異。言子孫衆多，可也；言千億，增之也。夫子孫雖衆，不能千億，詩人頌美，增益其實。案后稷始受邰封，大雅生民曰：「有邰家室。」毛傳：「邰，姜嫄之國也。堯見天因邰而生后稷，故國后稷於邰。」訖於宣王，宣王以至外族内屬，血脉所連，不能千億。「不能」猶「未及」也。夫「千」與「萬」，數之大名也。「萬」言衆多，吳曰：「萬」字疑誤。暉按：「萬言衆多」，猶言「千萬之爲言衆多也」，舉「萬」以賅「千」。**故尚書言「萬國」，詩言「千億」。**

詩云：「鶴鳴九皋，聲聞于天。」見小雅鶴鳴。今本「鳴」下有「于」字，因唐石經誤也。古書引詩，皆無「于」字。詳馮登府三家詩異文疏證、段玉裁毛詩故訓傳、錢大昕養新録、李富孫詩經異文釋、李賡芸炳燭編。盧文弨龍城札記曰：「『皐』一作『皋』，當作『臭』，即古『澤』字。」李賡芸曰：「太玄上次五：『鳴鶴升自深澤。』范望注，詩云：『鶴鳴九皋，聲聞于天。』據此，『九皋』當作『九澤』。說文『臭』古文以爲『澤』字。毛詩必本作『臭』，字與『皋』相似，因而致譌。」暉按：鄭箋：「皐，澤中水溢出所爲坎。」楚詞湘君王注：「澤曲曰皋。」若作「臭」，即「澤」字，則鄭、王不容別其義於「澤」也。盧、李說恐非。**言鶴鳴九折之澤，**此韓詩說也。見釋文。**聲猶聞於天，以喻君子修德窮僻，名猶達朝廷也。**韓詩外傳七曰：「故君子務學修身，端行而須其時者也。」下引此詩，義與此說相近。荀子儒效篇：「君子隱而顯，微而明。」漢書東方朔傳：「苟能修身，何患不榮。」並引此詩。毛傳、鄭箋義同。蓋詩今古文說無異也。

〔言〕其聞高遠，可矣；「其」上當有「言」字，與下「言」字平列。本篇文例可證。盼遂案：「其」上應有「言」字。上文「言子孫衆多，可也；言千億，增之也」，下文「言無有孑遺一人不愁痛者。夫旱甚，則有之矣；言無孑遺一人，增之也」，與此文法一律。**言其聞於天，增之也。**

彼言聲聞於天，見鶴鳴於雲中，從地聽之，言從地能聞之。度其聲鳴於地，當復聞於天也。夫鶴鳴雲中，人聞聲仰而視之，目見其形。耳目同力，耳聞其聲，則目見其形矣。然則耳目所聞見，不過十里，使參天之鳴，人不能聞也。御覽九一六引作：「按鶴鳴參天，人則不聞。鳴在於澤，云何謂乎？」蓋意引之，非此文有脱誤也。何則？天之去人以萬數遠，「萬數」，以萬爲數也，漢人常語。仲任以爲天地相去，六萬餘里。見談天、説日篇。則目不能見，耳不能聞。今鶴鳴，從下聞之，鶴鳴近也。以從下聞其聲，則謂其鳴於地，當復聞於天，失其實矣。其鶴鳴於雲中，人從下聞之；如鳴於九皋，人無在天上者，何以知其聞於天上也？無以知，意從准況之也。盼遂案：「意」係「竟」之誤字。

詩人或時不知，至誠以爲然；或時知，而欲以喻事，故增而甚之。

詩曰：「維周黎民，靡有孑遺。」見大雅雲漢。「維周」，毛詩作「周餘」。王應麟詩攷三以爲異文，李富孫曰：「治期篇仍作『周餘』。孟子引詩同，則此作『維周』，當爲駁文。」是謂周宣王之時，遭大旱之災也。皇甫謐曰：「宣王元年，不藉千畝，天下大旱，二年不雨，至六年乃雨。」（雲漢序疏。）竹書謂二十五年大旱。陳啓源毛詩稽古編曰：「在宣王初年。」詩人傷旱之甚，民被其害，言無有孑遺一人不愁痛者。孑，餘也。見方言、小爾雅。言周衆民未有餘遺一人不被害者。蓋三家詩説。毛傳、孟子萬章上趙注並云：「孑，孑然。」孔疏：「孑然，孤獨之貌。謂無有孑然得遺漏。」此「孑遺」下有「一人」二字，知非訓「孑」爲「孑然」，是與毛説異也。孟子謂「無遺民」。按鄭箋謂「言餓病也」。此文云「無有孑遺一人不愁痛」，是亦非謂盡死無一人遺餘也，義與鄭同。

夫旱甚，則有之矣；言無孑遺一人，謂無一人不愁痛，非謂無一人。此約舉上文也。增之也。

夫周之民，猶今之民也。使今之民也，遭大旱之災，貧羸無蓄積，扣心思雨；「扣」讀作「苟」，（淮南精神訓注：「叩，或作跔。」衆經音義一引三蒼：「扣作敂。」説文：「狗，叩也。从犬，句聲。」是「叩」有「句」聲。）聲近字通。苟，誠也。見論語里仁篇孔注。若其富人穀食饒足者，廩囷不空，口腹不飢，何愁之有？天之旱也，山林之間不枯，猶地之水，謂水患。丘陵之上不湛也。湛，没也。山林之間，富貴之人，必有遺脱者矣，而言「靡有孑遺」，增益其文，欲言旱甚也。舊本段。

易曰：「豐其屋，豐，大也。蔀其家，虞翻注：「蔀，蔽也。」窺其户，易作「闚」。淮南泰族篇同此。「窺」「闚」字通。釋文引李登云：「小視。」闃其無人也。」「闃」，唐石經作「闃」。宋岳刻本，何休、王逸、范寧引易，並同此。文選吴都賦劉注引虞注：「闃，空也。」惠棟曰：「説文旻部：『闃，低目視也。』『闃』當作『闃』，與『闚』義合。」文見豐卦上六爻辭。非其無人也，無賢人也。

淮南泰族篇引此經釋之曰：「無人者，非無衆庶也，言無聖人以統理之也。」公羊莊四年傳：「上無天子，下無方伯。」何注：「有而無益於治曰無，猶易曰闃其無人。」離騷王逸注：「無人，謂無賢人也。易曰：闚其户，闃其無人。」穀梁僖三十一年傳范注：「亡乎人，若曰無賢人也。」凱曰：其猶易稱闚其户，闃其無人。」並與仲任説同也。沈濤曰：「此解『闃其無人』，與虞翻、干寶不同，（集解引。）當是漢易學家承師説，而仲任引之。」其説是也。尚書曰：「毋曠庶官。」皋陶謨文。曠，空；庶，衆也。毋空衆官，置非其人，與空無異，故言空也。僞孔傳：「曠，空也。位非其人，爲空官。」太史公説：（史記夏本紀。）「非其人，居其官。」並與仲任説同。

夫不肖者皆懷五常，才劣不逮，不成純賢，非狂妄頑嚚身中無一知也。德有大小，材有高下，居官治職，皆欲勉效在官。尚書之官，易之户中，猶能有益，猶，均也。言居官小材，户中具臣，非狂妄者，均有益也。如何謂之空而無人？

詩曰：「濟濟多士，文王以寧。」見大雅文王篇。濟濟，朝廷之儀也。此言文王得賢者多，而不肖者少也。今易宜言「闃其少人」，尚書宜言「無少衆官」。以「少」言之，可也；言空而無人，亦尤甚焉。盼遂案：「尤」，訓過，訓非。

五穀之於人也，食之皆飽。稻粱之味，甘而多腴；豆麥雖糲，亦能愈飢。食豆麥者，皆謂糲而不甘，莫謂腹空無所食。竹、木之杖，皆能扶病。言扶持病人。竹杖之力，弱劣不及木。省一「杖」字。或操竹杖，皆謂不勁，莫謂手空無把持。夫不肖之臣，豆麥、竹杖之類也。易持〔一〕其具臣在户，言「無人」者，惡之甚也。盼遂案：吴承仕曰：「持字誤。」「持」字涉上文「把持」字而衍。「其」字因與「具」字形近而衍。此文本是「易具臣在户，言『無人』者，惡之甚也」。尚書衆官，亦容小材，而云「無空」者，刺之甚也。舊本段。

論語曰：「大哉！堯之爲君也，蕩蕩乎民無能名焉。」泰伯篇集解包曰：「蕩蕩，廣遠之稱。言其布德廣遠，民無能識名焉。」傳曰：「有年五十擊壤於路者，觀者曰：『大哉！堯〔之〕德乎！』「堯」下當有「之」字。感虚、須頌並有。下「大哉！堯之德乎」，即複述此文。是其切證。擊壤者曰：『吾日出而作，日入而息，鑿井而飲，耕田而食，堯何等力？』」論語考比讖、（御覽八二二。）逸士傳（海録碎事十七。）並見此事。擊壤注刺孟篇。此言蕩蕩無能名之效也。

言蕩蕩，可也；乃欲言民無能名，增之也。「欲」，涉下文「欲言民無能名」而衍。此謂論語云「民無能名」，是增之也。「欲」字於義無取。「言某某，可也；而言某某，增之也。」三增文例並同，可證。盼遂案：「欲」字當在「此」字下，即此欲言蕩蕩無能名之效也。

〔一〕「持」，原本作「特」，形近而誤，據通津草堂本改。

四海之大，萬民之衆，無能名堯之德者，殆不實也。夫擊壤者曰：「堯何等力？」欲言民無能名也。觀者曰：「大哉！堯之德乎！」此「何等」民者，猶能知之。實有知之者，云「無」，竟增之。

儒書又言：「堯、舜之民，可比屋而封。」注見率性篇。言其家有君子之行，可皆官也。夫言可封，可也；言比屋，增之也。人年五十爲人父，爲人父而不知君，何以示子？太平之世，家爲君子，人有禮義，孫曰：「爲」當作「有」，蓋涉上文「爲人父」而誤。上云：「言其家有君子之行，可皆官也。」治期篇云：「世稱五帝之時，天下太平，家有十年之蓄，人有君子之行。」並其證。暉按：孫説非也。「爲」即「有」也。孟子滕文公篇：「夫滕將爲君子焉，將爲野人焉。」趙注：「爲，有也。」上言「爲」，下言「有」，互文也，不煩改字。父不失禮，子不廢行。夫有行者有知，知君莫如臣，臣賢能知君，能知其君，故能治其民。今不能知堯，何可封官？

年五十擊壤於路，與豎子未成人者爲伍，何等賢者？子路使子羔爲郈宰，先孫曰：論語先進篇「郈」作「費」。史記弟子列傳作「使子羔爲費、郈宰」。疑齊、古論語有作「郈」者，與今本異也。讀書叢録曰：左定十二年傳：「仲由爲季氏宰，將墮三都，於是叔孫氏墮郈，季氏墮費。」子路使子羔，當在此時。或費，或郈，權一使之，故史記並書之。銅熨斗齋隨筆曰：史記弟子傳「費」字衍文。蓋古本論語作「郈宰」，不作「費宰」。論衡藝增篇作「郈宰」，可見漢以前本皆如是。問孔篇仍作「費宰」，乃後人據今本論語改。史記正義引括地志：「鄆州宿縣二十三里郈亭。」張氏但釋「郈」，不釋「費」，可見所據本尚無「費」字。暉按：論衡確本作「郈」。問孔、量知、正說並作「費」，乃所引論語明文，淺者得以據改也。史記亦只作「郈」，沈說足徵。考郈，叔孫氏所食邑；費，季氏所食邑，處地自異。公羊定十年傳：「叔孫州仇、仲孫何忌帥師圍費。」左氏、穀梁「費」並作「郈」，與此相同。未明何說。孔子以爲不可，未學，無所知也。孔子曰：「賊夫人之子。」包注：「子羔學未熟習，而使爲政，所以賊害人也。」擊壤者無知，官之如何？

稱堯之蕩蕩，不能述其可比屋而封；蕩蕩不能名，則臣不知君，故不可封。言賢者可比屋而封，不能議讓其愚。盼遂案：吴承仕曰：「議讓當是譏讓，形近而誤。」而無知之。「讓」字疑涉「壤」字衍，又因「議」字「言」旁而誤。「不能議」與「不能述」，文正相對。夫擊壤者難以言比屋，比屋難以言蕩蕩，二者皆增之。所由起，美堯之德也。舊本段。

尚書曰：「祖伊諫紂曰：西伯既戡黎，祖伊恐，奔告于王。『今我民罔不欲喪。』」見西伯戡黎。「不」作「弗」。段玉裁、孫星衍並云：今文作「不」。罔，無也，我天下民無不欲王亡者。

夫言欲王之亡，可也；言無不，增之也。

紂雖惡，民臣蒙恩者非一，而祖伊增語，欲以懼紂也。江聲謂：惡臣安於紂恩。若民則不堪虐政，實無不欲王亡。祖伊固言民，不言臣也。以爲增語，非也。故曰：「語不益，心不惕；心不惕，行不易。」蓋傳語。所出未聞。增其語，欲以懼之，冀其警悟也。「其」，程本作「可」。「警」，宋本作「語」。朱校同。蘇秦說齊王曰：「臨菑之中，齊策一、史記蘇秦傳並作「塗」。臨菑，齊都。車轂擊，人肩摩，高誘曰：「擊，相當。摩，相摩。」舉袂成幕，連衽成帷，揮汗成雨。」高曰：「揮，振也。言人衆多。」齊雖熾盛，不能如此，蘇秦增語，激齊王也。祖伊之諫紂，猶蘇秦之說齊王也。「之說齊王」，朱校元本作「增語激齊」。

賢聖增文，外有所爲，內未必然。何以明之？夫武成之篇，言「武王伐紂，血流浮杵」。助戰者多，助紂也。故至血流如此。皆欲紂之亡也，土崩瓦解，安肯戰乎？然祖伊之言「民無不欲」，如蘇秦增語。盼遂案：此十四字疑衍。

武成言「血流浮杵」，亦太過焉。死者血流，安能浮杵？案武王伐紂於牧之野，河北地高，壤靡不乾燥，兵頓血流，頓，傷也。輒燥入土，安得杵浮？程本作「浮杵」，疑是。宋本、朱校元本同此。且周、殷士卒，皆賫盛糧，或作乾糧先孫曰：此四字當是宋人校語誤入正文。無杵臼之事，安得杵而浮之？孟子盡心下趙注、僞武成孔注並謂「杵」爲「舂杵」，與王義同。蓋舊説也，故據以立論。惠士奇禮説曰：「司馬法云：（見周禮地官鄉師注。）『輂車，周曰輜輂。輂一斧、一斤、一鑿、一梩、一鋤，周加二版二築。』築者，杵頭鐵沓也，以築壘壁，故武成有浮杵語。」杵是築杵，則非舂用也。

言血流杵，「杵」上當有「浮」字。仲任釋經，謂血流至於浮杵，非若孟子謂杵被血流動也。欲言誅紂，惟兵頓士傷，「惟」，宋本、朱校元本並作「雖」。故至浮杵。此明賢聖增文，外有所爲也。舊本段。

春秋「莊公七年，夏四月辛卯，夜中，恒星不見，星霣如雨」。三傳「夜」下無「中」字，「星霣」上有「夜中」二字。後説日篇兩引，並與此同。盼遂案：吳承仕曰：「左氏義讀如雨爲而雨，疑公羊説是。」公羊傳曰：「『如雨』者何？非雨也。非雨，則曷爲謂之『如雨』？盼遂案：「如」字衍。公羊無。不脩春秋曰：『如雨星，不及地尺而復。』孫曰：此文不當有「如」字。蓋涉上文「如雨」而衍。説日篇及公羊莊七年傳並無「如」字。當據刪。楊曰：「而」當爲「如」字讀。暉按：楊説是也。下文：「魯史記曰：雨星，不及地尺，如復。」是仲任以「如」訓「而」。下文：「星霣不及地，上復在天。」即此「復」字之義。盼遂案：下曰「雨星，不及地尺如復」句，「雨」上即無「如」字。君子脩之〔曰〕：孫曰：「之」下脱「曰」字，當據説日篇及公羊莊七年傳補。下「孔子脩之」句同。『星霣如雨。』」「不脩春秋」者，未脩春秋時魯史記，曰：何休曰：「不脩春秋，謂史記也。古者謂史記爲春秋。」説詳謝短篇。「雨星，不及地尺而復。」「君子」者，謂孔子也。孔子脩之〔曰〕：「星霣如雨。」「如雨」者，如雨狀也。山氣爲雲，上不及天，下而爲[雲]雨。「雲」字與上「雲」字義複，衍文也。感虛篇曰：「夫雲出於丘山，降散則爲雨矣。」又曰：「雨凝爲雪，皆由雲氣。」與此文意同，可證。盼遂案：下「雲」字應作「雨」，本書感虛篇「夫雲氣生於丘山，降散則雨矣」，與此意同。[星]星隕不及地，上復在天，故曰「如雨」。孔子正言也。言脩正之。

夫星霣或時至地，或時不能，「不能」猶言「未及」。尺丈之數難審也。史記言「尺」，亦以太甚矣。夫地有樓臺山陵，安得言「尺」？何休曰：「不言尺者，霣則爲異，不以尺寸録之。」仲任謂「尺丈難審」，於義較長。孔子言「如雨」，得其實矣。孔子作春秋，故正言「如雨」。如孔子不作，「不及地尺」之文，遂傳至今。

光武皇帝之時，郎中汝南賁光「賁光」，書鈔六三引作「王賁」。孔廣陶校曰：作「賁光」非。上書言：「孝文皇帝時，居明光宫，天下斷獄三人。」風俗通正失篇：成帝見劉向以世俗多傳道文帝常居明光宫聽政，治天下致升平，斷獄三百人，有此事不？向對曰：「皆不然。」王楙野客叢書二一曰：「漢有兩明光宫，按三輔黃圖，一明光宫屬北宫，一明光宫屬甘泉宫。屬北宫者，正成都侯商避暑之所。屬甘泉宫者，乃武帝所造，以求仙者。」暉按：元后傳注師古引黃圖曰：「明光宫在城内，近桂宫也。」章懷太子亦謂桂宫，明光宫在北。而師古於武帝紀注謂武帝所起者在城内，即成都侯商避暑處。是無屬甘泉與北宫之别。朱琦然其説。然按武帝於太初四年起明光宫，據此文文帝曾居明光宫，則在武帝前已有宫名明光者。若實無，光武不當只辯曰「不居」耳。是明光宫有二，王説可信也。至成都侯所居者何，無以定其説。盼遂案：風俗通義卷二孝成皇帝問劉向曰：「孝文皇帝常坐明光宫聽政，斷獄三百人，有此事不？」對曰：「皆不然。」應劭謹案：「太宗時治理不能過中宗之世，地節元年，天下斷獄四萬七千餘人。前世斷獄，皆以萬數，不三百人。」又：「文帝以後元年六月崩未央宫。在時平常聽政宣室，不居明光殿。」是應説與此有異。太宗，孝文帝；中宗，孝宣帝也。頌美文帝，陳其效實。光武皇帝曰：「孝文時，不居明光宫，斷獄不三人。」風俗通正失篇曰：「文帝平常聽政宣室，不居明光宫。前世斷獄，皆以萬數，不三百人。」積善脩德，美名流之，是以君子惡居下流。

夫賁光上書於漢，漢爲今世，增益功美，猶過其實，況上古帝王久遠，賢人從後褒述，失實離本，獨已多矣。不遭光武論，千世之後，孝文之事，載在經藝之上，人不知其增，居明光宫，斷獄三人，而遂爲實事也。「而」猶「則」也。

論衡校釋卷第九

問孔篇

熊伯龍無何集謂論衡以「疾虚妄」爲主，實與孔子稱「思無邪」同意。論衡八十三篇中，凡稱引孔、孟之言者，都四百四十餘處，其宗法孔、孟甚明，以是斷言問孔、刺孟二篇爲後人所妄作。按後世孔、孟一尊，仲任刺問，衆毁所集，熊氏此説，意欲曲護之耳。實則漢人眼中，孔、孟與諸子等，不得以宋、明人習氣量漢儒也。

世儒學者，好信師而是古，以爲賢聖所言皆無非，專精講習，不知難問。史記五帝紀索隱：「難，猶説也。」金縢鄭注：「問，問審然否也。」夫賢聖下筆造文，用意詳審，尚未可謂盡得實，況倉卒吐言，安能皆是？不能皆是，時人不知難；或是，而意沉難見，時人不知問。案賢聖之言，上下多相違；其文，前後多相伐者，世之學者，不能知也。宋本作「不知者也」。朱校元本同。

論者皆云：「孔門之徒，七十子之才，勝今之儒。」此言妄也。彼見孔子爲師，聖人傳道，必授異才，故謂之殊。夫古人之才，今人之才也，今謂之英傑，辨名記曰：「德過千人曰英。」（白虎聖人篇、爾雅序疏引。）齊策高注：「才勝萬人曰英。」文子、（後漢書崔駰傳注。）繁露〔一〕爵國篇亦云。白虎通聖人篇引別名記：「萬人曰傑。」説文人部：「傑，材過萬人也。」孟子公孫丑趙注、楚詞大招王注、吕氏春秋孟夏紀高注並同。齊策、淮南時則訓高注又謂：「才過千人爲傑。」按：禮運鄭注：「英，選之尤者。」月令注：「桀，能者也。」不必拘於千人萬人之數。古以爲聖、神，五行傳鄭注引孔子曰：「聖者，通也。」周禮大司徒注：「聖，通而先識也。」白虎通聖人篇曰：「聖者，通也，道也，聲也，道無所不通，明無所不照，聞聲知情。」引禮別名記曰：「萬傑曰聖。」孟子盡心下篇：「聖而不可知之之謂神。」故謂七十子歷世希有。使當今有孔子之師，則斯世學者，宋本、朱校元本「斯」作「謂」。皆顔、閔之徒也；顔淵、閔子騫。使無孔子，則七十子之徒，今之儒生也。何以驗之？以學於孔子，不能極問也。極猶窮盡也。禮記儒行：「流言不極。」鄭注：「不極，不問所從出也。」聖人之言，不能盡解；説道陳義，不能輒形（勑）。吴曰：「形」當作「勑」，形近之譌。下文「周公告小材勑，大材略」，通津本作「小材形」，元本作「勑」，是也。勑、略對文。「勑」正作「敕」，經籍傳寫誤作「勑」。説文：「敕，誡也。」方言：「敕，備也。」蓋告誡詳盡之意。本論又云：「曉勑而已，無爲改術也。」又云：「故引丹朱以勑

〔一〕「繁」，原本作「緐」，形近而誤，今改。

戒之。」義並同。後文「勑武伯而略懿子」，元刊本、通津本並誤作「形」。又「孔子相示未勑悉也」，元刊本、通津本亦誤作「形」。其比正同。校者莫能推類正之，亦其疏也。**不能輒形（勑），宜問以發之；不能盡解，宜難以極之。皋陶陳道帝舜之前，**白虎通聖人篇曰：「皋陶聖人，而能爲舜陳道。」史公說：（夏本紀。）「帝舜朝，禹、伯夷、皋陶相與語帝前，皋陶述其謀。」與仲任義同。僞〔一〕孔謂惟與禹言，不對帝舜，妄也。說詳答佞篇注。**淺略未極，禹問難之，**皋陶謨：「皋陶曰：『允迪厥德，謨明弼諧。』禹曰：『俞，如何？』」**淺言復深，略指復分。**吴曰：謂淺略之指，因問難復分明。**蓋起問難此（訛）說，**「此」字無所指，當作「訛」。蓋初誤爲「比」，傳寫妄作「此」也。廣雅釋詁云：「詮、訛，具也。」字从「言」，謂言之備具也。「訛說」，猶淮南子之「詮言」。其要略云：「詮言者，所以譬類人事之指，解喻治亂之體，差擇微言之眇，詮以至理之文，而補縫過失之闕者也。」（高誘訓「詮」爲「就」，非。）是其義。**激而深切，觸而著明也。**

孔子笑子游之弦歌，周禮小師注：「弦，謂琴瑟也。歌，謂依詠聲也。」史記弟子傳：「言偃，吴人，字子游。」家語弟子解云：「魯人。」索隱從史公說。**子游引前言以距孔子。**論語陽貨篇：「子之武城，聞絃歌之聲，夫子莞爾而笑曰：『割雞焉用牛刀？』子游對曰：『昔者，偃也聞諸

〔一〕「僞」，原本作「譌」，形近而誤，今改。

夫子曰：君子學道則愛人，小人學道則易使也。』」自今案論語之文，孔子之言，多若笑弦歌之辭，弟子寡若子游之難，故孔子之言遂結不解。以七十子不能難，世之儒生，不能實道是非也。宋本、朱校元本「不」在「實」字下。

凡學問之法，不爲無才，盼遂案：「爲」當作「畏」，音近而譌。難於距師，核道實義，證定是非也。問難之道，非必對聖人及生時也。廣雅釋詁三：「對，當也。」世之解說說人者，「說人」二字疑衍。非必須聖人教告乃敢言也。苟有不曉解之問，苟，誠也。迢（追）難孔子，宋、元本「迢」作「追」，朱校同，是也。何傷於義？盼遂案：「迢」字元本作「追」，是也。坊本又改爲「造」。誠有傳聖業之知，伐孔子之說，何逆於理？謂問孔子之言，「謂」字無取，疑涉「理」字譌衍。「問」與下句「難」字對文。難其不解之文，世間弘才大知生，能答問、解難之人，盼遂案：「生」字衍。必將賢吾世間難問之言是非。「賢」猶「善」也，言我難問孔子，來哲必將善稱之。「世間」二字疑涉上文衍。「是非」二字亦誤，或有脱文。舊本段。盼遂案：「是非」二字，涉上文「證定是非」之言而衍。

孟懿子問孝，論語集解孔曰：「魯大夫仲孫何忌。懿，謚也。」畢沅關中金石記曰：「白水蒼頡廟碑陰列弟子姓名中，有孟孫字子嗣一人，必孟懿子何忌，其字子嗣也。」子曰：「毋違。」「毋」，今本論語作「無」，開成石經同。漢石經正作「毋」。徐養原曰：魯讀爲「毋」。樊遲御，史記弟子傳：「樊須字子遲。」鄭玄曰：「齊人。」（論語爲政篇邢疏、齊乘六引史記説同。）孔子家語弟子解曰：「魯人。」子告之曰：「孟孫問孝於我，我對曰：『毋違。』」樊遲曰：「何謂也？」子曰：「生，事之以禮；死，葬之以禮，〔祭之以禮〕。」各本並無「祭之以禮」句，崇文本有，蓋據論語增。按：孟子公孫丑篇葬魯章章旨、禮運正義引論語亦無此句，或有本然也。然下文「孔子乃言」云云，孟子滕文公上引曾子語並有此句，兹從崇文本補。以上見論語爲政篇。盼遂案：句下宜依論語補「祭之以禮」四字，方與下文三事並舉者合。

問曰：孔子之言「毋違」〔者〕，毋違者禮也。「者」字當在上「毋違」下，傳寫誤也。此仲任釋論之詞。下文謂孔子言「毋違」，則「毋違禮」與「毋違志」相混。又云：「使極言毋違禮，何害之有？」並承此「毋違禮」言之。若作「毋違者禮也」，則謂毋違乃爲禮，殊失其義。孝子亦當先意承志，不當違親之欲。孔子言「毋違」，不言「違禮」，懿子聽孔子之言，獨不爲嫌於毋違志乎？嫌，疑也。樊遲問何謂，孔子乃言「生，事之以禮；死，葬之以禮，祭之以禮」。使樊遲不問，毋違之説，遂不可知也。懿子之才，不過樊遲，故論語篇中不見言行，樊遲不曉，懿子必能曉哉？

孟武伯問孝，論語爲政篇集解馬曰：「武伯，懿子之子仲孫彘。武，謚也。」子曰：「父母，唯其疾之憂。」武伯善憂父母，故曰「唯其疾之憂」。其，父母也。「之」猶「則」也。淮南説林訓：「憂父之疾者子，治之者醫。」高注：「論語曰：『父母唯其疾之憂。』故曰：『憂之者子。』」與仲任説同。集解馬曰：「言孝子不妄爲非，唯有疾病，然後使父母之憂耳。」其義獨異。潘維城曰：「孝經紀孝行章：『孝子之事其親也，病則致其憂。』與王、高説合。馬以爲父母憂子，未知何據。」臧琳經義雜記五亦以王、高二氏説文順義洽。武伯憂親，懿子違禮。攻其短，答武伯云「父母，唯其疾之憂」，對懿子亦宜言「唯水火之變乃違禮」。周公告小才勑，大材略。〔子游之〕〈樊遲〉，大材也，孫曰：孟懿子問孝，與子游不相涉也。且此節並以懿子、樊遲對言，此處忽及子游，無所取義。孔子告樊遲以生事之以禮，死葬之以禮，祭之以禮，是告之勑也。對孟懿子以「毋違」二字，是告之略也。此爲仲任立説之意。「子游」當作「樊遲」，蓋涉上節「子游弦歌」而誤。又按「子游之大材也」句，元本無「之」字，是也。當刪。孔子告之勑；懿子，小才也，告之反略，違周公之志。攻懿子之短，失道理之宜，弟子不難，何哉！

如以懿子權尊，不敢極言，則其對武伯，亦宜但言「毋憂」而已。俱孟氏子也，「俱」，舊誤「但」，元、程、何本同。今據王本、崇文本正。盼遂案：「但」當爲「俱」，涉上下多但字而譌。懿子、武伯俱出孟氏，坊本已改作「俱」。權尊鈞同，勑武伯而略懿子，「勑」，舊誤「形」，今據元、王、崇文本正。未曉其故也。使孔子對懿子極言毋違禮，何害之有？專魯莫過季氏，譏八佾之舞庭，論語八佾篇：「孔子謂季氏八佾舞於庭，是可忍也，孰不可忍也。」集解馬曰：「佾，列也。天子八佾，八八六十四人也。魯以周公故，受王者禮樂，有八佾之舞。今季桓子僭於其家廟舞之，故孔子譏之也。」漢書劉向傳向上封事、呂氏春秋察微篇高注并謂季平子事，與馬説異。**刺太山之旅祭**，論語八佾篇：「季氏旅於泰山，子謂冉有曰：『汝不能救與？』對曰：『不能。』子曰：『嗚呼！曾謂泰山不如林放乎？』」集解馬曰：「旅，祭名也。禮諸侯祭山川，在其封内者也。今陪臣祭泰山，非禮也。」**不懼季氏增（憎）邑不隱諱之害**，「增」當作「憎」，形之譌也。廣雅釋詁三：「憎，惡也。」邑，亦惡也。方言：「悒，惡也。」玉篇：「悒，悒也。」是「悒」有惡義。「邑」與「悒」同。**獨畏答懿子極言之罪，何哉？且問孝者非一，皆有御者，對懿子言，不但心服臆肯，故告樊遲。**此文與上義不相屬，疑有脱誤。舊本段。

孔子曰：「富與貴，是人之所欲也，不以其道得之，不居也；「居」，今本論語作「處」。鹽鐵論褒賢篇、後漢書陳蕃傳蕃上疏、呂氏春秋有度篇高注、後刺孟篇引論語並作「居」。漢書敍傳幽通賦云：「物有欲而不居兮，亦有惡而不避。」潛夫論務本篇：「凍餒之所在，民不得不去；温飽之所在，民不得不居。」抱朴子博喻篇：「不以其道，則富貴不足居。」並用論語文。蓋論語古本作「居」。**貧與賤，是人之所惡也，不以其道得之，不去也。」**書齋夜話謂當「不以其道」句絶。畢沅亦謂古讀皆如是。按下文「顧當言貧與賤是人之所惡也，不以其道去之，則不去也」，是「得之」屬上讀。文見論語里仁篇。**此言人當由道義得，不當苟取也；**盼遂案：「得」

下當有「富貴」二字。下文皆言得富貴。當守節安貧，不當妄去也。盼遂案：「貧」下脱「賤」字。

夫言不以其道得富貴，不居，可也；不以其道得貧賤，如何？集解曰：「君子履道而反貧賤，此則不以其道而得之者也。」義本可通。富貴顧可去，「顧」讀「固」。去貧賤何之？之，往也。去貧賤，得富貴也；不得富貴，不去貧賤。如謂得富貴不以其道，則不去貧賤邪？則所得富貴，不得貧賤也。貧賤何故當言「得之」？顧當言「貧與賤，是人之所惡也，不以其道去之，則不去也」。當言「去」，不當言「得」。「得」者，施於得之也。今去之，安得言「得」乎？獨富貴當言「得」耳。何者？得富貴，乃去貧賤也。

是則以道「去」貧賤如何？「是」猶「寔」也。脩身行道，仕得爵禄富貴，得爵禄富貴，則去貧賤矣。不以其道「去」貧賤如何？毒苦貧賤，「毒苦」猶「疾惡」也。起爲姧盜，積聚貨財，擅相官秩，孫曰：「擅相官秩」，義不可通，「相」蓋「於」字草書之譌。意謂盜賊積聚貨財，超於官秩也。古籍「相」、「於」二字屢譌。暉按：孫説非也。財超於官秩，義非此文所取。「擅相官秩」，明不以其道去貧賤也。擅，專也。言專相爵秩。後漢書楚王英傳：「英招聚姦猾，造作圖書，擅相官秩，置諸侯王公二千石。」盼遂案：孫人和曰：「『擅相官秩』，義不可通。『相』蓋

『於』字草書之譌。意謂盜賊積聚貨財，超於官秩也。古籍『相』『於』二字屢譌。本書談天篇云：『禹本紀言河出崑崙，其高三千五百餘里，日月所於辟隱爲光明也。』史記及玉海二十所引『於』並作『相』。淮南子道應篇云：『此其於馬非臣之下也。』蜀志郤正傳注引『於馬』作『相馬』。並『相』、『於』二字互誤之證。」是爲不以其道。

七十子既不問，世之學者亦不知難，使此言意〔結〕不解，而文不分，「意」下脱「結」字，上文「弟子寡若子游之難，故孔子之言遂結不解」，下文「使此言意結」，並可證。是謂孔子不能吐辭也；「是」猶「寔」也。或以此句屬上爲義，則兩「使此言」句重複。使此言意結，文又不解，是孔子相示未形（㓝）悉也。「形」當作「㓝」，校見前。弟子不問，世俗不難，何哉？舊本段。

孔子曰：「公冶長可妻也，雖在縲紲之中，非其罪也。」以其子妻之。論語公冶長篇集解引孔安國注曰：「公冶長，弟子，魯人也。姓公冶，名長。縲，黑索也。紲，攣也。所以拘罪人。」史記弟子傳云：「字子長。」家語弟子解同。索隱引范寧曰：「字子芝。」（論語皇疏引作「名芝，字子長」。）白水碑云：「字子之。」梁玉繩曰：「『之』『芝』古同。」又按：孔注云：「魯人。」家語同。史記云：「齊人。」是也。潘維城曰：「後漢書郡國志琅邪國姑幕縣注引博物志曰：『淮水入城東南五里有公冶長墓。』漢書地理志琅邪郡姑幕注：『或曰薄姑。』應劭曰：『左氏傳曰薄姑氏因之，而後太公因之。』此引昭二十年傳文。今本作『蒲姑』。『蒲』、『薄』一聲之轉。左昭九年傳正義引服虔曰：『蒲姑，齊也。』長墓在齊地，則當爲齊人。」又論語皇疏引論釋、繹史九五引留青日札謂長繫縲紲，因識鳥語，殊難憑信。

問曰：孔子妻公冶長者，何據見哉？據年三十可妻邪？周禮地官媒氏：「令男三十而娶，女二十而嫁。」見其行賢可妻也？如據其年三十，不宜稱在縲紲；如見其行賢，亦不宜稱在縲紲。何則？諸入孔子門者，皆有善行，故稱備徒役。徒役，如樊遲御、冉子僕是也。徒役之中，無妻則妻之耳，不須稱也。如徒役之中多無妻，公冶長尤賢，故獨妻之，則其稱之，宜列其行，不宜言其在縲紲也。何則？世間彊受非辜者多，通津本「辜」从「羊」，下同。非也。說文：「从『辛』，『古』聲。」未必盡賢人也。恒人見枉，衆多非一。必以非辜爲孔子所妻，則是孔子不妻賢，妻冤也。案孔子之稱公冶長，有非辜之言，無行能之文。晉語注：「能，才也。」實不賢，孔子妻之，非也；實賢，孔子稱之不具，亦非也。誠似妻南容云：「國有道不廢，國無道免於刑戮。」見論語公冶長篇。孔子以其兄之子妻之。「國」作「邦」。吳曰：論語非經，王氏避漢諱改。又四諱篇：「開予足，開予手。」亦避漢諱改「啓」爲「開」。集解王注：「南容，弟子，南宮縚，魯人也，字子容。不廢，言見任用也。」史記弟子傳謂即南宮括。家語弟子解「縚」作「韜」。王引之春秋名字解詁曰：「南宮括，字子容，亦名韜。」檀弓鄭注以南容即南宫閲、南宫敬叔，論語皇疏、邢疏、史記索隱因之，非也。四書賸言、讀史訂疑、羣經識小、論語古注集箋並辯其妄。具稱之矣。舊本段。

子謂子貢曰：「汝與回也孰愈？」集解孔曰：「愈，猶勝也。」曰：「賜也何敢望回？回也聞一以知十，賜也聞一以知二。」子曰：「弗如也，吾與汝俱不如也。」孫曰：論語公冶長篇作「吾與女弗如也」，無「俱」字。釋文云：「『吾與爾』，本或作『女』，音『汝』。」考何氏〔一〕集解引包曰：「既然子貢不如，復云吾與汝俱不如者，蓋欲以慰子貢也。」後漢書李注引論語云：「吾與女俱不如也。」並與仲任合。魏志夏侯淵傳云：「仲尼有言，吾與爾不如也。」作「爾」，又與釋文合。蓋古、齊、魯之異也。暉按：後漢書李注，見橋玄傳。又按世説新語上之上注引鄭玄别傳曰：「玄從馬融學，季長謂盧子幹曰：『吾與女皆不如也。』」新唐書孝友傳：「任敬臣刻意從學，任處權見其文，歎曰：『孔子稱顔回之賢，以爲弗如。吾非古人，然則此兒，信不可及。』」是亦以孔子自謂不如顔淵。則唐以前所見論語仍有「俱」字者。考何晏本，必原有「俱」字，今本脱耳。不然，引包氏解與正文不符，無是理也。又顧歡説：「判之以弗如，同之以吾與汝。」言我與爾俱明汝不如。則其所見本，必亦有「俱」字也。秦道賓曰：「與，許也。仲尼許子貢之不如也。」（皇疏引。）此則本無「俱」字，與夏侯淵傳引同。蓋即古、齊、魯之異。潘維城曰：「包氏今文家。」案：

〔一〕「何氏」下，原本衍一「集」字，今删。

仲任多從魯論。然則有「俱」字者，其魯論歟？是賢顏淵，試以問子貢也。

問曰：孔子所以教者，禮讓也。論語里仁篇：子曰：「能以禮讓爲國乎，何有？不能以禮讓爲國，如禮何？」子路爲國以禮，其言不讓，孔子非之。論語先進篇：「子路率〔一〕爾而對曰：『千乘之國，攝乎大國之間，加之以師旅，因之以饑饉，由也爲之，比及三年，可使有勇，且知方也。』子曰：『爲國以禮，其言不讓。』」集解包〔二〕曰：「爲國以禮，禮道貴讓，子路言不讓。」按此文似謂子路能以禮治國，特其言不讓。盼遂案：此二語不安。子路之言不讓，孔子以「爲國以禮」折之，非子路能爲國以禮也。仲任誤會此經。使子貢實愈顏淵，孔子問之，猶曰不如；使實不及，亦曰不如。非失對欺師，禮讓之言，宜謙卑也。今孔子出言，欲何趣哉？「趣」謂「意所嚮」也。使孔子知顏淵愈子貢，則不須問子貢；使孔子實不知，以問子貢，子貢謙讓，亦不能知。猶言亦未可知。使孔子徒欲表善顏淵，稱顏淵賢，門人莫及，言可直譽之。於名多矣，何須問於子貢？子曰：「賢哉回也！」見論語雍也篇。又曰：「吾與回言，終日不違如愚。」見爲政篇。言無所疑問，默而識之。又曰：「回也，其

〔一〕「率」，原本作「卒」，形近而誤，今改。

〔二〕「包」，原本誤作「苞」，今改。

心三月不違仁。」見雍也篇。集注：「言無私欲。」三章皆直稱，不以他人激，至是一章，獨以子貢激之，何哉？

或曰：「欲抑子貢也。當此之時，子貢之名，凌顔淵之上，孔子恐子貢志驕意溢，故抑之也。」皇疏引繆播説，即此義。夫名在顔淵之上，當時所爲，非子貢求勝之也。實子貢之知何如哉？使顔淵才在己上，己自服之，不須抑也；使子貢不能自知，孔子雖言，將謂孔子徒欲抑己。由此言之，問與不問，無能抑揚。舊本段。

宰我晝寢，今本論語作「宰予」。史記弟子傳作「宰我」，同此。羣經義證曰：「記諸賢例舉其字，當依古本作『宰我』。」子曰：「朽木不可雕也，糞土之牆不可杇也。古本論語「杇」作「圬」。此後人妄改。於予，予何誅？」下「予」作「與」，屬上讀。釋文曰：「與，語辭。」與此異。孔曰：「誅，責也。」文見論語公冶長篇。是惡宰予之晝寢。

問曰：晝寢之惡也，小惡也；朽木、糞土，敗毁不可復成之物，大惡也。責小過以大惡，安能服人？使宰我性不善，如朽木、糞土，不宜得入孔子之門，序在四科之列；後漢書鄭玄曰：「仲尼之門，考以四科。」謂德行、言語、政事、文學也。宰我列于言語，見論語先進篇。使性善，孔子惡之，惡之太甚，過也。盼遂案：「惡之」二字誤重。「人之不仁，疾之已甚，亂也。」疾，惡也。論語泰伯篇孔子之詞。孔子疾宰予，可謂甚矣。

使下愚之人，涉耐罪之獄，後漢書光武紀下注：「耐，輕刑之名。」引漢書音義曰：「一歲刑爲罰作，二歲刑已上爲耐。」史記淮南王安傳集解應劭曰：「輕罪不至於髡，完其耏鬢，故曰耏。古『耏』字从『彡』，髮膚之意。」盼遂案：下「之」字涉本文多「之」字而衍。吏令以大辟之罪，白虎通五刑篇：「大辟謂死也。」必寃而怨邪？將服而自咎也？「將」猶「抑」也。使宰我愚，則與涉耐罪之人同志；使宰我賢，知孔子責人（之），孫曰：「人」當作「之」，字之誤也。（本書「人」、「之」二字多互誤，散見各條，不復舉。）幾微自改矣。明文以識之，流言以過之，以其言示端而已自改。自改不在言之輕重，在宰予能更與否。

春秋之義，采毫毛之善，貶纖介之惡。見説苑至公篇。褒毫毛以巨大，以巨大貶纖介，觀春秋之義，肯是之乎？不是，則宰我不受；不受，則孔子之言棄矣。聖人之言，與文相副，言出於口，文立於策，俱發於心，其實一也。孔子作春秋，不貶小以大，其非宰予也，以大惡細，文語相違，服人如何？

子曰：「始吾於人也，聽其言而信其行；今吾於人也，聽其言而觀其行。於予，予改是。」論語公冶長篇下「予」作「與」。蓋起宰予晝寢，更知人之術也。

問曰：人之晝寢，安足以毀行？毀行之人，晝夜不臥，安足以成善？以晝寢而觀人善惡，能得其實乎？案宰予在孔子之門，序於四科，列在賜上。論語先進篇曰：「言語：宰我、子貢。」故云「在賜上」。如性情怠，不可雕琢，何以致此？使宰我以晝寢自致此，才復過人遠矣。如未成就，自謂已足，不能自知，知不明耳，非行惡也。曉敕而已，無爲改術也。如自知未足，倦極晝寢，是精神索也。索，盡也。精神索，至於死亡，豈徒寢哉？

且論人之法，取其行則棄其言，取其言則棄其行。今宰予雖無力行，「力」，宋本作「助」，朱校元本同。疑當作「德行」。有言語。用言，令行缺，有一槩矣。今孔子起宰予晝寢，聽其言，觀其行，言行相應，則謂之賢，是孔子備取人也。「毋求備於一人」之義何所施？「毋求備於一人」，論語微子篇周公告伯禽語。舊本段。

子張問：當從論語補「曰」字。「令尹子文三仕爲令尹，無喜色；三已之，無愠色。舊令尹之政，必以告新令尹。何如？」論語爲政篇集解鄭曰：「子張姓顓孫，名師。」史記弟子傳、家語弟子解云：「陳人。」公冶長篇集解孔曰：「令尹子文，楚大夫，姓鬭，名穀，字於菟。」楚語載鬭且曰：「鬭子文三舍令尹，無一身之積。」王符潛夫論遏利篇曰：「楚鬭子文三爲令尹，而有飢色。」是鬭穀於菟有三爲三已令尹之事。閻氏四書釋地又續曰：「鬭穀於菟爲令尹，始自莊三十年丁巳，代子元，終於僖二十三年甲申，子玉代。凡二十八年。其間有二仕二已之事，傳文不備，楚世家亦未載。」莊子田子方篇、荀子堯問篇、吕氏春秋知分篇、史記循吏傳、鄒陽傳陽上書，並以爲孫叔敖事。自高誘疑之，王應麟辨之，後儒多不從其說。子曰：「忠矣。」曰：「仁矣乎？」曰：「未知，焉得仁？」論語公冶長篇文。子文曾舉楚子玉代己位而伐宋，以百乘敗而喪其衆，左僖二十三年傳：「子玉伐陳，子文以爲之功，使爲令尹。」又僖二十八年，楚子使子玉去宋，無從晉師。子玉請戰，王怒，少與之師，敗於城濮。不知如此，安得爲仁？「知」讀爲「智」，鄭玄、（釋文。）李充、（皇疏。）中論智行篇、漢書古今人表序並同。臧氏經義雜記曰：「此魯論也。」經傳考證曰：「意必夏侯、蕭、韋諸家相傳之說，而王充述之也。」暉按：「仁」爲孔子哲學中心，故不智不能爲仁。大戴禮四代篇曰：「知，仁之實也。」是其義也。非若狹義之「仁者愛人」。故子張問仁，孔子答以能行恭、寬、信、敏、惠於天下則爲仁。（陽貨篇。）敏則有功，義即智也。仲任曰：「智與仁，不相干也。」李充曰：「子玉之敗，子文之舉，舉以敗國，不可謂智；賊夫人之子，不可謂仁。」中論智行篇：「或曰：『然則仲尼曰未知，焉得仁。乃高仁邪？何謂也？』對曰：『仁，固大也，然則仲尼亦有所激，然非專小智之謂也。若有人相語曰：彼尚無有一智也，安得乃知爲仁乎？』」並以「仁」、「智」分開，而知爲仁之實之義滑矣。蓋漢人只傳其讀，而孔子所說「仁」字之義久不明，故仲任有此難也。至集解孔曰：「但聞其忠事，未知其仁也。」則「知」讀如字。蓋魏、晉人觀仲任此難，因信孔子言果相違，乃更其讀以彌縫之，其實誣也。說者謂孔注出自魏、晉，信然。

問曰：子文舉子玉，不知人也。智與仁，不相干也。有不知之性，何妨爲仁之行？五常之道，仁、義、禮、智、信也。五者各別，不相須而成，故有智人，有仁人者；有禮人，有義人者。人有信者未必智，智者未必仁，仁者未必禮，禮者未必義。子文智蔽於子玉，其仁何毁？謂仁，焉得不可？

且忠者，厚也。厚人，仁矣。孔子曰：「觀過，斯知仁矣。」見論語里仁篇。君子過於愛，小人過於忍，故觀其過，知其仁否。漢書外戚傳燕王上書、後漢書吳祐傳載孫性語、南齊書張岱傳載宋孝武語、皇疏引殷仲堪説，並與仲任義同。蓋漢儒舊説。集解引孔注，以「仁」字指觀過者言，非也。子文有仁之實矣。子文過於愛子玉，故曰「有仁之實」。孔子謂忠非仁，是謂父母非二親，配匹非夫婦也。白虎通爵篇：「匹，偶也，與其妻爲偶。」廣韻五質曰：「匹，俗作疋。」黄、錢、王本作「匹」。宋本、崇文本段，今從之。

哀公問：「弟子孰謂好學？」「謂」，各本同，崇文本作「爲」，與論語合，字通。孔子對曰：「有顔回者，論語有「好學」二字。不遷怒，不貳過，不幸短命死矣！今也則亡，未聞好學者也。」見論語雍也篇。

夫顔淵所以死者，審何用哉？言實何因也。令自以短命，猶伯牛之有疾也。注見命義篇。人生受命，皆〔當〕全當潔，當作「皆當全潔」，與下「皆當受天長命」語氣相貫。今有惡疾，故曰「無命」。論語雍也篇：「伯牛有疾，子問之，自牖執其手，曰：『亡之命矣夫！』」「亡」讀有無之「無」。「之」，其也。見經傳釋詞。言「無其命矣夫」。漢書宣元六王傳成帝詔曰：

「夫子所痛曰：『蔑之命矣夫。』」師古注引論語，並云：「蔑，無也。言命之所遭，無有善惡。」（按：「蔑，無也。」見小爾雅。其云「言命之所遭，無有善惡」，殊失其義。）新序作「末之命矣夫」，末亦無也。是漢儒舊説，仲任從之。論語後録、桂馥札樸並讀「蔑」爲「滅」，則義反迂曲。何義門讀書記雖讀「蔑」作「無」，然云：「無之者，言無可以致此疾之道。」蓋沿孔注之誤，以「亡之」二字句絶。凌曙羣書答問曰：「漢人讀作有無之無，今注乃讀作存亡之亡。」引此文及成帝詔證之，是也。孔注「亡」爲「喪」，武億羣經義證曰：「視疾即決其喪，必致舉室惶駭，甚非慰問所宜。依情度之，必不謂然。」此孔注之不足信。人生皆當受天長命，今得「短命」，亦宜曰「無命」。如天〔命〕有短長，吴曰：「天」下當脱「命」字，尋上下文義自明。則亦有善惡矣。盼遂案：「天」當爲「命」字之誤，此承上文長命、短命爲言。言顔淵「短命」，則宜言伯牛「惡命」；言伯牛「無命」，則宜言顔淵「無命」。一死一病，顔淵死。伯牛病。皆痛云命，所稟不異，文語不同，未曉其故也。舊本段。

哀公問孔子孰爲好學，孔子對曰：「有顔回者好學，今也則亡。不遷怒，不貳過。」注見上。再引之者，疑孔子舉「不遷怒，不貳過」，非哀公所問者。何也？曰：「并攻哀公之性遷怒貳過故也。因其問，則并以對之，兼以攻上之短，不犯其罰。」皇疏曰：「學至庶幾，其美非一。今獨舉怒、過二條者，爲當時哀公濫怒貳過，欲因答寄箴者也。」邢疏一説同。

疑仲任引當時論語説也。

問曰：康子亦問好學，孔子亦對之以顏淵。論語先進篇：「季康子問弟子孰爲好學。孔子對曰：『有顏回者好學，不幸短命死矣，今也則亡。』」集解孔曰：「季康子，魯卿季孫肥。」康子亦有短，何不并對以攻康子？皇疏曰：「此與哀公問同，而答異者，舊有二通。一云：緣哀公有遷怒貳過之事，故孔子因答以箴之也。康子無此事，故不煩言也。又一云：哀公是君之尊，故須具答；而康子是臣爲卑，故略以相酬也。」康子非聖人也，操行猶有所失。成事：注書虛篇。康子患盜，孔子對曰：「苟子之不欲，雖賞之不竊。」見論語顏淵篇。由此言之，康子以欲爲短也，不攻，何哉？從崇文本段。

孔子見南子，呂氏春秋貴因篇：「孔子道彌子瑕見釐夫人。」高注：「或云釐爲南子謚。然據其行，不可謚爲釐。」論語後録謂即南子，「釐」爲「靈」之譌。淮南泰族篇：「孔子欲行王道，因衛夫人。」注：「衛靈公夫人南子也。」鹽鐵論論儒篇：「孔子適衛，因嬖臣彌子瑕以見衛夫人，子路不説。」史記孔子世家亦載此事。集解孔曰：「等以爲南子者，衛靈公夫人也。孔子見之，欲因以説靈公，使行治也。」是漢儒並不疑此事。後人爲聖諱者，多辯其妄。孔叢子謂：「禮大享，夫人遇焉。衛君夫人享夫子。」子路不悦。子曰：「予所鄙者，天厭之！天厭之！」見論語雍也篇。「所」猶「若」也。「鄙」下舊校曰：一作「否」。孫曰：舊校非也。仲任所引爲魯論。古論作

「不」，通作「否」。魯論作「鄙」，訓鄙爲陋，厭爲壓迫，蓋皆夏侯建、張禹諸儒舊説，而仲任用之。此乃淺人據論語所校，原文不作「否」也。暉按：孫説是也。宋本、朱校元本並無「一作否」三字注，則此明人之妄也。南子，衛靈公夫人也，聘孔子，蓋據孔子世家云「聘」。子路不説，謂孔子淫亂也。孔子解之曰：「我所爲鄙陋者，天厭殺我！」至誠自誓，不負子路也。

問曰：孔子自解，安能解乎？使世人有鄙陋之行，天曾厭殺之，可引以誓。子路聞之，可信以解。今未曾有爲天所厭者也，曰「天厭之」，子路肯信之乎？行事：雷擊殺人，水火燒溺人，牆屋壓填人。注書虛篇。如曰「雷擊殺我，水火燒溺我，牆屋壓填我」，子路頗信之。今引未曾有之禍，以自誓於子路，子路安肯曉解而信之？「曉」字傳寫誤增。解，釋也，謂釋嫌。上下文諸「解」字並同。此著一「曉」字，則失其義。行事：適有卧厭不悟者，謂此爲天所厭邪？案諸卧厭不悟者，未皆爲鄙陋也。子路入道雖淺，論語先進篇：「由也升堂，未入於室。」故云「入道淺」。猶知事之實。事非實，孔子以誓，子路必不解矣。

孔子稱曰：「死生有命，富貴在天。」子夏語。説見命禄篇。若此者，人之死生，自有長短，不在操行善惡也。成事：注書虛篇。顔淵蚤死，孔子謂之短命。由此知短命夭死之人，□必有邪行也。「必」上當有「未」字。盼遂案：「必」上當有「非」字。子路入道雖淺，聞孔子之言，知死生之實。孔子誓以「予所鄙者，天厭之」，獨不爲子路言：「夫子惟命未當死，」「惟」，宋本作「雖」。朱校元本同。字通。天安得厭殺之乎？」若此，誓子路以「天厭之」，終不見信。不見信，「爲」，疑「畏」聲誤。設子路出此難，故曰「獨不畏」。

則孔子自解，終不解也。

尚書曰：「毋若丹朱敖，惟慢游是好。」見僞孔本益稷篇。説文夰部引虞書「敖」作「奡」，云：「嫚也。」徐鍇曰：今文尚書作「傲」。段玉裁曰：天寶以前只作「敖」。困學紀聞一、孔廣森經學卮言、孫志祖讀書脞録并以「敖」爲論語憲問篇「奡盪舟」之「奡」。吴汝綸以「朱敖」連讀，謂即莊子「胥敖」，疑並未是也。謂帝舜勑禹毋子(予)不肖子也。孫曰：「毋子不肖子」當作「毋私不肖子」。下文云：「恐禹私其子。」又云：「不敢私不肖子。」并與此文相應。暉按：「子」當作「予」，讀作「與」。「毋予不肖子」，謂毋以天下予不肖子也。故下文曰：「重天命，恐禹私其子。」宋本作「予」，路史後紀十二注引作「與」，是其證。史記夏本紀、漢書楚元王傳劉向上奏、後漢書梁冀傳袁著上書，并謂舜戒禹之詞，與仲任義同，蓋今古文説無異也。（此從孫星衍説。段玉裁謂今文説。）僞孔傳以爲禹戒舜，劉奉世據之以規劉向，路史注以正仲任，並沿僞孔而誤，不知「毋若」上脱去「帝曰」二字耳。（此從江氏、孫氏、皮氏説。段氏謂今文經亦無，今文説謂當有之。）皮錫瑞曰：「孟子云啓賢，論衡以爲不肖者，啓淫溢康樂，見墨子、離騷、天問、山海經，蓋啓亦有慢遊之好，故一傳而太康失國。孟子云賢者，爲後世立教耳。今文家以爲不肖，當得其實。詳見五子之歌、書序考。」重天命，「重」上路史注引有「舜」字。恐禹私其子，故引丹朱以勑戒之。禹曰：「予娶，若時辛壬，癸甲開呱呱而泣，予弗子。」益稷篇作「用殄厥世，予創若時，娶于塗山，辛壬癸甲」云云。段玉裁曰：「史記夏本紀以『予不能順是』釋『予創若時』，系諸帝語，而論衡則『若時』二字在『予娶』之下，爲禹語，疑有舛誤。」孫星衍曰：「『予創若時』，史遷爲舜言，説爲『予不能順是』。仲任作禹言，疑今文也。以『創』爲『娶』，無文證之。蓋『創』同『刱』，廣雅釋詁云：『始也。』述始娶若時。」皮錫瑞曰：以「創」爲「娶」，無文可證。「予娶若時」，義不可通。又無「塗山」二字，則「予娶若時辛壬癸甲」文不相承。疑論衡「予娶若時」四字，本當作「予娶塗山」，與説文引虞書「予娶嵞山」相同。蓋今文尚書與古文尚書不異。僞孔妄改經文爲「娶於塗山」，以舜言并爲禹言，删去「帝曰」、「禹曰」四字，後人遂據妄改之經文，改論衡爲「予娶若時」。（劉逢禄、鄒漢勛皆云當是「塗山」二字之誤。）其義遂不可通。今據史記云「予辛壬娶塗山」，以訂正論衡「予娶若時」之僞。又據史記、論衡皆曰「予娶」，可見説文並非脱誤。亦可見今古文本無不合，非必今文作「予娶若時」，屬下讀爲禹言也。暉按：此文當讀作「予娶，若時辛壬」句，「癸甲開呱呱而泣」句。段、孫誤以「予娶若時」句絶，以當經文「予創若時」，固非。皮氏以「予娶若時」爲「予娶塗山」之誤，又以「辛壬癸甲」句絶，亦非。史記云：「禹曰：予辛壬娶塗山，癸甲生啓。」則知經文原作：「予娶塗山，若時辛壬，（句。）癸甲啓呱呱而泣。」「予辛壬娶塗山」，即釋經文「予娶塗山，若時辛壬」。

「若」，詞之「惟」也。「癸甲生啓」，即釋「癸甲啓呱呱而泣」。史公以義訓讀之。若經文原以「辛壬癸甲」句，則史公不得以此四字析屬兩句也。仲任引經，「予娶」下省「塗山」二字。知者，史公云「予辛壬娶塗山」，説文屾部引虞書「予娶嵞山」，可證。知經文「辛壬」上有「若時」二字者，僞孔本作「用殄厥世，予創若時。娶于塗山，辛壬癸甲」，妄删「帝曰」、「禹曰」字，并禹言爲舜言，則「予創若時」下，即接「予娶塗山，若時辛壬」，嫌「若時」二字重複，則妄删「若時」二字，改作「辛壬癸甲」句絶。僞孔以「予娶塗山」直接「予創若時」，嫌「予」字重疊，遂改爲「娶于塗山」。（此用江聲説。）正其比。陳喬樅以史記爲有譌誤，據集解、正義因僞孔傳爲説，認史記原文當讀作「予娶塗山，辛壬癸甲」爲句，「生子予不子」爲句。裴駰、張守節昧於家法，援引失當，注義多與正文相違，而陳氏據之，以疑史記正文，何也？至疑以辛壬娶妻，經二日生子，不經之甚。則先儒帝王感生之説，履大人跡，吞燕卵，又何以言之？謂其怪誕不經則可，據之以定典籍之僞則非。白虎通姓名篇曰：「人生所以泣何？一幹而分，得氣異息，故泣，重離母之義也。尚書曰：『啓呱呱而泣。』」則班固以「呱呱而泣」爲出生墮地而泣也，與史公訓「啓呱呱而泣」爲「生啓」義合。據此，可知史記「癸甲生啓」不誤，更可證經文當讀作「癸甲啓呱呱而泣」。班引經省「癸甲」二字耳。（吴越春秋無余外傳曰：「啓生不見父，晝夜呱呱啼泣。」則與班氏出生墮地而泣，重離母之義之説不同，蓋亦嫌辛壬娶妻，癸甲生子爲不經，而妄改其義。）楚詞天問王注：「禹以辛酉日娶，甲子日去而有啓。」蓋其讀與史公、班固同。孟子滕文公上趙注引書曰：「辛壬癸甲，啓呱呱而泣。」「辛壬」二字，後人妄增，原作「癸甲啓呱呱而泣」。知者，相承舊讀以「辛壬癸甲」屬上「娶于塗山」爲義，謂禹與妻同居，自辛至甲四日也，未有以「辛壬癸甲」屬「啓呱呱而泣」爲義。蓋後人未知漢儒原以「癸甲啓呱呱而泣」爲句，疑趙注脱「辛壬」二字，遂依僞孔本而妄增之。不知趙注原以「辛壬」屬上讀，「癸甲」屬下讀，與僞孔以「辛壬癸甲」屬上讀義自不同，遂露其竄改之跡矣。説文口部：「呱，小兒啼聲。」「而」猶「然」也。「子」讀作「字」。釋文：「子，鄭音將吏反。」列子楊朱篇曰：「禹唯荒度土功，子産弗字。」禹言啓生，己即不字愛。「開」，皮錫瑞曰：今文「啓」多作「開」。陳己行事，行事，往事也。以往推來，以見卜隱，「見」猶「顯」也。效己不敢私不肖子也。「效」猶「證」也。不曰「天厭之」者，知俗人誓，好引天也。孔子爲子路行所疑，「行」爲「所」字譌衍。朱校元本重「行」字亦誤。盼遂案：吴承仕曰：「此句疑。」「行」字蓋涉下文誤衍。不引行事，效己不鄙，而云「天厭之」，是與俗人解嫌，引天祝詛，何以異乎。舊本段。

孔子曰：「鳳鳥不至，河不出圖，吾已矣夫！」見論語子罕篇。易坤鑿度曰：「仲尼偶筮其命，得旅，泣曰：『天也，命也，鳳鳥不來，河無圖至，嗚呼，天命之也。』嘆訖，而後息志。」又王嘉拾遺記二曰：「孔子相魯之時，有神鳳游集。至哀公之末，不復來翔，故曰鳳鳥不至。」下文云：「還定詩、書，望絶無冀，稱已矣夫。」是仲任以此言發於哀公十一年自衛反魯後也。劉逢禄、吴汝綸據史記以爲發於哀十四年獲麟時。夫子自傷不王也。漢書董仲舒傳載仲舒曰：「自悲可致此物，而身卑賤不得致也。」與仲任說同。皇疏引繆協說，時人願孔子王，爲此言，以釋衆庶之望。又孫綽說，孔子王德光于上，將相備乎下，當世之君，咸有忌難，故稱此，以絶其疑。己王致太平，太平則鳳鳥至，河出圖矣。今不得王，故瑞應不至，悲心自傷，故曰「吾已矣夫」。

問曰：鳳鳥河圖，審何據始起？始起之時，鳥圖未至。如據太平，太平之帝，未必常致鳳鳥與河圖也。五帝三王，皆致太平，案其瑞應，不皆鳳皇爲必然之瑞。於太平，鳳皇爲未必然之應，孔子，聖人也，宋本「也」作「然」，屬下爲文。思未必然以自傷，終不應矣。

或曰：「孔子不自傷不得王也，傷時無明王，故己不用也。鳳鳥河圖，明王之瑞也。瑞應不至，時無明王；明王不存，己遂不用矣。」邢昺、張栻並從此說。錢坫論語後録據墨子謂孔子爲諸侯叛周而發，疑未是。夫致瑞應，何以致之？任賢使能，治定功成。治定功成，則瑞應至矣。瑞應至後，亦不須孔子。孔子所望，何其末也？不思其本，而望其末也；孫曰：此文不當有「也」字。蓋涉上句「何其末也」而衍。吳說同。不相其主，而名其物。相，視也。「主」，王、錢、黄、崇文本作「王」。治有未定，物有不至，以至而效明王，必失之矣。孝文皇帝可謂明矣，案其本紀，見史記。不見鳳鳥與河圖。使孔子在孝文之世，猶曰「吾已矣夫」。舊本段。

子欲居九夷，論語集解馬曰：「東方夷有九種。」皇疏、邢疏并實其數。白虎通禮篇謂九之爲言究也。德偏究，故應德而來亦九。又謂東方少陽易化，故名。或曰：「陋，如之何？」子曰：「君子居之，何陋之有？」見論語子罕篇。孔子疾道不行於中國，志（恚）恨失意，故欲之九夷也。説文羊部：孔子曰：「道不行，欲之九夷。」王逸九思注：「子欲居九夷，疾時之言也。」皇疏謂因聖道不行於中國。並與此義同。孫曰：「志恨」義不可通。「志」乃「恚」之壞字。或人難之曰：「夷狄之鄙陋無禮義，如之何？」孔子曰：「君子居之，何陋之有？」言以君子之道，居而教之，何爲陋乎？論語集解馬曰：「君子所居者皆化也。」與此義同。樸學齋札記、四書考異、論語竢質并據山海經海外東經有君子國，衣冠帶劍，謂「孔子乃謂東方所居，有如是之國，何可概謂其陋」。按：説文云：「夷俗仁，仁者壽，有君子不死之國，孔子欲之九夷有以也。」似亦謂孔子以九夷本君子所居之地。蓋漢人説，有與馬、王異者。問之曰：「之」字衍。本篇文例並作「問曰」。孔子欲之九夷者，何起乎？起道不行於中國，故欲之九夷。夫中國且不行，安能行於夷狄？「夷狄之有君，不若諸夏之亡。」論語八佾篇述孔子語。「若」作「如」。言夷狄之難，諸夏之易也。難易謂治也。皇疏：「夷狄尚有尊長，不至如我國之無君。」邢疏：「言夷狄雖有君長，而無禮義，中國雖偶無君，而禮義不廢。」邢疏與仲任義同。不能行於易，能行於難乎？

且孔子云：「以君子居之者，何謂陋邪？」謂脩君子之道自容乎？楚辭九章云：「苟余心之端直兮，雖僻遠之何傷？」王注：「言我惟行正直之心，雖在僻遠之域，猶有善稱，無害疾也。故論語曰子欲居九夷。」是漢儒有脩身自容之説。謂以君子之道教之也？如脩君子之道苟自容，「苟」讀若論語子路篇「苟合矣」之「苟」。皇疏：「苟，苟且也，苟且非本意也。」下文諸「苟」字義同。中國亦可，何必之夷狄？如以君子之道教之，夷狄安可教乎？禹入躶國，躶入衣出，見吕氏春秋貴因篇、淮南原道篇。御覽六九六引風俗通曰：「禹入裸國，欣起而解裳。俗説：『禹治洪水，乃播入裸國，君子入俗，不改其恒，於是欣然而解裳也。』原其所以，當言『皆裳』。裸國，今吴郡是也。被髮文身，裸以爲飾，蓋正朔所不及也。猥見大聖之君，悦禹文德，欣然皆著衣裳也。」衣服之制不通於夷狄也。禹不能教躶國衣服，孔子何能使九夷爲君子？

或〔曰〕：「孔子實不欲往，患道不行，動發此言。或人難之，孔子知其陋，然而猶曰『何陋之有』者，欲遂已然，距或人之諫也。」此以「或曰」設詞，與前節「或曰孔子不自傷不得王」文例同。下文「實不欲往」云云，正一一破或言也。是其證。蓋傳寫脱去「曰」字。實不欲往，志動發言，是僞言也。君子於言，無所苟矣。孔子對子路曰：「君子於其言，無所苟而已矣。」見論語子路篇。如知其陋，苟欲自遂，此子路對孔子以子羔也。子路使子羔爲費宰，「費」當作「郈」，説具藝增篇。子曰：「賊夫人之子。」子路曰：「有社稷焉，有民人焉，二句倒。正説篇引與論語合。劉寶楠曰：「人謂羣有司也。」何必讀書，然後爲學？」子曰：「是故惡夫佞者！」疾其便給遂己非也。見先進篇。子路知其不可，苟對自遂，孔子惡之，比夫佞者。孔子亦知其不可，苟應或人，孔子、子路皆以佞也。「以」猶「爲」也。舊本段。

孔子曰：「賜不受命，而貨殖焉，億則屢中。」見論語先進篇。「億」當作「意」。説見知實篇。何謂不受命乎？説曰：「〔不〕受當富之命，「受」上脱「不」字。此承上「何謂不受命」爲文。下文「孔子知己不受貴命，而謂賜不受富命」。率性篇引論語此文，釋之曰：「賜本不受天之富命。」並其證。若作「受當富之命」，則與「賜不受命」之旨違矣。自以術知，數億中時也。」不受命，説有數通。仲任則謂不受富命，率性、知實同。説詳率性篇。

夫人富貴，在天命乎？在人知也？如在天命，知術求之不能得；盼遂案：「知術」當正爲「術知」。下文「夫謂富不受命，而自知術得之」同。孟子盡心篇「人之有德慧術知者」，本書例作「術知」。如在人，疑有「知」字，此承上「在人知也」爲文。孔子何爲言「死生有命，富貴在天」？注見上。夫謂富不受命，而自〔以〕知術得之，「自」下脱「以」字。此承上「自以術知」爲文。「而自以知術得之」，與下「而自以努力求之」句法一律。貴亦可不受命，而自以努力求之。世無不受貴命而自得貴，亦知無不受富命而自得富者。成事：孔子不得富貴矣，「富」字疑寫者誤增。此文以孔子不受貴命則不得貴，證子貢不受富命則不得富，不當「富貴」連言。下文「稱已矣夫，自知無貴命」，又云「孔子知己不受貴命」，正承此文言之，則此不當有「富」字，明矣。周流應聘，行説諸侯，智窮策困，還定詩、書，文選移太常博士書注引論語讖曰：「自衛反魯，删詩、書，修春秋。」望絶無異，稱「已矣夫」。即鳳鳥河圖之嘆，見上文。盼遂案：「異」爲「冀」之壞字。刺孟篇「絶意無冀」，與此同例。「無冀」與「已矣夫」相應。自知無貴命，周流無補益也。孔子知己不受貴命，周流求之不能得，而謂賜不受富命，而以術知得富，言行相違，未曉其故。

或曰：「欲攻子貢之短也。子貢不好道德，而徒好貨殖，故攻其短，欲令窮服而更其行節。」論語集解曰：「賜不受教命，唯財貨是殖，憶度是非，蓋美回所以厲賜也。」即此義。夫攻子貢之短，可言「賜不好道德，而貨殖焉」，何必言「不受命」，與前言「富貴在天」相違反也？舊本段。

顔淵死，子曰：「噫！天喪予！」見論語先進篇。公羊哀十四年傳何休注：「噫，咄嗟貌。」此言人將起，天與之輔；人將廢，天奪其佑。孔子有四友，欲因而起。四友，謂顔淵、子貢、子張、子路也。尚書大傳殷傳曰：「文王有四臣，丘亦得四友焉。自吾得回也，門人加親，是非胥附邪？自吾得賜也，遠方之士日至，是非奔輳邪？自吾得師也，前有輝，後有光，是非先後邪？自吾得由也，惡言不至於門，是非禦侮邪？」顔淵早夭，故曰「天喪予」。公羊何注：「天生顔淵、子路爲夫子輔佐，皆死者，天將亡夫子之證。」漢書董仲舒傳贊：「王者不得則不興，故顔淵死，孔子曰云云。」師古注：「言失其輔佐。」前偶會篇説同。

問曰：顔淵之死，孔子不王，天奪之邪？不幸短命，自爲死也？如短命不幸，不得不死，孔子雖王，猶不得生。輔之於人，猶杖之扶疾也。人有病，須杖而行，如斬杖本得短，可謂天使病人不得行乎？如能起行，杖短，能使之長乎？夫顔淵之短命，猶杖之短度也。

且孔子言「天喪予」者，以顔淵賢也。案賢者在世，未必爲輔也。夫賢者未必爲輔，猶聖人未必受命也。爲帝有不聖，爲輔有不賢。何則？禄命骨法，與才異也。命禄篇曰：「貴賤在命，貧富在禄。」由此言之，顔淵生未必爲輔，其死未必有喪，孔子云「天喪予」，何據見哉？

且天不使孔子王者，本意如何？本稟性命之時，謂初稟。不使之王邪？將使之王，復中悔之也？將，抑也。如本不使之王，顔淵死，何喪？如本使之王，復中悔之，此王無骨法，便（更）宜自在天也。「便宜」無義，當作「更宜」。言骨相不王，則更當在天命。率性篇：「善則且更宜反過於往善。」此「更宜」連文之證。且本何善所見，而使之王？後何惡所聞，中悔不命？天神論議，誤不諦也？諦，明也。「也」讀作「邪」。天命諦，以明不使孔子王之説非。舊本段。

孔子之衛，遇舊館人之喪，鄭玄曰：「前日君所使舍己。」入而哭之。出，使子貢脱驂而賻之。鄭曰：「賻，助喪用也。騑馬曰驂。」子貢曰：「於門人之喪，未有所脱驂；脱驂於舊館，毋乃已重乎？」言比於門人恩爲重。孔子曰：「予鄉者入而哭之，遇於一哀而出涕。遇，見也。入哭，見主人盡哀，我爲出涕。予惡夫涕之無從也，小子行之！」見檀弓上、家語子貢篇。孔子脱驂以賻舊館者，惡情不副禮也。出涕情重，故脱驂賻以稱禮也。副情而行禮，情起而恩動。盼遂案：吴承仕曰：「『恩動』無義，『動』當作『效』，形近之誤。下文云『是蓋孔子實恩之效也』，是其切證。」禮情相應，君子行之。

顔淵死，子哭之慟。釋文引鄭曰：「慟，變動容貌。」門人曰：「子慟矣！」「吾非斯人之慟而爲？」孔子語。「吾」上省「曰」字。論語先進篇「之」下有「爲」字。皇疏本句末有「慟」字。盼遂案：「吾」上宜依論語補「曰」字。夫慟，哀之至也。哭顔淵慟者，殊之衆徒，哀痛之甚也。死有棺無槨，説文：「椁，葬有木章也。」檀弓：「殷人棺椁。」注：「椁，大也，以木爲之，言椁大於棺也。」顔路請車以爲之槨，孔子不予，爲大夫不可以徒行也。見論語先進篇。皇疏：「徒猶步也。」說文：「赴，步行也。」「徒」爲借字。

弔舊館，脱驂以賻，惡涕無從；哭顏淵慟，請車不與，使慟無副。豈涕與慟殊，馬與車異邪？於彼則禮情相副，於此則恩義不稱，未曉孔子爲禮之意。

孔子曰：「鯉也死，曲禮下疏引異義：「許慎以爲，『鯉也死』，時實未死，假言死耳。鄭康成以論語云『鯉也死，有棺而無椁』，是實死未葬以前也。故鄭駁許慎云：『設言死，凡人於恩猶不然，況賢聖乎？』」據此文，仲任亦謂實死也。邢疏曰：「據其年，則顏回先伯魚卒，而此云：『顏回死，顏路請子之車以爲之椁。子曰：鯉也死，有棺而無椁。』又似伯魚先死。」按：邢疏沿家語之誤。四書考異、孔子年譜、三餘續筆並謂顏淵死於伯魚後。餘詳實知篇注。有棺無槨，吾不徒行以爲之槨。」見論語先進篇。對顏路語。鯉之恩深於顏淵，鯉死無槨，大夫之儀，不可徒行也。儀，威儀也。孔曰：「孔子時爲大夫。」按下文云：「不粥車以爲鯉槨，何以解於貪官好仕。」是仲任意與孔同。邢疏謂：「非在大夫位時。」鯉死年難定，故不可考。鯉，子也；顏淵，他姓也。子死且不禮，況其禮他姓之人乎？

曰：「是蓋孔子實恩之效也。」「曰」上疑有「或」字。此以「或曰」設詞，本篇文例可證。江熙曰：「可則與，故仍脱左驂賻舊館人；不可則距，故不許路請也。」（皇疏引。）即此「實恩」之意。副情於舊館，不稱恩於子，豈以前爲士，後爲大夫哉？如前爲士，士乘二馬；

如爲大夫，大夫乘三馬。此公羊説也。五經異義：「古毛詩説云：『天子至大夫同駕四，士駕二。』公羊説引王度記云：『天子駕六馬，諸侯與卿駕四，大夫三，士二，庶人一。』」（據公羊隱元年傳疏、續漢書輿服志劉昭注引。）大夫不可去車徒行，何不截賣兩馬以爲椁，乘其一乎？爲士時，乘二馬，截一以賻舊館，今亦何不截其二以副恩，乘一以解不徒行乎？不脱馬以賻舊館，未必亂制；葬子有棺無椁，廢禮傷法。孔子重賻（副）舊人之恩，「賻」當作「副」。二字聲近，又涉上文諸「賻舊館」而誤。公羊隱元年傳何注：「賻，猶助也。」助舊人之恩，文不成義。副，稱也。重稱舊人之恩。輕廢葬子之禮，此禮得於他人，制失親子也。然則孔子不粥車以爲鯉椁，何以解於貪官好仕恐無車？而自云「云」疑爲「去」之壞字。「君子殺身以成仁」，論語衞靈公篇，子曰：「志士仁人，無求生以害仁，有殺身以成仁。」何難退位以成禮？舊本段。

子貢問政，子曰：「足食，足兵，民信之矣。」日知録曰：「兵謂五兵也。」曰：「必不得已而去，於斯三者何先？」曰：「去兵。」曰：「必不得已而去，於斯二者何先？」曰：「去食。自古皆有死，民無信不立。」見論語顔淵篇。信最重也。

「失」下省「於」字。盼遂案：「失」下應有「於」字，與上句對。

問（曰）：孫曰：「問」下脱「曰」字，本篇文例可證。使治國無食，民餓，棄禮義。禮義棄，信安所立？「所」猶「可」也。傳曰：「倉廩實，知禮節；衣食足，知榮辱。」見管子牧民篇。讓生於有餘，争生於不足。治期、定賢二篇於「知榮辱」下亦有此文。疑引傳書，非釋上文也。淮南齊俗訓：「民有餘即讓，不足則争。讓則禮義生，争則暴亂起。」義與此同。今言去食，信安得成？春秋之時，戰國饑餓，易子而食，析骸而炊。戰國謂宋也。注福虚篇。口饑不食，不，無也。不暇顧恩義也。夫父子之恩，信矣，饑餓棄信，以子爲食。孔子教子貢去食存信，如何？夫去信存食，雖不欲信，信自生矣；去食存信，雖欲爲信，信不立矣。

子適衛，論語後録謂此適衛在哀公元年。四書考異謂在哀公三年，誤也。冉子僕。風俗通十反篇引論語亦作「冉子」。春秋繁露仁義法篇云：「孔子謂冉子，治民者，先富之而後加教。」亦稱「冉子」。并與此合。皇疏本正作「冉子」。邢疏本作「冉有」，誤也。僕，皇疏云：「御車也。」子曰：「庶矣哉！」庶，衆也。歎衛人民衆多。曰：「既庶矣，又何加焉？」曰：「富之。」曰：「既富矣，又何加焉？」曰：「教之。」見論語子路篇。鹽鐵論授時篇謂教之以德，齊之以禮。語冉子先富而後教之，教子貢去食而存信，食與富何别？信與教何異？二子殊教，所尚不同，孔子爲國，爲，治也。意何定哉？説苑建本篇：「子貢問爲政，孔子曰：『富之。既富而教之也。』」是孔子嘗以先富語子貢，謂其殊教，非也。一曰：劉向誤冉有爲子貢。舊本段。

蘧伯玉使人於孔子，呂氏春秋召類篇注：「伯玉，衛大夫蘧莊子無咎之子瑗，謚曰成子。」孔子曰：「夫子何爲乎？」朱校元本無「乎」字，與論語合。對曰：「夫子欲寡其過而未能也。」使者出，孔子曰：「使乎！使乎！」見論語憲問篇。非之也。説論語者曰：「非之者，非其代人謙也。」集解陳羣曰：再言「使乎」者，善之也。言使得其人。俞曰：陳説以爲「善之」，陳乃魏人。而此云「非之」，是漢儒舊説也。今皆宗陳説，而漢儒舊説固不知矣。又按：「非之也」三字，即是説論語者之説。下又引説論語者云云，則申説其故也。下文云：「不明其過，而徒云使乎使乎。」又云：「孔子之言使乎，何其約也。」又云：「使孔子爲伯玉諱，宜默而已。揚言曰使乎使乎，時人皆知孔子之非也。出言如此，何益於諱？」然則仲任所據，自同今本止「使乎使乎」四字，無「非之也」三字。近時翟氏灝作四書考異疑其所據正文有此三字，非也。暉按：史通雜説中：「伊以敏辭辨對，可免『使乎』之辱。」亦以「使乎」爲「非之」之辭。

夫孔子之問使者曰：「夫子何爲？」問所治爲，非問操行也。「爲」猶「治」，常訓也。故知問所治爲。如孔子之問也，使者宜對曰「夫子爲某事，治某政」，今反言「欲寡其過而未能也」，何以知其□對不失指，孔子非之也？「不」字衍，對不失指，不得言「非之」。上文「使者宜對曰『夫子爲某事，治某政』，今反言『欲寡其過而未能也』」，即此云「對失指」之意。又按：「其」下疑脱「非」字，説論語者以爲非其代人謙，仲任以爲孔子問所治爲，使者失對，故此云：「何以知其非對失指，孔子非之也。」蓋「非」誤爲「不」，字又誤倒，則義難通矣。盼遂案：「不」字衍文。下文「其非乎對失指也」一句，即申此文，亦無「不」字。

且實孔子何以非使者？非其代人謙之乎？〔非〕其非乎對失指也？「之」，宋本、朱校元本作「非」。此文當作：「非其代人謙乎，非其對失指也。」宋、元本「乎非」二字誤倒，又衍「非乎」二字。今本則改「非」爲「之」。所非猶有一實，猶，均也。不明其過，而徒云「使乎使乎」！後世疑惑，不知使者所以爲過。韓子曰：「書約則弟子辨。」「辨」通作「辯」，見韓非子八説篇。孔子之言「使乎」，何其約也？

或曰：「春秋之義也，爲賢者諱。穀梁成九年傳：「爲尊者諱恥，爲賢者諱過，爲親者諱疾。」蘧伯玉賢，故諱其使者。」夫欲知其子，視其友；盼遂案：「友」上疑脱一「所」字。説苑雜言篇引：「孔子曰：『不知其子，視其所友。不知其君，視其所使。』」則此爲孔子語。又案：僞孔子家語云：「不知其君視其臣，不知其子視其父。」則此「友」字又爲「父」之誤字。欲知其君，視其所使。説苑奉使篇、談叢篇亦見此語。伯玉不賢，故所使過也。春秋之義，爲賢者諱，亦貶纖介之惡。注見前。今不非而諱，貶纖介安所施哉？使孔子爲伯玉諱，宜默而已。揚言曰：「使乎！使乎！」時人皆知孔子之非〔之〕也。孫曰：「之非」當作「非之」，文誤倒也。上文云：「使者出，孔子曰：『使乎！使乎！』非之也。」又云：「何以知其對不失指，孔子非之也？」並其切證。若作「之非」，與下文義不貫矣。**出言如此，何益於諱？**舊本段。

佛肸召，子欲往。論語集解孔曰：「晉大夫趙簡子之邑宰也。」史記孔子世家：「佛肸爲中牟宰，趙簡子攻范中行，伐中牟，佛肸畔，使人召孔子。」四書考異曰：「據此，則佛肸之畔，畔趙簡子也。佛肸爲范中行家邑宰，因簡子致伐，距之。」孫詒讓亦謂范中行之黨。孔注趙氏邑宰，誤也。見墨子非儒注。**子路不説，曰：「昔者，由也聞諸夫子曰：『親於其身爲不善者，君子不入也。』**集注：「不入其黨。」**佛肸以中牟畔，**經史問答曰：「中牟有二。一爲晉之中牟，三卿未分晉時，已屬趙。一爲鄭之中牟，三卿既分晉後，鄭附於韓，當屬韓。此爲晉之中牟，與衛接，其地當在夷儀、五鹿左右。」顧祖禹曰：「湯陰縣西五十里有中牟城，所謂河北之中牟也。」孔子世家索隱謂當在河北，近之。」**子之往也，如之何？」子曰：「有是〔言〕也。**孫曰：論語陽貨篇作「子曰：『然，有是言也』」。此文當作「有是言也」，誤脱「言」字。下文云：「而曰有是言者，審有，當行之也。」可知論衡原文本有「言」字，非異文也。**不曰『堅乎磨而不磷』？不曰『白乎涅而不淄』？**攷工記輪人：「輪雖敝，不甐於鑿。」先鄭注：「謂不動於鑿中。」鄭注：「甐亦敝也。」鮑人：「察其線而藏，則雖敝不甐。」注：「故書作『鄰』。」先鄭云：「『鄰』讀『磨而不磷』之『磷』，謂韋帶縫縷没藏於韋帶中，則雖敝不傷也。」潘維城曰：「『甐』與『磷』通。則『不磷』者，不動、不敝、不傷也。」淮南俶真篇：「以涅染緇，則黑於涅。」高注：「涅，礬石也。」論語集解孔注：「涅可以染皂者。」蓋即今皂礬。說文：「緇，帛黑色也。」釋名釋采帛謂緇色如黑泥。論語作「緇」，此作「淄」，字通。吾豈匏瓜也哉？焉能繫而不食也？」見論語陽貨篇。鄭玄曰：「冀往孔子世家同。仕而得禄也。」（文選登樓賦注。）何晏曰：「匏，瓠也。言匏瓜得繫一處者，不食故也。吾自食物，當東西南北，不得如不食之物繫滯一處。」與鄭義同。按：下文云：「自比以匏瓜者，言人當仕而食禄，我非匏瓜繫而不食。」亦謂匏瓜爲物，自然生長，不須飲食。以喻須食之人，自應食禄。與鄭氏義同。蓋漢儒舊說，何氏故因之。後儒則謂不食者，匏之爲物，人不可食也。以喻人非匏瓜，當爲世用。皇疏引舊說曰：「匏瓜，星名也。言人有才智，宜佐時理務，爲人所用。豈得如匏瓜繫天而不食耶？」菿厓考古録因其說。王夫之曰：「皮堅瓤腐乃謂之匏。繫謂畜而繫之於蔓。不食者，人不食也。」張甄陶曰：「國語叔向賦匏有苦葉云：於人待濟而已。言只可繫腰渡水，不可食。」秋槎雜記同。蓋並嫌舊說。孔子貪禄，故正言之。子路引孔子往時所言以非孔子也。

往前孔子出此言，欲令弟子法而行之。子路引之以諫，孔子曉之，不曰「前言戲」，若「非」而「不可行」，「若」猶「或」也。「而」猶「與」也。「非」謂無是言。「不可行」謂前言難行。而曰「有是言」者，審有，當行之也。「不曰堅乎磨而不磷；不曰白乎涅而不淄」，孔子言此言者，能解子路難乎？「親於其身爲不善者，君子不入也。」解之宜

〔曰〕「佛肸未爲不善，尚猶可入」，「宜」下脱「曰」字。「宜曰」與下「而曰」正反相承。今脱「曰」字，則語意不明。盼遂案：「宜」下應有「曰」字。上節云「使者宜對曰『夫子爲某事，治某政』」，此當同一文法。而曰「堅，磨而不磷；白，涅而不淄」。如孔子之言，有堅白之行者，可以入之。「君子」之行，軟而易汙邪？何以獨「不入」也？孔子言：「親於其身爲不善者，君子不入。」故據以難。

孔子不飲盜泉之水，郡國志：「魯國卞縣有盜泉。」水經洙水注：「洙水西南流，盜泉水注之。泉出卞城東北卞山之陰。」曾子不入勝母之閭，見尸子、（文選陸士衡猛虎行注、水經洙水注。）説苑談叢篇、後漢書鍾離意傳、御覽六三引論語比考讖、劉子鄙名篇。餘見道虚篇注。避惡去汙，不以義，恥辱名也。「不以」疑當作「以不」。盜泉、勝母有空名，而孔、曾恥之；佛肸有惡實，而子欲往。不飲盜泉是，則欲對佛肸非矣。廣雅釋詁四：「對，嚮也。」「不義而富且貴，於我如浮雲。」孔子語，見論語述而篇。枉道食篡畔之禄，所謂浮雲者，非也。「所」，宋、元本作「可」，朱校同。

或〔曰〕：「權時欲行道也。」此以「或曰」設詞，下文「即權時行道」云云即破此説，可證。今脱「曰」字。即權時行道，子路難之，當云「行道」，不〔當〕言「食」。孫曰：「不」下脱「當」字。有權時以行道，無權時以求食。「吾豈匏瓜也哉？焉能繫而不食？」自比以匏瓜者，言人當仕而食禄。我非匏瓜繫而不食，非子路也。孔子之言，不解子路之難。解謂識也。子路難孔子，豈孔子不當仕也哉？當擇善國而入之也。孔子自比匏瓜，孔子欲安食也。且孔子之言，何其鄙也！鄙，貪也。注本性篇。何彼（徒）仕爲食哉？「彼」字未安，當爲「徒」形誤。下文「孔子之仕，不爲行道，徒求食也」。君子不宜言也。匏瓜繫而不食，亦繫而不仕等也。距子路可云：「吾豈匏瓜也哉，繫而不仕也？」今吾（言）「繫而不食」，「吾」當作「言」，隸書形近而誤。「可云繫而不仕」，與「今言繫而不食」，正反相承。孔子之仕，不爲行道，徒求食也。

人之仕也，主貪禄也，禮義之言，爲行道也。猶人之娶也，主爲欲也，禮義之言，爲供親也。仕而直言食，娶可直言欲乎？孔子之言，解情盼遂案：「情」當爲「惰」，形之誤也。此「解惰」與上文「孔子之仕，不爲行道，徒求食也」之語相承。而無依違之意，不假義理之名，是則俗人，非君子也。儒者説孔子周流應聘不濟，閔道不行，失孔子情矣。舊本段。

公山弗擾以費畔，召，子欲往。弗擾字子洩。論語陽貨篇皇本作「不擾」。左氏傳、史記孔子世家、古今人表並作「不狃」。春秋名字解詁曰：「『擾』，借字，古音『狃』，與『擾』同。」弗擾爲季氏費邑宰。孔子世家云：「季氏使人召孔子。」與論語異。據左氏定十二年傳，弗擾帥費襲魯，孔子命申句須、樂頎伐之，弗擾定無召孔子及孔子欲往之理。崔述洙泗考信録以佛肸召、不狃召并爲僞也。子路曰：「末如也已！「如」，論語作「之」。王本、崇文本據改，非也。爾雅「如」、「之」並訓往。集解孔曰：「無可之，則止耳。」何必公山氏之之也？」下「之」，往也。子曰：「夫召我者，而豈徒哉？如用我，論語作：「如有用我者。」此與史記同。吾其爲東周乎？」見論語陽貨篇。「爲東周」，欲行道也。集解何曰：「興周道於東方，故曰東周也。」孔子世家：「孔子曰：周文、武起豐、鎬而王，今費雖小，儻庶幾乎？」鹽鐵論褒賢篇引論語亦云：「庶幾成湯、文、武之功。」并「行道」之義也。公山、佛肸俱畔者，行道於公山，求食於佛肸，孔子之言，無定趨也。趨，嚮也。言無定趨，則行無常務矣。周流不用，豈獨有以乎？

陽貨欲見之，不見；呼之仕，不仕，論語陽貨篇：「陽貨欲見孔子，孔子不見。歸孔子豚。孔子時其亡也，而往拜之。遇諸塗。謂孔子曰：『日月逝矣，歲不我與。』孔子曰：『諾，吾將仕矣。』」集解孔曰：「陽貨，陽虎也。季氏家臣。」邢疏：「名虎，字貨。」何其清也？公山、佛肸召之，欲往，何其濁也？公山不擾與陽虎俱畔，執季桓子，孫曰：陽虎叛，囚季桓子，據左氏傳在定公五年。至八年，陽虎敗逃。十二年，孔子爲魯司寇，仲由爲季氏宰，將墮費，而弗擾與叔孫輒等遂叛。孔子命申句須、樂頎伐之，敗諸姑蔑。弗擾與輒遂奔齊。二人叛各異時，而弗擾又無囚桓子事。仲任當別有所據。又何氏集解引孔曰：「弗擾爲季氏宰，與陽虎共執季桓子，而召孔子。」豈仲任所本歟？但論語孔傳，本不可信，或即僞爲孔傳者，襲論衡之說也。暉按：孔子世家云：「定公八年，公山不狃不得意於季氏，因陽虎爲亂，遂執季桓子，桓子詐之得脱。」此爲仲任所據者。然此文乃舉往事以明二人同惡，非謂以費畔時也。世家云：「定公九年，公山不狃以費畔。」亦以執桓子與以費畔爲兩時事。孔傳云「弗擾與陽虎共執季桓子而召孔子」，則謂執桓子在以費畔時也。蓋僞爲孔傳者，襲論衡此文，而未審其義也。二人同惡，當作「惡同」，與下「禮等」對文。呼召禮等，獨對公山，不見陽虎，豈公山尚可，陽虎不可乎？

子路難公山之召，「召」，各本並誤作「名」，今據王、崇文本正。孔子宜解以尚及佛肸未甚惡之狀也。